모두의 혁명법

모두의
혁명법

From the Molecular Revolution

to the Revolution of All

펠릭스 가타리의 분자혁명을 읽는
14가지 방법

신승철 지음

분자혁명에서 모두의 혁명으로

존경하는 윤수종 선생님께

제 기억에 선생님을 처음 만난 건 2003년 여름이었습니다. 그날 어떤 토론회 술자리에서 저는 우연히 선생님 옆자리에 앉아 있었지요. 어쩌면 우연이 아닐지도 모르겠습니다. 이미 선생님께서 가타리의 책을 번역하신 분이라는 것을 잘 알고 있었기 때문입니다. 저는 1998년 겨울 『분자혁명』이라는 책이 나오자마자 단숨에 읽었고, 인생의 행로를 가타리 연구로 순식간에 결정해 놓고 있었습니다. 그러나 당시 신출내기 철학도였고, 가타리에 대해서도 대부분 짐작과 감으로만 이해하고 있는 상황이었지요. 선생님께서는 "왜 그렇게 어려운 걸 하시려고 하세요?" 하면서 짐짓 만류하는 몸짓을 보이면서도 싫지 않은 표정으로 무척 흥미롭다는 반응이셨습니다. 제가 질문한 부분에 대해서도 대부분 시어, 은유, 비유와 같은 얘기들로만 말씀해 주셨지요.

그것은 "~은 ~이다"라고 정의 내리거나 "옳다, 틀리다"를 적시하는 방식이 아니라, 생각의 여백을 더 줌으로써 저로 하여금 상상의 나래를 펼치게 해주었습니다. 그 후로도 "왜 그럴까요?", "이렇게 생각해 볼 수도 있어요?", "그게 참 나아 보여요."라는 방식의 부드러운 대화만이 오갔습니다. 선생님을 만나며 상상력을 동원하여 분자혁명을 이해하려던 과정에서 "사랑과 욕망이 곧 분자혁명이다"라는 생각으로 향했습니다. 그것은 사회구조를 바꾸기 위한 혁명적인 행동으로 나서기 이전에 이미 생활방식이나 배치와 관계망을 먼저 바꾸는 삶의 혁명이 아닐까, 하는 생각이었습니다. 그리고 제가 느낀 분자혁명은 소수자에 대한 사랑과 다른 방식의 삶과 생각이 만든 작고 미세한 균열이 초래한 사회화학적인 돌이킬 수 없는 변화라는 이야기 구조를 갖는 혁명이었습니다.

선생님도 아시다시피 펠릭스 가타리는 서양 근대의 지성사에 하나의 파문이자 분자혁명의 역사적 현존을 보여주는 개념적 인물이기도 합니다. 펠릭스 가타리는 대학 시절 아카데미의 반동적인 성격을 깨닫고 수업 시간에 뛰쳐나가 히치하이크로 유럽 여행을 다닙니다. 그 후에 가입 전술을 통해 극좌파의 여러 그룹을 이리저리 넘나들며 자율적인 그룹의 영향력을 넓히는 방향으로 향하다가, 이스빠노라는 별종 노동자 그룹과 조우합니다. 이스빠노는 사실상 가타리 사상에 가장 큰 윤곽을 그려냈던 인물이고, 이 이스빠노 집단을 중심으로 3·22 운동을 벌였다지요. 3·22 운동 그룹의 전략전술은 욕설 등으로 경찰을 자극하여 경찰에게 흠씬 두들겨 맞는 것이었다지요. 이러한 광경을 텔레비전을 통해서 지켜본 프랑스 시민들이 분노한 나머지 거리로 쏟아져 나온 것이 68혁명이었고, 68혁명의 도화선이 되었던 사건을 일으킨 장본인이 바로 펠릭스 가타리인 셈이었습니다. 마치 제가 가타리의 삶을 잘 아는 듯이 썼지만, 사실은 이 모든 내용은 선생님께서 쓰신 『가타리의 실천활동』
이라는 문건에서 처음 접했습니다. 그 당시 저는 얼마나 흥분이 되던지
밤잠을 설쳤던 기억이 지금도 생생합니다.

선생님께서 번역하신 『분자혁명』에는 분자적이고 소수적인 욕망이
만들어낸 다양한 사건들이 서술되어 있었습니다. 동성애자, 광인, 여
성, 아이, 자폐아 등 다양한 소수자들이 그 당시 어떻게 이행하고 횡단
하면서 자율성을 확보하고 삶의 양식의 돌이킬 수 없는 변화를 초래했
는지가 서술되어 있지요. 이러한 분자혁명이 눈덩이 효과를 유발한다
는 점은 역사적으로 확인되지만, 분자혁명 없이 눈덩이 효과만을 생각
해 왔던 것이 기존의 혁명운동의 방식이기도 합니다. 그러나 얼마나 다
른 생각, 다른 행동으로 국지적인 영역에서 강건한 반복을 설립하느냐
하는 것이 분자혁명의 관건이라는 생각이 듭니다. 그래서 우리가 일상
적으로 만나는 하나하나의 순간을 예사롭지 않게 보면서 특이한 것을
생산하려고 할 때 분자혁명은 발아하게 되겠지요. 분자혁명이 한 사회
를 살고 있는 사람들의 모두의 혁명으로 격발될 때 이미 그 분자혁명은
삶 자체를 심원하게 바꿈으로써 도도한 강물이 되고, 흐름이 될 것이라
는 가타리의 전략은 우리에게 우리의 작고 미세한 사랑과 정동의 실천
의 중요성에 대해서 깨닫게 해줍니다. 그리고 자신의 삶과 실천이 강건
하고 색다른 반복을 설립함으로써 관계망에 심원한 변화를 줄 수 있다
는 낙관적인 생각을 품게 합니다.

이 책 『모두의 혁명법』은, 제가 가타리의 책을 읽고 윤수종 선생님을
떠올려 왔던 20년간의 지적 여정의 총결산입니다. 가타리의 어려운 개
념들 속에 선생님의 부드러운 음성을 입혀서 입체화하는 실험은 참 재
미있었습니다. 선생님께서 라이히, 푸리에, 크리스티, 오켕겜, 스피노

자, 네그리 등과 함께 들려주신 가타리의 소수적인 노선, 야생적 사유, 자율성, 욕망의 미시정치 등은, 삶 자체의 변화를 추구하는 분자혁명이 보여주는 다양한 전략이라는 생각이 듭니다. 제가 보기에 가타리는 일종의 파문이자 사건입니다. 그것은 가타리는 "혁명가도 혁명운동도 없을지라도 모든 수준에서 혁명이 있기 때문에 바로 혁명을 하자는 것이다"라고 말하며 모든 이들의 혁명을 촉구하기 때문입니다. 그러한 모두의 혁명법을 말하는 특이점이 바로 가타리이기 때문입니다.

그리고 선생님과 저의 국지적이고 특이한 관계가 이 책『모두의 혁명법』을 만드는 데 큰 도움이 되었던 분자혁명의 일종이라고 생각됩니다. 제가 가타리의 개념이 어려워 마비되고 경직될 때 늘 전화기 저편에서 개인 과외 하다시피 세심히 설명해 주셨던 선생님의 노력이 없었다면, 아마도 저는 가타리의 진면모를 전혀 알 수 없었을 것이기 때문입니다. 윤수종 선생님의 열정과 지적 성실함, 가타리에 대한 사랑, 그리고 후학에 대한 배려는 그 자체가 사실상 선생님이 갖고 있는 진지하고 치열한 분자혁명의 행동양식을 보여준다고 생각합니다. 그리고 저 역시도 삶의 매순간 선생님의 길이 보여준 가타리의 분자혁명과 모두의 혁명법에 따라 살아가려고 합니다.

이 책『모두의 혁명법』은 펠릭스 가타리(Félix Guattari)의 저작인 프랑스에서 출간된 *La Rèvolution Molèculaire*(1980)을 윤수종 선생님께서 번역한 한국어판『분자혁명』(푸른숲, 1998)에 수록된 14개의 강령에 대한 저나름의 해설을 담고 있습니다.『분자혁명』이 출간된 1980년이라는 시점은 68혁명의 탈주의 흐름이 제도화의 길을 모색하기 시작한 시점이었으며, 1981년 미테랑 사회당 정부가 수립되기 직전 무수히 많은 소집단과 공동체의 활성화와 복수화가 이루어졌던 시점이었다고 합니다. 마치 한국 사회에서 촛불집회와 탄핵, 문재인 정부 수립, 생태계 위기와 기후변화 시대의 개막, 탈성장 담론의 등장 등을 경유하면서, 진보세력과 대안운동이 새로운 길을 모색하고 그 활력과 에너지를 어디에 폭발시킬 것인가 부심할 수밖에 없는 지금의 상황과도 정확히 오버랩되는 대목이기도 합니다. 1980년대 초 그 과도기와 이행기에 가타리는 강령이라는 색다른 아포리즘을 제시하였고, 그 미지의 문자에 아로새겨진 무의식의 행렬을 탐색하는 것이 2019년의 이 책의 기획 의도라고 할 수 있습니다.

이 책 『모두의 혁명법』의 각 장은 펠릭스 가타리의 강령의 문제제기들로서, 이는 마치 간화선(看話禪)의 화두와도 같이 우리를 당황시킬 특이한 문제제기들로 이루어져 있습니다. 가타리의 강령에는 분자적인 잠재력을 폭발시키고, 예술, 과학, 혁명을 촉발하고 생산하는 욕망을 탐색하고 있습니다. 여기서 욕망은 생명에너지이자 활력이며, 지배질서와 문명의 잉여성과 기표라는 고정관념을 넘어서는 해독제입니다. 그래서 "[강령 2] 욕망을 하부구조 쪽으로 보내고 가족, 나, 그리고 사람을 반생산 쪽으로 보내라."라고 말하면서 철저히 분열적인 흐름으로서의 욕망을 전면에 내세우면서도 가족무의식과 같은 신경증적 포획을 벗어나기 위한 책략을 구사하기도 합니다. 그것은 우리의 욕망이 만들 놀랄 만한 변화의 가능성, 즉 분자혁명, 즉 모두의 혁명을 촉진시키기 위함이겠지요.

그러나 그 욕망은 개인적인 욕망에 멈추는 것이 아니라, 복수적인 흐름에 따라 움직이는 집합적 배치를 갖는 것으로 나타납니다. "[강령 6] 현실적인 복수성 쪽으로 미끄러져 가라.", "[강령 11] 자신만이나 '개인적으로' 탈주하지 말고 사람들이 도관을 뚫고 종기를 제거하듯이 탈주하라."라고 거침없이 집합적 배치를 탈주에 연루시키고 흐름의 해방으로 향하게 하라는 것입니다. 여기서 68혁명의 현기증 나는 무수한 소집단과 공동체운동, 생태주의 등이 떠오르는 것은 우연이 아닙니다. 가타리는 그의 강령을 통해 우리의 무의식과 삶, 욕망을 따라 새로운 삶의 방식을 만들어보자고 거침없이 제안합니다. 그리고 아포리즘과 같은 화두는 집합적 두뇌를 가진 기계-인간의 네트워크를 예감하듯 전대미문의 문제제기의 폭발 시기를 미리 보여주는 측면이 있습니다. 지금 이 탈성장 시대의 개막이 바로 네트워크 상의 분자혁명 즉, 모두의 혁명의 격발에 있음을 직시하는 것이기도 합니다. 이제 우리는 『모두의 혁명법』을 통해 미래진행형적인 사유로서의 가타리가 남긴 14가지의 강령의 윤곽을 잡으면서, 그가 생각한 분자혁명, 네트워크 혁명, 모두의 혁명으로 나아가게 됩니다.

"이 책을 존경하는 윤수종 선생님께 헌사합니다."

2019년 5월 1일 생태적지혜연구소에서
신승철 드림

3장 68혁명은 계속된다, 모두가 분열자다!

강령 3 신경증과 가족에 의한 무의식 접근법을 포기하고, 가장 특정한 분열적 과정의 무의식을 욕망하는 기계의 무의식을 택하라.

4장 대안운동은 지배계급의 거울상인가?

강령 4 독재 전체가 지닌 상징적인 완전한 대상에 대한 강제 차압을 단념하라.

7장 기계는 왜 욕망을, 욕망은 왜 기계를 끌어당길까?

강령 7 인간과 기계 모두를 쫓아내는 것을 멈춰라, 인간과 기계의 관계는 욕망 그 자체를 구성한다.

8장 '의미=권력'의 무시간적인 논리보다 역사의 시간이 중요한 이유는?

강령 8 색다른 논리, 즉 현실적 욕망의 논리를 촉진시키고, 구조에 대한 역사의 우선성을 정립하라. 상징주의와 해석에서 벗어난 색다른 분석을 촉진시키고, 지배 질서의 의미작용의 전투주의를 해방할 수단을 제공하는 색다른 전투주의를 촉진시켜라.

9장 언어 이전에 배치를 살펴야 하는 이유는?

강령 9 언표행위의 주체와 언표 주체 사이의 단절을 초월하는 언표행위의 집합적 배치를 인식하라.

10장 미리 주어진 외부가 아닌 탈주를 통한 외부 생산으로!

강령 10 권력의 파시즘에 대해, 욕망으로, 욕망 기계로, 그리고 무의식적 사회적 장의 조직으로 인도하는, 능동적이고 적극적인 탈주선을 대립시켜라.

11장 혼자서 탈주하지 말고 여럿이 탈주해야 하는 이유는?

강령 11 자신만이나 '개인적으로' 탈주하지 말고 사람들이 도관을 뚫고 종기를 제거하듯이 탈주하라.

12장 사랑, 욕망, 정동의 흐름이 만든 제도가 중요한 이유는?

강령 12 흐름을 가로막고 수로화하려는 사회적 코드들 아래로 흐름을 통과시켜라.

13장 미리 주어진 무차별 사회가 아닌 우리가 만들 간(間)공동체 사회가 중요한 이유는?

강령 13 국부적이고 미세한 욕망의 입장에서 출발하여 점차 자본주의 체계 전체를 문제 삼아라.

14장 흐름, 활력, 에너지의 미시정치는 왜 필요한가?

강령 14 흐름을 해방시켜라, 책략에서 항상 앞서가라.

1장

욕망의 미시정치가들이
스스로 발언하게 하라!

강령 1

욕망을 조만간 사라질
주체적 상부구조로 생각하지 마라.

· ·

· ·

나는 '나중에, 나중에'라는 공명상자 속에서도 꿋꿋
이 발언했던 성소수자 활동가를 생각했다. 그는 한
국 사회에서 특이점으로서의 소수자운동의 의미좌표
를 보여준 사람이었다. 그의 용기와 지혜, 강건함은
스피노자의 격언처럼 우리 안의 생명이자 자연인 욕
망이라는 자기원인에 따라 영원성의 시간을 구성한
다. (……) 가타리의 소수자운동의 실천 강령은 이데
올로기로서의 보편어법이 아니라, '욕망하는 생산'의
창조와 생성의 순간을 겨냥하고 있다. 나는 조심스럽
게 그리고 신중하게 소수자운동의 생명에너지, 활력,
삶의 자기원인으로서의 욕망이 지상에 등장했던 그
순간, 우리는 차이가 나기 시작했고, 다양해지고, 풍
부해졌다고 말하고자 한다.

:: '나중에'를 외치는 사람들에게

집단에서 색다른 욕망의 출현은 낯설고 이질적인 장면이라고 식별된다. 분명 욕망이 스스로 얘기하기 시작한 사건이었다. 지배적인 시스템이 배제하고 분리하고 지워버리려고 했던 성소수자 한 사람이 거침없이 발언하기 시작한 사건, 여러분도 아마 기억할 것이다. 2017년 2월 16일 당시 대선 후보였던 문재인 후보가 페미니스트 선언을 하는 자리에서 한 성소수자가 문 후보가 차별금지법을 반대한 것에 항의하자, 청중들이 '나중에, 나중에'를 외치며 성소수자의 발언을 제지한다. '나중에, 나중에'라는 일단의 무리들의 소리, 그것은 분명 닫힌 꽃병에서의 공명이었다. 토론회장은 닫힌 상자처럼 지배적 잉여성이 사방으로 메아리쳤다. 그것은 또 하나의 검은 구멍, 블랙홀이었다.

그 사건은 생태운동, 소수자운동, 동성애운동, 대안운동에 있어서 하나의 특이점(singularity)으로 느껴지는 대목이었다. 그 사건은 발생되는 순간, 하나의 미세한 차이가 무지개 색깔로 다채롭게 분기되는 특이점이 되었다. 대의제 민주주의에서 여전히 소수자운동은 맨 마지막, 나중에의 영역을 차지하고 있다는 것을 재확인한 셈이다. 특히 성소수자운동은 정치적 거래의 대상이 아니다. 그것은 엄연히 존재하고 있는 현재의 실천운동이며, 그러므로 우리가 직면한 현실 중 하나이다. 왜 지금-여기의 현실을 '나중에'라고 덮어씌우는가?

지금-여기-가까이에 실존하는 소수자운동을 나중으로 미룬 것은 기성 질서를 옹호하기 위해 현재의 시간 위로 지연(delay)이라는 시간의 좌표를 다시 집어넣으려는 것이었다. 소수자운동은 늘 미뤄져 왔다. 성장 다음의 문제라고 말해져 왔고, 민주주의 다음의 문제라고 말해져 왔고, 집권 다음의 문제라고 미뤄져 왔다. 그리고 우리는 지금-여기-가까이에서 차별받고 배제받는 성소수자운동이 실존하고 있다는 현실에서부터 출발해야 한다. 선거는 끝났고, 성소수자운동은 현존 정치에서 여전히 배제되고 있다.

소수자운동을 직접적으로 억압하는 것만큼이나 우리 안에 미세하게 침투한 욕망을 억제하고 죄의식을 심어주는 것도 문제다. 그것들은 우리의 욕망을 멈추게 하는 모든 것들이기에, 우리는 사랑과 욕망의 부드러운 흐름에 주목할 필요가 있다. 그러면 무엇을 확인하게 되는가? 우리는 소수자운동의 전략적인 지도 제작을 수행할 필요가 있다. 무엇으로 해야 할까? 바로 사랑과 욕망의 흐름이 지나가는 자취가 그려진 지도를 통해서다. 우리는 끊임없이 말할 것이며, 노래할 것이며, 춤출 것이며, 발언할 것이다. 우리는 멈추지 않을 것이다. 그래서 적과 아의 대립 전선이라는 몰(mole)적인 사유 방식이 아니라, 횡단하고 이행하는 욕망의 지도 그리기에 주목할 것이다. 그러므로 소수자운동은 새로운 판을 짜는 사람들로 이루어진 관계망과 배치, 집단적 배열 장치가 되어야 한다.

:: 강령의 시작: 대답하지 못한 질문으로부터

어느 날 한 세미나 자리에서 한 사람이 나에게 다가왔다. 그의 손에는 꼬깃꼬깃 필사로 쓴 종이가 있었고, 그는 우물쭈물하면서 그 의미가 무엇인지 물었다. 그 종이에는 가타리의 강령이 쓰여 있었다. 나는 "얘기하자면 길어서요. 제가 다음 기회에 설명할게요."라며 주저하면서 어떻게 대답할지 고민과 궁리에 빠져들었다. 사실 가타리의 책을 계속 읽어왔지만, 제대로 설명할 수 있는 것과 없는 것이 여전히 분리되어 있었기 때문이다. 나는 그 자리에서 가타리 전문가가 아니라, 얼굴이 빨개진 채 도주하려는 한 아이와 같았다. 또한 한마디로 정의할 수 없는 도가도비상도(道可道非常道)를 읊는 철학자였다. 하지만 분명 그 사건에서 문제의식이라는 특이점이 생겨났으며, 하나의 열망, 욕망, 생명에너지, 활력, 미래진행형적 사유, 일관성의 구도 등이 조성되었다는 점에 주목해야 할 것이다. 물론 금세 사라질 잠깐의, 그야말로 찰나의 순간이었다. 찰나의 순간이면 또 어떤가? 기나긴 기다림 끝의 하나의 사건이라면 말이 달라진다. 그리고 그 순간의 특이점은 이제 생명에너지의 흐름처럼 지속되어 곧 활자화된다. 마치 유치원에 다니는 조카처럼 "왜요? 무엇 때문에요?"라고 묻는 질문은 나를 군색하고 난처하고 초라하게 만든다. 시간은 미래와 과거, 현재를 역행적으로 지그재그로 흐르며, 그 순간 당황했던 나 자신으로 돌아가게 만든다. 그리고 하나의 선택지로서의 특이점의 시간이 발생한다.

펠릭스 가타리의 『분자혁명』에는 한 페이지 분량의 강령이 서술되어 있다. 그것을 읽다 보면, '발칙한 상상력, 엉뚱한 이미지의 지도 그리기, 로렌츠의 나비효과와 이상한 끌개, 에너지가 물질로 돌연변이를 일으키는 특이점, 아인슈타인의 두뇌와 $E=MC^2$' 등의 개념들이 머릿속에서 떠오른다. 복잡하면서도 괴상하다. 그러나 두려워할 필요는 없다. 교외에서 산책이나 운동을 할 때 이어폰을 통해서 들려오는 재즈나 힙합 리듬과 다를 바 없는 문구들이니까 말이다. 하지만, "감히 강령이라니! 당이나 이데올로그 없이도 강령이 있을 수 있다니!" 하며 못마땅해하는 사람도 있을 법하다. 재미로 행동 강령, 실천 강령 등을 가훈처럼 액자에 걸어놓는다면 또 어떤가? 우리 사이에 불쑥 색다른 생각을 가진 사람들이 등장하고 그 사람의 발언들의 강렬도가 당신에게 전달된다면 그걸로 족하다. 미리 밝히자면, 가타리의 이 '강령'은 우리가 익히 알고 있는 규범이나 방침, 이데올로기로서의 강령과 다르다. 대신 강령에 따라 행동하지 않기로 작정한 생태주의자, 문화 소수자와 중학생, 협동조합 조합원들에게 어울릴 법한 색다른 사유의 경로이다. 즉, 가타리의 강령은 소수자운동의 행동 강령이다.

가타리는 68혁명으로 만개한 소수자운동과 대안운동이, 역설적이게도 1980년대 사회당 집권에 의해서 움츠러드는 것을 목격했다. 그 시기를 '인동의 세월'이라고 말한다. 그 당시는 엄청난 위축과 거대한 포섭, 자신감 상실, 제도 외부의 소멸 등으로 표현된다. 그렇다! 대안운동과 소수자운동은 좌파가 집권당이 되어버린 현실에 빨려 들어가 마치 모래알처럼 부서져 버렸다. 물론 소수자운동의 구체적인 집단들은 사라져 버렸지만, 도처에 늘 있었고 조용히 들끓고 있었다. 아랫지층에 잠재되어 있는 마그마였다. 그리고 소수자운동과 대안운동, 생태운동의

모두의 혁명법

세미나, 토론회, 집회장에서 아주 극소수의 사람들만이 묵묵히 자리를 지키고 있었다.

동물행동학이 우리에게 보여주는 행동의 풍요로움 안으로 우리를 잘 이끌어간다. 가장 일상적인 상황 속에서 명확한 말로 각자가 스스로의 특이성을 파악하게 하고 저지른 행위를 재치 있게 풍자하는 것, 개인 간의 일대일 관계로부터 보통선거에 이르기까지 모든 수준의 집단적 실천에서 민주주의를 재정복하는 것, 그리고 그것을 위해서 타자성, 욕망과 이해의 분기, 따라서 그것들이 필연적으로 요청하는 대립과 교섭의 절차들을 유보하지 않고 받아들이는 것⋯⋯ 이것은 유토피아적인 미친⋯⋯ 것처럼 보이는 게다⋯⋯. 그러나 내 생각에는 이것이야말로 열려 있는 유일한 해방의 길이다.[1]

가타리는 분명 정치가이다. 그것도 공동체, 소집단, 소수자운동, 녹색당의 미시정치가이다. 대안운동이 침체기를 길게 가졌던 인동의 세월 기간에도 몇 명의 친구들과 함께 녹색당을 만들겠다고 무모하게 나섰으며, 프랑스 녹색당의 씨앗 조직을 만들었다. 또한 라디오 토마토라는 자유라디오를 자신의 아파트에 차리면서, 소수자운동의 발언대를 자신의 침대 옆에 마련했다. 또한 브라질과 일본을 분주히 오가며 색다른 전망을 탐색하였으며, 룰라와 인터뷰를 하고 미시정치의 가능성을 타진했다. 그는 신자유주의가 강화되던 그 시점에 작금의 정치 중 유일하게 가능한 정치는 소수자정치, 욕망의 미시정치, 생태민주주의밖에 남지 않았다고 용감하게 발언하였다.

---

1 펠릭스 가타리, 『인동의 세월』(중원문화, 2012), 38쪽.

여기서 나는 가타리의 강령을 분석하면서 선생이 되어 마치 내가 대답을 알고 있다는 식으로 글을 쓰려는 것이 아니다. 그저 문제제기가 발생했던 각각의 시점으로 돌아가 보자고 신중하고 진지하게 주문하며, 문제제기 사이로 강렬한 욕망이 흐르는 하나의 특이점 중 하나가 되고자 한다. 나에게 다가와 강령을 물었던 사람과 나 사이로 흐르던 열망과 생명에너지, 욕망의 에너지는 미지의 강령이 적힌 종이를 관통하면서 도도한 흐름이 된다. 고정관념 대신 흐름을 선택하는 것은 얼마나 아름다운가? 정답이 없다는 이유 때문에, 그것도 단정 내릴 수 없다는 이유 때문에. 그런데도 왜 이제 와서 새삼스레 글을 써서 대답하려고 하는가? 결국 의미화하는 것, 대답이 있다는 것, 정의(definition)을 통해서 평평하고 단조롭게 요철과 주름이 있었던 문제의식의 화음과 강렬도를 중화하고 살균하여 평평하게 만들려는 시도는 아닌가? 오히려 나는 대답을 갖고 있지 않지만, 대신 횡단하는 사유를 통해서 과거의 당황했고 주저했던 그 특이한 사건의 시점을 현재에 불러와서 강령에 대한 주해를 달겠다는 모티프와 동기로 만들어버린다. 이런 글이 책이 될 수 있다면, 강령이라는 껍질을 깨물면 욕망과 열망의 글쓰기라는 땅콩 같은 것이 함께 씹히는 과자와 같을 것이다. 심심풀이 땅콩이라면 더 좋다. 잉여, 군더더기, 잔여-이미지의 심심풀이로 쓰이는 것은 책으로서는 영광이다. 그러나 열망과 욕망의 글쓰기는 원래 읽는 사람보다 쓰는 사람이 더 재미있다.

:: 욕망은 강령에 어울릴까?

강령의 첫 번째 부분을 이야기하자면, 우리는 먼저 '욕망'에 대해 짚고 넘어가야 할 필요가 있다. 욕망이라는 단어 자체가 가진 미묘한 어감이 우리가 의미의 핵심을 파악하는 것을 끊임없이 방해하기 때문이다. 욕망을 말하면 마치 탐욕과 갈애의 노예와도 같이 느껴지는 이유는 또 무언가? 욕망에 대한 사유의 재료를 주섬주섬 모으면, 68혁명, 소수자의 욕망, 욕망가치, 욕망의 정치경제학, 라이히의 리비도 경제학, 공동체의 활력과 생명에너지 등이 스크랩되어 한 서랍에 들어온다. 서랍을 열자 희망을 빼고 모두 날아가 버릴 판도라의 상자처럼. 이 서랍은 개봉 즉시 욕망 빼고 나머지는 다 날아가 순식간에 사라져 버릴 운명에 처해 있다. 그러나 나는 그것을 알면서도 서랍을 열어야 하는 역할을 맡고 있다. 이런 비극적 임무는 곧 희극으로 두 번 반복될지도 모른다. 내가 처한 난처한 상황은 독자들의 꼭두각시 줄에 매달려 욕망을 의미화하라는 흥분에 찬 아우성과 부추김에 따라 움직이는 한 명의 철학자가 되어야 한다는 운명과도 같은 것이다. 의미는 권력이며, 마치 문제제기에 대한 답을 갖고 있는 전문가 유형의 날렵하고 현학적이며 문제를 뻔하게 속물적으로 보는 태도를 취하게 만든다. "어떻게 좀 해봐요. 전문가시잖아요!" 욕망을 스타일리시하게 잘 처리하는 것을 바라는 사람도 있으리라. 욕망을 세련되게 혹은 현학적으로 정의해서 아카데미에 목을 축이는 것을 추구하는 것도 가능하리라. 그러면 욕망과는 정반대로 향한다. 즉 아카데미는 욕망이라는 살아서 꿈틀대는 개념을 붙잡아 박제화하고 의미화하여 그것을 팔아먹을 수 있는 무언가를 만들어내지만 정작 그것이 살아 움직이는 욕망과는 전혀 다른 것이 되어버리는 역설에 봉착한다. 철학자란 의미의 구조물을 복잡하게 쌓으면서 결국 자본주의 등가교환에 복무하는 작자들이다. 그러면 나는 철학자 중에서도 욕망이라는 배반의 장미가 갖고 있는 달콤한 유혹에 넘어간 배교자가 될 것이다. 그러나 독이 든 성배를 든 성자들의 애처로운 탄식을 들은 적이 있는가? "그래도 이것이 내가 원하던 성배는 분명하지 않는가?"라는 유혹과 열망의 탄식 말이다.

기존 질서가 욕망이라는 문제제기를 봉쇄하는 방법은 상투적이다. 게걸스러운 탐욕과 갈애, 동물과 신체의 반란, 형이하학적인 것, 근대성 다시 말해 탈주술화의 역사 이전으로의 퇴행, 반항, 짐승, 자본주의적 욕망, 황금만능주의, 속물, 요즘 젊은 것들……. 그런데 놀랍게도 이런 상투적인 반응을 보이는 사람들 자신도 예외일 수 없다! 그들은 욕망의 저질스럽고 외설스러운 영상과 이미지를 소비하고 지켜볼 푹신한 살찐 소파를 제공해 준다. 그리고 소수자운동조차도 욕망의 극장 외부로 벗어나지 말라고 조언하고 자신의 주변에 양념으로 살짝 배치한다. 그들의 관음의 시선, 관망의 시선, 관조의 시선이 더 외설스럽다는 것은 잘 알려져 있다. 대신 소수자운동은 욕망의 공장을 작동시킨다. 만들고, 조립하고, 연결하고, 연대하고, 생산한다. 욕망은 쌕쌕거리고 움직이는 자동기계나 컨베이어벨트도 없지만, 우리의 신체 속의 사랑, 욕망, 정동의 흐름에 따라 생산하고 작동된다. 들뢰즈와 가타리가 만나서 함께 쓴 『안티 오이디푸스』는 이런 소수자운동의 모습을 '욕망하는 기계'라고 하지 않았던가? 그 두 사람은 다음과 같이 말한다.

그것은 도처에서 기능한다. 때론 멈춤 없이, 때론 단속적으로, 그것은 숨 쉬고, 열 내고 먹는다. 그것은 똥 싸고 씹한다. 이드라고 불러 버린 것은 얼마나 큰 오류더냐? 도처에서 그것은 기계들인데, 이 말은 결코 은유가 아니다. …… 젖가슴은 젖을 생산하는 기계이고, 입은 이 기계에 짝지어진 기계이다. 거식증의 입은 먹는 기계, 항문 기계, 말하는 기계, 호흡 기계 사이

에서 주저한다.[2]

욕망하는 기계는 소수자운동, 대안운동의 주체성 양상을 잘 설명하는 키워드이다. 왜냐하면 노동의 반복으로도, 화폐의 반복으로도, 자본의 반복으로도 설명되지 않는 욕망의 반복이 있기 때문이다. 여기서 기계는 반복이다. 욕망은 반복을 설립한다.

욕망은 의미화 논리의 반대편에서 작동한다. 왜인지 궁금하다면, 우리가 '의미가 있다'고 여겼던 사건이나 상황을 잘 생각해 보자. 그 내부에는 의미를 규정할 수 있는 권력이 숨어 있음을 알 수 있다. 반면 아주 무의미하다고 여겼던 일들, 즉 내가 화장실에서 볼 일을 보고 손을 씻는 과정에서 욕망이 작동할 수 있으며, 무의미하게 다리를 떨며 세미나 자리에 참석하는 순간에도 분명 욕망은 작동할 수 있다. 심지어 아무 생각 안 하고 멍하게 있을 때조차도 욕망은 작동할 수 있다. 욕망을 강령과 같이 의미화하려는 사람들에게는 미안한 일이지만, 욕망은 기원, 목적, 동기, 이유 등을 묻고 정의하려는 순간 달아나고 탈주한다. 욕망은 의미 이전에 이미 작동하고 있으며, 도처에 꿈틀대며 쌕쌕거리며 작동하고 있다. 그래서 재미와 놀이를 욕망이라고 바라보는 것도 일면 타당하다. 강령을 쓴다면서 주어인 욕망에서부터 의미의 구조물의 외부로 만들고 예외사항에 기입한 것에 실망하거나 심지어 화가 나서 항의하는 사람이 있을 수도 있다. 그렇다! 가타리의 강령은 첫 운을 떼기 이전부터, 의미화하려는 기존 강령의 형식과는 맞지 않는 욕망을 말한다. 그렇다면 어떤 식으로 말해야 할까? 대안은 있는가? 방법론은 정립되

2 질 들뢰즈, 펠릭스 가타리, 『안티 오이디푸스』(민음사, 2014), 23쪽.

어 있는가? 무의미에 빠져들어 멍 때리고 있는 아이에게 아무것도 안 하려면 텔레비전이라도 보라는 엄마들처럼 말해야 할까? 가타리의 강령의 첫 번째 용어인 욕망을 정의할 수조차도 없는 난관에 처하게 된 나에게는 궁여지책이 필요하다. 다소 창피하더라도 초등학교 소풍 때처럼 엉덩이로 욕망이라는 이름을 써보는 것이 차라리 나을까? 그럴 수도 있다. 욕망에 관한 한 문제제기와 대답은 철저히 분열되어 있다. 즉, '욕망이 무엇인지?' 혹은 '욕망의 기원은 무엇인지'에 대한 질문에 답할 수 없는 상황에 처하는 것이다. 대신 등장하는 것은 무엇인가? 무의미의 사슬, 알 수 없는 장광설, 해석할 수 없는 음악, 광기와 예술, 광상곡의 멜로디, 강렬도를 높여서 뜨겁게 작동하고 욕망……

그렇다고 욕망의 의미에 대해서 전혀 말할 수 없는 것은 아니다. 한 때 욕망은 신체에서 생산되는 생명에너지의 부드러운 흐름으로 간주되기도 했고, 우주로부터 기원을 가진 생체에너지로도 간주되었다. 빌헬름 라이히 박사의 근본적인 질문은 "욕망의 기원은 무엇인가?"였으며, 우주와 생명의 탄생 순간, 무기체에서 유기체로의 전환의 순간, 신체에서 응축·방출되는 성에너지가 활성화된 순간까지도 추적하고 탐색하였다. 그러나 욕망은 어떤 확실한 기원과 원인에 따라 나타나는 것이 아니라는 점에서 가타리에게는 신체와 사회에 미리 주어진 것이면서도 현실을 구성하는 원천으로 간주된다. 예를 들어 우리가 "나를 만든 것은 무엇인가?"라는 질문을 던지면서 무한퇴행의 오류로 빠져들 이유가 없듯이, 욕망의 기원과 이유보다는 욕망의 작동과 기능에 대해서 착목할 필요가 있는 것이다. 그래도 한 마디 운을 띄워보라고 한다면, 욕망(desire)은 '별(sire)에서 떨어져 나온(de-)' 것 즉, 유별나고 특이하고 독특한 것으로 정의해 볼 수는 있겠다. 그러나 그러한 임의적인 정의만으로 모든 문제제기에 대해서 대답했다고 자임할 수 있을까?

욕망에는 마치 뤼팽이나 홈즈가 나오는 추리소설처럼 사건들의 앞뒤가 딱 들어맞는 인과관계가 전혀 없다. 대신 욕망은 인과관계로 이루어진 코스모스의 세계가 아닌 카오스와 혼돈, 무질서, 클리나멘(clinamen), 우발성, 사건성, 특이성, 여백으로 가득 찬 백지로 된 평면을 제공해 준다. 소수자운동의 욕망이 긍정될 때는 무슨 일이 벌어지는가? 우리의 삶과 무의식, 일상이 비로소 발언하기 시작할 것이다. 무료한 일상에 여러 색다른 사건들이 생기기 시작할 것이다. 그것의 파열과 틈새가 만든 여백과 여유에 겨우 숨을 돌리기 시작할 것이다. 더욱 놀라운 것은 욕망의 발화의 순간에, 바로 그 평면 위에 생명과 자연과 미래 세대들이 자신의 생명에너지와 욕망이라는 역능의 그림을 그리기 시작할 것이라는 점이다. 그들이 그린 세모, 별표, 동그라미, 네모 등 아로새겨진 그림은 박제화되고 화석화되었던 민중의 살과 피를 재구성할 소수자운동으로 재탄생할 것이다. 오늘날 민중이라는 대지는 부서지고 침식되고 침윤되어 버렸다. 낭만적인 개념이 되어버린 것이다. 대지 위에 발 딛고 서지 못한 수많은 외롭고 고독한 사람들의 절규와 아우성, 잉여가 들리는 시대이다. 소수자운동은 자신의 작은 땅뙈기 영토 위에 낭만적인 민중처럼 연대할수록 같아지는 구도가 아니라, 연대할수록 달라지고 다양해지는 색다른 구도를 그릴 것이다. 소수자운동은 혁명적 낙관주의를 꿈꾸게 한다. 그래서 가타리가 혁명에 관한 한 자신은 행복하다고 하지 않았나? 혁명운동도 없고, 혁명가도 없을지라도 도처에 혁명이 있을 것이기에, 지금 여기서 혁명을 하자고 말하지 않았던가?

:: 욕망의 주사위 던지기와 관료기계의 분쇄

욕망은 아주 미세한 영역에서 발생되고, 기존 사회질서를 의문시하고, 파열구를 만들고, 통합된 자아를 분열시켜 색다른 주체성을 생산한다. 그것은 근대의 책임주체의 형성처럼 이성, 상징, 구조, 문화, 정치, 국가 장치, 이데올로기 등의 상부구조의 작동에 의해서 가능한 것이 결코 아니다. 마치 물리학에서의 에너지가 물질이 되는 특이점(singularity)과 같이 욕망과 열망은 미래와 대안과 제도를 돌연변이의 발생처럼 만들어낸다. 그런 점에서 색다른 주체성을 생산하는 욕망에 대해서 문화나 이데올로기의 작용을 들이대는 것만큼 반동적인 시도도 없다. 타키온 입자, 소립자, 원자, 분자 단위까지도 특이점은 에너지의 강렬함이 물질로 전환될 수 있다는 사실을 개방한다. 양자역학에서 묘사하는 미시세계의 화려함과 강렬함을 한번 생각해 보자. 양자역학의 확률론적 세계, 경우의 수, 가위바위보, 제비뽑기 등은 생태민주주의에 얼마나 많은 아이디어를 주었는가? 사랑, 열망, 희망, 욕망은 '1+1=2'라는 식의 함수론이 갖는 자본주의의 원리, 중력의 원리, 계산의 원리에 따라 작동하지 않는다. 그리고 '특이점'은 확률론이 함수론이 될 수 있다는 상상력, 즉 아인슈타인의 통일장 이론과 정반대편에 선 양자역학의 상상력을 자극한다.

주체를 만드는 것이 이데올로기, 상징, 문화 등의 상부구조의 작동이라고 여기는 사람이 있다면, 그 사람은 우리 사이에 작동하는 욕망의 흐름에 대해서 설명할 수 없는 사람이라고 감히 말하고 싶다. 여기서 우리 사이에는 욕망이 던진 문제의식과 의문을 풀기 위해서 실천으로 나선 사람들이 등장한다. 바로 소수자운동을 실천하는 주체성들이다. 그런데 그 사람은 책임주체로서의 '나, 너, 그'로 특정할 수 있는 사람이 아니라, 사이주체성으로서의 '우리 중 어느 누군가'이다. 예를 들어 우리 사이에서 웃음이 동심원을 그리며 퍼져 나가는 것을 상상해 볼 수 있다. 누가 웃기 시작했는지, 그 사람을 특정할 필요가 있는가? 그건 전혀 중요치 않다. 우리 중 어느 누군가이므로. 우리 중 어떤 열망과 욕망이 생성되는 과정도 마찬가지이다. 강렬함과 밀도, 온도 등이 갑자기 우리 중 누군가에게서 발생하여 그와 접촉하고 있는 사람을 통과하여 수많은 사람들에게 전달될 것이다. 혹자는 상부구조가 주체를 호명하거나 만들어낼 수 있다고 말할지도 모르겠다. 그러나 이런 생각은 욕망이라는 생명에너지와 활력의 흐름에 의한 주체성 생산이라는 돌이킬 수 없는 변화에 대해서 설명할 수 없다. 그래서 상투적인 레퍼토리와 뻔하게 보는 것, 관료주의적인 발상만이 상부구조에 가득하다. 그런 점에서 상부구조는 욕망이 막다른 골목에 이르렀을 때만 작동하기 시작한다.

만약 우리 중 어느 누군가가 적록연정에 대해서 발언한다고 생각해 보자. 문제는 '적색과 녹색이 어떻게 만나야 하는가'이다. 언제 가능한가? 두 영역 간의 사이에 있는 모종의 낙차 효과에 의해 강렬한 열망과 욕망이 생긴다면! 그렇다면 한번 생각해 볼 수 있는 문제이다. 적색과 녹색 두 영역의 상이한 가치와 실천, 의미가 만나는 것은 상부구조를 책임지고 있는 관료 집단의 합의나 소통에 의해서만 가능한 것이 아니다. 그것은 조금 색다른 상상력을 작동시킨다. 적색과 녹색이 만나 상상도 못할 시너지를 만들 것이라고 꿈꾸고 욕망하기 시작한 사람들이 생길 수 있다는 상상력 말이다. 관료주의는 상상력과 욕망이 고갈된 지점에서 작동하므로, 어쩔 수 없는 선택이라는 수식 어구를 참 좋아한다. 녹색의 욕망에서는 공동체의 관계망 속에서 생겨나는 생태적 지혜, 지구의 한계에 따른 지속가능성, 소수성과 다양성 옹호, 오래된 미래 등의 아이디어가 녹아들어 있으며, 적색의 욕망에는 노동의 해방과 노동으로부터의 해방, 무한한 기술과 사회의 진보, 구조 변혁으로서의 사회 변혁 등의 아이디어가 녹아들어 있을 것이다. 마치 워크숍에서 하듯 키워드 카드들이 뒤섞일 수 있으면, 그 두 섹터는 사회화학적으로 쉽게 연결될 수 있다. 그리고 그 카드들에서는 상상하지 못했던 특이한 욕망이 생성되면서 카드들이 뒤섞여 무한한 경우의 수가 될 수도 있다. 이러한 차이 생산, 특이성 생산은 우리가 선택할 수 있는 경우의 수 중 하나인 특이점들을 늘려나가는 방법이다.

"카드를 다 섞었는가?" 마치 카드 패를 뽑는 사람이 딜러에게 묻는 것처럼 카드를 뽑기 직전의 순간이 찾아올 것이다. 즉, 아무것도 미리 결정되어 있는 것이 없는 순간이다. 유일하게 확실한 것은 우연과 경우의 수가 알려주는 메시지들이다. 즉, "미리 결정된 것은 아무것도 없으며, 욕망이라면 어떤 방식으로 그 일을 해낼 것인가?"라는 메시지가 그것이다. 그러므로 다만 분명한 것은 결정되어 있는 정답이 있는 것처럼 말하는 사람들을 조심해야 한다는 점이다. 그러한 사람들은 상부구조의 호명과 결정 속에 욕망과 활력을 내동댕이칠 관료들이다. 관료의 시선에서는 상부구조에 의해서 주체는 이미 다 결정되어 있고 답은 이미 다 나와 있는 듯이 생각된다. 그 경우에는 지루하고 비루한 절차적 합의 과정만이 뒤따른다. 이러한 절차와 과정상의 민주주의라는 요식 행위에, 우리의 살아 있는 욕망을 잠재워서는 안 된다. 경건하고 싸늘하게 얼어붙어 있는 회의석상을 혼돈과 소란으로 만들 욕망이라는 아이의 울음소리를 만들어야 한다. 중앙으로의 집중을 방해하는 아이의 울

모두의 혁명법

음소리는 놀랍다. 의미로의 수렴을 거부하는 난해한 음악은 아름답다.

욕망은 일단 권력의 감시에서 벗어나면 현 체제의 계획자들과 행정가들이 지닌 미쳐 날뛰는 합리주의보다 더욱 현실적이고 현실주의적인 더욱 훌륭한 조직가이자 더 능숙한 엔지니어로 드러난다. 과학, 혁신, 창조는 기술관료의 의사합리주의에서가 아니라 욕망에서 증식한다.[3]

욕망은 완전히 다른 방향에서 작동한다. 아주 사소하고 우발적인 사건 속에서 욕망은 서식하며, 꿈과 열망과 희망의 강렬도를 높인다. 우리가 미처 생각하지 못했던 사소한 사건과 실천 속에 욕망을 끄집어내지 못한다면 강렬도가 높아지고 뜨거워지고 밀집되는 것도, 고도로 성숙된 사유의 경로도 개척될 수 없다. 단지 이데올로그와 관료들의 힘과 전문가의 지적 작업에 의해서 적록연합의 전략이 사유된다면, 그것은 어떠한 '주체성 생산'도 이룰 수 없는 지루하고 비루한 일상적인 슬로건으로 바뀔 가능성이 높다. 그 대신 열망과 욕망의 사건을 만든다면, 우리는 더 뜨거워지고 강렬해질 것이다. 그리고 그 일을 해낼 수 있는 뜻과 지혜와 아이디어, 실천력을 갖고 있는 사람들이 생산될 것이다. 이런 점에서 우리의 욕망은 우리 자신을 만들기 위한 원천이며, 다르게 생각하고 다르게 말하고 다르게 살 수 있는 원천이다.

3 펠릭스 가타리, 윤수종 옮김, 『분자혁명』(푸른숲, 1998), 278쪽.

:: 욕망이 생산한 특이점들

만약 책임주체를 주조해 냈던 상부구조에 의존해서 판에 박힌 실천을 만들어갈 요량으로 관료화된 형식들을 형성해 나간다면, 우리는 점차 무기력해지고 일상 활동과 사무 처리, 행정 서류에 갇혀 비루해질 것이다. 그러면 우리는 퇴근 후 달콤한 식사나 행사 중간의 티타임, 드라마 프로그램 등을 생각하면 마음은 이미 그곳을 돌연 떠나버릴 것이다. 우리 사이의 욕망이 만들어낼 주체성은 '책임주체(subject)'가 아니라 '관여적 주체' 즉 주체성(subjectivity)이다. 우리의 뜻과 지혜, 아이디어는 공동체적 관계망이라는 배치가 만들어내는 결과물이다. 그러나 신중해야 한다. 우리 사이에도 자율이 아니라 자동을, 욕망이 아닌 이데올로기를, 관여적 주체가 아닌 책임주체를 원하는 사람들이 더러 있기 때문이다. 그리고 더 놀라운 사실은 이들이 끊임없이 헤게모니를 잡기 위해서 노력할 것이라는 점이다. 분명 우리는 주체 대신 주체성을 자동주의 대신 자율주의를 기반으로 실천하려고 한다. 그러나 겉으로 보기에는 우리가 마치 주체적 상부구조에 의해서 관료 집단이나 기능화되고 사물화된 사람들, 이데올로그들이 움직이는 방식처럼 보일 약간의 연극화된 장치와 소품은 필요하다. 공동체이면서도 마치 영리 기업처럼 보이거나, 공동체가 가상적인 관료들의 형식을 빌려 외부 활동을 수행할 필요도 있다. 이는 책략에서 앞서가기 위한 방법 중 하나다. 마치 강령이면서도 강령이 아닌 이 글처럼 말이다. 그렇다고 금방 그것에 속을 사람들은 거의 없을 것이다. 사실 우리가 하는 실천은 의미가 아닌 재미를 위한 것이며, 자동성이 아닌 자율성을 위한 것이라는 점은 말과 행동 속에 이미 내재하고 있기 때문이다. 그러나 사람들에게 안도

모두의 혁명법

감이나 안정감이라는 최소한의 영토성이나 장소 귀속성을 줄 필요가 있다는 점에서 강령, 이데올로기, 문화, 상징 체계 등과 같은 주체적 상부구조와 비슷하지만 전혀 작동 방식이 다른 욕망의 미시정치, 생활정치, 공동체정치라는 파견부대를 만들 필요는 있다. 물론 파견된 사람이 소통하기 위해 협상 테이블에 앉기 때문에 관료들처럼 보일 수도 있겠지만 실제로 관료가 아닌 공동체에서 파견된 인물들일 뿐이다. 물론 관료화와 관료 시스템은 우리가 원하는 방향은 전혀 아니다. 혹시 괴물에 맞서다 괴물이 된 사람들을 만나본 경험이 있는가? 오마이 갓!

주체적 상부구조의 문제는, 사실상 그것이 이데올로기, 상징, 문화 등의 구조를 통해서 영원히 지속되어 온 불사의 구조물처럼 간주된다는 점이다. 즉, 관료의 시각에서는 영원성의 표징이 들어가 있는 언약의 궤처럼 상부구조가 영속한다고 보기 때문이다. 그러나 욕망은 유한하다. 그리고 지금 이 순간이 바로 유일무이한 순간으로 여기는 것 즉, 유한한 실존으로서의 단독성, 즉 특이성(singularity)으로서만 나타난다. 욕망은 유한하기 때문에 더 아름답고 강렬하다. 살아가고자 하는 의지, 새로운 세계를 구성하려는 희망, 삶의 변화에 대한 열망 등은 유한한 사람들이 만들어내는 부드러운 흐름으로 공동체에 전달된다. 그리고 죽음과 죽임에 의해서 유지되는 구조로서의 국가권력이나 기득권 세력을 넘어서, 단 하나의 생명이라도 살려야 한다는 간절함과 사랑, 욕망, 돌봄, 정동으로 그것이 드러난다. 유한한 존재임을 알기 때문에 더 간절할 수 있는 것이고, 유한하기 때문에 욕망이 더 가치 있는 것인지도 모른다. 어떤 시각에서 보면 공동체적 관계망은 유한자를 무한한 경우의 수로 결속시키고 연결시킨다고 보일 수도 있다. 공동체에서는 소농들의 모임임에도 불구하고, 협동조합을 만들고, 마을도서관위원회를 만들고, 공동육아조합을 만들고, 대안학교와 각종 그룹을 만든다. 즉, 서로 연결과 접속을 달리하면서, 무한히 결속될 가능성으로 향한다. 공동체의 관계망과 배치의 끊임없는 재배치와 변화를 상상하면서 특이한 것이 가능하다고 낙관해 볼 수 있다. 이런 유한자의 무한결속으로서의 무한함에 대한 사유는 에코 시스템이나 공동체가 각각의 특이점을 선택할 수 있는 경우의 수로 만들어 순환하고 재생되는 과정에 대해 힌트를 얻을 수 있다. 가타리는 다가올 거대한 생태적 위기에 대해서 특이성 생산을 이루어 문명이 선택할 경우의 수를 늘려나가는 것을 겨냥한다. 그런 점에서 욕망은 배치와 관계망의 자율성을 증대시키는 방향성을 갖는다.

생태학적 위기에 대한 진정한 답은 지구적인 규모에서, 그리고 물질적이고 비물질적인 재화의 생산이라는 목표를 새롭게 설정해 나가는 진정한 정치, 사회, 문화혁명이 일어난다는 조건에서 나타날 수 있을 것이다. 따라서 이 혁명은 거대한 규모의 가시적인 세력 관계와 연계될 뿐만 아니라 감수성, 지성, 욕망의 분자적 영역과도 관계한다.[4]

그럼에도 불구하고 나는 여전히 한마디도 문제의식의 핵심에 대해 대답하지 못했다. 화살은 정면 과녁에 맞지 않았고, 연달아 빗나갔을 뿐이다. 즉, "욕망이 무엇을 의미하는가?"라는 문제제기에 대해서 말이다. 혹자에 따라 사변적이고 현학적인 논의였다고 평가될 만하다. 욕망은 의미화, 표상화, 모델화를 해대는 전문가주의와는 정반대로 아마추어들, 왕초보, 신출내기들이다. 다시 말해 욕망은 의미(=권력)의 논리

---

4 펠릭스 가타리, 『세 가지 생태학』(동문선, 2003), 9쪽.

가 몰락하고 파괴되는 순간에만 작동한다. 무엇 때문에? 100% 재미로. 그저 재미로. 모든 것에서 그러하듯 욕망의 의미에 대해서도 완벽히 대답할 수 있다고 말하는 전문가들과 달리, 욕망은 문제제기와 대답이 분열되어 있으며 둘 사이에 딱 일치하는 면이 없다. 이러한 분열의 지점에서 사랑이 발생한다. 흐름이 발생한다.

그렇다면 상부구조에 목을 축이는 사람들이란 어떤 인물들인가? 살아가려는 의지와 욕망의 아우성이 작동하지 못하도록 꽉 붙들고 가만히 있으라는 사람들이다. 물론 공동체에서 재미로 시작한 것이 하다 보니 의미가 생겨서 노동이 되고 일이 되는 경우도 있다. 그런 경우에 공동체 구성원들은 욕망이 사라지고 텅 비게 되었다고 느끼며 고심한다. 그러면 오히려 전혀 의미를 두지 않았던 주변의 것들, 일상의 것들, 예를 들어 기타를 치고 함께 노래를 부른다거나, 한 자리에 모여서 요리를 해먹는다거나, 함께 뒷담화와 수다를 떠는 것이 해결책이 된다. 그러므로 대답을 구하지 말고 다른 데로 횡단하고 탈주하고 딴청을 피우는 것이 낫다. 또한 의미의 구조물이라는 거대한 상부구조의 밑받침이 숭숭 구멍이 날 때 욕망이라는 놀이, 재미, 예술, 창조의 액체가 흐르는 것을 알 수 있다.

"우리 사이에 욕망과 열망이 생긴다는 것은 얼마나 새로운 일인가?"라는 생각은 활동가라면 대부분 품게 되는 생각이다. 공동체 구성원들은 회의 자리에서 짐짓 능청스럽게 욕망과 열망이 생산되기를 기대하며 조용히 경청한다. 무에서 유가 창조되듯, 에너지가 물질이 되듯 어떤 강렬도가 형성되면 갑자기 아이디어가 샘솟고, 열망이 강렬해지고, 생명에너지와 활력이 소수자라는 특이점들을 관통하면서 흐르기 시작한다. 단독성의 시간, 사건성의 시간, 세상에 단 한 번밖에 없는 실존의 순간이 이때 느껴진다. 반면 이데올로그들은 공동체의 단독성의 순간을 약탈하고, 사유화(私有化)한다. 이들은 지혜를 약탈했던 방식으로 지적 작업을 수행하는 것이다. 인류학자, 사회학자, 프로젝트 연구자들, 사회복지사들, 민속학자 등의 이데올로그들에게 자신의 떨어져서는 안 될 밑천을 마련하기 위한 기초적인 작업들이 바로 공동체에 대한 약탈과 탐색인 셈이다.

그에 비해 우리 사이에서 생성되는 생태적 지혜는 얼마나 멋진 작업인가? 어떤 고정관념도 없이 흐름에 따라 생성되는 생태적 지혜, 집단지성, 떼지성에 경의를 표할 수밖에 없는 이유는 무엇일까? 먼저 군더더기, 잔여-이미지, 잉여의 깜짝 놀랄 만한 창조성과 생산성에 주목하면서, 더불어 통속적이고 비루하기 그지없는 통속화된 문명사회의 '지배적 잉여성'에 연연하지 않으면서 우리의 삶을 재창조할 방법을 궁리하기 때문은 아닐까? 그리고 욕망의 생산적인 능력을 배가하기 위해서 미생물, 원자, 분자, 우주, 자연, 동물 등을 다채로운 소재로 우리의 삶을 풍부하고 다양하게 만들기 때문은 아닐까? 욕망의 흐름에 따라 시공간의 차원이 새롭게 열리는 특이점 주위에 개미떼처럼 집단지성과 생태적 지혜가 서식할 것이다. 북적거리고 드글거리고 웅성거리고 수많은 잡담과 수다로 가득하여 사회자나 집행부 혹은 중앙이 더 이상 통제할 수 없는 무리를 상상해 보자.

:: 우리는 강물이다, 우리는 흐름이다

우리는 강물이다. 헤라클레이토스의 말처럼 우리는 두 번 발을 담글 수 없는 흐르는 강물이며 돌이킬 수 없는 변화의 흐름이다. 그렇다! 욕망은 우리 사이에서의 도도한 흐름이다. 공동체가 풍부해지고 다양해질 수 있는 것은 바로 욕망이라는 우리 사이의 생명에너지와 활력의 흐름 때문이다. 우리 사이의 욕망의 촉매제를 통해서 의문이 더 많아지고, 더 특이해질수록 공동체는 열리고 자기생산될 수 있다. 욕망이 상부구조라는 '의미의 구조물'이 아니라는 점을 분명히 해두자. 우리는 욕망을 해방시켜 대안적인 인간관계, 대안적인 삶을 가능케 할 주체성 생산의 질료와 기계장치들을 확보하게 된다. 욕망하기 때문에 반복하는 것이 기계장치이고, 욕망이 갖는 색채, 향기, 음향, 몸짓, 표정이 질료이다. 그래서 우리는 오래되고 발효되고 성숙해 가는 삶과 생활세계의 질료들 속에서 미래를 구성할 소재의 조각조각을 획득한다. 또한 그것을 표현할 때, 의미화의 방식이 아니라, 소수자운동의 전략처럼 재의미화에 따라 과거의 조각들을 조립하고 연결할 것이다. 브리콜라주(bricolage), 수리 작업, 병렬 작업, 배열 작업, 펑크, 재배치 등 재의미화의 과정을 무엇이라고 불러도 좋다.

르네 마그리트(Rene Magritte)의 「이미지의 반역」에 나오는 "이것은 파이프가 아니다"라는 문구는 언어와 이미지를 연결하는 표상화를 반역하는 작품이다. 또한 상징적인 것으로 문법화되고 규범화된 표상화의 방식에서 벗어나, 비표상적이고 비형상적인 욕망의 흐름을 재발견할 필요가 있다. 다시 말해서 욕망을 하나의 이미지에 담을 수는 없다는 점은 분명하다. 상징질서는 표상과 의미를 완벽하게 구조화하는 질서로 나타난다. 예를 들어 내가 떠올리는 컵의 이미지는 독특한 것이 아니라, 상징이 갖는 의미에 따라 완전하게 하나의 이미지로 표상화될 수 있다는 것이다. 이미지와 영상을 지배하는 질서로서의 상징체계는 문화의 코드로 종종 등장한다. 이러한 상부구조는 특이한 욕망의 발생을 배제하고 외부로 밀어내버리고 이미 존재하는 표상질서 이외에는 거부한다. 우리가 미디어, 영화, 광고, 게임, 인터넷 등에서 소비하고 향유하는 이미지-영상은 우리의 욕망을 단조롭게 만들고 특이한 상상력을 추방하도록 기능하는 것이다. 욕망이 주체적 상부구조를 거부한다는 것은 이미지-영상의 부드러운 예속을 거부하는 것이기도 하다. 사람들이 TV 앞에서 달콤한 졸음 속에 빠져드는 것은 결국 표상화의 상징질서에 포획되기 시작했다는 가장 손쉬운 증거이기도 하다. 욕망은 이미지와 의미를 꿰맞추는 이미지-영상의 진부한 거울놀이나 그림자놀이를 거부한다. 그런 의미에서 욕망은 비표상적인 흐름이다.

　욕망은 여러 표상, 여러 모델, 여러 의미를 횡단하는 흐름이다. 그래서 상부구조의 구상처럼 단 하나의 모델에 단 하나의 현실이 꿰맞추어지고, 단 하나의 이미지와 표상에 단 하나의 의미가 꼭 맞아떨어지는 그런 것이 아니다. 오히려 그런 것들이 고장 나고 제대로 작동하지 않을 때 욕망은 생성된다. 욕망은 상부구조가 토대에 대응한다는 신화, 즉, 주체와 대상, 자유의지와 결정론, 우연과 필연의 거울 대응과는 완전히 무관하다. 욕망은 과거-현재-미래를 가로질러 횡단하며, 학교, 가족, 시설, 단체, 공동체 등의 배치를 횡단하며 비스듬히 흐른다. 횡단하는 비스듬한 운동이 만드는 우발성과 사건성, 특이성에 주목할 필요가 있다. 마르크스가 생각했던 '이데올로기라는 상부구조는 허위의식'이라는 생각은 일면 타당하다. 그러나 이데올로기가 왜 가짜와 허위 속에 빠져드는가? 그것은 욕망을 뻔한 것으로 바라보고 의미화하기 때문이다. 예를 들어 카프카의 『변신』을 읽고 작가의 분열증의 징후를 바라보면서 뻔하게 평가하는 심리학화된 독자가 생겨나는 것처럼 말이다. 욕망에 대한 심리학화, 정신분석화, 힐링화는 최근의 욕망에 대한 태도를 반증한다. 상부구조가 주는 메시지는 다음과 같다. "당신의 욕망은 별 볼 일 없이 뻔한 것이고, 결국 색다를 것이 없다."라는 메시지가 그것이다. 그러나 욕망은 문학, 예술, 과학, 혁명을 창조해 내는 미래 구성적인 상상력이라고 나는 감히 말하고 싶다. 가타리는 다음과 같이 한 인터뷰에서 말한다.

정열의 의미는 오히려 거대한 활기, 풍부함, 차이이며, 그에 반해 자본주의 질서의 의미는 잔인성, 도식주의, 가장 억압적이고 가장 전 지구적인 동일시이다. 열망, 욕망의 사회는 무질서의 사회, 순전히 잔인한 표현의 사회가 결코 아닐 것이다. 반대이다. 정말 다른 시대의 남근주의적 잔인성과 전혀 관계가 없는 [사람들의] 새로운 감성, 엄청난 상냥함, 새로운 부드러움을 잘 관찰해 보자.[5]

나는 첫 번째 강령을 작성하면서, '나중에, 나중에'라는 공명상자 속에서도 꿋꿋이 발언했던 성소수자 활동가를 생각했다. 그는 한국 사회에서 특이점으로서의 소수자운동의 의미좌표를 보여준 사람이었다. 그의 용기와 지혜, 강건함은 스피노자의 격언처럼 우리 안의 생명이자 자연인 욕망이라는 자기원인에 따라 영원성의 시간을 구성한다. '나중에'라는 미래는 오히려 지금-여기-가까이에 당장 해야 할 과제와 현실 자체를 보여주었고, 그런 점에서 그 시간은 욕망의 발생 순간이라는 특이점을 통해 이제까지 존재한 적이 없는 단 한 번의 실존의 순간, 단독성의 순간, 유일무이한 순간으로 표현된다. 가타리의 소수자운동의 실천

---

5 펠릭스 가타리, 『가타리가 실천하는 욕망과 혁명』(문화과학사, 2004), 81쪽.

강령은 이데올로기로서의 보편 어법이 아니라, '욕망하는 생산'의 창조와 생성의 순간을 겨냥하고 있다. 나는 조심스럽게 그리고 신중하게 소수 자운동의 생명에너지, 활력, 삶의 자기원인으로서의 욕망이 지상에 등장했던 그 순간, 우리는 차이가 나기 시작했고, 다양해지고, 풍부해졌다고 말하고자 한다. 무엇을 주저하는가? 욕망이 스스로 말하게 하라!

2장

하라, 하라, 무의식의 공장을 가동하라!

강령 2

욕망을 하부구조 쪽으로 보내고
가족, 나, 그리고 사람을 반생산 쪽으로 보내라.

· · ·

가타리의 사유의 핵심은 '욕망하는 것이 바로 생산하는 것'이라는 생각에 있다. 이 장에서 우리는 욕망 개념을 창시했던 스피노자를 비롯, 라이히를 거친 사상적 진화의 과정을 살펴볼 것이다. 들뢰즈와 가타리가 '욕망하는 기계'라는 개념으로 제시한 일련의 욕망 이론은 분명 프로이트-라캉의 노선과 반대되는 것이다. 가타리는 코드의 잉여가치에 대비되는 '흐름의 잉여가치'를 개념화하면서, 공동체가 자본을 형성하는 방향성에 대해 이야기한다. 욕망을 하부구조 쪽으로 보내고 가족, 나, 그리고 사람을 반생산 쪽으로 보내라는 말은, 철저히 분열적인 흐름으로서의 욕망을 전면에 내세우면서도 가족무의식과 같은 신경증적 포획을 벗어나기 위한 책략을 구사하는 것으로 이해된다.

:: 절대적 변주 속에 있는 욕망의 언어

2017년 겨울, 서울시립미술관 라틴아메리카 특별전에는 아주 특이한 예술작품이 전시되었다. 갈라 포라스 김(Gala Porras Kim)의 「휘파람과 언어 변용(Whistling and Language Transfiguration)」이 그것이다. 이 작품은 멕시코 오악사카 지역에 사는 원주민들이 스페인 지배자들에 저항하기 위한 휘파람의 변주로 이루어진 사포텍 언어를 사용한 것을 직접 음성으로 기록한다. 휘파람 언어는 다른 언표처럼 의미를 고정시키는 명사도 의미를 진행시키는 동사도 없다. 예를 들면, 정찰을 맡은 사람이 마을 쪽으로 이방인이 접근하고 있다는 메시지를 전달한다고 했을 때, 그 휘파람 소리 어디에도 '이방인'이라든가, '마을'이라는 의미로 고정된 음이 없는 것이다. 그것은 때로는 삐리리로, 혹은 삐삐리로 표현하지만, 그들끼리 의미가 전달된다. 정해진 기표가 없는 것이다. 그저 삐리리, 삐삐삐, 삐리삐의 절대적 변주만이 있을 뿐이다. 단지 리토르넬로의 연속적 변주인 이 휘파람 언어가 왜 중요한가? 우리의 삶이 욕망의 절대적 변주 속에 있다는 것, 의미화된 질서는 우리의 욕망을 응고시키고 단속시킬 뿐이라는 것을 알려주기 때문이다.

이런 절대적 변주의 과정을 접한 사람들은 어리둥절할 수밖에 없다. "~은 ~이다"라고 의미화할 수 있는 여지가 전혀 없다는 것, 포섭과 포획의 의미의 그물망이 작동할 수 없다는 것, 의미화와 모델화가 불가능하다는 것. 결국 탈주하는 자의 표현양식에 주목할 수밖에 없으며, 욕망의 지도 제작의 가능성만이 남게 되는 일련의 과정과 마주치게 되기 때문이다. 그것은 새나 돌고래처럼 음악으로 언어를 사용하는 생명의 분자 되기의 지평을 살짝 조망해 준다. 그리고 우리는 욕망의 변주가 갖는 화음 속에서 리듬에 따라 박자에 따라 몸을 들썩이거나 손짓을 하거나 코를 킁킁댈 수밖에 없다는 사실을 체험한다. 그저 '느낌적인 느낌'만이 의미를 해석하는 수단일 뿐이다. 우리는 탈영토화의 흐름의 연속 속에서만 기억과 리듬을 묘사할 수밖에 없다.

이는 인디언들에게도 관찰된다. 인디언들은 일정한 나이가 되면 성인식의 의미로 산에 홀로 들어간다. 그 속에서 일정 기간 동안 혼자 살아가면서 자연과 생명의 언어를 체득한다. 여기서 우리가 느낄 수 있는 것은, 말이 없다는 것이 기호가 없다는 것을 의미하지 않는다는 점이다. 별자리, 미생물, 벌레, 나비, 꽃, 동물 등은 제각각의 기호를 발산한다. 이렇듯 욕망의 향연은 말보다 비기표적 기호계인 냄새, 색채, 음향, 몸짓, 표정, 맛 등에 의해서 풍부해지고 다양해진다. 인디언들은 언어를 고도로 발전시키기보다는 느낌적인 느낌을 알 수 있는 오감 혹은 육감을 발전시킨다. 그들은 이웃의 문을 두드리며 방문할 때조차도 "누구입니까?"라는 물음에 "저는 어둠입니다", "저는 바람입니다", "저는 돌

모두의 혁명법

멩이입니다"라는 말로 상대방에게 자신을 표현한다. 그래도 서로가 누군지를 알게 된다. 이는 곧 새의 언어와도 유사하다.

방울새는 맹금이 선회하며 날면 다른 종류의 새가 부르는 소리와 조금도 다르지 않은 소리를 내기 시작한다. 더욱이 이런 다른 종류의 새들이 만약 가까운 곳에 있으면 이 정보의 덕을 보는 것은 물론이다. 거의 구별되지 않는 이러한 외침소리에 개시는 지극히 천천히 퍼져가, 맹금〔육식 조류〕으로 하여금 발신자 새들의 위치를 확인할 수 있게 도와주는 두 귀의 듣기 비교 측정을 할 수 없게 하는 식으로 받아들여지는 것 같다.[6]

이렇듯 탈주하는 자는 욕망이 이끄는 대로 도주선을 그린다. 쫓고 쫓기는 자의 게임, 탈영토화와 재영토화의 숨 막히는 포획과 탈주의 과정이 있다. 그러나 절대적 변주로 자신을 표현한다면, 욕망의 도주선은 매끄럽게 포획의 그물망을 빠져나가게 된다. 소수자운동은 이러한 사포텍 휘파람 언어와 같은 절대적 변주에 따라 매끄러운 욕망의 도주선을 형성할 수 있다.

:: 욕망, 미래진행형적 무의식

욕망은 "내가 무엇을 원하는지?", "내가 끌리는 것이 무엇인지?" 등의 질문과 공명한다. 그래서 종잡을 수 없는 것이 욕망이고, 도주하는

---

6 펠릭스 가타리, 『기계적 무의식』(푸른숲, 2003), 170쪽.

것이 욕망이다. 욕망을 품게 되는 순간, 현실에서 어떤 변화가 감지되는가? 아마도 욕망의 미래진행형적인 흐름은 그것을 욕망하는 순간 이미 천천히 보이지 않게 움직이고 탈주하고 있을 것이다. 어찌 보면 "내가 무엇을 원하는지?"를 묻는 순간이 바로 욕망이 던진 의문형, 문제제기, 질문, 아포리즘이 시작된 때일 수도 있다. 그래서 욕망은 미지의 곳을 향해 떠나는 여행이라고도 은유된다. 생각해 보면, 결론이 이미 나와 있는 관광을 하는 것이 무슨 소용이 있겠는가? 욕망 속에는 탐험, 모험, 탐색, 여행에서 낯선 곳에 도달하고자 하는 사람들이 던지는 질문이 갖고 있는 요철과 굴곡, 울퉁불퉁한 표면, 기계화음 등이 들어가 있다. 그 질문은 아예 대답을 갖고 있지 않을 수도, 대답을 여러 개 가지고 있을 수도, 모두가 대답일 수도 있다.

이렇듯 미래를 구성하고 생산하도록 만드는 절대적 변주의 화음이야말로 욕망이 갖는 추동력이자 원천이다. 욕망의 질문이 갖고 있는 화음에 따라 가속과 감속을 하면서 낯선 곳으로 튕겨져 나가는 경험을 해 본 적이 있는가? 화음에 따라 머리를 흔들고, 몸을 흔들고, 팔다리를 흔들어도 좋다. 우리는 앞으로 달려간다. 달린다. 욕망이 갖고 있는 리토르넬로(ritornello)는 우리 자신을 구성하는 화음이며, 리듬이다. 그리고 이 속에서 우리의 기억과 삶이 구성된다. 우리가 화음에 맞추어 앞으로 주파할수록 병리적이고 연약하고 협착되어 있는 무의식들은 뒤로 뒤로 사라져간다. 병리적 분열에 대한 치유의 비밀은 욕망의 미래 추동력 속에 있다.

리토르넬로가 단지 가능한 변화의 종결이 아니라 그 시작이라는 것을 사람들은 종종 잊는다. 리토르넬로는 우리가 미래의 힘과 함께 나아갈 수 있도록 해준다. 리토르넬로는 스스로를 미래의 힘으로 기워 넣음으로써 그

모두의 혁명법

것과 결합한다. 리토르넬로가 이렇게 할·수 있는 것은, 정동이 전이 또는 통로로서 리토르넬로의 다른 측면들 안에서 또는 그 사이에서 감각과 사건, "시간의 윤곽선"을 가로질러 연결될 수 있기 때문이다.[7]

　욕망이 리토르넬로라는 절대적 변주에 따라 발언한다면 어떤 일이 벌어질까? 연단과 배치가 꾸며져 있을 때, 누군가 "욕망이야말로 세상을 재창조하고 생산하고 삶을 구성하는 원천이라고 생각한다."라고 발언한다면 어떨까? 어떤 토론회에서 불쑥 정말 그러한 황홀하고 열정적인 발언이 있었지만, 사람들은 욕망에 대해서 색안경을 거두지 않았다. 즉, 생명에너지로서의 욕망과 자본주의적 욕망이 뒤섞여 있는 것이 욕망이지 않나 하는 생각 때문이었다. 나의 '욕망'은 '이것이다'라고 한 마디로 정의되기 어렵고, 모호하고 불안정하고 좌충우돌하기 때문에 더더군다나 그렇다. 그러나 그 진지한 발언이 현시하는 것은 사업체이면서 동시에 결사체였던 협동조합운동조차도 욕망의 이중성으로부터 자유로울 수 없다. 욕망은 오염되어 있고 지저분하며, 인기에 편승하는 스타나 팬덤 무리와도 같다. 하부구조인 위장 속이나, 돈의 문제나 허리 아래의 문제도 다루니까 말이다. 만약 혁명적 금욕주의자들이 이 말을 듣는다면, 당장 욕망과 손을 끊겠다고 나설 일이다.
　여기서 문제는 욕망이 발생하느냐, 안 하느냐의 여부가 아니라, 욕망이 어떤 것을 생산하느냐의 문제이다. 욕망을 생산 쪽으로 향하게 하는 것은 부드러운 마그마의 흐름을 만들어내서 우리가 바로 지금 여기 서

7　론 버텔슨/앤드루 머피, 「일상의 무한성과 힘의 윤리: 정동과 리토르넬로에 대한 가타리의 분석」, 『정동 이론』(갈무리, 2015), 249쪽.

있는 대지를 만드는 화산 활동과 같다. 욕망은 삶을 구성한다. 자신의 원하는 것은 자신의 삶을 만들어내는 과정과 일치하기 때문이다. 우리가 밥을 먹고 싶다면 그것은 우리를 살리기 위한 원천이 되고, 누군가를 사랑한다면 사랑을 통해 세계를 재창조하여 색다른 삶을 살고자 하는 의지의 발로이기 때문이다. 어떤 사람이 품고 있는 욕망을 잘 들여다보면, 그 사람의 삶의 무늬와 결, 화음을 알 수 있다. 삶은 부드러운 흐름으로서의 욕망의 마그마가 만든 대지인 셈이다.

동시에 모든 사람이 각각 다른 욕망을 갖고 있기 때문에, 욕망은 하나의 모델이 아닌 메타모델이라는 점에서 공동체 역시 설명할 수 있다. 천 명의 사람이 있다면 천 개의 욕망이 서식하며 천 개 혹은 그 이상의 공동체가 만들어진다. 다양한 욕망이 중요한 것이 아니라, 다양한 욕망의 생태계 속에서 미처 생각지도 못한 색다른 욕망을 만들어내는 것이 중요하다. 각각의 욕망이 따로따로 존재하는 것이 아니라 서로 연결접속되어 새로운 욕망을 만들어내기 때문이다. 이를 특이성 생산, 주체성 생산, 분자혁명 무엇이라고 불러도 상관이 없다. 여기서 주의해야 할 점은 욕망은 환상, 망상, 꿈, 기대, 희망, 열망과 완전히 다른 색깔과 무늬와 결을 갖고 있다는 점이다. 욕망이 은유나 몽상이 아니라, 현실을 구성하는 정교한 건축물과도 같고, 감각을 발명하는 예술작품과도 같기 때문이다. 욕망의 실천성은 '세계의 재창조', '구성적 실천', '미래진행형적 흐름'을 망라하는 것의 자기원인으로 작동한다는 점에 있다.

가끔 과거에 작성해 두었던 일람표나 계획서, 기획안 등을 살펴볼 기회가 있다. 그 속에서 자신이 품었던 욕망을 반추하게 된다. 그러면 과거의 욕망 속에서 실패와 좌절, 패배만이 있는 것이 아니라, 현재의 현실을 구성했던 무수한 동기와 자기원인이 있다는 것을 발견하게 될 것이다. 그것은 자신에게 잠재되어 있는 누적된 과거가 현재를 구성한다는 점에 대한 깨달음일 수 있다. 니체가 창안한 계보학적인 측면에서 현재를 구성하는 과거를 역으로 추적해 볼 수도 있다. 여기서 지금 자신이 서 있는 현재가 과거의 욕망이 갖는 자기원인이 만든 색다른 구성물이라는 사실을 쉽게 깨달을 수 있다. 그리고 욕망한다는 것이 현실을 생산하는 것과 동의어라는 것을 불현듯 깨달을 수 있게 된다.

여기서 욕망 개념의 창시자 스피노자가 삶의 자기원인으로서의 코나투스(conatus)를 말했던 것을 떠올려볼 수 있다. 스피노자의 범신론의 세계는 필연적 법칙과 기계적 인과성만이 아닌 우발성, 조우, 여백으로 가득 찬 스케치북이라고 할 수 있다. 그 속에 무엇을 기입해 나가든, 삶과 생명, 공동체가 자기원인을 갖고 자기생산(autopoiesis)하는 그림이 그려질 것이다. 물론 사람마다 각각의 의미연관은 약간씩 다를 수는 있겠지만, 욕망이 허망한 공상이나 환상, 망상이 아니라 스스로의 세계를 구성하고 생산하는 일관된 좌표 설정이었다는 점을 알 수 있다. 들뢰즈가 어디에선가 말했던가? "한 사람의 죽음은 하나의 세계의 소멸과도 같다."라고 말이다. 욕망이 구성하는 세계는 각각의 사람들에 따라 모두 다른 세계를 만들어낸다. 그런데 그처럼 다채로운 각각의 세계의 생산과 구성을, 하부구조로 보내진 욕망의 작동이라고 불러도 좋으리라.

욕망은 미래를 향하는 모터나 추동력, 원동기이며, 시간을 횡단하며 일관된 흐름으로 나아가게 만드는 나침반이다. 욕망은, 신체의 행위와 움직임의 구성작용, 공동체 내에서의 일관성의 구도(plan of consistence), 향후 행위와 실천의 지향성, 미래로 흐르는 무의식, 기호를 관통하여 흐르는 생명에너지 등으로 나타난다. 이렇듯 욕망은 미래를 창안하기 위한 움직임, 미래진행형으로서의 무의식인 셈이다. 다시 말해 공동체에서 자신의 미래적 전망을 찾기 위해서는 각각의 구성원들이 무엇을 욕망하는지를 점검해 보는 워크숍이나 토론회 등을 통해서 지향성의 그림을 그려낼 수 있는 것이다. 그 속에서 미래는 아주 가까이에 있는 과정적이고 진행형적인 실천임을 재확인할 수 있게 된다.

어른들은 아이들에게 "꿈이 무엇이냐?"라는 다소 상투적인 질문을 던지곤 한다. 사실 이것은 '욕망'에 대한 질문일 수 있다. 물론 꿈과 욕망은 같으면서도 다른 면을 갖고 있다. 욕망은 신체와 삶의 내재성에 끌리고 매혹되어 미래로 달려가는 것이라면, 꿈은 삶과 분리된 미래의 일을 미리 선취하여 생각하고 희망하게 만드는 것에 불과하다. 그래서 욕망은 무의식과 관련된다면, 꿈은 전의식(pre-consciousness)과 관련된다. 미래가 만들어지는 것은 욕망의 공장이 작동해서, 미지의 생산물을 창출하고, 과거의 상처와 협착을 부드럽게 감싸 녹여낼 때 가능하다.

:: 하라! 무의식의 공장을 가동하라!

가타리의 사유의 핵심은 '욕망하는 것이 바로 생산하는 것'이라는 생각에 있다. 그런 점에서 욕망은 하부구조에서 일어나는 생산과 소비, 등록, 유통, 분배, 교환 등 일련의 순환 과정을 보여준다. 욕망의 정치경제학이 작동하기 위해서는 무엇보다도 중요한 것이 바로 '생산하는 욕망', '욕망하는 생산'에 있다. 무의식은 욕망이 생산하는 거대한 판과 구도이다. 즉, 욕망의 두뇌가 생기는 순간 동시에 그것을 그려낼 무의식이라는 캔버스가 생기는 것이다. 여기서 '무의식의 극장'이 아닌 '무의식의 공장'의 설립이 바로 욕망의 창조와 생성의 진면모라는 점을 감지하는 것이 필요하다. 무의식은 환상, 꿈, 공상, 열망과 같이 공동체로부터 고립된 개인들이 텔레비전 앞에서 말라리아에 걸려 꼼짝 못하는 신체 상태에서 직면하게 되는 환각과 환시, 환청이 아니다. 무의식은 공동체와 소집단의 관계성좌와 내재성의 평면 속에서 생산되면서, 자신의 미래의 징검다리를 직접 놓고 바로 그런 다음 냇물을 건너도록 만드는 삶의 자기생산이다. 그런 점에서 우리의 삶과 사회, 공동체를 만드는 살림과 정동의 경제학의 역할을 바로 욕망이 맡는다.

무의식은, 무언가를 하지 않는 상황에서 활발해지는 정신역동과 같이 병약하고 연약한 심상을 의미하는 것이 아니다. 상담실에 가만히 앉아 있는 것이 정신역동을 활발하게 만드는 유력한 길이 아니라는 의미이다. 반면 무의식은 무언가를 할 때 생산되고 비로소 활발해지기 시작하는 마음의 성좌를 의미한다. 결국 마음을 움직인다는 것은 무엇인가를 하는 행위로부터 시작되는 것이다. 여기서 "하라!"라는 말은 곧 "마음을 움직이라!"는 말과 동의어이다. 우리의 몸이 활발하게 움직이고, 실천할 때, 무의식이나 정신역동은 가장 활발한 것이다. 카우치에 누워 꼼짝 못하고 얼어붙어야 정신역동이 활발하다는 정신분석의 설정으로부터 벗어나라! 무의식은 극장에서 발생하는 것이 아니라 공장에서 발생하는 것이기 때문에, 공장을 작동시켜 창조와 생산으로 돌입하여야 할 것이다. 예를 들어 글을 쓰는 작가가 시작점을 찾지 못하고 글을 미뤄둔 채 방황하다가도 다른 일을 하다가 불현듯 시작점을 찾고 미친 듯이 몰입하는 것처럼, '무엇인가를 한다'는 것은 그것을 욕망하면서 그 일을 무의식 속에서 지속시키거나 강렬하게 만들고 진행시키는 행위 일체를 의미한다. 그러나 정작 가장 적극적으로 문제와 상황에 뛰어들 때 무의식의 공장은 엄청난 괴력을 발휘하면서 또는 분열의 파열음을 내면서, 완전히 다른 삶과 현실을 창조해 낼 것이다.

　물론 욕망의 입구와 출구는 다를 수 있다. 우리가 문제시하던 사건이나 상황은 욕망의 입구를 형성한다. 우리는 쩔쩔매기도, 콤플렉스에 사로잡히기도, 협착되기도 한다. 그런데 아주 돌발흔적과 같이 탈주로, 즉 출구가 마련된다. 그 순간 우리는 완전히 다른 세계의 재창조의 순간을 맞이할 수 있다. 협착된 입구의 부분이 가족, 나, 그리고 사람이라면 그것을 해결할 출구는 예술, 과학, 혁명일 수 있다. 이를테면 가정 불화의 문제가 심각할 때, 예술로부터 출구를 찾거나, 빈곤, 실업 등의 상황을 활동과 혁명적 실천으로 풀어가면서 입구와 다른 출구를 찾는 경우를 생각해 볼 수 있다. 우리가 문제로 갖고 있던 콤플렉스, 불안, 분열, 협착 등은 우리가 떠안고 가야 할 부분이며, 전혀 다른 방향에서 출구가 생산되어 강인하게 탈주선을 그림으로써 해방될 수 있는 영역이다. 그런 점에서 입구와 출구를 동일시하는 심리학화된 치유와 치료의 신화는 기각된다.

　그렇다면 욕망을 하부구조에 보내는 것은 무엇을 의미할까? 마르크스주의자들은 하부구조를 노동이나 생산이라고 사유하며, 욕망을 환상이나 꿈, 이데올로기처럼 상부구조 속에서 생각하였다. 특히 마르크스주의자들은 하부구조를 상품을 생산하는 경제의 영역으로 사고하였다. 하부구조로서의 노동이 생산적이라는 관점은 노동가치론에 녹아들어 있다. 즉, 욕망은 어떤 상품도 만들 수 없다는 것이다. 이렇듯 마르크스주의자들의 생각은 욕망이 갖는 창조와 생성, 구성적 실천, 일반지성과 생태적 지혜 등에 대해서 괄호를 치거나 누락하는 경향이 있다. 그저 욕망은 향유적이고 부가적이고 심지어 부르주아적인 것으로 치부된다. 그런 점에서 마르크스주의자들은 첨단기술 사회, 네트워크 사회에서 기계류의 혁신에 욕망의 생산적인 측면이 동원되는 국면에 대해서 설명할 수 없다. 즉, 특이한 욕망의 등장은 네트워크상의 집단지성을 풍부하게 만드는 원동력이 됨으로써 기계류를 혁신한다는 일련의 현실은 철저히 베일 속에 가려진다. 욕망하는 생산의 부수효과로 기계류가 발전하는 과정은 철저히 미지의 영역에서 온 외부효과로만 생각되는 것이다. 동시에 욕망은 소비-욕망, 권력-욕망, 향유 등으로 전락시켜 철저히 부르주아의 영역으로 협의를 두고 색안경을 착용한다. 그런데 노동이 생산적이라고 생각하기 이전에 욕망이 생산적이어야 우리의 삶과 무의식, 신체와 마음 등이 구성된다는 점을 생각해 볼 필요가 있다. 그런 연유에야 비로소 신체와 사회체, 기계체가 성립되고 유물론이 성립 가능하게 될 수 있다. '신체 없는 유물론', '기계 없는 마술적 유물론', '욕망 없는 가현실적 유물론'으로 전개되는 노선의 배후에는 신체와 욕망에 대한 불모화와 제거가 있다.

:: 욕망 이론의 사상적 진화

욕망의 정치경제학을 처음으로 발견한 사람은 프로이트였다. 프로이트의 혁신적인 면은 욕망을 하부구조로 보낸 최초의 사람이라는 점에 있다. 그는 리비도 경제학을 통해서, 리비도라는 욕망, 충동, 열망의 에너지가 자연과 신체에서 발생하는 에너지라는 점을 응시했다. 프로이트는, 리비도 에너지가 일정량 이상 발생되면 사라지지 않고 다른 방향으로 움직이기도 하지만 결국 보존된다는 앤트로피 1 법칙 즉 에너지 보존 법칙을 주장한다. 예를 들어 성욕에 대한 억제와 승화가 문화, 예술, 학문, 문명의 원천이라는 것이 그것이다. 프로이트 이론에서 리비도 에너지는 위험스러운 반사회적 충동으로 묘사되어 억제와 승화를 거쳐 문명화되어야 할 것으로 거론된다. 특히 말년의 프로이트는 욕망에 대해서 색안경을 끼고 바라보면서, 욕망을 억압할 것을 주문하는 기성세대와 마찬가지의 꼰대적인 발언을 한다. 그는 동물적 욕망이 심연의 지층 속으로 억제되어 다른 대체 수단——문화와 통속적인 삶의 양식——으로 흐름이 바뀌어야 평화롭고 안전한 문명의 상태가 가능하다고 보았다. 욕망에 대한 아랫지층의 압력이 마그마가 분출되듯이 해방된다는 생각은 결코 하지 못한 것이 그의 한계이다. 그러나 한때 프로이트의 제자였지만 나중에는 자신의 곁에 얼씬도 하지 못하게 했던 이단아 라이히가, 돌연 생명에너지로서의 욕망과 욕망 해방에 대한 노선을 창안한다.

빌헬름 라이히는 욕망이 신체로부터 기원을 갖는 생명에너지이자 우주로부터 기원한 에너지라는 점을 발견한다. 라이히에 따르면 가족신경증과 같은 억압된 상황은 생명에너지로서의 성-욕망을 활성화하면 극복되리라고 여겼다. 즉, 성해방은 심리적/사회적 해방의 기초가 된다는 것이다. 물론 프로이트-마르크스주의의 틀에 따라 굳어진 '노동'과 '성-욕망'의 이분법이 라이히의 이론에도 잔존하지만, 그가 설명하고자 했던 욕망은 해방적이고 창조적인 생명에너지였음은 분명하다. 이를테면 자연스러운 1차적 욕망이 억압되고 금기시되면 도착적이고 굴절된 2차적 욕망이 발생하게 되는데, 여기서 욕망이 원래부터 반사회적이었던 것이 아니라 억압, 금기, 터부가 그렇게 만들었다는 입장이 제출된다. 라이히는 성-욕망의 자연스럽고 창조적인 생명에너지가 억제되면 신체에 울혈이 발생되며 이것이 지속되면 성격갑옷이라는 딱딱하고 억압적인 욕망이 발생된다는 점을 밝힌다. 그리고 성격갑옷은 폭력과 증

모두의 혁명법

오, 차별로 아로새겨져 있다. 그의 성격분석은 결국 억압된 욕망에 대한 지도 그리기였다. 그는 억압을 욕망하는 마조히즘의 기원에는 욕망의 억압이라는 기계적이고 체계적인 억압 기제가 있었음을 고발한다. 억압을 욕망하는 마조히즘이 결국 파시즘의 기원이 된다는 점에서, 성해방은 곧 욕망해방이면서 사회해방인 셈이다.

그러나 라이히는 성–욕망의 해방은 노동의 민주주의와 함께 이루어져야 할 것이라는 점을 밝히면서, 욕망해방과 노동해방을 동시적인 것으로 사유한다. 노동의 민주주의라는 평의회, 코뮌, 소비에트라는 정치적 기관에 호소한다는 점에서 라이히는 노동의 패러다임을 완벽히 단절하고 욕망의 패러다임으로 이행한 것은 아니다. 물론 이런 이분법은 상부구조와 하부구조의 이분법과 유사점을 갖기 때문에 일정한 시사점도 있다. 그러나 라이히의 혁명성은, 욕망의 원리가 현실 세상을 구성하고 바꾸며 재창조할 중요한 원천이라는 점을 밝힌 데 있다. 그러나 그러한 상부구조/하부구조의 이분법을 벗어나지 못한 한계는 이후 세대에게 낡고 단순하고 도식적인 서구 철학의 이분법을 벗어나지 못했다고 평가할 위험성으로 그의 이론 내에서 상존해 있다.

라이히는 말년에 오르곤 에너지에 대해 몰두했는데, 이는 신비주의나 허구의 가설에 매달린 것으로도 후대에는 평가되지만, 사실은 우주, 생명, 자연, 신체를 포괄하는 생명에너지에 대한 탐색이라는 점에서 중요성을 갖는다. 욕망을 우주와 태양에서 기원을 갖는 생명에너지로 보는 이러한 라이히의 관점은 가타리의 이론의 주춧돌이 되었다. 그것은 가타리에 이르러서는 신체–욕망에서 기호–욕망으로 이행하면서, 기호에 따라 변이되는 에너지관으로 바뀐다. 즉, 라이히의 단순성은 가타리에 와서 복잡성, 다양성, 횡단성 등으로 바뀌는 것이다. 이에 따라 욕망이 신체로부터만 기원을 갖는 것이 아니라 우주에도 기원을 갖듯이, 더 나아가 다양한 기호작용에도 영향을 받는다는 설명이 가능해진다. 가타리에 따르면, 우리가 달콤한 사랑, 부드러운 정동, 횡단하는 욕망을 증폭시키는 것은 기호의 생산과 소비 등에 긴밀한 관련을 갖는다고 할 수 있다. 여기서 극소적이고 미시적인 영역에서의 수많은 기호작용들은 욕망의 변이와 횡단, 이행을 위한 특이점으로 간주된다.

가타리에게 욕망은 기계론과 기호론이라는 두 가지 작동 원리에 따라 움직인다. 먼저 그는 기호론에서 생명에너지의 흐름이 발생할 때, 그것의 에너지가 기호작용의 특이점에 따라 변이되거나 창출된다는 점을 지적한다. 즉, 기호에 따라 욕망이 창조되고 생성되는 것을 생각해 볼 수 있다. 생각해 보면, 이미지-영상과 같은 것조차도 욕망의 원천일 수 있다. 그런 점에서 들뢰즈는 『시네마』를 통해 (영화를 보고 있는 사람이라는) 프레임의 바깥을 사유하면서 이미지 역시도 생명이라는 논리를 펴기도 하였다. 기존의 기호학자들은 기호를 물질적이거나 에너지적인 관점에서 바라보지 않고, 상부구조 속의 작동 방식 중 하나라고 보았다. 그러나 기호는 욕망의 경제학과 같은 하부에서 작동한다고 볼 수 있다. 물론 기호는 상징계, 권력적인 의미작용, 고정관념으로서의 기표(signifiant)와 같은 지배적인 기호작동으로도 나타날 수 있다. 그래서 기호의 의미작용을 모두 권력으로 바라볼 위험도 상존한다. 그러나 생명과 자연의 기호작용이 우리의 내부에 들어와 있다. 비기표적 기호계인 냄새, 색채, 음향, 몸짓, 표정, 맛 등의 향연이 우리의 내재적인 욕망을 표현할 수 있는 기호적 수단임에 분명하다. 동시에 그러한 비기표적 기호계가 고도화되고 추상화될 때 도표(diagram)가 만들어질 수 있다. 음악 기계, 미술 기계, 마임 기계, 수학의 미분과 적분, 로봇의 통사법과 같이 고도로 자유롭지만 고도로 조직된 도표와 같은 색다른 기호작용이 있을 수 있다. 도표의 관점에서 볼 때 우리의 언어는 고도로 조직된 신체의 움직임과 동작을 전제하고 있다는 시각도 가능하다. 도표의 관점에서 볼 때 권력의 의미작용만이 고도로 조직되는 것이 아니라, 우리의 모든 삶을 이루는 냄새, 색채, 음향, 몸짓, 표정, 맛 등의 구성요소들이 고도로 조직될 수 있다. 도표라는 기호의 특이점에 따라 완전히 다른 세상이 창조될 수 있다. 즉 기표라는 자본주의적인 고정관념에 파열구를 낼 우리 안에 생명과 자연의 도표작용이 있다. n분절의 기호작용인 도표라는 하나의 파문이 잇달아 도미노 작용처럼 지배적 기호계를 무너뜨릴 수 있는 것이다.

도표적 기호입자는 절대적 탈영토화의 양자의 담지자로, 이 양자는 자신이 연접되어 있는 물질적 흐름의 강렬한 탈영토화 과정을 항상 넘어서 있습니다. 도표적 기호의 배치는 현실적인 탈영토화를 가속하며, 시간, 공간 또는 표현 실체 속에서 모든 기계적 표면에서 벗어나 일관성의 구도 위에서 자신의 조용한 움직이지 않는 춤을 춥니다.[8]

도표가 n분절의 기호작용인 이유는 각자가 모두 매체로서 기호를 발신할 수 있다는 점에서 기인한다. 그것은 가타리의 생전에는 자유라디오운동으로 경험되었다. 여기서 우리는 현대판 자유라디오운동이라고 할 수 있는 팟캐스트나 공동체 라디오 등에서의 색다른 기호작용이 발신되는 것에 주목해 봐야 할 것이다. 주류와 다수의 의미화 작용이나

8 펠릭스 가타리, 『분자혁명』(푸른숲, 1998), 379쪽.

뻔하게 바라보는 권력의 기호작용이 아니라, 세계를 색다르게 바라보면서 이색적이고 특이한 기호작용이 형성될 가능성이 높기 때문이다. 가족생활, 똑딱거리는 일과표, 노동의 지겨움, 실업의 구차함, 무능한 정치에 대한 불신 등 이러한 모든 요소들이 혁명적 이행을 가능케 하는 특이한 기호작용을 통해 탈주로를 개척할 표현 소재가 된다. 자유라디오에서의 욕설, 비주류적인 사고, 웃음과 농담, 별명 짓기, 색다른 공동체의 재창안과 재의미화, 특이자로서의 역할 설정 등이 무의식을 완전히 다른 방향으로 흘러가게 할 기호작용으로 나타나는 것이다. 여기서 기표라는 의미화하는 고정관념은 흔들리고 색다른 공동체적 관계망과 배치에 기원을 둔 n분절의 기호들이 주류와 다수자의 기호작용에 무단 침입해 들어온다. 웅성거림, 잡음, 소음이라고 여겨졌던 잡담과 농담, 시시컬렁한 이야기들이 갑자기 매체를 잠식해 들어온다. 완전히 다른 기호작동이 불쑥 등장해서 사람들 사이에 전염되는 것은 유쾌한 일이리라. 그것은 소통을 위한 것이 아니라, 단지 전염을 위한 기호이다. 또한 이러한 특이한 기호작용들은 에너지이기도 하다.

두 가지 방향성에 주목해야 한다. 즉, '에너지의 기호화'와 '기호의 에너지화'가 그것이다. 어떤 에너지가 일단 기호로 만들어지면 수많은 사람들에게 에너지를 전달할 수 있는 원동력이 될 수 있다. 이것은 주류 미디어의 다소 졸리고 둔하게 만드는 달콤하고 부드러운 메시지가 아니라, 열정을 분출하고, 딴죽을 걸며, 폭발적인 위력을 가진 자유라디오의 에너지관을 생각할 수 있게 한다. 공동체가 발신하는 기호는 민중, 자연, 생명의 에너지를 담고 있으며, 동시에 이러한 기호가 이러한 에너지를 전염시킬 수 있다는 점에서 욕망은 기호를 둘러싼 색다른 게릴라전에 돌입해 있는 상황이다. 그리고 기호론은 아카데미에서의 식

자연하는 사람들의 향유물이 아니라, n분절의 도표와 일자(一者)로서의 기표 사이의 총성 없는 전투의 선두에 서게 된다.

:: 욕망하는 기계, 욕망을 하부구조로

욕망의 하부구조로서의 생산적 역할과 기능을 말할 때, 우리는 들뢰즈와 가타리가 함께 쓴 『안티 오이디푸스』(민음사, 2014)에서의 '욕망하는 기계'라는 개념에 주목하지 않을 수 없다. 생산 자체가 네트워크의 형상과 떨어질 수 없는 탈근대 자본주의하에서, 네트워크의 노드와 매듭, 지절에서 기능연관과 연결접속을 수행하는 작은 모듈 단위 혹은 단자 하나를 '욕망하는 기계'라고 불러도 무방할 것이다. 욕망하는 기계는 너와 나, 그로 지칭되는 정체성이 아니라, 욕망의 흐름에 따라 반복이 설립되는 사이주체성 즉, '우리 중 어느 누군가'이다. 혹은 그것(Ca)이라고 불러도 상관이 없다. 네트워크와 공동체, 생태계와 같은 관계망 속에서 연결접속되는 수많은 인간들/비인간들은 욕망을 통해서 반복을 설립하고 기계적으로 작동한다. 이제 생산은 연결접속과 구분되지 않는 상황이 된다. 그래서 접속(connection), 이접(disjunction), 연접(conjunction)이라는 연결 방식에 따라 욕망하는 기계는 달리 움직이고 재규정되며 재창조된다.

욕망하는 기계의 현존에 대해서 의심하는 목소리들이 있다. 그러나 우리가 원하는 것이나 열망하는 것이 있다면, 그것을 다시 한 번 해보고 계속 반복(=기계)하고 싶은 생각이 자연스럽게 따른다는 점에 주목하자. 예컨대 오늘 마신 커피가 마음에 든다면, 내일도 그 다음날도 반복해서 마실 욕망이 생길 것이다. 그 욕망은, 반복되며 욕망하는 기계가 된다. 이런 점에서 욕망하는 기계가 허구나 은유가 아니라는 점을 알 수 있다. 생산은 한 욕망과 다른 욕망 간의 접속이 만들어내는 효과이다. 혹자는 욕망의 네트워크의 효과를 바로 자신(=특정 개인)이 해낸 것이라고 생각하기도 한다. 그러나 배치와 관계망이 해내는 것은 특정 개인, 나, 너, 가족이 해낸 것이 아니다. 오히려 그러한 가족, 나, 사람을 반생산으로 보내고 욕망의 흐름과 반복이 생산하는 관계망과 배치에 대해서 주목할 필요가 있다. 이때의 욕망하는 기계로 직조된 네트워크라는 배치(agencement)는 미셸 푸코가 말하는 미시권력의 배치(dispositif)가 아니다. 오히려 사랑과 욕망, 정동의 배치와 관계망이다. 가타리의 미시정치는 미시권력에 주의하고 신중을 기하면서도 욕망하는 기계 간의 연결접속을 통해 만들어진 색다른 배치를 개척하려는 시도라고 할 수 있다.

> 언표행위의 집합적 배치는 집단에 의한 해결책은 아닙니다. 그것은 기호적 구성요소들이 체계적으로 깨지고 선형화되고 분리되지 않도록 하기 위해서, 서로 다른 기호적 구성요소들 사이의 연접 기회를 만들려는 시도일 뿐입니다.[9]

네트워크에서의 욕망하는 기계의 연결접속의 효과는 바로 '특이성 생산'이다. 공동체적 관계망 속에서 강렬도와 밀도, 온도가 뜨거워지고 달구어질 때 갑자기 출현하는 주체성이 있다. 이러한 주체성은 욕망이

---

9 펠릭스 가타리, 『가타리가 실천하는 욕망과 혁명』(문화과학사, 2004), 266쪽.

갖고 있는 자율성에 따라 지도를 그려나갈 사람들이며, 욕망과 함께 출현하는 주체성이다. 그런 점에서 '특이성 생산'은 '주체성 생산'이라고도 말할 수 있다. 이러한 특이점 설립에 관계망과 배치의 역할을 빠뜨릴 수 없다면 점에서, '관계망 창발'은 '특이성 생산'과 동전의 양면이기도 하다. 뭔가 특이한 것이 생산될 때, 서로 연결되어 있고 서로에 대해서 민감하게 반응하고 있던 네트워크에서는 심원한 변화가 이루어진다. 작은 변화는 돌이킬 수 없는 변화의 초석이 되며, 분자혁명의 촉매자가 된다. 이런 점에서 특이성 생산은 '분자혁명'과 '눈덩이 효과'의 전거가 된다. 이러한 분자혁명의 형상은 욕망하는 생산이라는 색다른 국면의 하부구조를 뜨겁게 작동시키는 원천이다.

욕망하는 생산과 사회적 생산의 불일치는 곳곳에서 나타난다. 욕망의 창조물이나 생산물들은 사회적 생산물로 간주되지 못하고 주변화되거나 배제되기도 한다. 자본주의 경제양식이라는 사회적 생산의 작동 방식과 소수자와 공동체의 욕망하는 생산의 작동 방식이 차이를 갖는 것이다. 예술의 경우, 자신의 예술의 가치가 보장받지 못하는 상쇄분을 공공 프로젝트나 기업 프로젝트를 통해서 보상받는다. 그렇지 못한 예술가들은 좌절과 가난, 빈곤의 나락으로 떨어진다. 그러나 예술가들에게는 그나마 기회가 있는 편이다. 중학생, 노인, 장애인, 다문화가정 2세대, 정신장애인들은 욕망하는 생산의 주체성임에도 불구하고, 복지라는 잣대 이외에는 그것을 보상받거나 유통시킬 방법이 없다.

그렇기 때문에 소수자들에게 중요한 것은 배치이며, 관계망이다. 자신이 혼자 개인, 나, 가족으로서만 있는 것이 아니라, 다양한 사람들이 어우러지는 공동체적 관계망을 형성하고 있을 때, 그나마 자원-부에 너지에 접근할 기회가 생기기 때문이다. 우리는 배치를 통해 소득을 요구함으로써 책략에서 앞서갈 필요가 있다. 기본소득의 제도화는 욕망하는 기계를 생산적이고 창조적으로 간주하면서 욕망하는 생산과 사회적 생산의 분리차별을 극복할 수 있는 특이점으로 삼아야 할 것이다.

물론 욕망하는 생산의 혁명적인 역할을 표현하기에는 제도적 보상만으로는 부족하다. 소수자들은 특이성을 생산하면서, 관계망을 발효시키고 성숙시키며, 생태적 지혜와 집단지성의 고도화에 기여한다. 욕망하는 기계는 생산적이고 창조적인 힘과 역능을 갖고 있기 때문에 유능함을 사회적으로 인정받아야 할 것이다. 그러나 표면적으로 욕망하는 생산은 사회적 생산으로 가시화되지 못하는 경우가 대부분이다. 욕망하는 생산은 보이지 않는 에너지와 힘, 열정 등의 출현으로 인해, 사회와 공동체를 풍부하고 다양하고 생산적으로 만드는 동인이라고 할 수 있다. 이렇듯 한 사회의 변화는 아주 미세한 영역에서 발생하는 욕망으로부터 기원한다. 이처럼 욕망하는 생산은 사회성좌를 점차 바꾸는 수많은 예술작품과 구체적 생산물, 기계류 등을 만드는 원천이라고 할 수 있다. 욕망하는 생산은 멈추지 않고, 뜨거워지고, 숨쉬며, 싸고, 빠는 등의 모든 행동 속에서 이루어진다. 그래서 욕망하는 생산은 삶을 자기생산하고 공동체를 자기생산할 수 있는 정동, 욕망, 무의식의 흐름에 기원을 갖는 것이다.

:: 욕망의 가치화 국면에서의 일화

2017년 여름 이전까지 성미산 마을공동체에 '작은나무카페'라는 곳이 있었다. 작은나무카페는 마을의 대소사가 논의되고 모임과 동아리 등의 작당 모의가 이루어지는 마을의 사랑방이었다. 그런데 성미산 마을은 젠트리피케이션이라는 광풍으로부터 자유로울 수 없는 홍대 인근이라는 지정학적 위치에 있었다. 게다가 성미산에서 발흥한 마을 공동체 활동이 살기 좋은 동네라는 근린 공간으로서의 요건을 갖추게 됨으로써 임대료 상승이라는 후과를 피할 수 없게 되었다. 주민들은 마을 사랑방을 위협하는 임대료 상승이라는 국면에 맞서 스스로 협동조합을 구성하고 몇 번의 출자의 형태로 대응하기에 이른다. 그러나 계속되는 임대료 상승은 마을 주민들의 대응을 무력화하였고, 결국 임대업자에게 가게를 넘겨주고 철수하기에 이르렀다.

이 작은나무카페 사건에서 보여주는 새로운 특징은 자본이 공동체를 탐내는 측면을 잘 보여준다는 점에 있다. 즉, 자본은 마을 공동체 활동에 따른 문화예술의 활성화, 주민들 간의 공감대의 확대, 살림과 돌봄의 사회화, 협동조합의 성숙 등이 갖고 있는 유무형의 가치에 대해서 탐을 내고 질적으로 착취할 방안을 고심하고 있다는 점이 드러난다. 성미산 마을에서 성장해서 군대에 가 있는 지윤이가 SNS에 올린 글이《오마이뉴스》에 이렇게 소개되고 있다.

어릴 적에 아이스크림을 먹으며 쉼터가 되었고, 청년일 땐 사람들을 만나고 노래하고 일하고 꿈꾸던 장소였다. 잠시 이별이지만 (카페가) 원래 있던 자리에 없다는 것은 언제나 낯설다. 그 모습조차도 보지 못한다는 것이 더욱 안타깝다. 휴가를 나갔을 때 왠지 더 힘들 것 같다. 입구에 빈 작은 나무와 그늘과 정겨움이, 그때 들었던 사람들의 웃음소리들이.[10]

10 정대희, "작은 동네 카페가 대형 '이별 편지' 내건 까닭: 협동조합으로 시작한 마포구 '작은나무'카페, 젠트리피케이션에 결국 문 닫아"(《오마이뉴스》, 2017. 7. 8).

그가 잃어버린 것은 추억이고, 사람들의 웃음소리이다. 이처럼 자본은 꿈과 추억, 기억과 욕망 등을 겨냥한 질적 착취의 단계로 이행해 있는 상황이다. 사실상 외부를 상실하여 성장의 동력이 뚝 떨어져 버린 자본이 향할 곳이 별로 없다는 점이 문제이다. 이제 자본은 우주까지 나아갈 기세이며, 미시적인 세포까지 들어갈 작정이다. 그런 점에서 욕망은 이제 하부구조에서 중요한 자본의 타깃이 되고 있는 상황에 직면해 있다.

가타리는 정동의 강렬한 가치를 욕망가치라고 표현한다. 10년 전까지만 해도 욕망가치론은 하나의 가설로 취급되는 상황이었다. 노동가치나 자본의 가치에 익숙한 사람들에게 욕망가치론은 상상력이 지나치다는 코웃음의 반응을 유발할 뿐이었다. 그러나 자본은 급격하게 공동체 '내부의 외부'인 욕망을 탐하는 국면으로 이행하기 시작했다. 이제는 욕망이 하부구조의 일부라는 사실에 대해서 부정할 만한 사람은 별로 없다. 마르크스가 창안한 노동가치라는 하나의 모델화 양식은 욕망가치, 기계적 가치, 꿈 가치 등의 여러 가지 다른 모델의 경우의 수를 축소시키는 부정적인 효과를 발휘했다. 그렇다면 성미산 마을의 작은나무카페의 상황과 같은 젠트리피케이션이라는 색다른 국면은 무엇을 의미하는가? 질적 착취를 감행하고 있는 자본의 색다른 국면을 어떻게 정의할 수 있을까?

:: 코드의 잉여가치, 욕망하는 생산의 전면화

이런 질문도 던져볼 수 있다. 만약 사회적 생산이 욕망하는 생산의 혁명적이고 생산적인 역할에 주목한다면 무슨 일이 벌어질까? 그것의 한 단면을 바로 '코드의 잉여가치(surplus of code)'라는 개념이 보여주고 있다. 코드의 잉여가치는 자본이 공동체의 시너지 효과를 탐내는 것으로부터 출발점을 갖는다.

공동체적 관계망이 만드는 시너지 효과는 다음과 같다. '생태적 지혜', '집단지성', '공유자산', '공통의 아이디어' 등이 그것이다. 코드의 잉여가치는 공동체의 시너지 효과를 자본화하는 행동으로부터 출발한다. 공동체의 시너지 효과는 사회적 자본이나 사회적 기업, 마을기업 등의 논의를 포함한다. 자본은 욕망의 보이지 않는 가치를 자본화하기를 원한다. 문화예술의 활성화와 마을 만들기, 공동체운동 등이 성숙해 갈 때, 임대업자들이 임대료를 올리는 기회로 삼는 젠트리피케이션이야말로 코드의 잉여가치의 대표적인 사례가 될 수 있다. 동시에 대기업 자본의 골목 상권의 진출 역시도 더 이상 외부에 시장을 찾을 수 없는 자본이 전통적인 공동체 내부의 영역을 탐내는 것이라고도 말할 수 있다. 그러나 코드의 잉여가치는 더 나아가 1세계 외부의 3세계에 대한 차등화와 배제, 반생산으로서의 국가의 도입, 지자체의 장소 마케팅, 플랫폼 자본주의 등으로 확장되어 사유될 여지는 있다.

버틀러는 여기서 코드의 잉여가치의 현상을 만나고 있다. 이것은 기계의 한 부분이 자기 자신의 코드 속에 다른 기계의 코드를 받아들여 이 다른 기계의 한 부분의 덕택으로 자기를 재생산하는 경우이다. 빨간 클로버와 꿀벌 수컷이 이런 경우이다. 혹은 난초과의 식물인 오르쉬드와 이것이 끌어당기는 말벌 수컷이 이런 경우인데, 오르쉬드는 그 꽃에 말벌 암컷의 냄새를 지님으로써 말벌 수컷을 불러들인다.[11]

11 질 들뢰즈, 펠릭스 가타리, 『천개의 고원』(새물결, 2001), 421쪽.

그런가 하면 '흐름의 잉여가치'라는 개념도 있다. 코드의 잉여가치가 자본이 공동체를 탐내는 것이라면, '흐름의 잉여가치(surplus de flux)'는 공동체가 자본을 형성하는 방향성이라고 할 수 있다. 흐름의 잉여가치는 공동체의 관계망의 돌봄과 살림의 흐름을 통해서 욕망을 자본화하는 방향성이다. 그래서 코드의 잉여가치는 '자본의 욕망화'라면 흐름의 잉여가치는 '욕망의 자본화'라고 할 수 있다. 특히 흐름의 잉여가치는 협동조합운동이나, 마을 만들기, 사회적 경제, 공동체 기업 등이 추진하고 있는 방향성과 궤를 함께 한다. 그런 점에서 코드의 잉여가치의 '자본의 욕망화'와 흐름의 잉여가치의 '욕망의 자본화'는 동전의 양면처럼 함께 오버랩되어 진행되는 것이 현재의 국면이라고 할 수 있다. 결국 욕망을 하부구조로 보낼 것을 주문하는 것은, 코드의 잉여가치와 흐름의 잉여가치라는 두 가지 국면의 교차 지점과 낙차 지점으로 나타날 수밖에 없다. 그것은 지구의 한계, 신체의 한계, 생명의 한계에 직면해서 외부가 소멸되어 성장의 동력을 상실한 통합된 세계자본주의의 상황과 관련되어 있다. 통합된 세계자본주의는 문명 내부에 있는 욕망의 야성성에 주목하면서, 그 욕망 속에 담긴 내부의 외부로서의 자연, 우주, 생명의 야성성과 자율성을 탐색하는 색다른 변화에 조응한다.

욕망을 하부구조로 보내는 경제적인 작동은 이미 활발히 이루어지고 있다. 욕망이 갖고 있는 흐름의 시너지는 자본화를 통해서 현실에서 나타나고 있기 때문이다. 예를 들어 욕망노동의 일종인 돌봄노동, 정동노동, 감정노동의 자본화의 가능성에 대해서는 사회적 경제와 협동조합운동에서 주목하는 핵심적인 분야이기도 하다. 노인 요양, 장애인에 대한 복지 서비스, 육아에 대한 서비스 등이 그것이다. 욕망노동의 다양한 스펙트럼에 대한 자본화의 가능성에 대한 논쟁은 여전히 지속되고

모두의 혁명법

있다. 그림자노동이라는 점, 저임금의 굴레라는 점, 감정노동자 논쟁 등이 그것이다. 특히 그 논쟁의 흐름은 초기 노동자 자율주의자들이 언급했던 '가사노동에 임금 지급을'이라는 슬로건으로부터 출발하여, 기본소득과 생활임금과 관련된 소수자들의 욕망노동에 대한 가시화 전략까지 이행해 왔다. 결국 중요한 점은 욕망의 작동이 있는 곳에 자본, 돈, 소득, 경제 등의 하부구조가 작동한다는 논의가 활발해지고 있다는 점이다. 예를 들어 광인의 정상화 노동이나 아이들의 학습노동, 노인들의 미디어 시청 노동 등을 색다른 욕망 노동으로 보고 이에 대해서 색다른 대안경제의 논의를 작동시킬 여지는 풍부하다.

:: 나, 너, 가족, 사람을 반생산 쪽으로

생산적이어야 할 것은 자연과 생명으로부터 유래한 욕망노동, 정동노동, 돌봄노동 등의 영역이지만, 생산으로부터 격리시켜야 할 부분이 있다. 즉, 끊임없이 자아로 고정되고, 아버지의 아들로 고정되고, 인간중심주의로 고정되어야 할 영역이 그것이다. 가족, 나, 사람을 반생산 쪽으로 보내는 것은 정체성, 인격, 인간성, 역할 모델, 기능적 직분 등에 대한 사보타지(sabotage)를 의미한다. 대신 공동체적 관계망 속에서 작동하는 사이주체성이나 네트워크 속에서의 '욕망하는 기계'의 연결접속에 대해서 주목할 필요가 있다. 특정 개인들이나 원자화되어 있는 개인, 정체성이 확실한 사람들, 가족 내에서 자리 잡는 인물 등에 대해서 철저히 반생산의 영역으로 만들어버릴 필요가 있다. 그렇게 된다면 '무차별적 사회'의 신화 대신 '간(間)공동체로서의 사회'의 현실이 등장할 것이다. 즉, 우리는 집합적인 배치와 집단지성에서의 역할, 공동체 내의 관계망과 배치, 흐름이 서식하는 욕망의 관계들에 대해서 주목하면, 비로소 무차별적인 사회에서 작동하는 고정된 역할과 직분, 나를 정지시킬 수 있게 된다. "내가 해냈다", 혹은 "나는 가족 내 아들/딸이다.", "이걸 해내는 인간이 중심이다."라는 발언에 대해서 철저히 의심해 봐야 한다. 이를테면 자수성가한 사람의 경우, 그 뒤에 철저하게 희생된 사람이나 가족, 소모된 인간관계 등에 대해서 생각해 볼 여지가 있는 것처럼 말이다. 사실 생태계, 공동체, 네트워크에서의 작동 방식은 이것과 달리, 관계망이 만들어낸 배치 속에서 '우리 중 어느 누군가'를 만들어낸다. 욕망은 생명에너지이자 우리 안의 자연성이며, 외부성이며, 야성성이다. 자율적인 행동양식을 추구한다면, 배치를 조성하고 야성적이고 정열적인 욕망을 유통시킬 필요가 있다. 이를 통해서 집단의 웅성거림 속의 반짝이는 아이디어, 밀도와 온도의 뜨거움에 따른 격렬한 정동, 배치 속의 무언의 강렬도에 따른 춤과 같은 언표행위 등이 나타나도록 하자.

다시 말해서 근대적인 책임주체의 모델을 적극적으로 반생산의 영역으로 만들어내야 한다는 것이 중요하다. 책임주체는 특정 개인에게 책임을 묻고 유죄화하는 방식이나, 개인의 역할이나 정체성을 호명하면서 구조화하는 방식이나, 소비자 시민으로서의 권리를 주장하는 방식이 여기에 해당한다. 책임주체의 영역에서는 명확하게 계산되고, 분리된 이해타산과 책임, 권리, 의무 등이 작동한다. 이에 반해 관여적 주체는 관계망 속에서 발생되는 '우리 중 어느 누군가'를 지칭한다. 공동체 속에서의 관여적 주체는 '너와 나 사이에서의 흐름', '너이면서도 나인 흐름', '네 것도 아니고 내 것도 아닌 공통재를 만드는 흐름'에 따른 사

모두의 혁명법

이주체성을 의미한다. 그렇기 때문에 주체(subject)라는 단어처럼 예속을 함께 동의어로 갖는 개념이 아니라, 주체성(subjectivity)에 주목해야 하며, 이러한 주체성이 바로 관여적 주체이다. 오늘날에 와서 주체성 생산이 중요한 이유는, 어떤 역할, 기능, 직분에 따라 자동적으로 움직이는 사람들이 더 이상 중요한 것이 아니기 때문이다. 특히 그 일을 해낼 사람이 미리 주어지지 않는다는 점에도 주목해야 한다. 즉, 그 일을 해낼 주체성은 관계의 성숙과 특이성 생산을 통해서 만들어나가야 하며, 발생되고, 출현되어야 하기 때문이다. 그리고 주체성 생산을 통해서 관여적 주체를 만들어나가는 촉매제가 바로 욕망이라고 할 수 있다. 욕망에 따라 돌연 그 일을 해낼 수 있고, 하고 싶어하는 사람들이 생기기 때문이다.

지금까지 두 번째 강령에 따라 우리의 사유의 흐름을 움직여보았다. 무의식, 욕망, 정동 등이 따뜻하게 감싸안는 모든 것들 속에서 심적 강건함과 치유를 동반한 미래로 향하는 강렬한 흐름이 생겨난다. 앞으로 달릴수록 공동체 관계망에는 가속과 감속 속에서 강렬도, 온도, 밀도 등이 높아지며, 관계망 속에서 특이성이 생성되어 공통성이 풍부해진다. "미친 사람보다 더 미쳐야 한다"라는 가타리의 아포리즘은 공동체 관계망 속에서의 분열생성과 특이성 생산이 격렬하게 이루어지는 역동적인 하부구조에 대한 상과 이미지를 제공한다. 우리가 직면한 다양한 문제가 되는 지점인 입구와 우리를 해방시키고 자율적으로 만들 출구는 다를 수 있다. 우리가 도주선을 타고 절대적 변주로 향할 때 욕망은 창조하고 생산하면서 '무의식의 공장'을 힘차게 작동시킬 것이다. 욕망의 여러 가지 색깔과 무늬에 따라 살아가려는 의지, 미래에 대한 열망, 돌봄과 정동의 따뜻한 흐름 등이 발생하는 하부구조를 만들 필요가 있다. 먼 곳, 저기 저편을 응시하는 것이 아니라, 가까이에 국지적으로 유한하게 존재하는 공동체 구성원들의 잠재력과 색다른 배치가 만들어나갈 미래를 생각해 보자. 욕망이 있는 곳에 삶에 대한 희망과 열망이 서식하는 것이다.

3장

68혁명은 계속된다,
모두가 분열자다!

강령 3

신경증과 가족에 의한 무의식 접근법을 포기하고, 가장 특정한 분열적 과정의 무의식을 욕망하는 기계의 무의식을 택하라.

분열분석의 창시자인 가타리는 욕망의 야성성이 바로 자율성이라는 생각을 가졌다. 이를 욕망의 자율주의로 분류할 수 있겠다. 어떤 사람이 가족주의 전망을 전혀 갖지 않는 청년일 수도 있지만, 정신분석은 이를 가족으로 환원하려 들 것이다. 가타리는 반정신의학을 개괄하고 기호론을 언급하면서, 자본주의의 고정관념과 고정된 기표로 욕망을 사로잡는 모든 행위가 정당화될 수 없다고 주장한다. 자본주의는 '책상은 책상이다'라는 기표적 질서를 통해서 이러한 문명의 정상 상태를 유지하려 한다. 여기에 심리학, 정신분석학, 정신의학이 함께 공모한다. 가족무의식을 넘어선 분열의 무의식에는 창조와 생성, 영감과 감동의 들끓는 도가니가 있다.

:: 가족주의의 전망이 없는 젊은 세대의 등장

18세기 사상가 샤를 푸리에(Charles Fourier)는 『사랑이 넘치는 신세계』(책세상, 2007)에서 뉴턴의 만유인력의 법칙처럼 사람들 사이에 끌리는 '열정적 인력'이 있다고 보았다. 즉, 뭔가 우리 사이에 끌리는 힘이 있어서 사랑을 하고 그래서 마을도, 공동체도, 협동조합도 만들게 된다는 것이다. 너무도 사랑의 힘이 넘치고, 뭐든 선물을 퍼주려고 안달이고, 서로가 서로의 쾌락을 긍정하기 때문에, 공동체가 비로소 가능하다는 것이다. 협동의 공동체를 건설하고자 하는 점에서 로버트 오언(Robert Owen)과 같지만, 푸리에의 공동체 사상을 근본적으로 다르다. 그는 오언의 경건주의에 기반한 뉴하모니에 반대하면서, 열정적 인력에 기반한 정념과 쾌락의 공동체로서의 팔랑스테르(phalanstère)를 주장한다. 오언이 신앙과 믿음, 이성에 기반한 금욕주의적인 공동체를 추구한다면, 푸리에는 욕망, 정념, 쾌락에 기반한 공동체를 꿈꾼다. 이런 푸리에의 공동체관은 무엇을 시사하는가? 금욕주의에 기반했던 생태주의운동과 경건한 공동체운동에서 벗어나 젊은 사람들의 욕망과 사랑이 긍정되는 활력과 생명에너지로 가득 찬 운동으로 이행해야 한다는 점을 의미하지는 않은가? 사실 공동체에서 시니어들이 젊은 사람들의 욕망과 정념의 부적절성에 대해서 훈계하고 금욕적 삶을 찬양하면, 젊은이들은 하나둘 슬금슬금 자리에서 벗어나 다시 되돌아오지 않지 않는가?

카를 마르크스는 푸리에를 오언(Owen), 생시몽(Saint-Simon)과 비슷한 부류의 지독한 몽상가로 보고 공상적 사회주의자라고 규정하기도 했지만, 푸리에의 사상은 가족주의 전망을 갖지 않는 젊은이들을 매료시키기 충분하다. 여기서 가족 무의식으로 환원되었던 신경증의 범위에서 완벽히 벗어난 사랑과 연애, 욕망의 지도가 그려진다. 즉, 협동조합이나 공동체에서 연합(association)과 협동, 연대를 하게 될 때, 욕망, 사랑, 정념, 쾌락 등이 만들어내는 재미와 흥미, 놀이, 끌림 등이 없으면 그 공동체는 한번 의심해 봐야 한다는 것이다. 재미 없이 단지 의무와 당위만을 가지고 공동체가 유지되기 어렵기 때문이다. 욕망이 없는 텅 빈 세미나와 관료화된 회의 시간보다는, 수평적인 관계망과 연대적 감각에 따라 욕망이 활성화되어 생각이 풍부해지고 열정이 넘치는 뒤풀이 자리가 가장 우리에게 활력과 실천력을 주지 않는가?

푸리에는 『사랑이 넘치는 신세계』에서 프시케를 사례로 드는데, 그녀는 20명의 지지자들을 모두 사랑하였으며, 이처럼 사랑이 한 사람에 대한 독점적인 성격을 벗어나 관계성좌 속에 있는 공동체 구성원 모두를 사랑하는 것도 가능하다고 푸리에는 말한다. 다시 말해 사랑을 공유하고 여러 형태의 사랑을 하는 것도 가능하다는 얘기이다. 지금으로서도 상당히 파격적이라 느껴지는 연애관을 가졌고, 푸리에는 결혼제도

모두의 혁명법

는 평균화되고 제도화된 계약적인 것에 불과하지만, 공동체 내에서는 무한한 조합과 변용이 가능하다고 보았다. 즉, 한 사람과 다른 한 사람의 독점적인 형태가 굳이 아니더라도 1명이 2명에게 혹은 1명이 3명에게 혹은 다자가 다자에게조차도 사랑과 연애가 가능하다고 보았다. 이러한 푸리에의 생각은 독점적 사랑이 아닌 동성애와 폴리아모리(polyamory)까지도 겨냥한 것으로 보인다.

우리가 살펴보려는 것은 문명에 대한 것이 아니다. 오히려 극도로 나이든 사람들을 제외하고는 가장 보잘것없는 사람들까지 모두 부유해지고 예의 바르게 되며 신중해지고 상냥해지고 고결해지며 아름다워질 상황들의 질서에 대한 것이다. 우리의 결혼 관행을 비롯한 다른 관행이 망각되고 사라짐으로써 엄청난 사랑의 혁신을 야기할 질서에 대한 것이다.[12]

그런데 왜 그는 가족도 공동체라는 사실을 부정하려 드는가에 대한 지적도 있을 수 있다. 아무리 제도의 산물이지만 가족 또한 사랑을 통해 연합하고 결속된 공동체가 아니냔 말이다. 하지만 푸리에가 가족공동체의 존재를 아예 부정하는 것은 아니다. 오히려 가족공동체가 사랑을 유통시키지 않고 경제적인 공동체로만 작동하는 이유에 대해서 반문하는 것이다. 동시에 가족이 무의식의 성좌에 가하는 폭력적인 부분에 대해서 지적하는 것이다. 가족무의식은 자유로운 영혼을 속박하려는 신경증의 포획 장치와 같기 때문이다. 소유권이나 경제적 동기와 이유에 따라 살아가는 가족이 아니라, 정말로 사랑하고 열정적인 인력의

---

12   샤를 푸리에, 『사랑이 넘치는 신세계』(책세상, 2017), 97쪽.

작용이 있고, 쾌락과 정념이 용인되며 매혹과 끌림이 있는 공동체의 필요성을 주장한다. 그의 이러한 주장은 기본소득의 아이디어와도 통하는 바가 있다. 그런 점에서 샤를 푸리에는 기본소득의 창시자 중에 한 사람이기도 하다. 그의 기본소득에 대한 생각은 다음과 같다.

최초의 권리, 즉 자연 채취권, 자연의 선물을 이용하고, 수렵, 채집, 방목 등을 하는 권리는 배가 고플 때 먹을 권리, 즉 생계를 유지할 권리였다. 이러한 권리는 문명 속에서 철학자들에게는 부정당하고 있지만 예수 그리스도는 다음과 같은 말로 인정했다. … 예수는 이러한 말을 통해 사람이 배고플 때 필요한 것을 찾아 취하는 권리를 신성시했으며, 이러한 권리는 사회가 사람들에게 최소한의 생계를 보장할 의무를 지도록 했다. 문명이 이 최초의 자연적 권리, 즉 수렵, 어업, 채집, 방목 등의 권리를 없애버린 이상, 문명은 사람들에게 보상해야 한다.[13]

푸리에의 사상적인 맥락에 따라 생각해 보면, 가족 속에서 병약해지고 연약하고 협착된 신경증의 구도는 굉장히 낡은 것이며, 기본소득에 따라 마음대로 들락날락할 수 있는 열린 공동체 구성으로 나아가야 함을 알 수 있다. 가족에 예속되어 어쩔 수 없는 삶을 살아가는 것은 낡고 곰팡이 냄새로 가득 찬 근대 사회의 신경증 모델이다. 이에 비해 최근 들어 다양한 사랑의 유형을 선택하고자 하고, 가족주의 전망으로부터

---

13 Charles Fourier, *La Fausseindustrie*(1836), Paris: Anthropos, 1967, 491~492쪽. 기본소득한국네트워트, 「기본소득의 역사」 재인용. http://basicincomekorea.org/all-about-bi_history/

벗어난 색다른 젊은 세대의 등장은 샤를 푸리에의 사상이 그저 몽상이나 공상만은 아니었음을 반증하지 않는가? 그런 점에서 푸리에의 사랑과 정념의 공동체 사상은 가족무의식으로부터 벗어난 사회-역사적 무의식, 광야-무의식, 성좌적 무의식 등을 생각해 볼 수 있게 한다.

:: 성냥을 팔든 탱크를 팔든, 그저 아버지일 뿐?

초기 프로이트는 '무의식'이라는 심연의 지평을 발견했으면서도, 그 무의식의 광활한 지평을 가족이라는 오이디푸스 삼각형 속으로 쑤셔 넣어 환원시켰다. 그의 발견은 놀라웠지만 곧 퇴색되고 만다. 심지어 그는 말년에 가서 『문명 속의 불만』(열린책들, 1997)이라는 책에서, 삶-충동과 별도로 죽음충동을 승인하기까지 한다. 이는 1차 세계대전과 전체주의의 상황에 대한 응시 속에서 욕망의 긍정적인 능력에 대한 평가절하고 자살과 죽음에 이르는 욕망이 있다는 마조히즘적인 사상을 설파하는 것이었다. 동시에 이 책에서 그는 억압이 문명의 원천이라 주장하며, 욕망을 반사회적인 충동으로 격하하는 다소 반동적인 발언까지도 한다. 프로이트의 가족무의식에 대한 구상은 신경증을 정상성의 원천이자 준거좌표로 삼으려는 의도를 감추지 않는다. 이는 '오이디푸스 콤플렉스(Oedipus complex)'라는 미묘하고 이상야릇한 개념과 발상을 만들었다. 그리스-로마 신화 속 테베의 왕인 오이디푸스처럼 인간이라면 누구나 아버지를 죽이고 어머니를 취하려는 보이지 않는 정신역동이 있다는 것이다. 이는 문명 전반을 하나의 발상, 모델, 의미로 환원하여 설명할 수 있다는 정신분석의 오만한 해석의 결과물이라고도 할 수 있다. 또한 프로이트는 안티고네와 함께 유랑 생활을 했던 노년 오이디푸스의 도주선을 무시하기까지 한다. 그러나 우리는 여기서 초기 프로이트가 강조했던 무의식의 지평으로 돌아갈 필요가 있다. 즉, '사유 내에서 생각이 장악하지 못한 정신 영역이 있다'는 점을 발견했던 스피노자적인 전통의 '무의식'에 대한 사유의 흐름이 그것이다.

프로이트에게는 무의식, 전의식, 의식이라는 삼분법을 그려나간다. 그는 꿈, 농담, 실수 등의 계기를 통해서 무의식이 드러난다고 말하는데, 철저히 의식적 주체의 외부로서 작동한다. 그러기 위해서는 우선 데카르트가 사유했던 코기토 에르고 숨(cogito, ergo sum) 즉 "나는 생각한다, 고로 존재한다"라는 명제 자체를 회의하는 것으로부터 출발해야 할 것이다. 근대적 사유 방식은 의식적 주체의 행동을 중시하는 경향을 갖고 있지만, 사실상 프로이트의 정신분석은 그로부터 멀찌감치 벗어나 근대를 추월한다.

그러나 의식이 완전히 장악하지 못한 무의식의 영역은 개인의 내면 생활이나 심리 작용, 환상의 영역과는 거리가 멀다. 그것은 우리가 대상이라고 주체의 반대편에 둔 사물, 자연, 생명, 기계에 서식하는 것들이다. 우리는 대상과 배치에 서식하는 무의식을 사유한다는 점에서 코페르니쿠스적 전환의 반대 방향을 사유해야 할 것이다. 가타리는 무의식의 영역이 존재하기 위해서, 배치와 관계망, 제도 등 사회적인 영역이 작동하고 있다는 점을 밝혔다.

무의식은 개인의 내부에서 그 사람이 세계를 지각하거나 자신의 신체나 자신의 영토나 자신의 성을 체험하는 방식에서뿐만 아니라, 부부나 가족이나 학교나 이웃이나 공장이나 경기장이나 대학 등의 내부에서도 작동한다.

달리 말하며 무의식 전문가의 무의식도 아니고, 과거 속의 결정화되고 제도화된 담론 속에 달라붙은 무의식도 아니다.[14]

이는 가족 구조, 즉 오이디푸스 삼각형이 완전히 불변항으로서 영원성을 갖는 구조가 아니라는 점을 의미한다. 성부, 성자, 성령이라는 가톨릭적인 전통에서 보이는 삼각형 구도조차도 영원성의 구조가 역시 아니다.

알튀세, 라캉, 레비스트로스 등과 같은 구조주의는 의식적 책임주체라는 근대적 설정을 포기하였지만, 계열 속에서 불변항으로 작동하는 구조(structure)를 대신 설정한다. 그래서 구조주의는 어쩔 수 없이 주어진 구조 속에서 절규하고 아우성치는 무기력한 개인의 무의식의 차원을 등장시킨다. 그것은 병리적이고 연약하며 협착되어 있고 미끄러지는 무의식의 차원 즉, 콤플렉스를 의미한다. 구조는 근대적 주체를 대신할 변명거리가 되거나, 주체가 할 수 없는 영역인 무기력지층을 정당화하는 역할을 한다. 그런 점에서 콤플렉스는 불변항의 구조가 되어 법, 제도, 삶, 사회, 생명까지도 영향을 미치는 블랙홀이 된다. 구조주의의 구도에서 우리는 콤플렉스 앞에서 쩔쩔매는 주체성 이외에 선택의 여지가 없다.

반면 가타리가 개방한 욕망의 자율주의 노선에서는 콤플렉스(complex)를 배치(agencement)로 뒤바꾸어 버린다. 즉, 강건하고 자율적인 주체성이 등장하여 배치를 재배치하고 자주관리하거나 욕망의 미시정치로 나아갈 수 있다는 것이다. 그런 점에서 콤플렉스의 표상으로 등장했던 병

14 펠릭스 가타리, 『기계적 무의식』(푸른숲, 2004), 26쪽.

리적 차원은 다른 방향으로 이행하고 횡단하고 변이될 수 있는 특이점으로서의 계기로 나타나게 된다. 즉, 평생 노동만 하거나, 공부만 하거나, 가사 일만 하던 사람들이 병리적 분열에 직면했을 때 어떤 변화와 이행, 횡단으로 나아가야 하는가? 비디오게임을 하거나 그림을 그리거나 음악을 만들거나 영화감상을 하고 춤을 추는 등 색다른 행동으로 나아가야 하지 않을까? 그 이유는 배치를 바꿈으로써 기존과는 다른 삶을 개방하기 위한 것이 아닐까? 결국 콤플렉스에 협착되어 이러지도 저러지도 못하고 쩔쩔매는 것이 아니라, 자율적인 배치와 관계망으로 자신을 재배치함으로써 완전히 다른 삶의 재창조를 이루어야 하는 것이다.

여기서 자크 라캉의 무의식의 수학소(mathème)에 대해서 생각해 볼 필요가 있다. 라캉은 실재계, 상상계, 상징계라는 구분법을 통해서 실재계는 정신증, 상상계는 도착증, 상징계는 신경증을 할당하면서, 무의식의 트라이앵글을 만들어내었다. 라캉은 아버지의 이름을 대신할 사법적인 지위를 갖는 상징계에 복종하는 것이 치유의 원천이라고 제시하면서, 가족주의 전망이 없음으로 하여 무의식이 고아인 사람들에게 "가족으로 돌아가라!"라는 명령을 한다는 점에서 그 역시도 대타자인 아버지의 역할을 치유의 가능성으로 본다는 점으로부터 자유롭지 않다. 여기서 라캉 서클이 1970년대 프랑스 사회에서 수행했던 68년 혁명의 탈영토화된 흐름을 재영토화하려는 반동적인 논거로 작동했다는 점에 대해서 주목할 필요가 있다. 라캉은 프로이트의 계승자로서, 가족주의 전망이 없는 젊은이들이나 가족이 해체되어 작동하지 않는 공동체 상황에 대해서 침묵하거나 억압하고 가족이라는 집단의 구조를 유지하고자 하였다.

가타리는 라캉에게 준거점으로 작동하는 아버지의 이름이자 사법적 코드인 기표(signifiant)의 누빔점을 기표 독재 체제라고 『안티 오이디푸스』(민음사, 2014)에서 규정하였다. 기표는 의미화하는 것으로서, "~은 ~이다"라는 정의(definition) 방식을 통하여 의미연관을 구조화하는 '권력의 의미생성'이라고 할 수 있다. 즉, 권력의 의미생성은 권력의 의미화 작용이나 초월적인 것의 호명에 따라 단정 내려진 질서이다. 여기서 권력의 의미생성은 '사건으로서의 의미생성'을 응시했던 들뢰즈의 『의미의 논리』(한길사, 1999)에서의 논의와 구분된다. 들뢰즈의 '사건으로서의 의미생성'은 명제 내부에서 개념이 생성되어 전체의 논지를 뒤흔드는 그러한 사건의 지점을 의미한다. 가타리는 "의미는 권력이다"라는 명제로 이에 응답하였다. 즉, 우리가 거리를 지나칠 때는 별로 의미가 작동하지 않지만, 갑자기 누추한 옷을 입은 사람들을 마주치면 의미가 작동하기 시작한다. 어떤 면에서 아카데미에서의 의미화 작업은 고정관념으로 작동하면서 자본주의의 등가교환을 떠받치는 토대의 역할을 한다. 즉, "~은 ~이다"로 단정 내릴 수 있어야 상품으로 기능할 수 있고, 소유권을 분명히 할 수 있기 때문이다. 그런 점에서 기표라는 준거좌표에 벗어나는 것을 극도로 혐오했던 라캉의 이론은 자본주의의 이론적 건축물을 옹호하는 이론이었다고 평가할 수 있다.

의미작용은 하늘에서 떨어지는 것도 아니고, 통사론이나 생성적 의미론에서 자연발생적으로 생기는 것도 아닙니다! 의미작용은 동요하는 세력관계 속에서 의미를 생성하는 권력구성체와 분리할 수 없습니다. 거기에는 보편적인 것도 자동적인 것도 전혀 없습니다.[15]

---

15 펠릭스 가타리, 『분자혁명』(푸른숲, 1998), 336쪽.

라캉이 천착하고 있는 가족신경증은, 이러지도 저러지도 못하는 협착의 사슬이자 불변항의 구조를 표방한다. 원래 원형공동체의 흔적을 남기고 있는 가족공동체임에도 불구하고, 서로에 대해서 예속하고 간섭하고 종속시키려 드는 권력의 미세한 결에 따라 가족신경증은 형성된다. 이에 대한 정신분석의 처방은 원인 진단에 대한 여러 장광설들에 비해 매우 왜소하다. 내담자가 상담자에 대해서 아버지로 동일시 함으로써, '나쁜 아버지를 착한 아버지로 대체하는 것'이 치료 동맹의 형성이라는 설정이나 자유연상 기법의 '무의식의 의식화'에 따른 정신적 각성의 설정이 치료 과정의 전부일 뿐이다. 즉, 자신이 무심결에 갖고 있던 문제의 차원을 의식적으로 각성하여 인식할 때 치유가 시작된다는 것이다.

그러나 가타리는 내담자가 처해 있는 배치의 변화 없이 이처럼 의식의 각성만으로 치유한다는 논의는 상담실 밖으로 나가는 순간 무력화된다고 보았다. 물론 진통제를 처방하는 대증요법은 아픈 곳을 근본적으로 치료하는 것이 아니라 잠시의 고통을 잊게 만드는 작용만을 하지만, 때때로 치료의 방법이 되기도 한다. 그러나 가족무의식이라고 환원되기 이전에 공동체의 성좌가 있고, 사회-역사적 무의식이 존재한다. 즉, 집단적-사회적-역사적 배치는 가족의 특정 인물들로 기능하기 이전부터 작동하고 있었던 무의식의 광활한 영토라고 할 수 있다. 그런 점에서 프로이트와 라캉의 정신분석에서의 가족무의식은 사회-역사적 무의식을 하나의 모델이나 틀에 쑤셔넣어 소시지나 통조림의 내용물처럼 으깨는 것처럼 느껴질 수밖에 없다. 성냥을 팔든, 탱크를 팔든, 과연 아버지는 아버지일 뿐일까?

:: 과정으로서의 정신분열증에 주목할 것

오이디푸스 삼각형의 결론이 신경증만일 수는 없다는 점은 베이트슨의 『마음의 생태학』(책세상, 2006)에서의 배리(背理)와 이율배반, 분열의 논리에 접근할 수 있도록 만든다. 베이트슨의 이론적 구상은 "나를 넘어서라, 나처럼 되지 말라"고 말하는 아버지들이 사실은 쿨하게 말하는 자신을 은근히 존경해 주기를 바라는 이율배반의 논리나, "꼼짝하면 몽둥이로 때리겠다"면서 동시에 "꼼짝하지 않아도 몽둥이로 때리겠다"라는 모순된 발언을 불호령처럼 내리는 인도의 선승들의 선문답 등을 전거로 든다. 모순된 발신음이 동시에 수신된 아이들, 특히 애증(愛憎)의 논리처럼 증오와 애정의 메시지를 함께 들은 아이들에게는 마음속에서 이러지도 저러지도 못하는 협착과 분열의 논리가 작동하면서, 이후 정신분열증의 기반이 된다는 것이 베이트슨의 구도였다. 사실 분열의 논리는 오이디푸스 콤플렉스 내부에서도 관찰되는데, '부친 살해'와 '아버지를 능가하는 아버지'가 되려는 두 가지 모순된 행동양식이 관찰된다.

사실 가족신경증은 정신분열증으로 발전할 수 있는 이율배반적인 요소를 분명 갖고 있다. 그런데 베이트슨의 분열의 논리학을 혁명적으로 전취할 가능성 또한 존재한다. 즉, 분열의 과정이 보여주는 색다른 창조와 생산의 지평을 응시하는 것이다. 이러지도 저러지도 못하고 쩔쩔매면서 어떤 것도 선택할 수 없는 협착의 상황에 직면해서 사람들은 종종 완전히 다른 자기원인의 지평으로 이행하는 방향으로 사유와 몸을 움직이기 시작한다. '이것 아니면 저것' 둘 중 하나를 선택하라는 분열의 논리를 완전히 회피하고 탈주하는 과정적이고 진행형적 흐름이 형성되는 것이다. 어떤 점에서 공동체에서 제기된 여러 가지 논쟁 지점은 배리에 휩싸여 '이러지도 못하고 저러지도 못하게' 만드는 것으로 간주될 수도 있지만, '이럴 수도 저럴 수도' 있는 공동체가 선택할 경우의 수를 늘려 자율성을 높이는 방향으로 도주선을 그려나갈 수 있다. 그런 점에서 '병리적인 정신분열증'과 '과정으로서의 정신분열증'을 엄밀히 구분할 필요가 있다.

결국 창조와 생성, 치유의 원천은 분열의 양가적 논리 둘 다를 거부하고 삶의 내재적인 지평을 발견하고 자기원인으로서의 색다른 삶의 차원과 색다른 행동양식을 개발해 냄으로써, 세계를 재창조하는 것으로 나타날 수 있다는 점에 있다. 이러한 삶의 내재성을 구성하는 자기원인의 차원은 사소한 것일 수도 있다. 가게에 가서 물건을 사거나, 세수와 목욕을 하고, 거래를 하면서 다른 생각에 빠져들고, 비디오 촬영을 하면서 색다른 세계와 접속하는 등이 그것이다. 그러나 사소한 계기들은 스스로의 자존감과 삶의 내재적 지평을 개방하고, 양가적이고 이율배반적인 논리에 이끌려 쩔쩔매지 않아도 자신이 스스로 결정할 수 있는 삶의 영역이 있다는 점을 깨닫는 과정이기도 하다. 이에 따라 협착의 사슬이 점차 풀리고 자신만이 할 수 있는 자기원인의 영역 즉 자율성의 영토가 설립될 수 있다.

문제는 '과정으로서의 정신분열증'이 깜짝 놀랄 만하고, 천재적인 세계의 재창조의 과정으로 나타날 수도 있다는 점에 있다. 이는 자본주의가 뻔하게 간주했던 공리계, 고정관념, '의미=권력'에 파열적인 문제제기를 던지는 예술, 과학, 창조, 생산의 영역의 개방으로 나타날 수 있다. 즉, 의미화의 논리를 넘나들며 색다른 의미의 재창조나 재의미화의 과정으로 이끌 새로운 문제제기를 던질 수 있는 것이다. 그런 점에서 과정으로서의 정신분열증은 세상에 대해서 던지는 새로운 문제제기를 품고 있다. 예술가들이 창조적이고 색다른 작품을 만들기 위해서 충분히 미치지 않았다라고 말하는 이유도 여기에 있다.

분열되고 협착돼서 쩔쩔매고 있는 분열자는 사실은 다른 세계를 구성하기 위해 첫발을 떼는 유아기의 상황이라고 할 수 있다. 물론 이러한 분열 과정을 찬양하거나 낭만적으로 미화할 필요까지는 없다. 모든 사람이 분열자인 이유는, 유년기의 감성블록이라고 지칭되는 바처럼 우리의 삶에 내재하고 있는 유아기 때의 창조적인 시공간의 차원을 끄집어내서 '과정으로서의 정신분열증'으로 나아갈 수 있기 때문이다. 이를테면 아동심리학자 다니엘 스턴의 '출현적 자아(emergent ego)'라는 아이의 모습은 주체와 대상, 사물과 나를 구분하지 못하고, '흐름으로서의 사유', 분열적 사유를 전개했던 내 자신 속에 잠재된 색다른 모습 중 하나이다. 즉, 분열자는 모두에게 내재되어 있고, 모두가 분열자인 셈이다.

무엇보다도 출현적 자아는 하나의 단계가 아니기 때문인데, 왜냐하면 그것은 여타의 자아 형성물들과 나란히 지속될 것이고 어른의 시적 경험, 애정 경험, 꿈의 경험을 따라다닐 것이기 때문이다. … 출현적 자아는 가장 이질적인 준거 세계들로 열리는 능동적으로 기계적인 주체화의 부분적 핵심지대이다. 예를 들면 입으로 게걸스럽게 먹어치운다거나 어머니의 가슴으로 돌아간다는 환상은, 현실적이지도 상상적이지도 상징적이지도 않지만 폐지의 세계인만큼이나 과정적 출현의 세계, 즉 우주적 되기인 어머니에 준거한다.[16]

16 펠릭스 가타리, 『카오스모제』(동문선, 2003), 91-92쪽.

'과정으로서의 정신분열증'은 어떤 모습으로 나타날까? 탈주, 은둔, 중독, 미친 사랑, 이상한 것에 대한 연구 등등 어떤 모습으로 나타나든 자신이 협착되었던 것으로부터 공회전하는 과정을 벗어나기 위한 필사의 노력일 수가 있다. 머릿속을 사로잡는 순환논증이나 재귀적인 공회전의 과정은 일정 시간 동안 진행될 수 있으며, 거기에 머물러서 반복되는 사유와 삶에 고착될 수 있다. 그러나 섬광과 같은 순간에 하나의 특이한 사건을 받아들여 분열이 완전히 다른 삶과 사유의 차원으로 전개될 여지는 분명히 있다. 바로 에너지가 갑자기 물질이 되는 특이점(singularity)과 같은 것이 그것이다. 그것이 쫓기듯 도주하는 것이라는 형상보다는 이행하고 횡단하고 변신하고 탈주하는 형상으로 나타날 여지는 풍부하다. 똑딱거리는 비루한 일상 속에서 완전히 색다른 차원과 세계를 발견하고 그 시점으로부터 색다른 반복(=기계)이 설립하여 강건한 삶의 과정을 만들 여지가 있기 때문이다. 그런 점에서 욕망하는 기계를 설립하는 과정이 바로 분열의 과정이기도 하다.

과정으로서의 정신분열증은 병리적 분열의 축 처지고 어쩔 줄 몰라하고 연약하며 절규하는 행동방식으로부터 완벽히 벗어난다. 의미의 미끄러짐은 의미의 횡단으로 순식간에 변모한다. 이리저리 탐색하고 자기원인으로서의 내재성의 삶과 접속하여 자신의 삶을 완전히 다르게 구성할 수 있는 여지가 여기에 있다. 예를 들어 연인으로부터 헤어짐을 통보받은 순간 겪게 되는 병리적 분열의 상황을 생각해 볼 수 있다. 이러한 병리적 분열에서 벗어나려면 더 강렬한 사랑의 순간이 찾아오기까지 여러 혼란과 좌절, 협착의 시간을 겪을 수밖에 없다. 어느 순간 사랑과 욕망의 구성주의는 삶의 재발명과 재발견, 재창조라는 '과정으로서의 정신분열증' 혹은 '분열생성'의 거대한 대륙을 드러낼 것이

모두의 혁명법

다. 영원한 사랑이 가능하다는 점을 깨닫게 되는 세계 재창조의 특이점을 맞이하는 순간은 강렬하다. 과연 비루한 일상, 뻔한 삶, 반복의 초라함을 만들어내는 객관적인 진리론, 표상주의, 보편주의를 넘어설 수 있을까? 자신의 세계를 구성하고 재창조하여 완전히 다른 세상, 다른 생각, 다른 삶이 가능하다는 섬광과 같은 깨달음에 이르기 위해서는 사랑과 욕망의 구성주의 즉, 과정으로서의 정신분열증의 비밀의 문을 열어야 할 것이다.

:: 모두가 분열자다! 68혁명을 기억하라!

분열적 사유의 탐색은 무의식의 광활한 지평을 개방한다. 분열자들은 이리저리 횡단하고 이행하면서 좌충우돌하고 암중모색하기도 하지만, 자신이 해낼 수 있는 자율성의 영토와 자기원인으로서의 삶의 방식을 채택한다. 이러한 배치를 재배치하는 강건한 심리 상태가 분열자들에게 있을 것이라는 생각은 어떤 정신의학도 깨닫지 못한 부분이다. 그것이 바로 정상과 비정상의 경계를 무력하게 만들고 모두가 분열자인 이유이기도 하다. 예를 들어 사랑하는 사람을 만나서 가족의 지평으로부터 멀찌감치 벗어나거나, 어느 누구도 생각해 내지 못했던 예술적이고 심미적인 색다른 창조물을 만드는 것, 색다른 물리학과 대안의학, 적정 기술 등에 도취되는 것, 세상을 바꿀 수 있다는 혁명적 사유에 도달하는 것들도 모두 분열적 사유에 기반하고 있다. 오히려 분열의 창조적인 역능을 알고 있는 예술가들은 분열의 순간을 예술 창조의 특이점으로 삼기 위해서, 영감과 학습, 접속, 몽상, 과도한 음주 등을 통해 그 시점에 촉수를 드리우고 그것을 기다리곤 한다. 그런 점에서 예술가들은 분열의 비표상적 흐름에 몸을 실을 준비가 되어 있는 사람이라고도 할 수 있겠다.

그렇다면 분열은 어떤 경로를 거쳐 그 과정적이고 진행형적인 지도 제작을 하는가? 과정으로서의 정신분열증, 분열생성의 형태는 어떤 것이 있을까? 가타리는 왜 분열분석을 창안하면서 이에 대해서 응답하려고 했는가? 분열분석에서 '과정으로서의 정신분열증'의 경로와 형태를 밝히는 핵심적인 개념들로 '몰적인 것'과 '분자적인 것'이 있다. 먼저 '몰적인 것'은 모델화, 의미화, 표상화의 덩어리로 집중하는 과정을 설명하는 것이다. 이 속에서는 전제와 결론이 동시에 인과적이고 선형적인 행렬을 짓는 합리적인 의사소통이나 의미의 재현, 객관화된 표상이 나타난다. 이를테면 어떤 일을 진행하거나 사람들이 모이거나 할 때, 하나의 모델에 집중하고 수렴된다면 그것은 몰적인 것의 특징이라고 할 수 있는 '의미와 일 모델'일 수 있다. 반면 '분자적인 것'은 여러 의미, 모델, 표상을 넘나들며, 이행하고 횡단하고 변이되는 것을 의미한다. 즉, 의미에 머무르고 고정되는 순간 분열자는 협착되어 절규하고 비루해지기 때문에, 여러 의미를 넘나들고 횡단하는 나비의 날갯짓에 따라 고정된 의미와 모델로부터의 탈주의 행로를 그려낸다. 분자적인 것의 여러 모델을 횡단하고 이행하는 형태를 '재미와 놀이 모델'이라고 할 수 있다.

그런 점에서 '과정으로서의 정신분열증'은 하나의 모델의 격자에 맞추어서 의미화할 수 있는 것으로 집중하고 수렴되는 것이 아니라, 여러 모델과 의미의 점과 선이 연결되는 지도 평면 위에 행로와 여정을 그려나가듯이 분석할 필요가 있다. 즉, 분열자는 어떤 것에 접속하느냐에

모두의 혁명법

따라 자신의 신체를 변용시킬 뿐만 아니라 시간을 주파하는 미래진행형적 사유를 전개한다. 마치 과거의 그림자를 벗어나기 위해서 필사적으로 미래로 향하는 방랑자, 표류하는 예술가, 떠돌이 악사와 음유시인처럼 말이다. 사실 무의식이 미래진행형으로 향할 때 치유의 비밀이 살짝 모습을 드러낸다. 과거의 상처나 협착, 분열, 좌절, 멘붕의 기억들에 사로잡히는 것이 아니라, 생성되는 마그마가 만드는 대지와 같이 미래를 향한 탈영토화의 흐름에 따라 과거의 기억들이 차근차근 정리되고 정돈되기 때문이다. 마치 들뢰즈의 잠재성의 논의처럼 미래진행형적 무의식은 색다른 삶의 내재적 지평을 창조하고 생성하는 가능성 혹은 잠재성의 차원을 만들어낸다. 그것이 바로 과정으로서의 정신분열증의 모습 중 하나이다.

내가 보기에 혁명 관념은 과정 관념과 동일시된다. 존재하지 않는 어떤 것을 생산하는 것, 사물, 사유, 감수성의 바로 그 존재 속에서 특이성을 생산하는 것이다. 그것은 무의식적인 사회적 장에서 담론을 넘어선 수준에서 변이를 불러오는 과정이다. 우리는 그것을 실존적 특이화 과정이라고 부를 수 있다.[17]

분자적인 것으로 지칭되었던 분열의 과정은 어떤 전개 양상을 띨까? 먼저 점과 점 사이를 연결하는 선처럼 '탈영토화' 이후에 '재영토화'가 이루어지는 '상대적 탈영토화'의 상태로 현실이 드러나는 것을 목도할 수 있다. 그런 상황에 직면한 사람들은 결국 뻔하게 되돌아올 것을 왜

17　펠릭스 가타리, 수잔 롤니크, 『미시정치』(도서출판b, 2010), 299쪽.

힘들게 벗어나고 사로잡는 과정이 반복되어야 하냐고 질문하기도 한다. 그것은 포획과 탈주의 시소 게임이다. 예를 들어 가타리의 『미시정치』(도서출판b, 2010)에 따르면, 대량생산 대량소비의 포디즘 상황에서 남편은 외부를 겉돌며 벗어나려는 힘을 표상한다면, 아내는 집으로 돌아오도록 사로잡는 힘을 표상했다. 이 둘의 힘이 균형을 이루었던 것이 바로 포디즘적인 2인 가족이었다. 하지만 현재 신자유주의 상황에서는 자본이 국경을 넘어 벗어나려는 힘이 가속화되면서 1인 가구 형태의 '독신적 쾌락기계'의 표상이 지배적이게 되었다. 이러한 독신기계의 양상은 분자적인 것을 무력화시켜 원자화하는 자본의 전략이 드러난다. 경제학자 칼 폴라니에 의해서 사탄의 맷돌이라고 불리는 이러한 원자화의 경향은 사회와 공동체를 무력화하고 와해시키고 해체하는 방향성에 있다.

다른 한편으로 우리 사회는 네트워크 사회로 이행해 있고, 분자적인 특이점들의 역능은 확장되고 있다. 동시에 네트워크의 연결망 속에서 점과 점 사이의 선이 아니라, 선과 선 사이의 점으로 전도가 이루어질 수 있는 절대적 탈영토화의 가능성 역시도 드러나고 있는 상황이다. 분열의 과정은 완전히 색다른 삶의 유형을 만들어내는데, 그것은 '벗어나려는 과정'과 '머무르려는 과정' 즉, 탈주와 포획 사이의 줄다리기를 파열음을 내며 끝낼 뿐만 아니라, 분자 단위를 유랑인, 유목민, 도시의 산책자, 부랑아, 소수자, 동물과 같이 연결망과 공동체를 매끄럽게 횡단할 수 있는 능력을 갖게 만든다. 그런 면에서 네트워크 사회의 모든 사람들은 분열자의 형상과 가장 가까워졌다. 분자적인 욕망의 흐름에 거의 모든 사람이 몸을 실고 어디론가 행선지가 정해져 있지 않은 미지의 지평으로 달려가고 있는 셈이다.

모두의 혁명법

68년 혁명 당시 노동자와 학생들은 안락하고 평화로운 일상에 대해서 "지긋지긋하다, 현재를 즐겨라!, 노동을 거부하라!"라는 반응을 보였다. 포디즘 라인에서 뚝딱거리는 삶을 반복하는 노동자나, 권위주의적인 학사과정을 받아들여야 하는 학생이나, 가사일과 돌봄노동에 자신을 희생하던 가정주부 등의 욕망이 지상에 드러난 것이다. 이들은 현실의 정상적인 준거좌표 자체에 대해서 문제제기를 하였다. 그래서 대안과 미래 사회가 아직 현실의 단초를 마련하기도 이전에 절대적 탈영토화의 흐름을 통해서 완전히 다른 세상을 재창조하였다. 사실상 80년대 신자유주의 사회가 형성되었던 것은, 68년 혁명에서 제기된 욕망의 문제제기에 대해서 자본주의가 반동적이고 유연하면서도 예민한 금융시스템으로 대응할 수밖에 없었던 지점에 기반한다. "68혁명의 문제제기와 질문들은 어디에 있는가?"라며 의문이나 회의론이 확산되고 있지만, 미지의 곳으로 향하는 여행과도 같은 욕망의 문제제기는 욕망의 미시정치가 중요해진 현재의 질서를 비롯한 다양한 차원에서 드러나고 있는 상황이다. 68년 혁명은 바로 신경증을 통해서 조직될 수 없는 분열증적 흐름이 지상에 드러난 사건이었다고 평가할 수 있다. 그 이후에는 부드러운 억압과 분자적 탄압으로 이루어진 실존하는 수많은 분열자에 대한 지배 질서의 정치적 대응이 이루어졌으며, 정신분석, 심리치료, 상담기법, 힐링, 명상 등을 통한 치유가설의 융성으로 나타났다. 이 시기 이후 공장, 학교, 감옥, 시설, 군대 등은 작은 정신병원처럼 운영되기 시작했다.

:: 강제 입원을 둘러싼 사회동역학

이탈리아 정치가 프랑코 바살리아(Franco Basaglia)는 68년 혁명의 전후에 혁신적인 법을 제도화하는 데 성공한다. 그가 이끌던 민주정신의학협회에서 발의한 강제 입원 폐지를 필두로 한 대안적인 정신의학법이 그것이었다. 그는 정신병원 시설의 문제에 주목하였는데, 이를테면 정신질환자를 사회로부터 격리시키고 유폐시킴으로써 정신적 소외와 더불어 사회적 소외를 동시에 만들어낸다는 사실, 다시 말해 완벽히 환자의 사회화를 기능 정지시키고 불능으로 만들 수밖에 없다는 사실에 주목한다. 더불어 정신과 의사의 중앙집권적 권력이 정신병원 내에 관철됨으로써 비합리적인 치료 행위가 이루어진다는 점에도 주목한다. 이는 푸코가 반정신의학을 창시하면서, 광기에 대한 치료 행위가 오히려 광기일 수 있다고 지적했던 점과 공명한다. 바살리아는 정신병원이라는 폐쇄병동을 없애고, 의사, 심리학자, 간호사, 사회사업가 등 영향력 있는 사회구성원들이 참여하고 있는 각 지역의 정신보건센터로 전환시키는 법안을 통과시킨다.

2017년 3월 3일 한국에서도 '정신건강증진 및 정신질환자 복지서비스 지원에 관한 법률(이하 정신건강복지법 개정안)' 시행령이 입법 예고되어 수많은 논란을 빚으면서 결국 시행되었다. 이 개정법은 20년 만에 개정이 이루어진 것이다. 이 법안의 골자 중 정신질환자에 대한 강제 입원에 대한 항목은 다음과 같다. 1) 자신 혹은 타인을 상해를 입힐 위험이 있다고 판단되고, 2) 입원을 통한 치료가 필요하다는 결정을 보호자뿐만 아니라 각기 다른 병원의 두 의사가 찬성하는 두 가지 요건이 동시에 충족되면 이루어지도록 했다. 그간 한국 사회에서 정신질환이

모두의 혁명법

범죄나 사회병리적인 현상의 알리바이가 되었던 잘못된 편견과 선입견은 제도에서도 그대로 투영되어 있었다. 결국 정신질환자를 격리하는 것은 사회 범죄와 무질서의 징후를 사회로부터 추방하고 배제하고 분리하는 것으로 이해되어 왔다. 그런데 여기에 논리적인 모순이 있다. 광인들이 과연 사회의 무질서나 범죄의 원인이 된다면 사회가 그것을 책임져야 할 것이지, 왜 폐쇄병동과 같은 시설이 그것을 책임지는가? 그것은 정신보건센터와 같이 지역사회가 온전히 정신질환자를 책임지고 사회에 복귀시키는 제도가 필요한 이유이기도 하다.

바살리아법이 통과된 이후에 현재 이탈리아를 비롯한 많은 유럽 국가들에서 정신병원이 사라지고 대신 정신보건센터가 자리 잡고 있다. 정신보건센터는 정신병원이 아니라, 24시간 전문가들——사회사업가, 심리상담사, 간호사, 의사 등——이 환자와 상담하는 제도를 의미한다. 즉각적인 치료가 필요하면 입원을 설득하는데, 본인이 원하면 언제든 나갈 수 있다. 이는 강제 입원과는 거리가 멀다. 정신질환자가 즉각적인 입원이 요구될 경우에 강제 입원 절차를 밟아야 하는데, 여기에는 의사 2명의 진단과 경찰의 간단한 조사, 시장의 승인이 있어야 한다. 강제 입원한 경우라도 7일에 제한되어 있다.

이러한 바살리아법이 생기게 된 배경은 이탈리아 트리에스테 지역에 바살리아가 정신보건센터장으로부터 부임하면서 시작된다. 부임 직후 바살리아는 위계적인 병원 제도를 허물어뜨리는 대대적인 개혁 조치를 취하고, 대형 병원을 해체하고, 성별 분리 수용을 폐지하였으며, 정규적인 파티를 여는가 하면, 환자들이 운영하는 바(Bar) 시설을 신축하였고, 환자 신문을 발행하고, 자유로운 입출소, 소규모 주거 시설 신축 등을 추진하였다. 이 과정에서 1971년 1200명에 이르던 입원 환자가

1977년 초엔 132명으로 줄었으며, 그중 51명만이 강제 입원이었다. 이에 자신감을 얻은 바살리아는 1976년 말 정신병원 폐쇄와 지역사회 서비스로의 대체를 골자로 한 이른바 '바살리아법'을 의회에서 통과시켰다. 트리에스테라는 작은 도시에서 시작된 정신보건 개혁이 전국적 지지를 획득한 것이다. 마침내 1996년 이탈리아 전역에서 정신병원이 완전히 폐쇄됐다. 이에 대해서 가타리는 다음과 같이 말한다.

이 새로운 형태의 개입 방식의 출현은 물론 이탈리아의 사회투쟁이 매우 특수한 상황 하에서 발전한 것과 밀접히 연결되어 있다. 실제 아마도 10년 전부터 다수의 이탈리아 노동자는 새로운 문제들을 자각하고, 주거, 교통, 의료 구조 등에 관한 개혁을 실현하기 위해서 조직을 만들어왔다. 민주정신의학운동은 이미 이러한 문제들을 둘러싸고 노동자조직, 기업위원회, 조합, 좌익정당 등과 직접 접촉할 수 있었고 그 발전에 박차를 가해왔다.[18]

사회가 창조, 예술생산, 혁명, 변화, 이행의 에너지를 찾고자 할 때 사실상 '과정으로서의 정신분열증'과 같은 색다른 원동력을 구하게 되는 것은 분명하다. 물론 파시스트들이 그 욕망의 힘을 전유하여 이용하고 교란할 위험도 있다. 그러나 바살리아의 개혁 조치가 시사하듯이 광기와 분열을 사회가 책임지고, 그 힘과 에너지를 온전히 사회의 것으로 만드는 것은 언제든 가능하다. 그런 점에서 한국 사회에서의 정신질환자와 관련된 제도와 법의 개혁적인 조치는 그저 질병 관리 차원의 문제가 아니라, 사회가 분열생성의 힘을 끌어안는 색다른 차원의 개방을 의

18 펠릭스 가타리, 『분자혁명』(푸른숲, 1998), 175쪽.

모두의 혁명법

미할 것이다. 바살리아법이 이탈리아에서의 1971년 뜨거운 가을 총파업과 같은 사회운동과 긴밀한 관련을 갖듯이 한국에서의 촛불집회의 도도한 흐름은 정신질환과 관련된 제도적인 개혁의 원동력이 되었음은 분명하다. 한국 사회는 아직 폐쇄병동을 완전 폐쇄하고 욕망과 광기가 사회의 전면에 등장하여 발언하기까지의 과정 중에 있다. 그럼에도 사회적 무의식의 저변에 영향을 주는 분열생성의 가속화는 우리에게 새로운 힘과 에너지를 준다. 바로 열정적인 정치 개혁가 바살리아와 같은 사람의 분자혁명 속에도 그 비밀을 살짝 엿볼 수 있다.

:: 외부 생산: 분열의 에너지, 분열의 흐름

그렇다면 분열의 가속화가 가져온 결과는 무엇일까? 먼저 마르크스가 언급했던 자본과 자본주의 간의 모순은 극단적인 형태로 드러날 것이다. 유기적 전체로서의 사회적 관계망에 대한 해체의 가속화는 자본을 혁명가의 형상으로 만들어낸다. 신자유주의 상황에서 자본의 탈영토화가 가속화되는 현상은 자본과 자본주의 간의 모순을 극단적인 모습으로 드러내었다. 그 결과는 양극화, 사회 분열, 빈곤, 불평등, 사회정의의 실종 등의 다양한 모습으로 현현하고 있다. 들뢰즈와 가타리는 "자본주의의 유일한 계급은 자본가 계급밖에 없다"라는 아포리즘을 남긴 적이 있다. 민중이나 소수자들은 계급이라는 집단적이고 위계적인 형태로 결속하지 않는다는 점을 명시한 것이다. 즉, 자본가 계급만이 계급적 원리에 따라서 조직되어 있는 집단일 뿐이다. 그런 점에서 자본주의는 착취로도 유지되지만 위계와 차별로도 유지된다. 그런데 문제는 가타리가 응시한 분열의 가속화의 결과는 사회, 집단, 가족 등의 해체로 나타났으며, 그 결과로 횡단면을 비스듬히 가로지르고 연결접속되는 네트워크와 여기를 횡단하는 자유로운 분자적인 주체성들이 탄생하였다는 점이다. 이러한 상황에서의 사회 현상들은 다음과 같다. 분자들의 특이성의 발아, 분자의 분열적 과정에서 나타나는 자본이라는 기관 없는 신체, 가족의 해체와 그 대신 분자들의 자유로운 연합으로서의 공동체의 탄생, 공동체에 대해 탐을 내고 네트워크를 통해 흉내내는 자본의 상황, 다시 말해 코드의 잉여가치가 전면화되는 상황, 자본과 노동의 관계가 가상화되고 욕망과 정동의 삶이 전면화되는 현상 등이 그러한 모습들이다. 결국 자본주의는 분열의 가속화의 과정을 통해서 영구적인 혁명(=계량)으로 변형되고 있는 와중에 있다.

　가타리는 들뢰즈와 함께 노마드론을 창안했다. 과정으로서의 정신분열증과 같이 대지를 횡단하고 주권이라는 장벽을 넘나들고 파괴하는 유목민의 강렬한 형상이 그것이다. 그것은 '위로부터의 세계화'와 '아래로부터의 세계화' 둘 다를 표상한다. 그러나 통합된 세계자본주의 상황은 외부가 소멸된 상황의 특징을 보인다. 그래서 분열의 흐름은 탈주의 외부를 갖는 것이 아니라, 내부의 외부이며 타자로 간주되었던 이주민, 난민, 여성, 아이, 동물, 광인 등과의 색다른 연결접속으로 나타나기 시작했다. 즉, 탈주는 따로 외부를 갖는 것이 아니라, 우리 안에 있는 존재들인 생명과 자연, 소수자를 향한 되기(becoming)의 흐름으로 나타난다. 여기서 들뢰즈와 가타리의 되기라는 개념은 공동체가 미리 전제되어 있지 않은 탈근대 상황에서 '사랑이 혁명에 필적한다!'라는 점을 잘 보여주는 실천적 개념이다. 자연, 생명, 소수자는 우리 안에 내재하지만 이미 우리로부터 분열되어 있는 타자가 되어 있기 때문에, 과정으로서의 정신분열증이라는 사랑과 욕망의 흐름을 통하지 않고서는 우리 안에 있음을 느낄 수도 없는 상황이라는 것이다. 더욱이 자본주의의 외부가 사라진 이런 국면에 분열적인 흐름은 미시적인 사랑과 욕망의 형태로 드러날 수밖에 없다. 그런 점에서 현재의 시점처럼 사랑과 혁명이 동의어였던 적은 아마 없을 것이다.

이전까지의 분열자들은 미지의 영역인 자본주의 외부를 넘나들며 탐험을 하고, 여행을 하고, 이리저리 돌아다니는 광인이나 행려자, 떠돌이, 음유시인 등의 형상을 갖고 있었다. 그러나 외부의 소멸과 자연과 사물, 생명, 지구의 유한성이 전면적으로 드러난 상황에서 문명은 선택할 경우의 수를 끊임없이 줄여나가는 동질발생적인 형태를 드러낸다. 세계 어디를 가나 똑같은 문화생활, 향유, 소비가 자리 잡고 있다. "세상에 새로운 것이 없다"라는 논거가 통합된 세계자본주의에서의 핵심적인 구도이다. 전 세계 어디를 가나 똑같은 삶의 유형, 소비 패턴, 노동 형태가 자리 잡고 있고, 마트, 백화점, 편의점, 호텔 등 비슷비슷한 시설물들로 이루어진 메가시티의 삶이 펼쳐진다. 분열의 과정 역시도 정신을 몽롱하게 이완시키는 약물, 명상, 힐링, 웰빙 등과 안락한 시설, 달콤한 미디어 세상 등에 사로잡혀 통속화되도록 유도된다. 결국 외부는 우리가 특이성 생산을 통해서 만들어나가야 하고, 분열이야말로 스테레오타입화된 삶을 넘어선 선택의 경우의 수로서의 특이점을 늘려나가는 이질발생적인 실천 과정이다. 즉, 분열의 흐름은 외부 없는 자본주의의 외부를 개척하고 생각과 삶의 경로를 풍부하게 만들 뿐만 아니라, 그 일을 해낼 주체성을 만들어내는 것과도 관련되어 있다.

단일한 세계체계 속에서 통합된 세계자본주의는 착취와 사회적 분리차

별에 근거한 계급 및 카스트를 지닌 사회들의 상이한 구성요소들을 통합한
다. 통합된 세계자본주의의 의사결정 중심은 전 지구에 가지를 친 채 열강
들의 국민국가적 이해와 관련해서는 특정한 자율성을 지니고, 더 이상 한
정된 정치적 공간에만 자리 잡고 있을 수 없는 복잡한 네트워크를 구성하
는 경향이 있다. 통합된 세계자본주의는 사회통제 및 대중매체적 분할구획
의 체계적 정치를 발전시킨다.[19]

그런 점에서 분열은 반복강박과 동일성의 반복으로서의 삶을 구성하
는 '동질발생적인 기계'가 아니라 차이 나는 반복, 소용돌이치는 반복
을 통해 삶의 화음을 조성하는 '이질발생적인 기계'라고 할 수 있다. 여
기서 기계는 반복이다. 똑같은 문명의 패턴에서 비루하게 살아가는 것
이 아니라, 완전히 다른 세상이 가능하다는 것이 이질발생적인 기계로
서의 분열이 갖는 모습이다. 통합된 세계자본주의는 동질적인 문명의
삶의 유형을 만들어내고, 그것을 유지하고자 부심한다. 그러나 동질적
인 문명은 단 한 차례의 위기에도 한꺼번에 와르르 무너져내릴 수 있
다. 보다 다양한 경우의 수를 만들어야 위기에 대응하여 살아남을 수
있는 경우의 수도 늘어난다. 단편적인 사례로 기후변화의 상황만 보더
라도 생태학자들이 예측하는 2100년 섭씨 6도의 상승 속에서 석유와 석
탄, 핵에너지에 의존하는 현존 문명의 삶을 유지할 수 있는 사람이 전
세계 인구 중 10%도 안 될 것이라는 지적에 대해서 생각해 봐야 할 것
이다. 현존 문명은 외부에 대해서 배제하면서 문명이 만들어낸 안락함
과 안전함을 과시하고 있지만, 문명이 선택할 경우의 수가 줄어들고 있

---

19 펠릭스 가타리, 『가타리와 실천하는 욕망과 혁명』(문화과학사, 2004), 325쪽.

고, 생태적 다양성의 측면에서 매우 취약한 구조물이라고 할 수 있다. 야성적이지 않고 밋밋하고 부드럽고 달콤하게 억압된 질서가 바로 자율성이 극도로 낮아져 있는 현존 문명의 특징이다. 그런 점에서 생태적 다양성을 색다른 차이의 생성의 계기로 삼는 이질발생적인 기계로서의 분열의 흐름이 갖는 의미는 매우 크다. 욕망에 따라 분열의 흐름은 대안적인 삶을 개척하는 원동력이 될 것이기 때문이다. 왜냐하면 분열은 특이점을 설립하여 문명이 선택할 경우의 수를 늘려나가는 방향으로 향할 것이기 때문이다. 또한 예측 불가능하며, 식별 불가능하고 지각 불가능한 분열의 흐름이 개척하는 대안적인 삶의 유형은 색다른 반복(=기계)를 형성할 것이다. 그런 점에서 특이성 생산의 과정에는 반드시 야성적인 분열의 흐름이 개입한다는 점에 주목해야 한다.

분열의 미시적인 흐름은 탈영토화, 탈코드화, 탈지층화의 과정을 수반한다. 다시 말해 자신의 거주지와 영토를 넘어서고, 규범과 사법적인 코드 바깥으로 향하며, 층층이 사다리 형태로 나타나는 위계와 권위에 호소하지 않으면서 횡단과 이행으로 향하는 것이다. 먼저 분열의 미시적인 흐름은 자신의 거주지를 벗어난다는 점에서 '탈영토화의 흐름'이다. 자신이 고정되고 머물고 있는 신분, 위신, 명예, 사회적 위치, 직분, 역할 등을 벗어나 색다른 영토로 자신을 이행시키고 횡단한다는 점을 의미한다. 만약 안락하고 달콤한 문명 내부에 머무르려고 한다면, 사랑과 욕망이라는 미시적인 분열의 흐름은 발생되지 않을 것이다.

두 번째로 분열의 미시적인 흐름은 제도와 사법적 질서, 관습을 넘어선다는 점에서 '탈코드화의 과정'을 의미한다. 코드화된 질서 자체는 제도와 시스템의 구성에 결정적인 역할을 한다. 그러나 제도와 시스템 너머에 대안적인 제도와 시스템을 응시하는 사람이라면, 누구나 탈코드화의 과정이 제도적 구성주의에 결정적인 역할을 한다는 점에 대해서는 부정할 수 없을 것이다. 특히 공동체와 집단의 분열적인 흐름의 강렬도가 높아졌을 때, 그것이 코드화나 초코드화의 과정을 벗어나려는 탈코드화의 움직임이 활력이나 역능으로 작동하게 될 것이다. 그런 점에서 유전자 코드, 전자적 코드, 생물화학적 코드 등 코드의 외부를 응시하지 못한다면, 분열적인 흐름에 의한 색다른 탈코드화의 움직임과 그에 따른 색다른 삶의 영토에 대해서 접근하기 어려울 것이다. 코드의 여백은 영토이며, 이는 우주, 자연, 생명이 갖고 있는 특이성의 영역이라고 할 수 있다. 여기서 특이성은 유일무이성, 고유성, 일의성, 단독성과 동의어이다.

세 번째로 분열의 미시적 흐름은 위계와 지층, 위상, 자리 등을 넘어선다는 점에서 탈지층화의 과정을 수반한다. 지층화 자체가 사회적 위계이며 절차와 과정을 발생시키는 토대와 정당성 논거이며, 지층화된 사회구조의 형상 등이라는 점을 보여준다면, 탈지층화는 여러 사회적 위치와 위계를 넘나드는 관계망과 배치를 수립하는 데 결정적이다. 탈지층화 없이는 자신의 신분, 지위, 위치, 기능, 역할, 위계 등을 벗어나 횡단하기가 어려울 것이다. 분열적 미시적인 흐름은 지층을 넘나들고 사회적 자리나 위상, 위치에 연연하지 않는 비스듬히 횡단하는 공동체적 관계망을 수립한다.

:: 분열분석의 ABC: 미친 사람보다 더 미칠 것

가타리가 창안한 분열분석의 전통은 사실은 반정신의학에 기반을 두지만, 더 나아가 대안정신의학으로 확장된 버전을 선보인다. 반정신의학에서는 이성이라는 정상의 준거좌표에 따라 비이성으로서의 광기를 식별했던 19세기 유럽의 상황에 대해 다루었던 푸코의 『광기의 역사』(인간사랑, 1991)가 개방한 지평으로부터 "모두가 분열자다"라는 라캉의 언급, 바살리아의 전통처럼 "정상적인 것이 광기다"라는 지평까지를 망라할 수 있다.

여기서 한 발 더 나아가서, 가타리는 분열을 병리적 분열에만 한정시키지 않고, 주체성 생산의 순간에 나타나는 창조적 분열의 가능성을 응시하였다. 즉, 협착분열인 정신분열증도 '과정으로서의 정신분열증'의 일부 계기나 특이점이라는 점이 그것이다. 창조적 분열의 작동 방식은 예술, 과학, 혁명의 원천일 수 있으며, 생산적이고 창조적인 욕망을 내재하고 있다. 결국 신경증이라는 준거좌표를 설정하지 않는다 하더라도 분열의 흐름이 가로막히거나 억압되지 않는다면, 치유와 생산의 지평이나 세계의 재창조로 향할 것이라는 것이 가타리의 전망이다. 과정으로서의 정신분열증은 협착되어 있는 지점으로부터 피난민처럼 탈주한 사람들의 모습으로도 현현할 수도 있다. 하지만 그 속에서 삶의 재발견이나 감각의 재활성화, 지각작용의 변화, 몸의 재창조, 세상의 재창조 등의 색다른 상황을 만들어낼 수 있게 되는 것이다.

그런 의미에서 가타리의 사상적 동지였던 장 우리(Jean Oury) 박사의 "미친 사람보다 더 미치고 충분히 미쳐야 한다"라는 말의 의미에 대해서 곰곰이 곱씹어 볼 필요가 있는 것이다. 만약 어떤 사람이 신경증의 준거좌표를 강조하면서, 사실상 가족으로부터 탈주한 공동체 구성원들에 대해서 색안경을 끼고 바라본다면 어떨까? 또는 공동체 내에서의 커플 간의 새로운 가족의 형성에 대해서 어떤 시각을 가져야 할까? 이런 질문들을 던지는 것 자체가 이미 색다른 변화의 시작일지도 모른다. 신경증의 준거좌표는 어디에 있는가를 잘 생각해 보면 TV에서 상영되는 가족 드라마가 그것이라는 점에 도달할 수 있다. 프로이트의 정신분석은 이제 미디어로 나타나고 있다. 가족 드라마 속에서 분열자들은 가족 무의식이 여전히 영향력을 미치고 있다는 환상과 착각을 주입받는다.

가타리가 창안한 분열생성론은 병리적 분열도 창조적 분열의 계기일 수 있다는 점에 대해서 말하고 있다. 의미좌표의 미끄러짐을 의미들 사이의 횡단으로 바꾸는 것은 어렵지 않다. 그러나 분열자들의 중언부언에 대해서, 사람들은 의미화와 표상화, 모델화가 불가능하다는 점에서 식별과 배제의 논리를 작동시킨다. 그러나 병리적 분열의 상황을 탈주하여 창조적 분열로 뒤바꾸는 것은 'A도 아니고, B도 아닌' 이중구속의 상황으로부터 벗어나 'A일 수도, B일 수도' 있는 자율성을 가진 색다른 삶의 내재성의 지평을 발견하는 것이라고 할 수 있다. 이 과정에서 분열의 창조적인 역능과 생산적인 힘이 특이성 생산을 이루어 그 특이점에 욕망을 통과시켜 색다른 반복(=기계)을 설립할 수 있다.

굳이 분열자가 아니더라도, 쓰고자 하는 글의 시작점을 찾지 못하는 작가나, 방황하고 배회하면서 예술 활동의 끈을 놓지 않는 예술가의 준비 동작, 영감과 색다른 사유의 경로를 찾는 과학자, 실천의 계기를 찾지 못한 혁명가 등에게서 분열생성론의 작동 방식이 숨어 있다. 일단 분열적 흐름을 통해서 특이한 것이 등장하면 그것을 반복시키는 것이 관건일 것이고, 반복(=기계)의 등장은 색다른 기계적 배치의 설립 순간이라고 할 수 있다. 그런 점에서 분열적 흐름이 창안한 특이성 생산은 배치와 관계망을 심원하게 변화시키는 원동력이라고 할 수 있다. 이런 점에서 예술가들이 자주 말하는 '분열을 욕망하는 것'도 가능하다.

분열증은 벽인 동시에 벽의 돌파요, 이 돌파의 실패이다. (⋯) 그리고 여기에 걸린 것은 예술이나 문학만이 아니다. 왜냐하면 예술기계, 분석기계, 혁명기계는 억압-탄압 체계의 약해진 틀 속에서 이것들을 작동시키는 외래적 관계들 속에 머물러 있거나, 아니면 이것들이 단 하나의 욕망 기계를 배양하는 흐름 속에서 서로 부품이 되고 톱니바퀴가 되고 또 일반화된 폭발을 위해 참을성 있게 점화된 그 수만큼의 국지적인 불이 되거나, 이 둘 중 하나이기 때문이다. 분열증이지, 기표가 아니다.[20]

분열은, 책임주체(subject)로서의 시민, 소비자, 노동자, 직장인, 군인, 간호사 등의 정체성이 분명한 인물의 설정을 넘어서, 정체를 식별할 수 없는 주체성(subjectivity)을 발생시킨다. 책임주체와 주체성은 비슷해 보이지만, 매우 다른 개념이다. 책임주체는 정체성, 권리주의, 의무와 올바른 것이 있다는 생각으로 이루어져 있는 반면 주체성은 특이성, 자율주의, 공통성, 사랑과 욕망의 흐름 등으로 이루어져 있다. 책임주체가 합리성과 효율성의 산물이라면, 주체성은 관계망과 정동의 산물이다. 그래서 들뢰즈의 주체성 즉 관여적 주체 개념이 주목되는 이유이기도 하다.

초기 소수자운동에게 보이는 정체성 획득에 대한 권리주의적인 열망과는 달리, 소수자운동의 성숙과 발전은 지각 불가능한 영역에서 '보이지 않는 운동'으로서의 자신을 위치하는 것까지 발효된다. 그러한 미시적인 흐름은 보이지 않는 영역에 대한 심원한 변형을 만들어낸다. 그 과정에서 "누가 그 일을 했다"라고 하기보다, 공동체적 관계망의 강렬

---

20 질 들뢰즈, 펠릭스 가타리, 『안티 오이디푸스』(민음사, 2014), 241-242쪽.

한 온도, 밀도, 속도 등을 발생시키는 수많은 보이지 않는 구성원들이 해낸 것이라고 봐야 마땅하다. 분열의 무의식을 욕망한다는 것은 무엇일까? 결국 보이지 않는 영역에서의 변화를 의미하는 특이성 생산의 순간을 공동체가 받아들이는 것은 아닐까? 사랑과 욕망의 에너지가 물질이 되는 특이점을 형성하여 공동체의 선택의 경우의 수를 늘리는 것은 또 아닐까? 색다른 반복이라는 기계를 작동시킴으로써 특이성을 현실에 온전히 자리 잡게 하는 것은 또 아닐까? 가족무의식을 넘어선 분열의 무의식에는 창조와 생성, 영감과 감동의 들끓는 도가니가 있다. 분열의 무의식이 가진 뜨거운 열정과 욕망, 열망 등을 통해서 주체성 생산을 이루고 세상을 재창조하자는 것이 가타리의 구상인 것이다.

4장

대안운동은 지배계급의 거울상인가?

강령 4

독재 전체가 지닌 상징적인 완전한 대상에 대한 강제 차압을 단념하라.

. . .

착취자를 착취하라는 말이 있다. 마르크스주의를 따르는 일부 기존 운동 세력의 실천 강령을 들여다보면, 자본과 국가의 부와 잉여는 원래 노동자나 민중의 것이며, 그것을 되찾고 빼앗는 과정이 해방운동일 것이라는 인식을 전제로 한다. 그렇지만 러시아 혁명이 스탈린 독재로 수렴되었던 이유를 생각해 보자. 왜 혁명은 늘 반동을 품고 있는 것일까? 괴물과 싸우다 괴물이 되어버리면 안 되지 않은가? 들뢰즈와 가타리는 리좀의 n-1이라는 공식에서, 일자(1) 즉 권력을 뺀 나머지의 주체성 생산 과정을 적시하는 개념 구도를 그려낸다. 그들이 창안한 리좀 유형의 민주주의인, 추첨제 민주주의 원리와 실험에 대해서도 사유해 보자.

:: 레닌과 크론슈타트소비에트

레닌은 봉건 잔재에 빠져 있던 러시아에서 1917년 혁명을 성공시켰던 인물이지만, 초기에는 러시아의 사회민주주의자로서 카우츠키의 2단계 혁명론과 다를 바 없는 사고에 빠져 있었다. 내용인즉슨, 러시아의 상황에서는 자본주의가 성장하지도 않았기 때문에, 일단 자본주의를 성립시키는 민주주의 혁명을 거친 다음 사회주의 혁명으로 나아가야 한다는 고답적인 단계론적인 혁명 노선이 그것이었다. 러시아의 2월 혁명의 실패는 그를 궁지에 몰아넣었고, 망명 기간 동안 고초를 겪던 그는 어느 순간 섬광과 같은 깨달음에 도달한다. 즉, 자본주의의 성장이 더 필요한 러시아의 상황에서 소비에트라는 관계망의 성숙이 고도로 조직되어 있다는 발견이었다.

그것은 성장(growths)이 아닌 발전(development) 노선에 대한 역사적 발견이었다. 성장이 양적 척도에 따라 외양적, 실물적인 경제를 구성한다면, 발전은 질적인 척도에 따라 내포적이고 관여적인 경제를 구성하는 것이었다. 성장이 고정관념으로 이루어진 기표(signifiant)의 질서를 만들어낸다면, 발전은 고도로 자유로우면서도 고도로 조직된 도표(diagram)의 질서를 만들어내는 것이다. 즉, 자본과 국가라는 고정관념을 통하지 않고도 다극적이고 다실체적이고 다의미적인 관계망인 소비에트의 고도로 조직된 질적 경제와 사회혁명이 가능하다는 인식에 이른 것이다. 레닌의 놀라운 발견은 4월 테제에서 "모든 권력을 소비에트로!"라는 슬로건으로 포효하며 일갈한다. 그리고 러시아에서 10월 혁명을 통해 사회주의 혁명은 드디어 완수되었다. 그것은 순전히 관계망 성숙에 입각한 발전 노선, 즉 고도로 자유로우면서도 고도로 조직된 소비에트라는 평의회기관에 입각한 혁명이었다.

그러나 레닌은 끝까지 발전 노선에 따라 소비에트를 더욱 성숙시키고 발전시키는 방향으로 향하지는 않았다. 오히려 소비에트공화국의 성립 이후에 전시 공산주의 체제로 접어들면서 볼셰비키라는 핵심 집단에 대한 권력의 강화로 향하고 있었다. 이에 대한 기층 소비에트의 불만과 저항은 거세어져 갔다. 특히 발전 노선의 본래적 의미인, 평의회, 코뮌, 소비에트라는 관계망의 자율성을 강화하라는 기층의 요구는 저항의 도화선이 되었다. 급기야 급진적인 사상을 갖고 있던 크론슈타트 수병이 발전의 전략, 소비에트로 권력을 이양하겠다는 약속을 지키라며 봉기에 나선다. 그 사건을 요약하자면 다음과 같다.

볼셰비키 정권은 전시 공산주의로 내전에서 승리하고 외국 군대도 몰아냈으나 농민들은 곳곳에서 봉기를 일으켰다. 결정적으로 1921년 2월 말 레닌그라드 외곽 크론슈타트 해군 기지에서는 수병들까지 참가하는 대규

모두의 혁명법

모 반정부 집회가 열렸다. 혁명의 자랑이며 영광이라던 이 요새에서 시민과 노동자·병사 1만 8,000여 명이 외친 구호는 '소비에트 예스, 볼셰비키 노!' 사회주의 혁명은 좋지만 볼셰비키 일당 독재는 물러가라는 의미였다. 저항은 적군의 무자비한 학살로 끝났다. 양쪽 사망자만 1,530여 명. 부상자는 9,820여 명에 이르렀다. 수많은 사람들이 투옥되고 6,000~8,000여 명은 이웃 핀란드로 도망쳤다.[21]

크론슈타트 수병 반란에 대한 무자비한 진압이 있기 전에 러시아의 적군은 4차례나 현장으로 출동한다. 그러나 4번 다 진압 포기, 그것은 크론슈타트 수병들이 말하는 발전 노선이, 반란의 슬로건이 아니라 적군의 혁명 성공의 이유였고, 자신들의 노선과 차이를 느끼지 못했기 때문이었다. 즉, 가장 소비에트적인 슬로건이라고 느껴졌기 때문이었다. 그러나 결국 레닌은 자신의 충복인 트로츠키를 동원하여 무자비한 진압으로 향한다. 크론슈타트 소비에트의 파괴 이후 레닌은 신경제정책(NEP)를 단행하면서, 결국 성장의 노선으로 돌아가 버렸고 러시아 혁명이 있도록 했던 발전 노선은 역사의 뒤편으로 사라졌다. 결국 얼마 안 가 러시아에 스탈린주의라는 어마어마한 성장주의와 개발주의, 자본주의와의 경쟁 체제를 정착시키도록 했던 장본인은 바로 레닌 자신이었다. 속류 혁명가들은 그래도 레닌이 옳았다고 '막대 구부리기'나 '불가피한 선택' 등을 운운한다. 그러나 말년 레닌이 추진했던 크론슈타트 반란에 대한 무자비한 진압과 성장 노선으로의 회귀는, 국가와 자본의 독재를 내면화한 스탈린이 종국에는 일당독재와 전체주의로 향하게 했던 직접적인 역사적인 이유가 된다.

---

21 권홍우, "소련을 일으킨 신경제정책(NEP)", 서울경제, 2017. 3. 21.

:: 착취자를 착취하라?

마르크스주의를 따르는 일부 기존 운동 세력은 "착취자를 착취한다"는 설정을 자신의 실천 강령에 내재하고 있다. 국가론에서는 프롤레타리아트 독재가 그 예일 것이다. 그러한 논리는, 자본과 국가의 부와 잉여는 원래 노동자나 민중의 것이며 그것을 되찾고 빼앗는 과정이 해방 운동일 것이라는 인식을 전제로 한다. 즉, 혁명이나 파업, 점거 등은 우리가 빼앗겼던 것들을 한꺼번에 되찾는 과정이라는 것이다. 이러한 논리는 매우 현실적인 것처럼 느껴지며, 국가 탈취나 공장 점거와 같은 가시적인 상과 이미지를 제공한다. 그러나 사실상 이러한 자본과 국가가 갖고 있는 독점과 독재, 탈취의 논리는 민중운동이 갖고 있는 자율과 해방, 혁명의 논리와 거울 속에서처럼 좌우는 다르지만 유사한 이미지로 만들어 버린다. 다시 말해 민중운동이 전혀 다른 이미지와 궤도를 갖고 있다는 점은 고려되지 않는 것이다. 즉, 자본과 국가의 독재의 구도와 거울반영을 이루지 않고 비대칭적인 자율의 구도를 그릴 수 있느냐의 여부가 그것이다.

그런 점에서 이전 사회주의 국가에서 나타났던, 혁명이 반동으로 재구조화되었던 역사적 과정 다시 말해 러시아 혁명이 스탈린 독재로 수렴되었던 이유에 대해서도 생각해 볼 수 있다. 왜 혁명은 늘 반동을 품고 있는 것일까? 앞으로 일어날 일들을 예측할 수 없는 혁명의 순간에 왜 대중은 과거의 상징질서로 돌아가고자 하는 방향성 즉, 반동, 퇴행, 의고주의 등으로 향하는가? 또한 트로츠키주의자들이 설명하듯 사회주의의 시스템이 사실상 국가자본주의의 육성 과정이었다는 역사적 진실 역시도 '착취자를 착취한다'라는 논리의 연장선에 있다. 너무도 단순한 논리임에도 불구하고 독재의 논리는 슬그머니 우리의 내부로 파고들어 전체주의와 파시즘이라는 암적 신체를 구성한다. 그렇다면 독재의 논리와 자율과 해방의 논리는 대칭적이고, 상대적이며, 등가적이어서 하나가 늘어나면 하나가 줄어드는 그런 것일까? 그렇기 때문에 자본독재와 해방운동이 동전의 양면처럼 서로에게 보완적일 수도 있다는 환시와 착각이 일어날 수 있을까? 그러나 착취자를 착취한다는 단순 논리는 우리 안의 파시즘과 전체주의 독재를 용인하는 위험한 발상이 아닐 수 없다.

그러나 독재의 논리가 아무리 우리 안으로 스며든다 하더라도 우리가 갖고 있는 욕망은 착취자를 착취한다는 논리에 기반하고 있지 않으며, 오히려 구성적이고 미래진행형적인 자율의 방향성으로 향한다. 즉, 우리는 '자본과 국가의 독재의 논리'와 '욕망과 사랑의 논리'가 심원한 간극을 갖고 있다는 점에 주목해야 할 것이다. 물론 미시 파시즘은 우리의 욕망에 부드럽게 들어와 사회를 점거하고 깽판을 놓고 현실에서의 좌절과 분노를 소수자에 대한 증오와 폭력으로 풀라고 속삭인다. 그러나 엄밀히 말해 욕망 자체가 미시 파시즘적인 것이 아니라, 미시 파시즘이 욕망을 이용하여 억압에 동원하려고 드는 것이다. 여기서 우리가 착취자를 착취한다는 논리에 빠져들면, 민중의 자율성이 갖고 있는 미래-구성적 지평은 본 의미로부터 멀어져 버리고 기존에 주어진 것들에 대한 배분과 재-약탈과 점거의 공식으로 치환되어 버린다.

혁명의 효과가 본질적으로 고전적인 정치적 망〔그물〕을 넘어서는 혁명인 분자혁명이 중요하다. 정치지도자, 대학, 대중매체는 자신의 가시적 표명을—위에 있기 때문에 보지 않을 수 없는 것—주변적인 현상인 것처럼 설정한다. 그때 1789년이나 1917년 혁명에서 그랬던 것보다 더 사회를 변형하게 되는 거대한 전복이 중요하다.[22]

여기서 고려되어야 할 지점은 전통적인 표상주의와 구성주의 간의 차이점이다. 전통적인 표상주의 입장에서 보면 객관적인 대상이나 표상의 재현은 상징적으로 완결적이며, 모든 사람들에게 공유되는 것이다. 즉, 객관적 진리가 있으며, 대상의 자기동일성, 동결성, 응고성, 고정성의 형태는 유지된다는 생각인 것이다. 이런 객관적 표상주의의 논리는 '의미화의 논리'라는 굳건한 반석을 갖고 있다. "이것은 책상이다"라는 논리는 상징적으로 완결된 불변의 진리라고 사유된다. 표상주의는 객관적 진리를 알고 있는 의식적인 지식인과 무의식 상태에 빠져 진리를 알 수 없는 대중이라는 이분법을 만들어낸다. 그래서 대상을 대중들 각각의 배치에 따라 다르게 인식될 수 있음에도 불구하고, 지식인에 의해서 상징화되고 완결된 진리의 통합된 상에 포섭된다.

예를 들어 미술 시간에 아이들이 각각 다른 배치에 앉아 꽃병을 그리고 있다고 했을 때, 만약 선생님이 정면 그림을 답이라고 제시할 때 어떤 일이 벌어지겠는가? 아이들은 정면 그림을 복제복사하면서 그것이 참이며 진리일 것이라고 믿게 될 것이며 선생님의 눈치를 볼 것이다. 이러한 계몽주의적 논리는 지식인의 모델화, 표상화, 의미화 능력을 대단한 전문가적인 일로 바꾸어놓는다.

그러나 구성주의는 제각각의 배치와 삶의 양식이나 문화, 위치와 자리에 따라 인지적인 차원이 각기 다를 것이기 때문에 각자의 표상이 다

22 펠릭스 가타리, 『분자혁명』(푸른숲, 1998), 222쪽.

양하고 차이가 날 것이라는 생각에 이른다. 예를 들어 '정보주의'의 경우에는 정보와 지식이 감성적 실천 없이도 전유될 수 있다는 최근의 생각을 표현한다. 그러나 우리는 사랑하고 실천하고 느끼지 않는 대상을 알고 있다는 것 자체에 대해서 의문을 표할 수밖에 없다. 그런 점에서 마투라나·바렐라의 『앎의 나무』(갈무리, 2007)에서의 생명의 구성주의 입장처럼 "앎은 함이요, 함은 삶이요 앎이다." 구성주의의 입장에서는 각각의 주체성이 사랑하고 느끼고 실천하는 바에 따라 대상에 대한 인지 형태는 달라질 수밖에 없으며, 대상은 색다른 배치 속에서 완전히 다른 방식으로 재-의미화된다. 이에 따라 객관적으로 완결된 상징적 대상이 있는 것이 아니라, 주체성의 변용, 감성적 실천, 구성적 실천에 따라 대상은 완전히 다르게 구성된다.

자신이 느끼고 실천하고 신체가 변용되는 수준에서 질적으로 완전히 다른 인지 활동이 이루어진다면, 착취자의 고정된 대상으로서의 잉여와 부가 상징적으로 완결되고 고정의 형태를 유지할 것이라는 생각만큼 화석화된 생각도 없을 것이다. 즉, 주어진 자원과 부, 에너지는 고정되어 있으며, 그 한계가 분명하다는 생각이 그것이다. 물론 지구는 한계가 있고, 자원과 부 역시도 한계가 있다. 그러나 하나의 표상으로서의 한계와 구성작용으로서의 한계는 엄밀히 다르다. 이를테면 우리는 고정된 표상체계에 사로잡힌 상품과 달리, 선물의 주고받음으로 이루어진 증여와 호혜의 순환 과정이 유한한 자원에 얼마나 많은 부가적인 효과를 부여해 줄 수 있는지를 살펴볼 필요가 있다.

그런 점에서 상품에 기반한 '자본주의의 가치화'와, 이에 비대칭적으로 실존하는 선물에 기반한 '공동체의 자기가치화'를 별도로 생각해 볼 수 있다. 자본주의는 고정관념을 통해서 상징적으로 완결된 대상이 양적으로 고정되어 있다는 생각을 유포한다. 즉, 부의 불평등에 대한 지적에 대해서 유한한 부와 경제 규모, 양적 척도, 회계 연표 등이 여기서 따라온다. 그런데 상품으로서의 책상은 자연생태계의 순환과 재생의 과정과 공동체의 정동과 사랑의 순환 과정으로부터 분리되어 있다. 단지 책상으로서의 고정된 표상과 상징을 유지하는 동안에만 사고 팔릴 수 있다. 그래서 양적 척도에 의해서만 판단될 수 있는 것이다. 그렇기 때문에 늘 "책상은 책상이다"라는 고정관념은 의심되지 않는다. 책상이기 이전에 나무였고, 탄소로 이루어진 공기였고, 흙이었다는 것은 누락된다. 상품이 갖고 있는 고정성에 대한 환상은 세계의 모든 것을 상징적으로 완결된 것으로 보는 방식으로 유지된다. 바로 아카데미가 그것을 지탱해낸다. 아카데미는 "~은 ~이다"라는 방식으로 정답을 갖고 있는 전문가들을 육성함과 동시에 지적 구조물의 기반이 되는 표상주의를 굳건하게 지킴으로써 자본주의가 지속될 수 있는 사유의 토대를 제공한다. 자본주의와 시장경제는 착취자를 착취하는 방식으로 사라지는 것이 아니라, 이러한 고정관념이 유지되는 한 계속 유지될 것이다. 그렇기 때문에 사랑과 욕망의 미시정치는 세상의 모든 고정관념과 보이지 않는 전투를 벌일 것이다.

:: 황제의 것은 황제에게로

착취자를 착취한다는 공식은 예수의 일화를 생각하게 만든다. 이에 따르면, 예수를 옭아매려는 사람들이 "로마에 세금을 내야 할까요? 내지 말아야 할까요?"라고 질문을 던진다. 그러자 예수는 "동전을 들여

다 보아라, 누가 그려져 있느냐?" "황제입니다" "황제의 것은 황제에게
로 주어 버려라."라고 말한다. 여기서 예수의 말은 은유와 비유로 쓰여
있다. 그리고 이것이 정답이라고 가르쳐주지 않는다. 심지어 빌라도가
"네가 유대의 왕이냐?"라고 물었을 때조차도 "네가 그렇게 말했다."라
고 대답을 회피하며 말하였다. 그것은 고정관념을 회피함으로써 사랑
과 욕망의 흐름의 사유를 보여주려는 의도이다. 그런데 그런 예수의 가
르침을 기독교 교리로서 정리한 바오로는, 마치 세상에 진리가 있고 답
이 있는 것처럼 발언함으로써 사랑과 영성이라는 보이지 않는 것을 교
회와 말씀으로 실체화하는 데 성공한다. 이러한 두 사람의 분명한 차이
점은, 고정관념에 맞선 고정관념으로 응답할 것인가 아니면 고정관념
과 완전히 다른 문제제기와 기호-흐름의 사유를 보여줄 것인가의 갈림
길을 의미한다. 결국 대답을 주는 것과 문제제기를 던지는 것은 명백한
차이를 갖고 있다. 문제제기는 고정관념에 대한 의문과 물음표를 통해
서 다채로운 잠재되어 있는 수많은 대답들을 촉발시키는 효과를 갖고
있다. 혹은 대답이 여러 개거나 아예 없는 문제제기가 있을 수 있다.

이는 들뢰즈와 가타리가 함께 쓴 『천개의 고원』에서 언급했던 '문제
제기로서의 유목과학'과 '정의(definition)으로서의 제국 이론가'의 갈림
길과 유사하다. 유목과학은 기존의 대답에 대해서 문제제기를 던지면
서 '제자리에 있으면서도 여행하는 법'을 실천한다. 그것은 고정관념을
벗어나 자유로운 사유로 향하기 위한 여정으로서의 노마드를 보여준
다. 물론 초국적 금융 자본도 국경을 매끄럽게 이동하면서 빛의 속도로
전 세계를 움직인다. 하지만 사실은 '책상은 책상이다'라는 고정관념으
로부터 한 치 앞도 나아간 것이 아니다. 이에 비해 가장 국지적인 영역
에 있는 존재라고 하더라도 자신의 고정관념을 해체하고 파괴할 수 있

는 풍부한 사랑을 발견했다면 미지의 곳으로 향해서 여행을 떠나는 것
과 같은 것이다. 왜냐하면 사랑은 고정관념으로부터 벗어날 수 있는 기
호-흐름의 사유를 개방하기 때문이다. 즉, "A＝A"가 아니라, "A는 B일
수도 C일 수도" 등등의 무한 속도의 사유로 진입하는 것이다.

> 유목민은 오히려 국지적 절대성, 즉, 국지적으로 표현되고 다양한 방향
> 으로 전개되는 국지적 조작체계를 통해 생산되는 절대성, 예를 들어 사막,
> 스텝, 빙원, 바다 같은 국지적 절대성 속에 존재한다. … 장소와 절대성의
> 결합은 특정한 중심이나 방향을 가진 포괄화나 보편화 속에서가 아니라 국
> 지적 조작의 무한한 연속 속에서 이루어진다.[23]

들뢰즈와 가타리의 노마드 이론은, 출발하기 전에 결론이 이미 나와
있는 관광 유형의 사유 방식이 아니라, 미지의 곳으로 향해 떠나는 여
행 유형의 사유 방식을 개방한다. 답이 따로 정해져 있지 않기 때문에
저마다 다른 루트로, 자신만의 답을 찾아 나가는 것이다. 그것은 가깝
고 국지적이고 유한한 사람들과의 만남 속에서도 서로의 깊이와 잠재
성을 발견주의적으로 접근할 수 있다면 사실상 세상이 재창조되는 순
간을 맞이할 수 있다는 선언이다. 들뢰즈가 『칸트의 비판철학』(민음사,
2006)에서 이야기한 '초월론적 경험론(empirisme transcendantal)'은 바로
발견주의적 사유를 구체화하면서 잠재성의 신체, 자연, 사물을 어떻게
바라볼 것인가에 대한 인식론적 힌트와 영감을 제공해 준다. 그런 점에
서 가장 국지적인 영역에서 즉, 자신의 가족이나 이웃, 친구, 연인과의

---

23 질 들뢰즈, 펠릭스 가타리, 『천개의 고원』(새물결, 2001), 734-735쪽.

상호작용의 중요성이 강조된다. 이를 아주 잘 보여주는 사람이 바로 카프카이다. 카프카가 쓴 대부분의 작품들은 출간을 목적으로 한 것이 아니라, 자신과 만나는 친한 친구들 서너 명을 웃기기 위해 쓴 한 작품 활동의 결과물이라고 알려져 있기 때문이다. 카프카의 주변적이고 가장자리로서의 사유는 바로 이러한 지방인으로서의 배치로부터 연유한다.

반면 제국 이론가들의 정교한 답은 이제까지의 자본주의 문명을 이끌었던 원동력이기도 하다. 자본과 국가의 독재적 유형의 조직화는 통일성, 동일성, 총체성에 입각한 사유라고 할 수 있다. 국가와 자본이 차이와 특이성과 같은 요철과 굴곡을 중화하고 편편히 하여 결국 상징적으로 완결적인 대상으로 유기적으로 조직화하는 방법론이다. 즉, 국가와 자본은 통일과 통합의 원리에 따라 각기 차이 나는 대상을 통합(integration)시켜 낼 수 있는 능력을 갖고 있다고 자임한다. 기존의 운동 세력들이 신화화했던 변증법의 원리는 바로 이러한 기반 속에서 작동되는 국가주의 논리이다. 상징적으로 완결된 대상이 맺는 관계는 유기적이고 총체적이기 때문에, 모순, 적대, 대립의 운동이 진화하고 포섭하는 변증법이 성립된다는 것이다. 통일성은 차이의 미세한 결을 바라보지 못하고, 우주적 합일이 현존하는 통합과 동일성 속에서 가능하다는 환상 속에서 "사랑할수록 같아진다"라는 명제를 말하지만, 사실상 "사랑할수록 미세하게 달라진다"라는 차이 생산의 지평을 직시하지 못한다.

그런 점에서 만인의 친구가 되고자 하는 사람은 바로 독재자이다. 독재의 논리는 전체로부터 분리되어 자율적으로 움직이는 부분에 대해서 가만히 두지 않는다. 변증법 또한 이러한 총체적 사유의 일종이다. 변증법은 정립하고 반정립하는 방식으로 포섭하면서 체제와 시스템 내에서 작동하도록 만든다. 그렇기 때문에 상징적으로 완결적인 것으로 만들어나가는 과정이 바로 개별성-특수성-보편성으로의 상승의 논리이다. 이를 통해 다소 뻔하고 스테레오타입화된 보편성이 등장하면서 개별적이고 개체적인 것을 지배하고 포섭할 수 있는 유기적으로 연결된 총체를 조직하는 것이다.

총체성과 변증법의 논리에 빠진 운동의 논리는 결국 상징적으로 완결된 대상으로 수렴되는 체계를 제시함으로써 결국 '착취자를 착취한다'라는 논리를 정당화한다. 루카치의 『역사와 계급의식』(거름, 1999)에서의 논리처럼 특수한 계급인 프롤레타리아트가 보편적인 계급으로서 상승하는 과정으로서의 변증법의 역사가 그려질 수 있는 것이다. 그런데 이러한 신화화된 역사변증법의 논리에 따라 역사가 움직일 것이라는 생각은, 변증법이 혁명과 같은 색다른 세계를 구축할 것이라고 여긴다. 그러나 이러한 역사변증법은 사실상 '보편성이라는 새로운 독재'를 변증법적으로 배태하고 있는 논리로 머물 수밖에 없다. 여기서 보편성은 무장소성, 무시간성, 무역사성을 특징으로 하며, 상징적으로 완결된 대상을 허구적으로 만들기 위한 개념적인 현현이다. 보편성이 다루는 상징적으로 완결된 대상과 사랑과 욕망의 구성적 실천은 완전히 비대칭적이며 다른 궤도에 있으며, 국가의 통합으로 향하는가, 현실의 복잡성과 다양성으로 향하는가의 차이점에 놓여 있다. 결국 독재의 얼굴과 시스템의 슬로건만 바꾼 형태로 프롤레타리아트의 혁명이 전락할 수밖에 없었던 이유도 여기에서 연유한다.

특히 모순, 적대, 투쟁, 대립의 논리로 문제를 해결하고자 하는 운동의 방향성은, 헤겔의 구도에서 언급된 인륜적 공동체가 미리 전제되어 있다는 나이브한 발상에서 시작된다. 결국 이 때문에 극도의 모순과 갈등에도 불구하고 변증법적이고 유기적인 전체의 포섭과 정립, 협상에 따라 재통합으로 나아갈 것이라는 전망을 갖고 있었던 것이다. 그러나 탈근대 자본주의 사회에서는 인류적 공동체가 미리 전제되어 있지 않기 때문에, 모순은 분열로, 적대는 공격으로, 투쟁은 폭력으로, 대립의 배제로 향하는 논리를 내재하고 있다. 변증법이나 총체성을 사유하는 사람들에게는, 대단히 유감스럽게도 탈근대 자본주의는 인류적 공동체를 미리 전제하고 있지 않을 뿐만 아니라 역설적으로 사회 분열과 양극화, 분리와 배제, 차별의 미시 파시즘을 장착하고 있는 체제이다. 그것이 바로 변증법의 논리의 아킬레스건이다. 그렇기 때문에 공감 능력과 연대, 사랑의 부드러움은 미리 주어진 것이 아니라, 구성하고 만들어나가야 하는 문제가 된다. 그런 점에서 '책임주체로서의 시민'만으로 모든 문제가 해결될 수 없으며, '공동체를 만들어낼 주체성 생산'을 통해서 색다른 공감 능력을 갖추는 것이 어느 때보다 중요해진 상황이다. 시민과 공동체의 이중 전략에서 중요한 것은 무엇보다도 되기(becoming)를 통한 사랑과 연대, 공감 능력의 확보이다. 그러한 소수자 되기를 통한 사랑과 욕망의 판이 깔리지 않는 한 어떤 사회의 변화도 기약할 수 없는 것이다.

:: **책임주체의 수목 구조의 사유**

근대의 책임주체는 상징적으로 완결된 표상의 일부이며, 이에 관여하는 인물이다. 근대 사회에서는 노동자, 시민, 학생, 주부 등의 다양한 책임주체가 등장하게 된다. 이러한 책임주체들은 직분, 역할, 기능에 따라 정체성을 부여받고, 고정되고 딱딱한 존재로 사회 곳곳에서 모습을 드러낸다. 책임주체는 완결된 이성 능력과 의지와 책임과 권리를 가진 주체로서의 지위를 보여준다. 그들은 자본주의의 고정관념의 포로가 되어 존재(Sein), 정체성(identity), 이기(being)로서 사유하고 존재하고 행동한다. 이러한 전통적인 책임주체는 재현, 표상, 의미라는 포섭 내에 있기 때문에, 무대의 스크린과 같이 설치된 주체-대상, 지식인-대중, 전문가-시민 등의 구도에서 벗어나지 못한다. 즉, 현란하고 세련된 언어를 통해 완결된 표상질서를 주창하는 전문가 유형의 인물을 주인공으로 따르는 대중의 추앙과 학습, 선망 등의 양상이 벌어진다. 이는 상징적으로 완결된 대상으로서의 표상질서를 정당화하는 도구적인 합리성이 갖는 이분법의 신화로부터 자유롭지 못하다. 지극히 합리적인 구도 속에서 그들이 실천하고 행동하는 것 같지만, 사실상 모델화, 의미화, 표상화의 덫으로부터 한 치도 벗어나지 못했다는 한계를 갖고 있다. 즉, 여기서 합리성을 덫이라고 표현한 이유는 다가적이고 다의미적이고 다실체적인 현실을 하나의 모델과 의미, 발상으로 환원하는 블랙홀로 작동하기 때문이다. 우리가 흔히 기능적으로 분류하는 시설, 학교, 감옥, 군대, 가족 등은 이러한 책임주체가 작동하는 기계장치이며, 이를 통해서 책임주체의 기능과 역할에 대한 고정관념과 정체성을 수립한다.

들뢰즈와 가타리는 재현, 표상, 의미의 논리에 따라 주체와 대상의 이원론의 포로가 된 책임주체의 사유 방식을 『천개의 고원』(새물결, 2001)에서 '수목 구조'라고 지칭한다. 수목 구조는 뿌리-줄기로 이루어진 나무 유형의 사유 방식으로 마르크스주의 정치경제학에서의 토대와 상부구조처럼 반영이나 조응, 대응의 논리에 따라 주체의 합리적 의식과 대중과 신체의 무의식이 각기 구분되는 구도를 그린다. 이에 따라 초기 비트겐슈타인이 보여주었던 그림 이론의 반영론처럼 사회적 신체가 이분법화된다. 이러한 재현과 반영의 이분법의 논리는 철저히 상징적으로 완결된 대상을 반영하는 상부구조로서의 고정관념으로 나타난다. 이러한 수목 구조 유형의 사유 방식은 마르크스주의를 비롯한 전통적인 사회운동 세력들에게 뿌리 깊게 나타나는 근대적 책임주체가 갖고 있는 모습이다. 사람들이 시위 현장에서조차 마치 극장에 가거나 TV를 보듯이 무대 위의 연사들의 선전선동을 듣고 있다면, 이미 수목 구조에 일체화되어 있다고 해도 과언이 아니다. 왜냐하면 전문가들을 대신할 연사나 활동가들의 표상화한 관념을 소비하고 있기 때문이다.

책임주체가 갖고 있는 고정관념에 기반한 합리주의에서는, 철저히 합리적인 틀이나 사유 방식 내에서만 존재하는 노동자나 시민들이 사회운동의 주체로 간주되고, 이에 대해서 소수자와 아이, 광인, 장애인 등은 이들을 따라야 한다는 사실상 주축 뿌리의 중심/주변의 논리가 관철된다. 이에 따라 무의식, 욕망, 사랑은 무대의 관객이 웃고 울며 소비해야 할 대상으로 격하되어 버린다. 물론 자본 역시도 영상-이미지의 흐름에 기반하고 있어서 고정관념으로부터 벗어난 것처럼 보일 수도 있다. 미디어에 예속된 주체화 양상은 탈근대 자본주의가 보여주는 색다른 지배 전략이 관철된 결과이다. 이제 학습자로서의 아동을 굳이 계몽할 필요가 없으며, 그저 영상-이미지의 흐름에 노출시켜 무대화된 질서라는 고정된 틀을 이미지-영상으로 체득하게 된다. 그럴수록 자본주의의 고정관념은 더욱더 유지될 것이다. 이런 점에서 흐름을 고정관념으로 환원하는 자본주의의 전략은 코드의 잉여가치의 전략이라고 불린다.

어린이들은 텔레비전 앞에서 학습하며, 또 유치원에서는 지각 능력을 증진하기 위해 고안된 장난감으로 학습한다. …… 어린이들은 상당히 어린 시기부터 산업사회에서 작동되는 기호 체계 총체를 어느 정도 독해할 수 있도록 만들어져야 한다. …… 텔레비전은 유모이며, 전에는 말의 기호학의 틀 안에 묶여 있던 특정한 관계를 지금은 텔레비전이 대체하였다.[24]

전통적인 책임주체에 대해서 의문을 표시했던 사유는 바로 구조주의로부터 시작된다. 구조주의는 어쩔 수 없는 구조와 이에 무기력한 개인의 동전의 양면을 구성하는 사상이다. 구조주의자 라캉은 와해된 분열자로서의 아이를 설정하면서, 이를 기성 제도 내로 포섭할 아버지를 대신하여 사법적 질서나 언어 규칙이 필요하다는 입장을 밝힌다. 일단 구조주의가 근대의 책임주체로부터 벗어난 분열되고 연약한 주체성을 상정한다는 점에서 일말의 긍정성을 찾을 수도 있다. 이를테면 미디어가 갖는 탈주체화 효과 등이 이러한 구조주의적인 주체성에 어울리는 구도이다. 그러나 구조주의자들이 다시 상징적으로 완결된 대상으로서의 구조로의 회수와 재구조화를 말할 때는 반동적이기까지 하다. 그런 점에서 구조와 이에 예속된 연약한 주체성을 넘어선 자율적이고 강건한 주체성에 대한 가타리의 개념의 중요성이 여기서 대두된다.

:: 리좀과 주체성 생산

리좀은 '그리고… 그리고… 그리고…'로 연결되는 수평적 연결접속

24 펠릭스 가타리, 『분자혁명』(푸른숲, 1998), 204-206쪽.

의 형상을 띤다. 주체와 대상의 구분이 따로 없이 접속에 따라 연결, 단절, 연합, 흐름, 변용만이 일어난다. 그것은 공동체와 네트워크에 대한 설명의 전거를 제공해 준다. 일단 접속에 참여하는 인간적/비인간적 주체성들은 접속에 따라 자신의 신체를 변용할 수 있는 매우 부드러운 신체를 가진 사람이라고 할 수 있다. 또한 외부와의 접속을 타자화하는 것이 아니라, 신체 속의 잠재성의 하나로 간주하는 색다른 신체 즉 '기관 없는 신체'와 같은 신체 상태를 갖고 있는 사람일 것이다. 여기서의 '기관'은 기능이 고정되어 전문적으로 하나의 역할만을 하는 부품을 일컫는 말이며, 이러한 기관들이 총체적으로 모여 유기적으로 움직이는 유기체를 이룬다. 반면 기관 없는 신체는 유기체와 같이 통합적인 구도에 따라 작동하는 것이 아니라, 생성과 창조의 부분들로 구성된 신체이다. 이를테면 공동체에서는 불쑥 팔 역할을 하는 사람도, 불쑥 머리 역할을 하는 사람도, 불쑥 다리 역할을 하는 사람도 생성된다. 팔 역할을 하던 사람이 다음에는 머리 역할이나 혹은 발 역할을 할 수 있지만, 이번에는 일시적으로 팔 역할이라는 주체성으로 떠오른 것이다. 주체성은 이처럼 매번 색다른 모습으로 등장한다. 관여적 주체이자, 사이주체성, 돌연변이적인 주체성, 애벌레 신체 등의 의미로 현현하는 것이다. 이는 누구를 만나느냐에 따라 달라지는 주체성이기에 늘 변화하는 흐름 속에 있다.

따라서 접속의 순간은 사건성의 순간이며, 특이성 생산의 순간이다. 물론 들뢰즈의 방식대로 잠재성의 신체의 내적 속성으로부터 연역적으로 추론하는 방식으로 설명될 수도 있다. 그러나 공동체와 네트워크의 관계망과 배치의 강렬도와 밀도, 온도에 따라 이에 감응하여 무언의 춤을 추듯 발화하고 접속에 따라 특이점으로서의 사건을 창안하는 것으로도 생각할 수 있다. 이러한 상태를 들뢰즈와 가타리는 n-1이라고 표현한다. 춤추듯 발현하는 다양성에 전체주의적이고 획일적인 일자(1)를 뺀 것이다. 일자를 뺀 다양성은 상징적으로 완전무결한 대상으로부터 벗어나고 완전히 차원이 다른 다양성으로 향하는 주체성이라고 할 수 있다. 더욱이 그 다양성이 모종의 생태계를 조성할 때 색다른 다양성을 생산해 낼 판과 구도가 될 수 있다.

다른 한편으로 만약 상징적으로 완전한 대상에 대한 강제 차압으로서의 실천, 다시 말해 착취자를 착취하는 것을 생각한다면, 그것은 리좀의 n-1이라는 공식에서 일자에 해당하는 사유에 포섭되어 있는 주체라고 간주될 수밖에 없다. n-1에서 n은 다양성을 의미한다면, 1은 일자 즉 권력을 의미한다. 따라서 n-1은 자본독재와 국가독재의 상징적 질서를 뺀 나머지의 주체성 생산 과정을 적시하는 개념적인 구도를 그려낸다. 일단 상징적인 질서의 고정관념에 포섭되어 부와 잉여를 분배받겠다는 것은 겉으로는 아주 합리적이고 타당한 이야기로 들린다. 그러나 민중의 삶의 내재성의 구도는 완전히 다른 동기와 목적, 이유, 생성과정을 갖고 있다. 예를 들어 부와 잉여, 자산 등의 목적과 동기가 아닌 사랑과 신체변용, 욕망의 이름으로 행동하는 모든 것이 그러하다. 이는 상징적으로 완결된 대상으로서의 상품과 대비되며, 사랑과 욕망이 아로새겨진 선물이 갖고 있는 오묘한 애니미즘의 사상까지도 내포하고 있다.

상징질서의 바깥에 있는 색다른 흐름과 변용, 단절, 접속 등의 명제에 따라 행동하는 것이 민중의 무의식 속에 잠재한 광활한 영토이다. 민중의 광야 무의식에 대한 설명으로 스피노자의 내재성(immanence) 개념을 한번 생각할 여지가 있다. 스피노자는 내재성이라는 다소 난해한 개념을 통해서 민중의 삶과 생활세계를 설명하고자 했다. 이를 설명하기 위해서는 내재성이라는 개념이 함축하고 있는 개념좌표를 살펴볼 필요가 있다. 1) 잠재성, 2) 국지적 절대성, 3) 외부성의 사유, 4) 유한자의 실존좌표, 5) 유한자의 무한결속이 그것이다. 먼저 잠재성은 실체화되고 실물화된 모든 질서에 대해서 의문을 던지며, 내부에 잠재된 외부성을 드러내는 과정을 삶이라 지칭한다. 두 번째로 국지적 절대성은 공간적이고 지리적인 거리와 위치로서의 이동에 대해서 의문을 던지면서, 장소 속에서 가장 국지적이고 가까운 사람들과의 관계를 재발견하고 재창안함으로써 얻게 되는 유목적 성격을 말한다. 이는 국지성 속에서의 창조적 능력을 역설하는 것을 의미한다. 세 번째로 외부성의 사유는 우리 안에 아이, 동물, 광인, 장애인, 노인이 내재하고 있다는 점을 밝히며, 타자로 간주되기 이전에 자신에게 내재한 소수성이 외부성임을 적시한다. 네 번째로 유한자의 실존좌표는 신, 국가, 아버지와 같은 초자아에 복속되어 죽음의 두려움과 공포를 이겨내고 평화와 안락을 구가하는 것이 아니라, 자신과 공동체의 끝을 응시하면서 불안하지만 자유로운 삶을 구상하는 것이다. 이는 죽음을 공포가 아닌 유한성으로 사유하는 삶의 내재성을 의미한다. 마지막으로 '유한자의 무한결속'은 유한함을 가지고 무한으로 진입할 수 있는 가능성이 유한자들 간의 접속이 갖는 다채로운 '경우의 수'와 이에 따른 무한한 신체변용 안에 내재해 있다는 점을 적시한다. 이렇듯 스피노자가 바라본 삶 즉, 내재성의 구도의 측면에서 보면 상징적으로 완결된 대상과 관여하는 것——계산 가능하고 예측 가능하며 합리화된 질서——이 삶을 구성하지 않는다는 점을 알 수 있다.

들뢰즈와 가타리가 『천개의 고원』에서 실험적으로 구상했던 리좀의 구도는 사실상 스피노자의 내재성의 구도를 현대화하고 '성좌와 같은 공동체의 형상'이나 '복잡계로 진입한 네트워크의 질서'를 설명할 수 있는 전거로 작동하였다. 다시 말해 센터가 없는 네트워크의 형상이라고 그림을 그리는 것이 가능하다. 물론 센터로 집중되는 네트워크, 허브가 있어 중간 가지를 가진 네트워크와 같은 다른 네트워크에 대한 구상도 가능하지만, 이것은 주축뿌리와 수염뿌리 형상이라고 간주되며 중앙집중주의적인 독재의 조직화 방식이나 이에 대한 변형이라고 파악된다. 이는 센터 없는 네트워크인 리좀과 구분이 된다. 상징적으로 완결된 대상과 관계하는 책임주체의 형상은 리좀이 갖고 있는 특이성을 사유할 수 없는 센터와 허브를 가진 고정된 질서이다. 이것은 답답하고 갑갑해서 벗어나려 해도 벗어날 수 없는 질서, 예를 들어 칼 폴라니 식으로 말하면 사회를 와해시키고 대신 자본독재를 설립하려는 '사탄의 맷돌'인 셈이다.

리좀은 고정관념의 질서에 개입하는 것이 아니라, 나와 너 사이에서 벌어질 색다른 사건에 대해서 주목한다. 고정된 상징질서 속에서는 화폐, 자원, 부, 에너지의 흐름에 따라 움직이는 계산 가능한 주체들만이 있게 되지만, 리좀 방식의 사건성의 사유, 외부성의 사유에서는 사랑과 욕망의 흐름이 발생하여 누구도 예측하지 못했던 방향으로 전개되어 색다른 사건이 생산될 수 있는 풍부한 가능성의 여지가 생긴다. 그것은 사건이 외부로부터 주어지는 것이 아니라 생산된다는 점에서 특이성이 아닌 특이성 생산, 주체성이 아닌 주체성 생산의 순간으로 보아도 무방하리라. 그런 점에서 예술, 혁명, 과학이 만들어 놓은 자율성의 여지는 바로 주체성 생산의 섬광과도 같은 순간이 개방한 지평이라고 할 수 있다. 그것은 권력과 자본의 독재가 만든 상징질서와는 완전히 관계가 없는 사랑, 욕망, 정동의 색다른 창조와 생산의 순간이라고 할 수 있다. 그런 점에서 사랑과 욕망의 역사는 상징적으로 완결된 독재와는 완전히 다른 방향으로 흐르고 이행하며 횡단하고 변이한다고 해도 과언이 아니다.

센터가 있는 네트워크, 허브가 있는 네트워크, 리좀적 네트워크 간의 차이점의 구도

:: 추첨제 민주주의의 실험들

2013년 3월부터 한국에서 녹색당은 당원 30명당 한 명의 대의원을 선출하는데, 그 방식을 100% 추첨으로 뽑기로 결정하고 이를 현실화하여 지금까지 당 중앙 조직인 대의원대회를 평범한 당원들이 만드는 데 성공했다. 즉, 한국에서 추첨제 민주주의를 당 조직의 구성의 원리로 받아들인 최초의 사례인 것이다. 이와 함께 추첨제의 열풍이 민주주의에서 불기 시작했다. 2016년 제주도 주민자치위원회에서 주민자치위원을 제비뽑기로 하기로 결정하고, 또한 2017년 서울시 주민자치회에도 금천구, 도봉구, 성동구, 성북구 등 4개 자치구를 중심으로 주민자치위원 정원의 60%를 공개모집 후 시범적으로 추첨으로 뽑기로 결정한다. 또한 2017년 이루어진 신고리 5, 6호기 공론조사에 있어서도 결과가 어떻든 간에 심의민주주의와 추첨제의 결합이 이루어졌다. 그리고 국민참

여재판제도에서도 2008년 1월부터 20세 이상의 국민 중 무작위로 배심원을 선발하는 추첨제를 가동시키고 있다. 이렇듯 추첨제 민주주의가 각광받는 이유는 독재, 엘리트 정치, 관료제 유형의 국가주의에 대한 강력한 해독제이며 직접민주주의의 최정점이라고 평가되기 때문이다.

역사적으로 추첨제 민주주의의 원리를 작동시켰던 최초의 사례는 고대 그리스 아테네였다. 아테네에서는 추첨제 민주주의의 원리에 따라 관료와 대표를 뽑았는데, 그 이유는 모든 사람에게 진리가 전제되어 있다는 생각 때문이었다. 철학자 아리스토텔레스는 "제비뽑기는 민주주의이며, 선거는 과두정이다."라는 말을 통해서 대의제 민주주의가 갖고 있는 폐해에 대해서 지적하였다. 그런데 아이러니하게도 아리스토텔레스의 스승인 플라톤은 고대 그리스 아테네의 추첨제 민주주의에 대한 가장 적대적 인물 중 하나였다. 왜냐하면 모든 사람에게 진리가 전제되어 있다는 추첨제 민주주의 사상과 달리, 플라톤의 사상은 논증과 추론 능력을 가진 사람만이 진리를 알 수 있다는 방향으로 향했기 때문이다. 이것이 플라톤이 주장한 철인정치이다. 그는 이집트 파라오의 전제적인 정치를 누구보다 흠모했던 사람이며, 이집트로의 영구 이주까지도 생각했다. 고대 그리스 아테네의 추첨제 민주주의에 대한 설명으로 군양심선언으로도 세간에 알려져 있던 이지문 씨의 다음의 대담이 있다.

이지문: 좀 더 설명해 봅시다. 아테네 민주주의의 꽃으로 불리는 게 민회입니다다만, 당시 전체 시민은 3만 명 규모였습니다. (물론 여성, 노예, 외국인 등은 그 시민에 포함되지 않은 한계가 있었습니다.) 그런데 민회 의석은 6000석밖에 안 됐습니다. 그러니까 당시도 전체 시민의 5분의 1 정도만 모여서 의사 결정한 거죠. 대의제 민주주의입니다. 그런데 지금과 다

른 결정적인 점이 있습니다. 민회는 자원이었지만 민회에 법안을 제출하는 500인 평의회, 지금의 법원과 헌법재판소 기능을 결합한 시민 법정, 그리고 600여 명의 행정관을 다 제비뽑기로 추첨했다는 겁니다. 다만 군사, 재무 담당 등 소수의 전문가 100명 정도만 선거로 뽑았습니다.[25]

아테네의 추첨제 민주주의에서 특이한 점은 각자 추방할 사람의 이름을 도자기 조각에 적어 아테네에서 쫓아내는 도편 추방 제도이다. 그런데 나쁜 일을 한 사람의 이름이 적힐 것이라고 생각하기 쉬운데, 사실 명망이 드높고 품행이 방정하여 인기가 많은 사람들조차도 도편 추방의 대상이었다. 왜냐하면 이런 인물들이 참주정의 주인공이 될 가능성이 높았기 때문이다. 즉, 추첨제 민주주의는 끊임없이 독재, 국가주의, 인기투표식의 대의제를 추방하기 위한 노력을 해오고 자정 장치를 갖고 있었던 것이다.

추첨제 민주주의는 들뢰즈와 가타리가 창안한 리좀(rhizome) 유형의 민주주의이며, 함수론적인 산술적 수에 입각한 정치가 아닌 확률론적인 경우의 수에 입각한 정치를 지상에 드러내 보인다. 결국 일자를 위한 동원으로서의 n개가 되는 것이 아니라, 일자를 뺀 n개 즉 n-1의 정치를 드러내 보인다. 이에 따라 일자 유형의 국가와 자본의 독재가 아닌 민중과 소수자, 생명에 기반한 민주주의가 정치의 판과 구도가 될 수 있다. 이는 민주화 시대 이후의 민주주의, 직접-참여민주주의, 생활 속 민주주의의 슬로건들이 현실정치로 드러나는 직접적인 방식이라고 할 수 있다. 이는 국가주의와 관료 시스템과 분리되어 미시정치, 생활정치

25 이대희 기자, "국회의원, 선거 대신 제비뽑기로 정하자", 프레시안, 2016. 2. 17.

를 작동시킬 결정적인 판과 구도는 바로 추첨제 민주주의일 수밖에 없는 이유이기도 하다.

:: 괴물과 싸우다 괴물이 되는 사람들

두더지처럼 시민사회 내부로 들어가는 그람시의 진지전과 같은 시민사회운동의 방식이나, 레닌이 수행했던 허위의식으로서의 이데올로기를 뱀의 책략처럼 당의 원리로 바꾸는 혁명당에 대한 사유는 상징질서 내부에서 내파를 바란다고 하지만, 그 자체로 고정관념으로부터 벗어나지 못할 위험과 위기에 항상 노정하고 있는 것이다. 결국 괴물과 맞서다 괴물이 되어버리는 역설이 여기서 발생하게 된다. 좌파합리주의라고 불리는 마르크스-레닌주의의 이데올로기의 지층들은 괴물과 맞서다 괴물이 될 수 있는 완결된 상징질서를 제공해 준다. 그런 점에서 실천의 현안과 삶이라는 현장의 깊이와 풍부함으로부터 벗어난 전략전술과 이념들은 늘 괴물에 맞서다 괴물이 되게끔 만드는 준거점과 고정관념으로 작동한다.

소비에트 체제의 경험에 비추어보면 독재적인 고정관념을 강제차압하겠다는 의도, 즉 착취자를 착취하겠다는 의도는 보기 좋게 새로운 착취 형태를 온존시키며, 투쟁하는 사람이 언제나 괴물이 될 수 있다는 역사적인 역설이 드러난다. 그런 점에서 고정관념에 맞서는 고정관념, 괴물에 맞서는 괴물이 아니라, 고정관념에 맞서는 기호-흐름 즉 사랑과 욕망, 정동의 흐름의 논리로 이행했을 때 역사라는 진행형적 과정의 실루엣 속에서 혁명의 비밀이 살짝 모습을 드러낸다. 결국 딱딱한 지층이 진지로 작동할 수 없으며, 고정된 틀과 시스템, 고정관념 등이 변혁의 무기가 될 수 없다는 점을 주지해야 할 것이다. 사랑과 욕망의 미시적인 흐름이 세상을 바꾸고 영구적으로 변형하는 원동력이라는 점에 이르지 않고서는 세상은 모두 고정되어 있고 합리적인 모델 속에서 움직이는 것으로 간주되게 되어 딱딱한 것들끼리의 충돌과 모순으로 사유되게 된다. 결국 그렇게 이념적인 수준과 강령적인 추상 수위에서 사유하는 사람들은 늘 고정관념의 기둥과 노둣돌을 세우려는 방향으로 향한다. 문제는 삶의 현장에서의 부드러운 욕망과 사랑의 관계망이나 항의하는 무의식, 미래진행형적 무의식, 되기라는 신체변용의 움직임에 있다.

상징적으로 완결된 것의 탈취의 공식에는 얼마나 현란하고 세련된 논리가 동원되면서도, 체제와 시스템으로부터 한 치도 벗어나지 못하는 논리로 머무는가를 생각해 볼 필요가 있다. 결국 모델을 세우고, 의미를 고정하고, 답을 갖고 있다고 자임하는 전문가들, 국가 철학자들, 이데올로그들이 아니라, 민중의 무의식과 정서 속에서 흐르고 있는 사랑과 욕망, 돌봄과 정동의 지도 그리기를 수행하며 분석적 실천에 참여하는 미시정치가가 필요한 것이다.

카프카는 일련의 정보에 의해 재활성화되는 정서적 투여들의 전 지구적이며 지정학적인 지도를 만든다. 그러고 나서 프라하에서 발생할 것에 관한 일종의 미래학자로서의 카프카는 말할 것도 없다. 관료적 도착, 즉 주민들에게 기호적 통제를 행하는 방식의 사회적 구도에서 발전의 가능성이 있다. 이것은 정치, 주체적 구성체, 무의식적 충동의 분석가로서 모든 위대한 작가에게 타당하다. 우리는 이 지점 즉 삶의 발명에 대해 항상 숙고해야

한다. (에스토바에게 "왜 당신에게 카프카가 중요한가?"라는 질문에 대한 가타리의 대답)[26]

결국 객관적 표상으로서 고정된 현실의 자원, 부, 에너지, 잉여의 틀 속에서 출발하는 순간부터 우리는 기존 역사로부터 한 치 앞도 벗어나지 못하게 된다. 기호-흐름에 의해서 생성되는 완전히 다른 생명에너지가 있고, 완전히 다른 관계의 시너지가 낳은 공유자산이 있으며, 실물적이지 않고 관여적이고 비물질적인 정동과 자원의 순환과 재생이 있다. 이것은 민중의 사랑과 욕망 속에서 생성되는 색다른 자기가치화의 영역이다.

역사를 재창조하고 색다른 지도를 그리지 못한다면, 독재에 맞선 독재, 괴물에 맞서기 위한 괴물이라는 역설과 퇴행의 역사는 반복될 것이다. 상징적으로 완결된 것의 탈취를 현학적으로 말하는 것은 낡았고 더 이상 유효하지 않다. 미미하여 작은 틈새에 불과하고 연달아 실패할 수밖에 없으며 의미를 파악하기 힘든 완전히 색다른 소수화된 움직임들이라 하더라도, 권력 탈취라는 성공보다 훨씬 나은 과정일 수 있다. 그렇기 때문에 혁명은 현존 상징질서 내에서 고정된 것에 대한 강제 차압——즉, 착취자를 착취하기, 권력 탈취 등——이 아니라, 사랑과 욕망의 흐름 속에서 창조되고 생산되는 생명평화 세상의 약속인 셈이다.

---

26 펠릭스 가타리, 『미시정치』(도서출판b, 2010), 224쪽.

5장

의미화 대신 지도화를 선택한다면?

강령 5

기표를 부숴라.

·
· · ·
· ·

"기표를 부숴라"로 압축된 한마디는 "고정관념을 버려라"는 말이다. 우리는 자본주의 내부에서 살고 있다. 그러므로 우리는 "자본주의는 무엇이며 어떻게 작동할까?"라는 질문을 던질 필요가 있다. 애덤 스미스, 리카도, 슘페터, 마르크스 등이 사유했듯, 고정관념에 사로잡혀 있는 기표 독재 체제, 이것이 우리가 직면한 자본주의의 작동 방식이다. 가타리는 이미 주어진 고정관념 속에서 희망의 불씨를 찾지 않는다. 앞으로 우리가 실천하고 구성하고 만들어가야 할 색다른 생태적 관계망 속에서 열망과 희망, 욕망의 미래진행형적 사유를 전개하자고 제안한다. 우리가 생각하지 못했던 다른 세상, 다른 삶, 다른 사유가 가능하다. 혁명은 가능하며 도처에서 벌어진다!

:: 라 보르드 병원과 가타리

라 보르드(La Borde) 병원은 프랑스 공공병원 이래 처음으로 1953년 설립된 사설 클리닉이었다. 가타리는 그 병원에서 일을 시작했으며, 가타리와의 연관성은 1955년 이후로 강해졌다.[27] 라 보르드는 욕망의 미시 정치라는 관점에서 매우 색다른 구역으로 위치해 있었다. 간호사와 의사, 환자의 복장 차이는 없었으며, 일일활성화위원회라는 바(Bar)나 카페 형태의 사회 체험의 장도 열렸다. 가타리의 모든 담론 생산의 출발점이자 기반은 바로 라 보르드 병원에서의 실천 활동과 관련되어 있다. 가타리는 라 보르드라는 공간 속에서 사유하고, 실천하였다. 가타리는 광인을 그저 한 사람의 질환에 걸린 사람이라는 맥락에서 본 것이 아니

---

27 Gary Genosko, *Deleuze and Guattari: critical assessments of leading philosophers.* Volume 2, Guattari, Routledge, 2001. p. 28.

라, 사회적이고 정치적인 맥락에서 보았으며, 그들에게서 역사적 무의
식과 사회적 무의식을 독해하였다.

그 인간들 전체! 직업적인 광인들이야 물론, 그리고 광기의 직업인들,
그러나 역시 정치가들, 거대한 우두머리들, 탐미주의자들······ "라 보르드
의 문제가 되자, 언어의 매너리즘, 요술낱말게임, 기표의 국부적 질병 전
체가 담론에 대한 자신들의 권리를 되찾는다는 것〔말을 해야 한다는 것〕은
필연적인 것이 아니었다!"[28]

가타리는 광인들에게서 사회/역사적 무의식을 탐색할 수 있는 분열
분석적 방법론을 추출해 냈으며, 가족무의식 속에 머물러 있던 정신분
석으로부터 벗어날 수 있었다. 라 보르드는 광기의 혁명적 역할을 설명
하고자 하는 가타리에게 있어서 매우 중요한 실천적 공간이었는데, 당
시 광기를 다루는 직업인들에게는 존재하지 않았던 횡단적이고 자유
로운 구역이었기 때문이다. 라 보르드는 프랑스 최초의 사설 클리닉이
었으며, 광인들의 정치적, 심리적, 정서적 자율성이 보장되던 공간이었
다. 가타리는 라 보르드 병원에 대해서 이렇게 말하면서 당시의 자율적
인 분위기와 다채로운 기호의 움직임과 생산의 능력에 대해서 말한다.

라 보르드는 아무도 고려하지 않는다. 라 보르드는 어떤 사람도 고려하
지 않는다. 그것은 블랙홀이다. 사람들이 소급해가는 기호적 천착의 결과
는 언제를 말하지 않는다! 때때로 거기에는 책으로서 텍스트의 형태에 분

---

28 펠릭스 가타리, 『분자혁명』(푸른숲, 1998), 186쪽.

명 다시 빠지는 기호-입자의 흐름이 분출한다.[29]

여기서 라 보르드 공간은 자율성의 공간이었는데, 제도(=관계망)를 창안했으며, 지도 제작으로서의 도표적인 역능을 발휘하는 공간으로 나타난다. 또한 환자와 심리상담사 간의 장벽을 설정하던 부르주아적 억압의 기제들, 이를테면 환자들이 분석노동을 함에도 불구하고 심리상담사에게 화폐가 흘러들어가는 등의 역설적인 상황을 회피하는 것이 중요했다. 문제는 그 둘 사이에 어떻게 횡단하는 탈주선을 만들어낼 것인가의 문제였다. 정신분석의 전이(=동일시)의 과정이 아닌, 둘 사이에 가깝지도 멀지도 않는 거리 조절로서의 횡단성을 구축하는 것이 라 보르드의 목표였다고 할 수 있다. 라 보르드에는 정상적인 인간으로 만들거나 정상성을 광기와 구분하는 분석이 허용되지 않는다. 왜냐하면 정상이라는 것은 여러 가지에 미친 것이라면 광인은 한 가지에 미친 것이라는 차이점 이외에는 없었기 때문이다. 매우 색다른 광기들만이 있는 공간이며, 그런 의미에서 '모두 다 미쳤다'라는 설정이 관철되는 공간이었다.

권력적인 인간의 세계는 사람들이 그것을 생각하는 어떤 수준에서 그리고 또한 사회주의적 관료주의 국가의 틀 속에서처럼 자본주의 국가의 틀에서도, 사회 속에 약간 살아 있는 모든 것의 고정화 및 체계적인 평범화의 세계이다. 주변인은 광인이고, 광인은 질서 속에 집어넣거나 가두어야 할 가축이다. 억압 수단들은 그러한 종류로 소형화되어서 이제 양식(bon sens)

<hr>

29 같은 책, 187쪽.

의 좌표를, 사실 오히려 일종의 병적인 합리주의 체계를 나타내는 사회적, 경제적 체계의 현실주의를 벗어나려고 하는 욕망 부분 전체를 회수할 수 있다.[30]

가타리에 따르면 광인들을 배제한다는 것은 욕망을 배제하는 것이며, 욕망의 에너지를 회수하는 것과 같은 것이다. 광인들의 실존은 권력의 누수 현상과 같은 것이며, 권력구성체를 붕괴시키는 것이기 때문에 그러한 균열이 나타나는 것을 막기 위해서 광인들을 유폐시키려는 조치들이 취해진다. 그러나 미친다는 것은 일종의 현기증 나는 권력의 좌표에 균열이기에 미친다는 것은 광인과 함께 여행을 떠나는 것이며 현실적이라고 지칭되는 권력의 좌표를 벗어나 엉뚱하고 색다른 실존좌표를 만드는 것이기도 하다.

라 보르드 병원에서는, 정신의학이 갖고 있는 정상성, 치료, 가족신경증 등의 기표라는 고정관념이 무력화되었다. 대신 수많은 기호-흐름이 발산되었다. 가타리는 라 보르드 병원을 거점으로 하여 노동자운동과 페미니스트, 녹색운동들과 연결되고자 했다. 그러한 연합의 과정에서 다양한 개념들이 생산되었다. 가타리는 다양한 운동과 연결되면서 개념을 창안했을 뿐만 아니라, 동시에 라 보르드 병원의 광인들과 만나면서 기표와는 전혀 다른 색다른 기호-흐름의 실천을 구성할 수 있었다. 그러한 가타리의 라 보르드에서의 실천 활동은 그가 죽기 전까지 지속된다.

가타리는 1992년 8월 29일 62세의 나이로 보르드 병원에서 심장마비로

---

30 같은 책, 190쪽.

갑자기 죽었다. 그 다음날 병원 본당에는 장 우리 의사가 환자들에게 펠릭스의 죽음을 알렸을 때 환자들이 울었다. 그날 밤 환자들 가운데 많은 사람들이 이리저리 방황하며 잠을 이루지 못했지만, 그들은 정중하고 부드러웠으며 어떤 소란도 일으키지 않았다. 그날 밤은 조용했다.[31]

:: 고정관념과 자본주의

우리는 자본주의 내부에서 살고 있다. 상품이 사고 팔리며, 연말이면 회계정산 시기가 다가오며, 마트에 가서 소비를 한다. 온통 자본주의에 둘러싸여 살아가고 있는 것이다. 여기서 우리는 "자본주의는 무엇이며 어떻게 작동할까?"라는 질문을 던질 필요가 있다. 이런 질문에 응답하고자 했던 사람들이 바로 애덤 스미스, 리카도, 슘페터, 폴라니 그리고 마르크스 등이다. 자본주의가 작동하는 가장 근본적인 원리는 아주 간단하다. 바로 상품을 성립시키도록 고정관념인 기표가 존재하기 때문이다. 자본주의는 상품의 고정성, 응결성, 동결성을 떠받치는 기표라는 고정관념의 토대 위에서 작동한다. 만약 "책상은 책상이고, 내일도 책상이고 앞으로도 계속 책상일 것이다"라는 의미화의 논리가 작동하지 않는다면, 책상은 상품이 될 수 없다. 만약 오늘 책상이었던 것이 내일이면 숯 덩어리가 되고 또 흙으로 돌아가 버린다면 상품이 될 수 없는 것처럼 말이다. 그러나 자본주의가 아직 발생하지 못했던 고대의 원형 공동체에서는 책상을 비롯한 물건들을 재생하고 순환하는 자연 생태계

---

31 윤수종, 『욕망과 혁명』(서강대출판부, 2009), 286쪽.

의 일부로서 잠깐 등장하는 것으로 인식하였다. 그래서 그게 누구 것이라는 고정관념도 성립할 수 없었다. 고정관념에 사로잡혀 있는 기표 독재 체제, 이것이 우리가 직면한 자본주의의 작동 방식이다. 결국 자본주의는 일만 년 동안 존재해 왔던 산을 100년도 못 사는 인간이 등기부 등본을 통해서 소유할 수 있다고 생각하게 만든다. 매우 어이없는 발상이지만, 자본주의는 이러한 허구적인 고정관념으로 사람들의 생각이나 행동을 장악해 왔다.

고정관념은 흐름의 사유와 반대 개념이다. 흐름의 사유는 생태계의 재생과 순환과 더불어 공동체 내에서의 선물의 경제, 즉 증여경제를 통해서 드러난다. 원형공동체의 사유 방식은 애니미즘처럼 사물에 영혼이 깃들어 있어서 살아 움직인다는 생각이었다. 사물은 흐름의 일부이며, 재생과 순환의 흐름에 따라 만들어졌다가 사라지는 것을 반복하는 것이다. 흐름의 사유에 의하면, 어떤 물건이 당장 쓸모가 없어졌다고 해도 곧 다른 무언가로 재생되고 순환될 수 있다. 그래서 순환 과정에서 쓰레기라고 간주할 어떤 것도 없고 버릴 것이 하나도 없다. 사람도 마찬가지였다. 흙에서 태어나서 흙으로 돌아가는 자연 순환 과정에서 인류는 불사조와 같은 존재였다. 자신의 죽음은 생태계와 공동체의 순환과정의 일부였기 때문에 현대 사회처럼 죽음에 대한 두려움과 공포가 거의 없었다.

이에 반해 자본주의의 원형적 기원은 고정관념의 성립으로부터 비롯된다. 그것은 공동체와 생태계로부터 분리된 시장에서 고정관념으로부터 만들어진 상품이 등장하면서 출발한다. 여기서 관계로부터 고립되고 죽음을 공포로 사유하는 소비자 개인과 공동체와 생태계로부터 벗어난 상품이 시장을 통해서 매개된다. 우리는 여기서 왜 예수가 신전 앞 희생제의를 파는 시장의 좌판을 뒤집어엎으면서 "이 독사의 자식들아!"라고 분노했는지 짐작할 수 있다. 그들은 모세 시기의 황금송아지 사례처럼 물건에 신성을 부여하도록 만드는 모리배들이었기 때문이다. 이에 대해 마르크스는 일찍이 상품물신성이라는 짧은 단상을 제출한 바 있다. 이는 보다 풍부하게 논의될 필요가 있는 영역이다.

자본주의에서는 사람도 서로 분리되고 고립되지만, 생명이나 사물도 고립되고 분리된다. 사회의 와해와 해체는 신자유주의가 작동하는 방식이라고 할 수 있으며, 자본의 탈주선을 따라가다 보면 결국 고립되고 고독한 개인들이 발생한다. 또한 여기서 상품은, 공동체에서의 선물처럼 사랑, 정성, 인격으로부터 결합되어 있던 물건이 아니라 사랑, 정성, 인격으로부터 분리된 물건이다. 이러한 상품은 공장식 축사에 가두어진 생명이나 도시의 낯선 공간에 떨어져서 방황하는 개인들처럼 분리와 격리라는 자유의 방식에 따라 길을 잃어버린 상황을 드러낸다.

예수는 대답을 제공해 주지 않으며, 은유와 비유로만 말하였다. 그래서 "당신이 유대의 왕이오?"라는 말조차도 "네가 그렇게 말했다"라고만 말하였다. 그러나 바오로는 신앙의 대답이 존재하며 그것이 교회의 질서임을 설파한 사람이었다. 여기서 바오로는 대답은 예수님의 말씀이라고 하는데, 예수 자신이 은유와 비유로 대답을 회피하는 기현상이 생긴다. 자본주의는 대답을 갖고 있는 바오로와 같은 전문가들을 등장시킨다. 왜냐하면 자본주의는 전문가들이 근거로 갖고 있는 고정관념을 통해서만 작동하기 때문이다. 그렇기 때문에 지독한 고정관념의 반석 위에 올라선 아카데미의 화려한 이론적 구조물은 자본주의를 위한 사유의 토대인 셈이다. "A는 A다"라는 의미화와 정의와 단정이 없다면 소유권이 성립될 수 없고, 당연히 자본주의 역시도 성립될 수 없을 것이다. 여기서 정의와 단정은 순환과 재생 즉 다채로운 기호-흐름으로부터 사물을 분리시키고 스냅사진의 화면으로 응고시킬 수 있는 원천이다. 여기서 정의 내리는 방법론은 아카데미의 주요한 방법론임은 분명하다. 이런 점에서 아카데미에 목을 축이는 수많은 학자들은 대부분 자본주의를 유지하는 데 복무하는 부역자들이라고 할 수 있다.

여기서 정의(definition)적 사유와 문제제기적 사유를 분리하면서, 제국 이론가에 맞선 유목과학을 제시했던 들뢰즈와 가타리의 이분법에 대해서 주목할 필요가 있다. 예수가 살던 시기와 같은 은유와 비유의 시대 이후에 자본주의라는 대답의 시대가 찾아왔다면, 대답의 시대 이후의 미래는 바로 문제제기의 시대일 것이다. 문제제기에는 대답이 여러 가지일 수 있으며, 아예 대답이 없을 수도 있다. 이렇듯 고정관념을 의문부호를 통해 망치를 들고 해체하려는 행위와, 고정관념을 새롭게 설립하고자 하는 행위는 근본적으로 차이가 있게 마련이기 때문이다. 이런 점에서 예수와 바오로의 차이점처럼, 프랑스 혁명이 테르미도르 반동으로 재구조화되었던 이유는 분명하다. 고정관념이 지속되는 한 혁명은 반동으로 회귀하기 때문이다.

이렇듯 반자본주의운동이 고정관념으로부터 자유로운지에 대해서 한 번 더 생각해 보아야 한다. 혁명 투사들은 자본주의를 잉여가치에 대한 착취 체제라고 바라본다. 그러나 빼앗긴 것을 한꺼번에 되찾을 혁명공식 역시도 고정관념 외부의 대안이 무엇일지에 대해서 침묵한다. 착취를 멈추기 위해서는 잉여가치를 생산하는 노동자계급이 나서서 투쟁하고 실천하는 것이 필요하다고 말하지만, 정작 혁명운동이 만들어낼 대안 사회의 상에 대해서 내놓는 답은 왜소하다. 오히려 혁명 공식을 고정관념으로 만듦으로써 미래 사회인 공산주의가 부재와 공백에 있다는 것을 힘을 줘 감추곤 한다. 혁명운동의 혁명 공식은 이러하다. 다양한 사회운동이 노동자 중심성에 따라 재편하게 되고, 자본가에 맞선 단일전선으로 차이와 다양성이 수렴됨으로써 차이를 최소화하여야 한다는 것이다. 이는 차이와 다양성을 만개함으로써 대안사회를 만들려는 소수자운동과 대안운동, 생태운동의 전략을 봉쇄하고 억압한다. 가타리가 말하지 않았던가? "우리는 연대할수록 달라져야 한다"라고 말이다. 우리는 사랑할수록, 연대할수록 미세한 주름이 늘고, 지절이 펼쳐지듯 차이와 다양성으로 만개해야 한다. 그런데 노동자계급운동은 소수자운동과 대안운동에 대해서 주도권과 헤게모니(hegemony)를 행사하고 단일한 혁명 전선에 배치하려 할 것이며, 이것은 하나의 고정관념으로서의 혁명 공식으로 물신화할 것이다. 세상은 혁명 공식이라는 고정관념에 따라 고정된 좌표 속에서 똑딱거리며 작동할 것이다.

19세기부터 이어져 온 계급 적대는 애초에 양극화된 동질적 주체성의 장을 만들어내는 데 기여하였다. 그러나 드디어 20세기 후반에 들어서면 소비 사회, 복지, 매체 등을 통해서 순수하고 무딘 노동자 주체성은 풍화된다. 차별과 위계질서가 그 정도로 강렬하게 체험된 적이 없음에도 불구하고 이제 어떤 동일한 가상적인 덮개가 주체적 지위 전체에 달라붙어 있다. 광범위하게 퍼져 있는 어떤 동일한 사회적 귀속 감정이 낡은 계급의식에 침투하여 긴장을 풀어 놓는다.[32]

하지만 세상은 늘 고정되어 있거나 고정관념에 따라 작동하는 것만

---

32 펠릭스 가타리, 『세 가지 생태학』(동문선, 2003), 10-11쪽.

은 아니다. 전통적인 좌파의 혁명 공식과는 다른 현장에서의 다채로운 움직임이 출현하는 것도 사실이니까 말이다. 예를 들어 젊은이들의 비정규직 노동자운동, 중장년층 속에서 발아한 마을주민운동, 노동운동과는 궤를 달리하는 생태운동과 대안운동, 주류 사회에 파열을 만들어 내는 소수자운동 등의 움직임 등이 그것이다.

다시 이렇게 얘기해 보면 어떨까? 즉, 자본주의는 착취로도 유지되지만, 차별로도 유지된다고 말이다. 차별이 있기 위해서는 차이 나는 현실에 대해서 권력의 잉여가치를 추출하고 적분을 가할 수 있는 기준점이 될 고정된 모델이 필요하다. 그런 점에서 차별 또한 지독한 고정관념이다. 통합된 세계자본주의의 동질발생적인 움직임은 결국 차이 나는 존재와 차이에 기반한 소수자운동에 대하여 미시 파시즘으로 응답하고 있다. 즉, 차이를 차별로 바꾸는 고정관념의 반동적 움직임이 그것이다.

분명히 해두어야 할 점은, 모든 고정관념에 대해서 모조리 의심해 봐야 한다는 것이다. 예컨대 반자본주의 슬로건이 혁명과 등가방정식이었던 때는 낭만적인 시절이었다. 그러나 탈근대자본주의하에서 반자본주의 슬로건은 오히려 우파 파시즘과 좌파 파시즘에 똬리를 튼다. 역사적으로 우파 파시즘은 국가사회주의로, 좌파 파시즘은 전체주의로 수렴된다. 고정관념에 기반한 증오와 적대가 현실을 변화시키는 원동력이 될 수 없다는 점은 분명해진다. 적대와 투쟁의 반자본주의라는 고정관념보다는 사랑과 욕망의 미시정치가 필요하다.

:: 의미화의 논리를 넘어서

라캉에 따르면, 자본주의를 유지시키는 기표라는 고정관념은 '의미화하는 것'으로부터 성립된다. 소쉬르의 기표/기의의 양 쌍은 '청각 영상'과 '개념'으로 자의적으로 구분하였다면, 라캉에 와서는 기표는 '의미화한 것', 기의는 '의미화된 것'이라는 능동(능기)과 수동(소기)의 작동 방식으로 나타난다. 의미화의 논리는 바로 대답과 단정이라는 고정관념에 의해서 작동하는 기호작용이다. "너는 너다", "나는 나다"라는 구분은 너와 나 사이에서 공동체가 성립할 수 있는 가능성을 차단하고 개인을 성립시키는 기호작동으로 나타난다. 마찬가지로 "노동자는 노동자다", "소비자는 소비자다"라는 의미화의 공식은 결국 노동과 소비를 분리시켜 생산 현장을 소비 생활로부터 분리시키고 무력화시킨다. 즉, 왜 소비자로서는 왕으로 환대받으면서도 노동자로서는 천대받는지를 해명하지 못하는 것이다.

들뢰즈의 『의미의 논리』에서처럼 의미의 논리를 '권력으로서의 의미 생산'과 '사건으로서의 의미 생산'으로 구분해 볼 수도 있다. 사건으로서의 의미 생산은 명제 속에서 갑자기 개념 생산이 이루어지면서, 맥락으로부터 벗어난 색다른 개념의 창조와 특이한 구도가 만들어지는 사건성을 적시한다. 물론 들뢰즈는 의미 생산의 영역이 권력에 의해서 완벽히 장악되어 있지 않고 창조적이고 생산적인 의미 생산도 가능하다는 일말의 가능성에 대해 말하고 있다. 이처럼 들뢰즈의 의미의 영역은 대안적이고 창조적인 의미의 재전유의 가능성을 적시하지만, 의미의 영역 대부분은 대답과 정의, 단정을 통해서 권력의 잉여가치를 만들어 내는 데 복무하고 있다. 그렇기 때문에 전문가의 모델화, 표상화, 의미화가 아무리 세련되고 그럴듯하더라도 그 자체는 다극적이고 다실체적이고 다의미적인 사물과 생명, 공동체의 질서를 자본주의의 의미 체계 속으로 포섭하기 위한 것이다. 수많은 화음과 리듬, 아우성은 정돈되고 편편해지고 살균된 평면 위로 기입될 것이고, 응고된 몰(mole)적인 체계로 전락하고 말 것이다. 더욱이 그것은 전문가를 등장시키는 혁명운동이나 혁명 이론의 경우에도 마찬가지다. 오늘날 혁명가는 혁명 전문가가 아니라, 생활의 달인이자 미시정치가이어야 한다. 그런 점에서 마르크스주의가 얼마나 자본주의에 포섭되어 있는지에 대해서도 곰곰이 살펴보아야 할 것이다.

결국 의미화의 공식을 만드는 기표는 자본주의가 작동하는 원천이라는 점에서 철저히 해체되어야 할 고정관념이라고 할 수 있다. 라캉에게 있어서 기표는 언어구조와 사법적 질서를 성립시키는 아버지의 말을 대신할 수 있는 기호작용이다. 그렇기 때문에 기표는 기성 질서를 불변항으로서의 구조로 보이게끔 만드는 반동적인 기호로 작용한다. 마치 "한번 해병은 영원한 해병이다"라는 해병대의 슬로건처럼 기표는 영원하고 불변하고 고정된 사회구조가 존재하는 것처럼 보이게 만들고, 혁명운동과 변화에 대한 색다른 실천을 봉쇄하고 가로막는다. 속칭 진보적인 이론가들이라는 사람들이 라캉주의를 환영하는 것은, 현학적인 자신의 욕망을 충족시킬 뿐만 아니라 자신이 갖고 있는 지독한 고정관념으로부터 벗어나지 않더라도 문화적 잉여를 향유할 수 있는 가능성을 보여주기 때문이다. 그리고 그들은 세계가 고정관념인 기표질서에서 한 치도 변하지 않았고 어쩔 수 없다는 체념과 냉소를 레퍼토리로 갖고 있다.

역사의 파생물은 열려진 환경에서 그리고 주체집단 속에서만 모습을 나타내며, 바로 거기에서 진리가 출현한다. 왜냐하면 진리란 이론도 아니고 조직도 아니기 때문이다. 진리는 구조도 기표도 아니며 오히려 전쟁기계이고 무의미이다. 진리가 솟아났을 때 이론과 조직은 곤경에서 벗어난다. 자기비판은 항상 이론이나 조직을 향해 해야지, 결코 욕망을 향하게 해서는 안 된다.[33]

간혹 "자본주의는 어떻게 끝장나는가?"라는 질문을 던지는 사람도 있다. 이러한 질문은 일정하게 대답으로서의 모델을 제시해 주기를 기대하는 측면이 있다. 다시 말하지만 자본주의는 고정관념을 통해서 작동하며, 고정관념이 유지되는 한 지속될 것이다. 여기서 고정관념은 보편적인 것을 추구하는 아카데미에도 있고, 응고되고 동결된 상품을 인식하고 구매하는 소비자들에게도 있고, 정신이 산만하고 분산된 아이들에게 언어 규칙을 학습시키는 교육과정에도 있으며, 사법적 질서라는 고정된 틀과 터부와 금기를 유지하고 살아가는 제도적인 삶에도 있다. 그런 점에서 국가와 자본은 공히 고정관념의 기초가 되는 의미화의 논리에 의해 권력의 잉여가치를 설립하고 이에 따라 움직이는 속성을 갖고 있다는 점에서 동일한 지반 위에 서 있다. 역사적인 사회주의자들이 했던 것처럼 구체적이고 실체화된 국가를 소멸시키고 시장을 없애는 것으로 자본주의는 사라지지 않는다. 오히려 그들 자신의 혁명 공식이라는 고정관념이 지속되는 한 역설적으로 자본주의는 무덤에서 살아나 작동할 것이다. 즉, 물신화되었던 혁명당의 역사가 던져준 교훈을 다시 한 번 생각해 봐야 한다.

---

33 펠릭스 가타리, 『정신분석과 횡단성』(울력, 2004), 21쪽.

:: 기표와 제3의 인물

"기표를 부숴라!"라는 말로 일갈하는 가타리의 말은 굉장히 쉽게 다가오면서도 현실에서 실현시키기는 무척 어려운 개념이다. 국가주의의 보편화와 사법적인 논리, 시장경제의 사물화와 자동화의 논리, 폐쇄된 지역사회의 상대방을 뻔하게 보며 돌봄과 간섭을 함께 하는 논리 등이 단번에 부수어져야 한다는 말이기 때문이다. 혹자는 "그렇다면 기표 없이 어떻게 살 수 있느냐?"며 볼멘소리를 할 수도 있다. 물론 보기에 따라서 기표라는 고정관념이 평화와 안전을 보장할 수 있을 것 같기도 하다. 그러나 그러한 두려움을 뒤로 한 채 남김없이 부숴야 할 것이 바로 기표이다. 기표라는 고정관념 없이도 삶의 자율성은 만개할 것이며, 다채로운 욕망이 연결 접속되어 불안하지만 오히려 자유로운 수평적인 공동체가 가능하기 때문이다. 기표는 체제와 시스템이 만들어놓은 고정관념이기 때문에, 기표를 부순다는 것은 체제의 외부를 공포와 두려움으로 보는 사람의 입장에서는 죽음과도 같은 것으로 간주된다. 그러한 체제와 시스템, 사법적 제도, 계몽적 언어 규칙 등을 넘어선 질서는 죽음이 아닌 삶과 욕망의 색다른 지평일 것이다.

언표는 기표와 달리 언어 활동을 매개로 나타나는 기호이다. 기표의 성립 과정은 언표의 성립 과정과 상이하지만, 사람들은 언표가 바로 기표라는 착각에 사로잡힌다. 그러나 언표는 기표와 달리 자율적이고 과정적이며 진행형적이다. 최초의 고정관념이 발생했던 기원은 동물행동학적인 설명 방식을 따른다. 이를테면 유인원 이후 영장류에게서 발견되는 자의식에서 고정관념의 기원을 찾는 경우가 많기 때문이다.

우리가 인식하는 '명사형 사유'와 '동사형 사유'는 차이를 분명히 갖는다. 명사형 사유는 주변 환경으로부터 분리되고 고정되며 이격된 상태의 실체로서의 고정된 사물을 인식하는 형태이다. 반면 동사형 사유는 인간이나 동물이 개입하고 변형하고 변주시키는 과정적이고 진행형적인 사유이다. 동사형 사유는 스피노자의 용어대로라면 변용(affection) 혹은 정동(affect)이라는 용어로 함축될 수 있다. 사랑, 욕망, 정동 등은 늘 외부의 마주침에 대해서 변화할 수밖에 없기 때문에 동사형 사유인 셈이다. 물론 동사형이지만 늘 명사형으로 고정된 언표도 있을 수 있다. 예를 들어 헌법, 상법, 민법과 같은 법제도의 문헌을 보면 명사와 동사가 잘 배치되어 있는 것처럼 느낄 수도 있다. 그러나 그것은 명사형 개념을 전개시키기 위한 이음새와 연결로서의 동사가 있을 뿐이지 결코 동사형 사유의 장점과 본래의 의미를 살리지 못한다. '이다', '있다'라는 동사만큼 명사형 사유에 가까운 것도 없을 것이다. 동물의 경우에는 개는 동사형 사유에 익숙한 경향이 있고, 침팬지 등과 같이 자의식을 가진 영장류에 와서야 명사형 사유가 등장한다. 그런 점에서 영장류의 사유 형태였던 명사형 사유는, 이제는 인간사회에서 체제와 시스템을 조립하고 연결하는 개념적인 응고물들의 좌표를 그려내는 데 활용된다. 이에 따라 세상이 변화하거나 신체가 변용되지 않고, 고정되고 응고되고 동결된 질서를 갖는다는 착각과 오해를 불러일으키는 데 명사형 사유 방식이 활용된다.

그렇다고 개념화하는 것이 모두 고정관념이 되는 것은 아니다. 개념은 실재의 대응물처럼 표상화된 인식으로만 머물지 않으며, 개념들의 성좌를 이루면서 창안되고 생산된다. 이를테면 개념과 개념 사이에서 숨어 있는 맥락과 탈맥락, 초맥락 등이 그것이다. 즉, 개념은 지시적인 의미작용 없이도 생산될 수 있는 특징을 갖고 있다. 문제는 "~은 ~이다"라고 단정 내리는 의미화의 논리인데, 의미화는 현존 체제와 구조, 이데올로기 등을 고정된 불변항으로 표상하는 일에 개념이 사용될 때 나타난다. 지금 여기에 현현하고 있는 사물, 사회, 집단을 영원성의 표상으로 집어넣어 사유할 때 고정관념으로서의 의미화가 이루어지며, 동시에 그 속에서 행동하는 사람들을 책임, 역분, 기능, 정체성에 따라 작동하는 실체화된 주체, 즉 책임주체로 다룰 때 또다시 의미화가 작동한다. 예를 들어 군인은 군대를 나와 한 사람인 경우에도 군인이며, 기능, 역할, 정체성 등 고정관념에 따라 책임주체화된다. 이렇게 되면 상황, 인물, 사건 속에서 이루어지는 잠재성이나 내재성, 가능성, 가상성, 복잡성과 같은 보이지 않는 영역은 완벽하게 누락되고 삭제된다. 다시 말해 의미는 신체와 사회체의 잠재성이 만들어낼 사건성 이외에 모종의 고정관념이어서는 안 되는 것이다. 그런데 철학은 고정관념으로부터 연역된 것만이 추론의 무한소급의 오류를 피할 수 있는 유일한 길이라고 간주하면서, 고정관념의 반석 위에 아카데미라는 거대한 바벨탑을 짓는다. 그렇기 때문에 기표 독재 체제 없이는 진리와 표상, 의미가 제대로 재현될 수 없다는 생각에 이르게 만든다.

헤겔과 같은 사람들은 반성하는 자기의식이 없이는 관념의 자기운동이 불가능하다는 생각을 피력한다. 헤겔은 관념 스스로가 반성적인 전개를 할 수 있는 자율적인 것이라고 사유하게 된다. 이러한 관념의 자기운동으로서의 변증법이라는 사유가 나타나게 된 것은 고정관념을 성숙시키는 데 흐름의 사유를 철저히 복무시키려는 의도를 갖고 있다. 결국 헤겔은 국가라는 고정관념에 도달하여 절대이성의 완성이라는 궁극의 결론을 맺는다.

:: 배치, 3자에서 n자로

여기서 살펴보아야 할 지점은 언어의 사용 이후에 나타난 언표행위의 주체와 언표주체 즉, '말 속의 나'와 '말하는 나'의 분열이 만들어내는 상황이다. 말 속의 나와 말하는 나는 분열되어 있기 때문에 사람들은 흔히 마치 객관화된 제3의 인물이 어딘가에 실존하는 것처럼 의식하면서 언어를 사용한다는 것이 라캉의 설명 방식이다. 그러한 점에서 말은 자기의식을 내재한 발화라고도 말할 수 있다. 예를 들어 A와 B가 대화한다고 할지라도 A도 아닌 B도 아닌 C라는 제3의 인물이 존재한다고 가정하지 않고서는 발화와 의사소통이 이루어질 수 없다는 점이 드러난다. 제3의 인물을 라캉은 기표를 통해서 설명하면서, 기표라는 상징 질서의 현존을 입증한다. 구조주의자들은 언어를 통한 소통 속에서 불쑥 설정되어 있는 제3의 인물을 응시하면서 계열화되고 코드화된 언어 구조를 설정하기도 한다. 그런 점에서 구조주의자들은 무의식의 구조는 언어 구조라고 말한다.

고정관념의 뿌리는 바로 언어 행위에서 등장하는 제3의 인물을 어떻게 설명할 것인가에 대한 대답의 과정에서 나타났다. 언어에서 동반되는 자기의식 속의 제3의 가상적인 인물의 실존은 아카데미의 논법에서 전제조건이 된다. 그것은 의미화, 표상화, 모델화를 통해서 전문가가 객관을 재현하고 반영할 수 있다는 근대적인 객관적 진리론의 토양이기도 하다. 이 경우에는 객관은 제3의 인물이며, 객관적 진리를 보증하는 보이지 않는 실체라는 생각으로 전개된다. 이러한 근대적 사유 방식에서의 개념–실재론적인 사유 방식은 객관주의 혹은 계몽주의를 통해 드러난 고정관념에 입각한 질서라고 할 수 있다. 그렇기 때문에 근대철학에서는 철학자들이 신학의 시녀 역할을 할 수밖에 없다는 역설이 여기서 발생한다. 이러한 제3의 인물을 보통 신, 국가, 아버지와 같은 초자아로 사고해 왔던 것이 지금까지의 전통적인 정신분석에서의 사유 방식이었다. 그리고 제3 인물의 역할을 기표가 대신할 것이라는 라캉의 발견이 구조주의의 주춧돌이 되었던 것도 사실이다. 즉, 기표라는 고정관념은 상징적으로 완결되어 있고 그 내에서 순환되기 때문에 "내가 말하는 것은 누군가 말했던 것이다"라는 설정이 가능하다는 것이다. 결국 이러한 사유 방식은 가장 국가주의적이고 사법적이고 초월적인 신을 설정하는 사유 방식이 결론에서 기다리고 있다.

사회 이론에서는 개인들이 국가와 구체적으로 사회계약을 하지 않고도 마치 이미 잠정적으로 계약을 한 것으로 간주되는 상황에서도 제3의 인물은 나타난다. 즉, 계약서에 사인을 한 적이 없음에도 국가권력이라는 보이지 않는 실체는 제3의 인물로 등장하는 것이다. 그래서 국가권력을 통한 명백한 국가 범죄인 보이지 않는 감시와 통제를 감내할 수밖에 없다는 자조 섞인 체념과 하소연이 나타날 수도 있다.

그런데 제3의 인물 혹은 제3의 눈은 초월적이거나 관념적이지 않을 수 있다. 예를 들어 들뢰즈와 가타리의 이론을 관통하는 배치(agencement)라는 개념은 제3의 인물을 관계망이라고 사유하면서 초월적인 것을 내재적인 것으로 바꾸어놓는다. 결국 신비와 영성으로 가득 찬 제3의 인물을 세속적이고 유한하며 망가질 수도 찢어질 수도 있는 배치라는 개념으로 바꿈으로써, 천상의 논의를 지상에서의 공동체 논의로 바꾸어놓는 것이다. 결국 배치는 기표라는 고정관념을 통하지 않고도 제3의 인물 혹은 제4의 인물, n개의 인물을 만들어내는 토대가 될수 있는 것이다. 그런 점에서 공동체적 배치 안에서 말하는 행위야말로 보이지 않게 작동했던 제3의 인물의 역할을 대신할 내재성의 판이 작동하였던 근간에 있었다고 평가될 수 있다. 이러한 배치를 언표행위의 집합적 배치라고 말한다.

애초에 배치 개념은 프로이트의 콤플렉스 개념을 대치하는 것이었다. 모든 것을 설명하는 준거가 되고 환원의 고정점이 되는 콤플렉스 개념에 대항하여 다양한 기계들이 작동하면서 결합되어 일체를 이룬 상태를 말한다. 배치는 다양한 구성요소들을 포함하며 코드와 영토성에 의해 고정되지 않고 끊임없이 새로운 흐름들을 생산해내는 틀이다. 다양한 기계들이 작동하면서 이루어내는 집합적 구도를 언표행위의 집합적 배치라고 한다.[34]

신자유주의 역시도 언어의 분열이 만든 제3의 인물로부터 자유롭지 않다. 고전적인 자유주의를 창안한 애덤 스미스는 자신의 저서 『도덕감정론』에서 "인간은 이기적이면서도 공감할 수 있을까?"라는 질문을 던진다. 이에 대해 일관된 논증 과정에서 도출한 결론이 "그럴 수 있다"라는 점은 예상되는 대목이다. 그렇다면 어떻게 가능할까? 바로 놀랍게도 애덤 스미스는 이기적인 시민들이 의식할 수밖에 없는 초월적인 눈에 대해서 말한다. 이러한 초월적인 눈은 그의 책 『국부론』에서는 '보이지 않는 손'이라는 개념으로 잠깐 다시 등장한다. 결국 자유무역, 자유시장, 탈규제적인 최소 야경국가라는 문제설정의 근간에는 '초월적인 눈'이나 '보이지 않는 손'이라는 제3의 인물의 현존으로부터 출발한다. 결국 시장이 작동하기 위해서는 제3의 인물은 필수적인 셈이다. 이를

---

34 펠릭스 가타리, 『기계적 무의식』(푸른숲, 2003), 〈개념 설명〉 중에서, 410쪽.

계승한 신자유주의는 '통속적이고 코드화된 삶 이외에는 추방하거나 포획하기 위한 전방위적 전자 감시'와 '전자적 계산과 마음을 통합하는 사이버네틱스'의 발전 등을 통해서 초월적인 눈이나 보이지 않는 손을 대신하려 한다는 점이 약간 다를 뿐이다. 신자유주의는 사이버네틱스와 판옵티콘 등이 없다면 작동할 수 없을 것이다. 결국 자유시장과 신자유주의를 성립시키는 것은 초월적인 신의 뜻을 실현하는 것이라는 프로테스탄티즘적인 대답이 나오는 이유도 여기에서 연유한다. 이러한 점을 고려해 볼 때 언어를 통해서 소통할 때 제3의 인물을 가정할 수밖에 없다는 점은 기표라는 고정관념 성립의 기반이라고 할 수 있다. 국가와 시장 역시 이러한 기표 독재 체제 없이는 성립될 수 없으며, 동시에 우리의 삶과 의식, 언어에서의 제3의 인물로서 작동하려고 하는 방식을 따른다.

그렇다면 우리는 신자유주의를 지탱하던 기표 독재 체제로부터 어떻게 탈출할 수 있을까? 여기서 우리는 기표를 부숨으로써 제3의 인물을 파괴하고 고립된 '나'와 '너'가 되는 것이 아니라, 기표와는 다른 구성 방식으로 관계를 맺을 수 있다는 가능성에 한층 접근하게 된다. 그것은 나와 너, 그 등이 만들어낸 언표행위의 집합적 배치이다. 우리는 배치와 관계망에 따라 n개의 인물이 내는 강렬도와 온도, 밀도, 웅성거림, 화음 등에 주목해야 한다. 제3의 인물을 초월적인 기표의 질서로 바라보는 것이 아니라, 삶에 내재하는 배치와 관계망의 일부로 바라볼 필요가 있다. 다시 말해 나와 너 사이의 제3의 인물은 '주체성'이라고도 할 수 있는 것이다. 그것은 사이, 여백, 틈새에서 서식하는 애벌레 신체와도 같다. 그래서 사이주체성이라고도 불린다. 배치와 관계망에 내재한 사이주체성의 관점을 통해서만 제3의 인물에 대한 초월성의 신화와 근대의 신화는 해체될 수 있다. 배치와 관계망이 기표를 어떻게 해체시킬 수 있을까? 또한 배치나 관계망은 기표 이외에 어떤 기호작용을 갖고 있을까?

:: 헤라클레이토스, 흐름을 말하다

헤라클레이토스(기원전 544~484)는 에페소스 섬의 '어두운 사람'이라고 불리던 별종이자 은둔자였다. 그는 홀로 공부를 해서 세상에 대한 깨달음에 도달하였고, 현재 그의 저서는 남아 있지 않지만 후대의 철학자들에 의해 전해지는 것들로 그의 철학을 추정할 뿐이다. 그는 아주 난해한 아포리즘을 남겼는데, 예를 들어 "우리는 동일한 강물에 두 번 들어갈 수 없다"라는 격언이나 "만물은 유전한다"는 말은 그의 '흐름'의 사상을 집약하는 것이라고 할 수 있다. 그의 흐름의 사상은 존재(being)의 전통과 구별되는 되기(becoming)의 전통을 개방하였다. 즉, 들뢰즈와 가타리의 소수자되기의 원형은 헤라클레이토스에게 있었다. 그는 만물이 고정되고 불변하는 상태로 머무는 것이 아니라 늘 변화의 과정에 있다는 것을 분명히 보여준다. 그가 말한 "태양은 날마다 새로워진다"라는 격언은 공자의 일신우일신(日新又日新)이라는 생성의 사상과 매우 흡사하다.

헤라클레이토스가 말하는 흐름의 원동력은 불이다. 불타오르기도 하고 꺼지기도 하지만 영원히 살아 있는 불이며, '오르막이 있으면 내리막이 있듯이' 변화하는 과정에서 불의 흐름이 있다. 헤라클레이토스는 "이 세계는 만물에 대해 똑같으며, 신이든, 인간이든 어느 누구도 창조하지 않았다. 하지만 세계는 불이었으며 지금도 불이고 앞으로도 언제나 살아 움직이는 불로서, 법칙에 따라 타고 꺼지기를 반복한다."라고 말한다. 이러한 불의 사상은 조로아스터교가 불꽃에 신비한 의미를 부여했던 것과 유사하다. 불이 주는 에너지의 순환은 영원하다는 생각은, 신기하게도 흐름이 만들어내는 변이와 이행, 생성의 과정에는 모든 것은 지금 단 한 번뿐인 일시적인 것이지만, 불꽃의 켜짐과 꺼짐, 오르막과 내리막이라는 순환과 반복은 영원하리라는 비밀에 우리가 접근하고 있다는 생각을 들게 만든다.

헤라클레이토스의 아포리즘 중에서 "시간은 장기를 두는 아이이니, 왕국은 아이의 것이니라."라는 잠언이 있다. 그의 사상은 시간이라는 만물 유전의 흐름이 "1＋1＝2"라는 식의 함수론에 따라 결정된 것이 아니라 아이의 좌충우돌하는 놀이처럼 주사위 던지기나 경우의 수와 같은 확률론적인 것이라는 점을 암시하고 있다. 헤라클레이토스는 시간이 선형적이고 단선적일 것이라는 이성의 법칙이 아니라, 시간은 결과값을 미리 예측할 수 없는 에너지의 흐름이며 '모였다 흩어졌다'를 반복하면서 느닷없이 계통적으로 등장하는 것으로 바라본다. 이는 놀랍게도 오늘날의 양자역학이 개방한 현대 물리학적인 통찰에 가까이 접근하고 있다.

"신은 낮이자 밤이며, 겨울이자 여름이며, 전쟁이자 평화이며, 배부름이자 굶주림이다. 그런데 신은 불이 향료와 섞일 때 제각기 내는 향기에 따라 여러 이름으로 불리듯이 다양한 모습으로 나타난다"라는 헤라클레이토스의 아포리즘에는 변화를 품고 있는 신의 형상이 등장한다. 흐름에 따라 "이럴 수도 저럴 수도" 있는 신의 형상을 두고, 헤겔의 변신술을 구사하는 사람들은 "이것 아니면 저것"이라는 대립과 통일의 변증법으로 환원하고 꿰어 맞추려고 한다. 그러나 헤라클레이토스에 있어서 모든 이질적인 것이 반드시 대립으로 향하는 것이 아니며, 로고

스가 조화와 고정성의 통일성을 의미하는 것도 아니다. 흐름은 "이것이 면서도 저것인"이라는 방식의 논리적인 전개를 갖고 있어서 상대주의 자라는 혐의를 받는다. 후대에 변신술의 계승자들이나 헤라클레이토스 사상을 경찰의 시선으로 바라본 사람들은, 그를 지독한 상대주의자로 규정하면서 그의 사상을 하나의 의미로 일축할 수 있는 매우 쉬운 상대 라고 보았다.

헤라클레이토스는 "만물은 자신의 본질을 숨긴다", "숨어 있는 관련 은 보이는 관련보다 더 강력하다"라는 아포리즘을 통해서 숨어 있는 흐 름에 대한 자신의 생각을 살짝 보여준다. 그의 사상을 이어받은 펠릭스 가타리는 『카오스모제』(동문선, 2003)에서, 부엌이라는 공간만 하더라 도 흐름의 입장에서 보면 '물의 흐름, 불의 흐름, 음식의 흐름, 쓰레기 의 흐름'이 교차하는 오페라의 공간과 같은 곳이 된다고 말한다. 그래서 겉으로 보이는 것보다는 보이지 않는 곳에 숨어 있는 흐름이 더 다채롭고 풍부하다. 다른 사례로 지역순환경제를 주장하는 사람들은 지역공동체 내부에 에너지-자원-부의 흐름의 공간을 사고한다. 그들은 숨겨진 흐름 에서 순환과 재생의 시너지 효과가 있다고 주장한다. 숨겨져 있는 흐름은 다양하게 우리의 사유의 경로를 풍부하게 만든다.

그때 부엌은 작은 오페라 무대가 된다. 그 속에서 사람들은 모든 종류의 도구를 이용하여, 즉 물과 불, 과일 파이와 쓰레기통, 특권 관계와 복종 관 계를 이용하여 말하고 춤추고 논다. 요리하는 장소로서의 부엌은 물질적 흐름과 신호적 흐름, 그리고 모든 종류의 서비스 교환의 중심이다. 그러나 흐름의 이러한 대사 작용은 배열 장치 전체가 정신이상자들의 언어 이전의 구성요소를 수용하는 구조로서 유효하게 기능한다는 조건에서만 전이적

범위[영향력]를 지닐 수 있을 것이다.[35]

공동체는 '이것일 수도 저것일 수도' 있는 흐름의 공간이다. 예를 들어 너와 나 사이에서도 네 것인지 내 것인지 묻지도 따지지도 않는 공유자산, 생태적 지혜, 집단지성 등이 생겨나는 것도 그 사례라 할 수 있다. 공동체의 관계망이 어떻게 배치되는가에 따라 물건도 흐름의 일부가 된다. 예를 들어 "책상은 책상이다"라는 방식으로 의미가 고정되던 물건도 나에게 책상인 것이 다른 사람에게——요리상, 가판대, 회의석상, 장난감 등등으로——이행할 수 있다. 이것은 아이들에게 보이는 비표상적 흐름과 매우 유사하다. 아이는 '컵은 컵이다'라고 의미를 고정시키는 것이 아니라, 컵을 우주선, 마법의 열쇠, 전화기, 비밀상자 등등으로 표상을 이동시키며 고정된 의미를 형성하지 못한다. 공동체 속에서 사람들이 아이와 같은 모습을 보이는 것은 이러한 유사성 때문일까?

:: 기표와 비기표적 기호계의 차이

언어 사용을 시작한 인류에게는 보이지 않는 제3의 인물의 출현은 초월성의 철학을 발전시켰던 원천이었다고 할 수 있다. 그러나 제3의 인물은 내재성으로서의 배치일 수 있다. 스피노자는 초월성에 맞선 내재성의 철학을 전개한다. 그는 헤이그 인근의 작은 하숙집 속에서 살면서 순수, 겸양, 검소를 초월적 신의 덕목이 아닌 내재적인 삶의 원리로 만

---

35 펠릭스 가타리, 『카오스모제』(동문선, 2003), 95쪽.

들어냈다. 스피노자에게 공동체적 관계망은 신정 체제의 초월성을 대신할 생명과 자연, 사물의 자기원인이 어우러진 내재성의 기반이었다. 스피노자의 노선을 따르는 들뢰즈와 가타리의 배치 개념에서 보이듯이 초월자로 표상되는 제3의 인물이 있는 것이 아니라, 삶에 내재하는 관계망, 흐름, 상호작용이 있다는 생각으로 인식을 전환시킬 수 있다. 여기서 공동체적 관계망은 인간/비인간과 사물까지 포괄하는 다채로운 기호작용에 교감하는 내재성의 구도를 만들어낸다.

그렇다면 우리는 질문을 던져볼 수 있다. "언표주체와 언표행위의 주체의 분열을 통합할 언어 사용에서 전제되어 있는 제3의 인물의 설정을 어떻게 볼 것인가?" 이러한 질문은 초월성의 구도가 아닌 내재성의 구도로 문제의식이 이행되었을 때 비로소 규명될 수 있다. 여기서 내재성의 구도는 삶과 생활의 영토가 그려내는 다채로운 기호와 반복, 교감과 상호작용을 의미한다. 공동체 내에서 가상의 제3의 인물을 설정하며 대화하고 소통하는 방식의 비밀은, 생활세계와 내재적인 삶의 영토에서의 강렬한 피드백과 교감, 상호작용, 흐름, 그의 결과인 주체성의 실존으로 해명될 수 있을 것이다.

우리는 대화를 할 때, 고정되고 멈추어선 기성 질서를 사용할 메시지가 갖고 있는 내용의 모든 것으로 여기고 그대로 전달하거나 오려붙이기 식으로 대화하지는 않는다. 대신 상대방의 눈빛, 향기, 색채, 음향, 몸짓, 표정 등의 비기표적인 기호작용의 흐름과 감응하며 교감하면서 대화를 한다. 이러한 비기표적 기호계의 상호작용은 마치 두 개의 원 다이어그램이 겹치듯이 중간에 교집합의 영역을 만들어낸다. 너와 나 사이에 생긴 그것은 내 것도 아니고 네 것도 아닌, 우리 공통의 어떤 것일 수 있다. 그것을 사이주체성이나 공통성(common) 등 어떤 것으로 불러도 상관없다. 이러한 너와 나 사이에서의 흐름의 논리는 '내 것일 수도, 혹은 네 것일 수도' 있는 것으로, 어느 하나라고 규정하거나 단정할 수 없는 횡단과 이행의 구성요소를 갖는다. 결론적으로 초월성의 논리를 가능케 했던 언어 사용에서 파생되는 가상의 제3의 인물이라는 것이 초코드화된 기표의 원리를 보증한다는 논의와는 달리, 내재성의 논리에 따라 비기표적 기호작용의 겹침과 흐름의 논리에 따라 발생하는 사이주체성, 즉 새롭게 생산된 주체성이 제3의 인물의 자리를 차지한다는 논의로 문제설정은 급격히 이행하게 되는 것이다. 이것을 '주체성 생산'이라고 한다.

우리가 비기표적 기호계에 대해서 주목하여야 할 부분은, 고정관념인 기표에 따라 관계가 만들어지는 것이 아니라 냄새, 색채, 음향, 몸짓, 표정 등 다채로운 기호작용이 동시에 어우러지면서 관계가 이루어진다는 점이다. 이런 점에서 관계의 성숙과 관계 속에서의 주체성 생산은 기표적 기호작용뿐 아니라, 전기표적/탈기표적/후기표적 기호작용의 복잡성을 통해서 설명이 가능해진다. 사람들이 만나서 서로 사랑을 나누거나 우정을 느끼거나 존경을 하게 되는 과정은 단지 기표화된 질서에 따라 자동적으로 반응하는 과정이 아니라, 부드럽고 따뜻한 감성적 교감과 강렬하고 다채로운 상호작용의 결과물인 셈이다. 그런 점에서 사람들은 효율적으로 정리된 소통의 매뉴얼에 따라 대화하는 것이 아니라, 자신이 사랑받고 사랑하고 있다는 것을 확인받고자 대화하는 것이다. 그 기원도 유아기 때로 거슬러 올라간다. 유아기 동안 사람들은 젖의 흐름, 손길의 흐름, 따뜻한 물의 흐름, 똥의 흐름, 표정의 흐름 등에 교감하였던 흐름의 논리에 따라 보살펴진다. 말이나 글 등의 기표가 아니라, 냄새, 색채, 음향, 눈빛, 몸짓 등에 기반해서 풍부하고 다채

모두의 혁명법

로운 비기표적 기호계에 기반한 소통을 추구한다. 그런 점에서 비기표적 기호계에서의 흐름의 작용은 유년기의 감성 블록과 같이 사람들의 무의식의 기저에 깔려 있다고 해도 무방하다.

그런데 문제는 기표라는 고정관념은 시스템이나 체제 내에서 효율적이고 자동적으로 인간 행동을 결정하는 데 비해, 비기표적 기호계의 흐름은 공동체적 관계망에서 자율적이고 비효율적인 방식을 따른다는 점이다. 그런 점에서 사회구조와 제도와 시스템을 염두에 두는 사람들은 효율성과 자동성의 유혹으로부터 자유로울 수 없다. 근대 이후 산업사회의 눈부신 성장이 바로 이 효율성과 자동성으로부터 나오지 않았는가 말이다. 반면 비기표적 기호작용은 동물, 사물, 식물, 광석, 미생물 등과 어우러져 교감하는 색다른 차원을 개방한다. 그뿐 아니라 결과 값이 이미 나와 있는 함수를 풀듯 문제를 해결하는 것이 아니라, 누구도 결과 값을 예상할 수 없는 경우의 수에 따라 문제를 풀어나가는 듯한 상황을 만들어낸다. 비기표적 기호작용의 내재적인 지평은 '예측 가능하고 계산 가능한 질서'로부터 벗어나 있다. 그렇기 때문에 비기표적 기호작용에 기반한 관계망, 흐름, 상호작용의 과정은 미지의 곳을 향한 여행과도 같다. 그것은 때때로 효율적이지 못해서 서로 미끄러지는 대화로 나아갈 수도 있고, 중언부언할 수도 있다. 하지만 하나의 고정관념으로 굳어져 있는 기표보다 더 풍부하고 다양한 결과를 가져올 수 있다.

이처럼 비기표적 기호작용이 기표보다 중요한 이유는 우리의 삶의 내재성이 바로 이러한 종합예술과 같이 복잡하고 다채롭게 이루어져 있기 때문이다. 예를 들어 한 사람이 다른 사람과 사랑하거나 관계를 성숙시키려고 할 때, 사랑의 완성은 결론이지만 과정은 만남이기 때문에 한 번이라도 더 만나 눈도장을 찍고 표정을 교감하고 호흡을 공유하며 공감대를 만들려 할 것이다. 공감 대화의 기본적인 작동 방식은 비기표적 기호작용이 그 비밀을 풀 열쇠라고 할 수 있다. 두 사람이 교감하고 공감하는 과정에서 그 두 사람 사이에 어떤 공통성의 영역이—제3의 인물이라고 착각하게 되는—나타난다는 느낌을 받을 때, 그들은 사이주체성을 이미 갖고 있는 셈이다. 이러한 사이주체성은 가상의 제3의 인물이라는 언어 사용의 차원에서의 문제설정과 완벽하게 다른 차원 즉 삶과 생활세계에서 펼쳐질 것이다.

음악을 살펴보면, 음악은 언제라도 주석을 달거나 이미지화할 수는 있지만, 누구에게도 이해되는 번역 가능한 의미작용을 거기에서 끌어낼 수는 없습니다. 그러하기에 음악 역시 비기표적 기계를 작동시키고 있는 것입니다. 또 음악은 지배적인 의미작용에서 벗어날 수 있게 하는 것으로서, 음악 세계의 시공간적 좌표 속에 주체를 삽입하는 도표적인 효과를 지닙니다.[36]

기표라는 고정관념을 넘어선 공동체를 생각하는 사람이라면 한번 고민해 볼 수 있다. 아이, 동물, 광인, 장애인, 생명이 갖고 있는 기호작용인 비기표적 기호계를 통해 기표라는 고도로 조직된 질서를 극복하기는 어렵지 않을까 하는 고민 말이다. 예컨대 아이들과 같이 산만하고 언어 사용에 서투르며, 행동에 돌봄이 따라야 하는 존재들이 어른들의 세상인 고정관념을 극복할 수 없을 것이라는 생각이 그것이다. 물론 68년 혁명의 영향으로 아이들의 공동체와 아이들만의 마을에 대한 실

---

36 펠릭스 가타리, 『분자혁명』(푸른숲, 1998), 346쪽.

모두의 혁명법

험이 이따금 있었지만 아이들은 돌봄의 대상이나 계몽의 대상이라고만 여겨질 뿐이다. 여기서 우리가 떠올려야 할 것이 마르크스가 "교육자도 교육받아야 한다"라고 했던 포이어바흐 테제의 구절이다. 누구에게 교육받는다는 것일까? 바로 아이들로부터 역행적으로 교육받아야 하는 것이다. 비기표적 기호계로 교감과 공감 능력을 만들어내기 위해서는 놀이와 재미, 여행과 같은 신나는 색채, 음향, 표정, 몸짓, 향기의 향연을 생각해야 할 것이다.

:: 기표가 아닌 도표에 주목하자!

기표로 세상을 지배하려는 사람들은 시스템 내에서의 자동적인 일과 고정관념에 의해서 장악된 의미의 논리로 세계를 작동시키려 한다. 재미/놀이와 의미/일의 모델은 기표와 비기표적 기호계의 갈림길에서 각각의 행동 방식을 보여준다. 그리고 그것들은 각각 자율성과 이에 대비되는 자동성으로 자신의 행위 양식을 드러낸다. 그러나 잘 생각해 봐야할 지점은 놀이와 재미 모델에도 고도로 조직된 행동 규칙이 있다는 점이다. 그것은 쉽게 망가지고 찢어지고 변형되지만 그 설정 속에서는 스릴이 있고 은밀히 어기거나 금방 바꾸거나 지루해지면 해체해 버릴 수있는 자율적인 규칙이다. 그것은 불변항으로서의 구조와 그것을 떠받치는 의미화의 공식인 기표와는 완전히 다른 방식으로 작동한다. 예컨대 재미와 놀이에서 설정된 '금'이나 '술래', '죽었다'는, 의미와 일에서 고착된 터부나 금기, 죽음에 대한 공포와는 완전히 다른 맥락 속에 있다. 물론 공동체에서 재미와 놀이로 시작했던 것이 종종 의미가 부여되어 일이 되는 상황이 벌어지기도 한다. 그러면 자율적인 것 속에 자동적인 것이 배치되며, 여러 모델을 이행하고 횡단하는 분자(molecular)적인 것과 하나의 모델에 집중하는 몰(mole)적인 것이 교직된다. 여기서 분자적인 것은 2~6세 아동의 여러 놀이를 바꾸면서 이행하는 놀이의 모델이고, 몰적인 것은 어른이 되어 놀이를 시키면 하나의 놀이만 집중하거나 그것이 일이 되는 상황을 뜻한다.

자동성(몰)과 자율성(분자)은 기표와 비기표적 기호계가 작동하는 방식의 비밀을 살짝 보여준다. 그러나 우리가 주목해야 할 점은 자동성에 의해서 주조되는 인물이 근대의 책임주체이며, 자율성에 의해서 만들어지는 인물이 탈근대에서 제기하는 주체성 생산의 과제라는 점이다. 그런가 하면 이러한 두 사회주체성은 시민과 공동체라는 두 가지 유형으로 등장한다. 여기서 우리는 이라크 반전시위에 데리다가 하버마스와 손을 잡으면서 평화행진을 조직할 때 썼던 '이제까지의 계몽과 앞으로 올 계몽의 만남'이라는 구절을 상기할 필요가 있다. 그것은 '이제까지의 주체성으로서의 책임주체'와 '앞으로 올 주체성으로서의 관여적(關與的) 주체'와의 만남을 연대 행동의 형태로 주선한다. 그러나 가타리는 데리다와는 달리 근대의 책임주체의 일말의 가능성에 대한 판타지를 완벽히 부숴버리라는 말을 "기표를 부숴라!"라는 한 마디로 압축한다.

대신 가타리가 제안하는 것은 도표(diagram)라는 개념이다. 기표처럼 스스로 초코드화하면서 기성 질서와 구조를 불변항으로 만드는 데 복무하는 고정관념이 아니라, 도표와 같이 여러 모델을 연결하는 구도를 통해서 지도 그리기를 수행하면서 이행과 횡단의 가능성으로 나아가자고 제안하는 것이다. 즉, 근대의 책임주체 혹은 전문가들이 보여주는

모두의 혁명법

모델화, 의미화, 표상화가 아니라, 도표와 같은 지도 제작을 통해서 여러 모델을 횡단하고 이행하는 메타모델화를 제시한다.

여기서 메타모델화하는 것으로서 기술되는데, 이것의 본질적 목적은 다양한 현존의 모델화(종교적 모델화, 형이상학적 모델화, 과학적 모델화, 정신분석학적 모델화, 물활론적 모델화, 신경증적 모델화……) 체계가 자기-준거적 언표행위의 문제를 거의 항상 우회해 가는 방식을 설명하려는 것이다.[37]

그런 점에서 철저히 근대의 책임주체인 시민들의 전략으로부터 벗어난, 주체성 생산이라는 공동체의 전략이 가타리에 의해 제시되는 것이다. 가타리가 보기에는 근대적인 시민적 참여정치는 정신의 피로도를 높이는 전문가주의와 기능, 책임, 직분에 따라 움직이는 자동주의, 부르주아 엘리트라는 주인공의 신화 등으로 오염되어 있다. 이제까지 지속되고 누적되어 왔던 주체성 이외에 색다른 주체성 생산이 필요한 상황인 것이다. 이에 대해서 시민의 외부에서 사회, 생명, 공동체, 마을, 소수자, 지구적 책임 등이 침투해 들어와 시민이라는 개념이 지닌 본래 의미에 색다른 의미를 부여했지만, 기표라는 체제와 시스템의 논리로부터 자유롭지 못한 한계를 노정해 왔다. 가타리는 시민이라는 주체를 넘어서는 색다른 주체성 생산의 과제를 제시하면서, 기표라는 고정관념의 논리를 남김없이 부수라고 말한다. 이는 자율성의 역능에 따라 색다른 공동체적인 관계망을 만들고, 이를 통해서 구조와 시스템의 신화

37 펠릭스 가타리, 『카오스모제』(동문선, 2003), 85쪽.

로부터 벗어난 주체성 생산을 이루어보자는 제안이다.

　물론 현실에서는 시민이라는 맥락과 공동체라는 맥락이 함께 움직이는 측면도 있다. 예컨대 협동조합에서 사업체와 결사체(association)의 이중성을 참조해 볼 필요가 있다. 분명한 것은 가타리는 이미 주어진 고정관념 속에서 희망의 불씨를 찾는 것이 아니라, 앞으로 우리가 실천하고 구성하고 만들어가야 할 색다른 생태적 관계망 속에서 열망과 희망, 욕망의 미래진행형적 사유를 전개하자고 제안한다. 그래서 아무런 여지와 여운도 남기지 않고 기표 독재 체제를 남김없이 부숴버리라고 제안하는 것이다. 이를 통해서 완전히 우리가 생각지도 못했던 다른 세상, 다른 삶, 다른 사유가 가능하다고 말하는 것이다. 자본주의가 기표라는 고정관념에 기반하고 있다면, 생태적 공동체에게는 흐름, 상호작용, 관계망에서 작동하는 비기표적 기호작용의 교감과 도표라는 지도 그리기의 실천이 있다는 점을 적시하는 것이다. 이런 점에서 혁명은 가능하며 도처에서 벌어진다는 행복한 낙관과 유머, 해학이 가능해진다.

6장

공동체와 네트워크의 관계성좌,
그 숨은 잠재성은?

강령 6

현실적인 복수성 쪽으로 미끄러져 가라.

. . .

가타리는 분자혁명을 제안한다. 특이성 생산을 통해
서 색다른 기계 작동을 보이고, 도표화된 기호를 발
생시키는 네트워크의 기계는 결국 작은 변화가 돌이
킬 수 없는 변화를 만들어내는 분자혁명을 배태하고
있다. 그리고 이러한 분자혁명의 방향성은 생명과 자
연으로 향하고, 소수자-되기로 향한다. 결론적으로
가타리가 언급한 "현실적인 복수성으로 미끄러지라!"
는 의미는 공동체와 네트워크의 심원한 관계성좌의
가능성과 잠재성, 구성적 실천으로 향하라는 말로 요
약될 수 있다. 더불어 우리는 네트워크라는 기계체라
는 복수성의 거대한 판으로도 변화와 이행의 잠재력
을 새롭게 구축할 수 있다.

:: 루크레티우스의 고대 원자론

루크레티우스는 분열자였다. 그는 기원전 10년부터 기원후 50년까지 살았다고 추정되며, 한 노파로부터 사랑의 미약을 받아 마시고 나서 정신이상이 생겼는데, 정신이 들 때마다 『사물의 본성에 관하여』(아카넷, 2012)를 썼다고 알려져 있다. 그러나 모든 것은 추정일 뿐이며, 그의 행적은 철저히 베일 뒤에 가려져 있다. 분명한 것은 그가 분열자였다는 사실이며, 사물의 근원을 탐구하는 인생의 여정을 걸었다는 점이다. 그의 책에서 사물은 특이하기 그지없다.

그 같은 요동은 그 맡에, 숨겨져 있는 보이지 않는 질료의 운동이 또한 존재함을 의미한다는 점이다. 왜냐하면 거기서 당신은 많은 입자들이 보이지 않는 타격에 흔들려 궤도를 바꾸고, 뒤로 튕겨나 때로는 이쪽, 때로는 저쪽, 사방 온 부분으로 돌아서는 것을 볼 터이니 말이다. 물론 이 떠돌이

운동은 시초적인 것으로부터 와서 모든 것들에게 있게 된 것이다.[38]

그는 에피쿠로스의 원자론을 계승하면서, 소용돌이 운동인 클라나멘(clinamen)에 사로잡힌 원자를 말한다. 그는 그때까지 분자(특이성), 원자(순환성), 양자(확률성)이라는 구분을 아직 내리지 않은 채로, 이 세 가지 양상을 섞어서 말한다. 루크레티우스가 말하는 사물은 원자가 성긴 여백 속에서 우발적으로 매우 활발히 활동하고 있는 것으로, 배열과 배치에 따라 성격을 바꾸는 질료이기도 했다. 즉, 사물에도 재료의 "간격, 행로, 연결, 무게, 타격, 모임, 운동, 순서, 놓임새, 형태가 바뀜으로써"[39] 사물의 본성이 바뀌는 그러한 것이었다. 그는 원자론자 에피쿠로스의 사상을 계승 발전시킨다. 에피쿠로스의 우발성, 클리나멘, 확률론, 경우의 수는 유감없이 루크레티우스의 사상의 골간을 형성하는데, 이는 함수론에서의 계산 가능한 질서와는 구분되는 집단과 모임, 연합체로서의 사물의 성격을 말하는 것이었다.

여기서 성장 시대를 집중과 수렴의 성격을 갖는 몰(mole)적인 질서로 보고, 저성장 시기를 유한성, 특이성의 성격을 갖는 분자(molecular)적인 것으로 보고, 제로 성장의 시기를 순환성을 특징으로 하는 원자(atom)적인 질서로 보고, 역성장 시기를 경우의 수와 확률론을 특징으로 하는 양자(quantum)적인 질서로 봄으로써 시대적인 사물의 배치를 설명해 볼 수도 있다. 결국 이러한 자의적인 단계 구분이 시사하는 바는, 자유의 척도인 우연의 요소가 외부로부터 다가오는 우발성의 여지

---

38 루크레티우스, 『사물의 본성에 관하여』(아카넷, 2012), 119쪽.

39 같은 책, 179쪽.

로부터 벗어나, 내부로부터 생산되는 경우의 수로서의 특이점으로 바뀐다는 점이다. 결국 초극미세 사회로서의 역성장 사회의 개막은 바로 루크레티우스가 사유했던 확률론적인 질서를 통해서 드러날 가능성이 높다. 그의 사유는, 몸체는 유한하지만 기원은 무한한 사물을 겨냥하고 있다. 그는 "몸체들도 한정되어 온 우주를 두루 떠돌아다닌다고 한다면, 대체 어디로부터, 어디에서, 어떤 힘에 의해, 그리고 어떤 조건 하에 그것들은 만나 결합할 것인가, 그 엄청난 질료들의 대양 속, 이질적인 것들의 혼란 속에서?"[40]라고 말하면서, 유한한 것으로 간주되었던 바들이 사실상 무한한 질료의 운동의 결과물임을 증명한다. 다시 말해 유한한 산술적 수로서의 함수론을 떠받치는 것은 무한한 경우의 수로서의 확률론인 셈이다. 그러므로 우리가 바라보는 복수성의 성격은 다차원적이고 다극적이고 혼재된 것이라고도 할 수 있다.

:: 자본주의(함수론) 대 노동자계급(집합론)

거대도시는 시스템과 구조, 제도 등을 복잡하게 만들어 회복탄력성 (resilience), 지속가능성(sustainability)의 여지를 만든다. 도시는 추상과 구체 수준에서 복잡계를 이룸으로써 유지되고 성장한다. 반면 그 안에 사는 사람들은 원자화된 개인으로 산산이 와해되고 분해된다. 도시의 삶을 장악하고 있는 소비생활, 미디어, 정보지식의 습득, 문화예술의 향유 등은 모두 원자화된 개인을 대상으로 하여 상품으로 사고 팔린다.

40 같은 책, 147쪽.

비대칭적인 경향은 극단화된다. 복잡한 시스템과 제도가 한 편에 있고, 이를 필요로 하는 무기력한 독백에 사로잡힌 원자화된 개인이 다른 한 편에 있다. 자본주의 역설 즉 "시스템은 복잡화하는데, 사람들은 원자화된다."라는 역설이 여기서 발생한다. 소비와 향유를 누리는 원자화된 개인은 생산, 창조, 구성에 무기력하고 무능력하며, 제도와 구조가 제시하는 자동적인 질서에서 자신의 존재 의미를 기능적으로 찾을 수밖에 없다. 그런데 우리가 개인에게 할당된 직분, 역할, 기능에 따르는 자동주의적인 질서를 넘어서, 복수, 다양, 여럿의 질서로 미끄러지듯 들어간다면 무슨 일이 생길까? 구조, 시스템, 제도라는 거시 세계와 원자화된 개인, 독신자, 소비자의 미시 세계 '사이'에는 복수성의 질서가 숨어 있다. 이를 들뢰즈와 가타리는 배치(agencement)라고, 그것도 집단적 배치라고 명명한 바 있다.

여기서 복수를 표현하는 방법으로 산술적 숫자의 합이라는 함수론적 질서를 생각해 볼 수 있다. 단조롭고 편편하게 '1+10=11'이라는 덧셈의 총합적인 방식의 계산이 작동할 것이다. 함수론적인 세계에서 모든 것은 계산 가능하며, 눈에 보이도록 수치화할 수 있다. 그런데 복수, 다양, 여럿을 이룬다는 것은 단순한 산술적 합을 훨씬 넘어서는 부수효과와 시너지를 갖고 있다. 예컨대 100그루 따로 떨어진 가로수와, 서로 연결되어 숲 생태계를 조성한 50그루의 나무 중에서 어느 쪽이 외부 환경에 대해서 항상성이 강할 것인가에 대한 생태학적인 질문이 있다. 여기서 가타리의 복수성 개념에는 연결망적인 성격이 포함되어 있다는 점이 드러난다. 복수성은, 숲 생태계가 보여주듯 미생물, 버섯, 풀, 잡목, 동물, 곤충 등이 발아하고 창궐한다는 색다른 부수효과를 갖고 있을 것이다. 그런 점에서 분석적 방법론이 보여주는 잘게 나누어서 함수론적으로 더하는 방식의 숫자 개념은 복수를 무력화하는 산술적 방법론이라는 점을 알 수 있다. 복수성은 훨씬 강력한 연결망의 시너지 효과를 그 내부에 갖고 있는 것이다.

'1＋1＝2'이라는 식의 함수론이 적용되는 영역은, 자본주의적 등가교환과 중력, 계산 가능한 질서, 회계 담론 등이다. 예를 들면, "한 사람과 또 한 사람이 만나면 두 사람이다"라는 명제에서 이 각각의 사람은 완전히 똑같은 가치와 특성을 가지는 하나의 사람으로서만 취급된다. 그가 어른인지 어린아이인지, 책을 좋아하는 사람인지, 음악을 좋아하는 사람인지는 전혀 중요치 않다. 함수론은 마치 세상에는 계산 가능한 균질하고 동질적이고 더 이상 분해될 수 없는 원자적 개인이 있다는 방식의 사유를 전개시킨다. 그렇기 때문에 차이가 나며 유일무이한 생명에 대해서 계산적인 잣대를 들이대면서 뻔하게 보는 시선이 생길 수 있는 것이다. 함수론이 적용되는 영역이 대부분 중력과 같은 거시 세계라는 점에서, 뉴턴의 역학적 사유가 함수론적 질서의 중요한 작동 원리라는 것을 알 수 있다. 따라서 함수론을 떠받치는 것이 바로 존재(being)이다. 동학적이고 역학적인 질서가 적용될 수 있기 위해서는 고정된 존재자로서의 본질로 파악 가능한 원자적 개인이 있어야 하기 때문이다. 그런 점에서 함수론에서는, 흐름(becoming)의 논리가 아니라 논리적이고 계산적인 질서가 단골 메뉴라고 할 수 있다. 자본주의는 똑딱거리는 일상과 동질적인 질서를 유지하기 위해서 함수론을 동원하여, 차이의 향연과 사랑과 욕망의 흐름, 공통성과 공유의 기쁨, 특이성의 발아를 가로막으려 한다.

수는 공간을 배분하거나 공간 자체를 분배하는 대신 무엇인가를 공간에 분배하면 즉각 출현한다. ……수는 이미 계산이나 계량의 수단이 아니라 자리바꿈의 수단이다. 수 자체가 매끈한 공간에서 자리를 바꾸는 것이다.[41]

그렇다면 함수론적인 자본주의에 맞서는 집합론적인 노동자계급에 대한 구상은 어떠할까? 알랭 바디우의 『존재와 사건』(새물결, 2013)에서의 집합론의 논의는 플라톤주의에 대한 아류로서의 집합론 논의를 전개한다. 여기서 '일자=다수'라는 공식이 등장하는데, 이는 이상적인 일자 속에 이에 대한 변형과 변조물, 복제품으로서의 다수가 포괄된다는 사고방식이다. 예를 들어 다양한 모양과 크기, 각도의 편차를 가진 다수의 삼각형은 원형이며 완벽한 삼각형이라는 일자의 현시라고 할 수 있다. 마치 플라톤이 이데아 세계에 완벽한 삼각형의 형상이 존재하고, 현실에서의 삼각형들은 이를 본뜬 시뮬라크르라고 설명했던 것처럼 말이다. 여기서 '유적 본성'이라는 개념이 등장한다. 삼각형이라는 유적 본성, 고양이라는 유적 본성, 노동자라는 유적 본성 등등……. 그런 점에서 유적 본성을 가진 계급적 질서가 집합론에 의해서 설명된다.

집합론의 배열은 확률론에서의 경우의 수와 완전히 다른 맥락을 가진다. 구성 성분이 차례로 조합되는 과정은 함수론과 똑같지만, 예외가 있다면 집합의 성격 자체가 유적 본질을 이루며 매번 공집합이 등장한다는 점일 것이다. 바디우의 집합론에 의하면 다양하고 서로 차이가 나며 모양이 갖기 다른 비정합적 다수라 할지라도 일자의 현시이며, 일자의 셈하기의 결과물에 불과하다. 이를테면 정규적 노동자건, 비정규직 노동자건, 일용직이건, 아르바이트건 간에 노동자는 다 같은 노동자라

41　질 들뢰즈, 펠릭스 가타리, 『천개의 고원』(새물결, 2001), 749쪽.

는 것이다. 그러나 복수성에 대한 사유를 급진적으로 진행하다 보면 바디우의 집합론이 집단과 유적 존재에 머물고 있는 데 반해 공동체나 네트워크의 질서는 이와 완전히 상이한 다질적이고 다극적이며 다양체적인 특질을 갖고 있다는 점을 이내 알 수 있다.

:: 리좀은 '경우의 수'의 판이다

들뢰즈와 가타리는 『천개의 고원』에서 일자를 뺀 다양체(n-1)로서의 리좀(rhizome) 개념을 주장한다. 이러한 리좀적인 사유는 바디우의 '일자=다수'라는 생각과 극단적인 반대 형상을 보여준다. 즉, 비플라톤주의적인 노선에 따라 다수를 사유했다는 점이 그것이다. 리좀이 무엇인가를 생각하려 할 때 네트워크에서의 세 가지 형상이 나타난다. '센터가 있는 네트워크'와 '허브가 있는 네트워크', '센터와 허브 등이 없는 탈중심적인 네트워크'라는 세 가지 형상이 그것이다. 들뢰즈와 가타리는 '그리고… 그리고… 그리고…'로 연결되는 수평적 연결접속의 형상을, 리좀을 설명하는 근거로 얘기한다. 그것은 땅 밑 연결접속의 형태로 쥐, 개밀, 감자 등이 보여주는 옆으로 옆으로 증식하는 형상을 말하는 것이기도 하다. 이러한 리좀은 복수성에 대한 사유를 풍부하게 전개시킨 사유 중 하나라고 할 수 있다. 리좀은 '통합, 적분, 동일성 등에 기반한 일자'를 뺀 다양성을 사유함으로써 바디우와 달리 비플라톤주의적인 세계를 개방한다. 이를 두고 아나키즘적인 발상이라는 지적을 하는 사람들도 있다. 그러나 공동체에 리좀을 적용했을 때 색다른 사유의 지평이 열린다.

리좀의 사유의 원형을 보여준 철학자는 누구일까? 물론 스피노자의 '다양체'의 구상이 가장 먼저였다. 스피노자는 내재성이라는 개념을 통해서 '유한자의 무한결속'의 가능성을 기하학적으로 그려냈다. 즉, 유한에서 무한으로의 이행은 헤겔의 변신론처럼 '관념의 반성적인 자기운동'이 아니라, 유한자들 간의 무한한 연결과 접속을 달리하는 것으로부터 가능해지는 것이다. 이는 공동체의 확률론적인 질서를 잘 보여주는 철학적인 구도이다. 예컨대 공동체에서 어떤 사람이 다른 사람을 만나는 것은 계산 가능하고 예측 가능한 것이 아니라, 그날 기분이나 날씨, 성향과 취미에 따르는 경우의 수에 입각한다. 마찬가지로 어떤 사람이 다른 사람과 사랑을 느끼거나, 돌봄을 행하거나, 선물을 주거나 하는 경우에도 대부분 확률론적인 경우의 수에 따라 작동한다. 공동체의 구성원들이 무한히 조합과 연결을 달리할 때, 공동체는 풍부해지고 다양해지는 것이다. 그런 점에서 이러한 공동체의 확률론적인 질서는 생태민주주의의 판이 어떻게 짜일 수 있는지에 대한 힌트와 영감을 제공해 준다.

리좀 모양의 다양체들은 나무 모양을 한 가짜 다양체들의 정체를 폭로한다. 여기에는 대상 안에서 주축 역할을 하는 통일성도 없고 주체 안에서 나뉘는 통일성도 없다. 대상 안에서 유산되거나 주체 안으로 회귀하는 통일성도 없다. 다양체는 주체도 객체도 없다. 다양체가 가질 수 있는 것은 규정, 크기, 차원뿐이다. 그리고 그것들은 다양체의 본성이 변할 때에만 증가할 수 있다.[42]

---

42 같은 책, 21쪽.

생태민주주의는 직접민주주의 방식을 따르는데, 확률론에 따르는 추첨제 민주주의 방식으로 고대 그리스에서 일찍이 실현된 바 있다. 생태민주주의는 공동체 구성원이라는 '만들어야 할 주체성'과 시민이라는 '주어진 책임주체' 간의 교직과 결합 양상 속에서 풍부해진다. 이 양대 주체성은 근대와 탈근대를 대변하고 있으며, 서로 팽팽한 긴장 관계와 상호 침투 과정으로 내적 역동성을 갖게 만들어준다. 또한 공동체적 주체성은 시민적 주체를 변형하고 발전시키는 원동력이기도 하다. 예를 들어 엘리트, 부르주아, 책임주체였던 시민이라는 주체성은 역사적으로 마르크스의 사회적 시민성의 문제제기, 여성의 권리 주장, 소수자의 권리 주장, 생명권, 미래 세대의 권리에 대한 논의, 전 지구적 주체성의 등장, 국지적인 영역에서의 마을주민운동의 등장 등을 통해서 끊임없이 변형되어 왔다. 즉, 공동체의 조합과 연결의 변수들이 시민적인 상수로 이행해 왔던 역사적 절차와 과정이 있었던 것이다. 물론 시민의 의미화 논리와 공동체의 흐름의 논리는 평행을 이루며 팽팽한 긴장 관계와 역동성을 갖고 있다.

확률론적 질서는 미시 세계에서 통하는 원리이다. 사랑, 욕망, 행복, 감정, 정동은 대부분 확률론적인 경우의 수에 따른다. 아주 작은 세계 그것도 원자 이하의 세계를 설명할 때 양자역학의 구도가 등장한다. 양자역학의 원리를 쉽게 설명하려면, 100+200이 300이 된다고 할 때 다시 300이 100+200이 될 확률이 다양한 경우의 수를 갖고 있는 것을 생각해 볼 필요가 있다. 양자역학이 확률론적 질서를 갖고 있다 하더라도 산술로부터 완전히 분리된 것만은 아니다. '슈뢰딩거의 고양이'와 같은 사례에서 양자의 측정 불가능성과 예측 불가능성이 갖는 딜레마 상황을 비판적으로 말하는 사람도 있을 수 있다. 이는 하이젠베르크의 불확정성의 원리에서 단서나 단상의 형태로 이미 아카데미에서 제출되었던 영역이었다. 사람들은 양자의 확률론은 별로 쓸모가 없고 부정확하다고 생각하기 쉬운데, 최근 양자 컴퓨터의 등장을 보더라도 미시 세계의 확률적 질서는 더욱더 첨단기술사회의 특이점에 적용될 여지가 있음을 알 수 있다. 즉, 사랑과 욕망의 미시정치가 세상을 지배한다 할지라도, 그것은 잔인함, 혼돈, 아노미, 전쟁의 질서가 아니라 여러 가지의 특이성들이 어우러진 조화와 균형의 질서를 그려낼 수 있다는 점이 드러나는 것이다. 그것을 가타리는 카오스모스제(chaosmose=chaos[혼돈]+cosmos[질서]+osmose[상호침투])라고 부른다. 특히 공동체나 네트워크가 확률론적인 질서에 따른다는 점은 욕망, 사랑, 정동에 따라 움직이고 쏠림이 생기고 유행이 생기는 질서가 가능하다는 점을 드러내 보인다. 이러한 복수성에 대한 획기적인 전환은 바로 확률론적 경우의 수가 무한결속될 수 있다는 스피노자의 통찰에 입각한다.

'산술적 합으로서의 수'와 '경우의 수' 간의 차이점은 들뢰즈와 가타리의 『천개의 고원』에서 논의되고 있는 '제국 이론가의 수'와 '유목과학의 수' 간의 차이로도 나타난다. 즉, 이러한 구분은 등질적 수와 다질적 수의 차이점으로 나타난다. 산술적 수인 2는 등질적인 1의 두 개의 결합이지만, 경우의 수에서는 두 사람이 앙상블라주(Assemblage)를 이룬 커플일 수 있다. 또한 산술적 수 3은 등질적인 1의 세 개의 결합이지만, 경우의 수에서는 세 명이 만들어낸 삼삼트리오라는 인디밴드일 수도 있다. 그런 점에서 등질적인 수와 다질적인 수 사이의 간극은 엄청나다. 결국 복수성으로 미끄러져 들어가는 것은 그저 산술적 합을 이룬다는 의미가 아니라, 공동체와 네트워크를 형성하여 그 안에 무한한 경우의 수의 결합을 만들어낸다는 점을 의미한다. 그런 점에서 복수성이 만들어내는 복잡계의 차원계수를 생각해 볼 수 있게 된다.

:: 복수, 다양, 여럿이 만든 배치

가타리가 들뢰즈와 함께 쓴 『천개의 고원』에서는 집단의 두 가지 유형이 등장한다. 욕망의 흐름에 따라 조직되는 '무리'로 표현되는 집단과 계급 이익과 이해에 따라 조직되는 '군중'이 그것이다. 이러한 무리와 같은 집단의 내부 결속에는 영원성의 표상이 제거되어 있으며, 폐지, 유한성, 끝이 아로새겨져 있다. 이러한 무리는 분자적인 욕망에 따라 모였다가 다시 흩어지는 과정을 되풀이하며 이행하고 횡단하고 변이한다. 반면 군중과 같은 조직 방식은 하나의 모델과 의미에 집중하고 수렴되는 몰적인 것에 상응하고 계급 이익과 이해에 따라 조직되며, 그 조직 방식이 분자적인 것과는 상이한 양상을 보인다. 물론 분자적인 것 속에 몰이 서식하고, 몰적인 것에 분자적인 것이 작동할 수 있는 가능성도 있다. 왜냐하면 계급 이익이나 집단의 이해가 형성된 것조차도 사실 분자적인 욕망의 흐름이 고정되고 고착된 것이라고 할 수 있기 때문이다. 이는 소수자 집단이 가진 욕망의 자율성이 소수자 인권의 권리주의로 전환될 때 자주 등장하는 사례이기도 하다. 소수자운동에 있어 일정 단계에 권리주의적 투쟁이 얼마나 중요한지는 모두 짐작할 것이다. 그러나 마치 권리주의 맥락에서 정치적 올바름이 있다는 식의 반응 이전에 욕망의 자율성이 우선이었다는 점 또한 알 수 있다. 또한 욕망의 '자율성'은 관료기계의 '자동성'과 동전의 양면을 이루며, 상호작용하고 결합되기 때문이다. 이를테면 관계망의 자율성은 제도의 자동성 이전에 작동하였고 그것의 전제조건이었다고 할 수 있다. 그러나 우리는 여기서 권리주의의 땅뙈기보다 욕망의 자율주의라는 마그마에 주목해야 할 것이다.

사람들이 모여 복수성을 이룬다는 것은 그저 여럿 모여 산술적 합을 이루는 것이 아니다. 그것은 배치를 만들고 관계망을 이룸으로써, 개인-환상을 넘어선 집단-환상을 만들어내는 것이기도 하다. 개인-환상은 구조에 대해서 무기력한 개인들이 자신의 욕망을 포기함으로써 이를 대체하려는 목적으로 만들어진 환상의 분비물을 뜻한다. 이와 연장선에서 라이히는 아이들의 성-욕망을 억압하면 아이들이 점차 '꿈꾸는 사람'으로 변한다고 진단하기도 했다. 꿈꾸는 사람은 자신의 욕망을 실현하지 못하고 환상의 분비물에 의존하는 사람의 유형이다. 꿈꾸는 사람은 결여를 통해서 환상의 대체물을 게걸스럽게 요구한다. 이에 반해 집단-환상은 과도적인 환상으로도 불리는데, 집단 자체가 갖고 있는 특이성에 따라 자신을 표현하는 수단을 달리하는 과정에서 발생하는 환상이다. 이를테면 요리 클럽, 축구 클럽, 영화 소모임, 육아 협동조합 등이 갖고 있는 독특한 집단-환상들을 생각해 볼 수 있다. 어찌 보면 모든 환상은 개인적으로 보이지만 사실은 집단과 관계된다고 말할 수도 있다. 그러나 구조-환상 혹은 개인-환상과 결합된 미디어나 정보 기계를 살펴보면, 집단-환상을 무력화하기 위한 자본주의의 분비물로서의 환상 역시 만연해 있음을 알 수 있다. 이를테면 아파트 주민들은 집단이나 공동체를 매개로 하지 않고 "현존 체제가 자신의 안녕과 평화를 유지할 수 있다"는 구조-환상과, 동시에 상품 소비와 미디어가 개인들의 삶에 필수적이라는 개인-환상에 빠져드는 경향이 있다.

〔예속집단의〕집단 환상은 자신의 항적 속에서 어떤 상을 그리든지 간에 본질적으로 상징적이다. 집단 환상의 관성은 해결 불가능한 동일한 문제들로 끊임없이 돌아감으로써만 조절될 수 있다. 제도 요법의 실천은 개인적인 환상화〔환상 작용〕가 집단 환상의 이러한 상징적 수준이 지닌 특정성에 대한 존중을 체계적으로 거부한다는 것을 보여준다.[43]

가타리의 『정신분석과 횡단성』에 따르면 집단-환상은 두 가지 종류를 갖고 있다. 먼저 예속 집단의 경우에는 신, 국가, 아버지 등의 초자아에 복속되어 영원성의 표상과 구조를 설립하고 이에 따라 안전과 평화를 구가하는 방식이 그것이다. 이를 가타리는 '초자아의 수용좌표(donn es d'accueil du surmoi)'라고도 말한다. 이러한 예속 집단의 설립은 예비군 집단, 종교 집단, 관료 집단 등에서 흔히 발견된다. 그러나 집단을 영원성으로 사고하는 보수적인 시선이 설립되면 그 즉시 집단 내부에 불변항의 구조와 집단을 유지하는 이데올로기를 만들려 한다는 점에서, 자율성을 기반으로 출발한 공동체 역시도 노정할 수 있는 문제점이라고 할 수 있다. 두 번째로 주체 집단의 경우에는 집단의 유한성과 끝을 잘 알고 있기 때문에 불안한 만큼 자유로우며, 죽음, 광기, 욕망 등 유한성에 따라 자신의 성좌를 구성하려는 방향성을 갖는다. 예속 집단에게 죽음은 공포와 두려움이기 때문에 영원성의 표상에 집착하는데 비해, 주체 집단에게는 죽음은 유한성으로서 집단이 감내해야 할 내재성의 차원이라고 할 수 있다. 따라서 집단을 영구적으로 유지하고자하는 세력이 강해지면 예속 집단이 되는 경향이 있고, 집단의 한계와

43 펠릭스 가타리, 『정신분석과 횡단성』(울력, 2004), 141쪽.

유한성을 알면서도 그 안에서 자유롭고자 하는 세력이 강해지면 주체 집단이 되는 경향이 있다.

가타리의 『정신분석과 횡단성』에 따르면 복수성을 이룬 집단 속에는 수평적인 것과 수직적인 것이 공존한다. 수직축은 권리=권력, 발견주의, 초월적 응시의 눈 등에 따라 작동하며, 수평축은 사랑과 욕망, 친구와 연인의 옆과 측면, 내재적 배치에 따라 작동한다. 여기서 수직적인 위계와 서열이 관료적 도착성과 관료적인 장치로서 기능하는가 하면, 수평적인 네트워크와 모임, 공동체가 집단의 민주주의의 기초를 이루기도 한다. 그렇기 때문에 수직적인 것과 수평적인 것, 관료 시스템과 공동체가 함께 작동하는 집단에서는 민주적 작동 가능성에 부심할 수밖에 없는데, 이를 보다 역동적인 힘으로 바꾸는 것이 수평과 수직 사이의 무한사선으로서의 횡단성이다. 예를 들어 정신병원의 침대나 병실은 수평적으로 자리 잡고 있다. 반면 의사-간호사-환자 등은 수직적으로 자리 잡고 있다. 그런데 프랑스 최초의 사설 클리닉이자 가타리가 활동했던 라 보르드 병원에서는 의사-간호사-환자의 복장 구분이 없었으며, 의사가 청소를 하고 나서, 간호사가 하고, 그러고 나서 환자가 하는 식으로 위계나 차별을 두지 않고 공동 생활을 했다. 이러한 시설에서의 민주화는 복수성에 기반한 집단의 수직성과 수평성을 역동적인 횡단성으로 변모시키는 것이다. 횡단성은 수직선과 수평선 사이의 무한사선과 같은 영역이며, 수직적이지도 수평적이지 않은 중간좌표를 그려낸다. 결국 그것은 자율성이 서식하는 영역이라고 할 수 있다.

집단의 횡단성은 일종의 배치를 이룬다. 배치는 유한하고 망가질 수도 있고, 찢어질 수도 있으며, 보다 자율적이며 재배치할 수 있는 관계망이다. 배치와 유사어는 자리, 위상, 위치, 배열, 행렬, 동적 편성 등

모두의 혁명법

이 있을 수 있다. 배치를 지층위상학적으로 검토하는 것은, 위계서열을 그려내는 방법론이 아니라 지도 그리기와 같이 상황, 사건, 인물, 시설, 관계 등을 그려내 보는 것을 의미한다. "자리가 사람을 만드는가? 사람이 자리를 만드는가?"라는 질문에 대부분 "자리가 사람을 만든다"라고 대답하는 경우가 많은데, 여기서 자리는 배치가 아니라 주어진 구조일 경우가 많다. 하지만 불변항으로서의 구조와 자율적인 배치 사이에는 심원한 간극이 있다. 구조의 반복강박이 의미하는 기계학적 기계(mechanics)와는 상이한 것이 바로 집단적 성좌의 차이 나는 반복의 작동 방식을 설명하기 위한 기계론적 기계(machine)이기 때문이다. 복수화된 집단의 성좌와 배치에 미끄러지듯 들어갔을 때 비로소 자율성을 가질 수 있다는 점은 분명하다. 왜냐하면 여기서의 복수성은 구조가 아니라 배치이기 때문이다.

:: 집단적 배치의 작동 방식과 구도

집단적 배치 즉, 복수성의 성좌에서 주목될 부분은, 바로 이것이 어떤 효과와 잠재성을 갖고 있느냐이다. 한 사람이 혼자 있을 때와, 친구들과 함께 유쾌한 자리를 만들고 있을 때와, 혹은 가족들 사이에서 따뜻한 사랑의 감정을 나누고 있을 때와, 회사에서 팽팽한 긴장 관계의 한쪽을 담당하고 있을 때 그 사람의 감정이나 능력치가 그때그때 달라진다. 무기력한 개인이라 할지라도 복수성의 성좌의 일부가 되면 용기를 갖고 활력을 갖는 것이 종종 발견된다. 이를 UTB 전략이라고 하는데, 이를테면 시위를 나갈 때 혼자 나가면 두려움이 생기는데, 이에 반해 팀을 이루고 조를 짜서 나가면 한결 강건해지고 용기를 갖게 되는 것이 그 사례이다. 동시에 이러한 기법은 기업의 경영 이론에서도 발견된다. 기업에서 회사 조직과 개인이 직접적으로 매개하는 방식으로 사업을 하는 것이 아니라, 횡단적인 조직화와 복수성에 입각해서 팀을 형성하는 경우에 색다른 잉여가치를 갖게 된다는 것이다. UTB 전략에 대한 한 실험으로 바닷가에서 눈을 가린 채로 서로의 어깨에 팔을 올리고 파도 소리만 듣고 함께 기차놀이를 하듯 앞 사람이 이끄는 대로 걸어가는 놀이가 있다. 이 경우 자신들의 앞에 무엇이 있는지 알 수 없는 공포로 인해 결속이 더 두터워지고 서로에 대한 믿음으로 인해 더 강인하게 연대하는 것이 발견된다. 그리고 시각이 제거된 상태에서 집단은 촉각적인 힘을 이용하여 일관성을 형성한다. 이는 복수성의 성좌를 이룰 때 두려움과 공포가 제거되고 무리의 온갖 촉수를 이용한 탐색과 모험이 시작됨을 의미한다.

복수성의 성좌 혹은 집단적 배치의 또 다른 특징은 각기 다른 분자들 간의 결합이라는 데 있다. 기계 작동이 다른 다양한 삶들의 결합이기 때문에 서로 딴소리를 하기 쉽지만, 그러면서도 나름 일관성을 가지면서 '맥락에서 벗어난 일관성'으로 흘러가는 공동체적 관계망의 특징을 보인다는 점이다. 이를 '일관성의 구도(plan of consistence)'라고도 하는데, 이는 각각의 기계 작동 간의 차이에도 불구하고, 이들이 만나서 횡단하고 이행하며 융합하는 통섭적인 형태를 띤다. 일관성의 구도는 다양체나 기관 없는 신체로서의 분자적 기계들 간의 상호교직이며 융합의 판짜기를 의미한다.

복수성의 성좌를 이해하지 못한 사람들은 문제제기와 대답이 인과적으로 딱 맞아떨어지는 회의와 대화 방식을 만들어야 집단이 같은 방향으로 움직일 것이라는 효율성의 논리를 구사한다. 그러나 공동체적 관계망은 서로 딴소리를 하면서 오랜 시간 동안 이리저리 좌충우돌하면서도 마치 달팽이의 촉수가 더듬거리듯 조금씩 미래를 열어가는 것이 특징이다. 그렇기 때문에 복수성의 역능은 기계적 계통을 달리하는 분자들이 상호작용하면서 색다른 무엇인가를 만들어낸다는 점에서 형성된다.

복수성이 펼쳐지는 때라면 언제든지 일관성의 구도는 작동한다. 기계적 계통은 시공간 속에 있다. 여기서 구도는 계통의 의미, 연속(continu)의 의미에서 파악된다. 어떤 것도 기계적 명제와 강렬도의 그물망을 벗어나지 못한다. …… 사람들은 주체적 지층을 집합적 언표행위 배치의 [대문자]구도에 대립시킨다.[44]

또한 복수성의 성좌 혹은 집단적 배치가 가장 강렬한 장소가, 무리의 중심이 아니라 바로 주변과 가장자리라는 점이 특징적이다. 마치 본 회의를 마치고 뒤풀이 시간의 분위기나 정동이 가장 강렬하듯이, 집단의 배치의 주변에 자리 잡은 사람들이 더 강렬도가 높다는 점은 매우 역설적이다. 즉, 강렬한 무의식은 사물의 본질이나 핵심에 있는 것이 아니라 사물의 곁이나 주변을 서성인다. 이는 집단의 강렬도를 핵심 집단 속에서 찾고 있는 사람들의 의도를 보기 좋게 좌절시킨다. 여기서 핵심 집단은 의식적이고 의지적으로 집단을 이끌려는 중핵에 해당한다. 오히려 핵심 집단은 욕망하는 복수성에 대해서 기계적 제어의 역할과 기능을 하는 부위라고 할 수 있다. 욕망하는 복수성의 가장자리 효과에

---

44 펠릭스 가타리, 『분자혁명』(푸른숲, 1998), 350쪽.

대해서는 비교적 논의가 활발하다. 마치 생태계의 들과 산이 만나는 곳이나 바다와 육지가 만나는 곳이 생물 종 다양성의 보고이듯이, 집단속에 주변으로 위치한 소수자라는 특이점에 대해 주목해 볼 필요가 있다. 하나의 특이점으로 작용함으로써 사랑과 욕망, 정동, 돌봄의 흐름을 강렬하게 만드는 것이 공동체를 풍부하고 다양하게 만드는 소수자의 비밀이다. 그래서 소수자-되기라는 들뢰즈와 가타리의 제안은 그저소수자를 돌봄으로써 공동체가 유지되는 것에 한정되는 것이 아니라, 소수자의 특이점을 사랑과 욕망이 통과함으로써 공동체의 다양성과 풍부함이 더 강렬도를 높이는 것을 의미한다. 그런 점에서 소수자는 계속발명되어야 하는 것이다.

복수성의 성좌에서 핵심 집단은 중심, 적분, 위계 등을 형성할 수 있는 소지가 가장 높은 배치라고 할 수 있다. 핵심 집단의 기계 작동에 의한 결과물은 대부분 자동성에 입각한 의미/일 모델을 설립하고 이에 따라 집단의 성좌를 지속시켜야 한다는 보수적인 데로 흐른다. 이에 반해분자적인 욕망을 가진 집단의 대다수는 재미/놀이 모델, 혹은 활동 모델에 입각해서 움직인다. 그렇기 때문에 핵심 집단은 분자적 욕망에 대해서 기계적 제어를 하거나, 권력을 통해 예속시키려 하는 등의 양면성을 가지고 있다. 그런 점에서 집단의 배치 속에서 핵심 집단이 전문가/대중, 주체/대상의 이분법에 입각해서 움직일 때, 이에 대해서 항상 주의하고 조심하고 신중해야 할 것이다. 결국 결론적으로 미시권력의 설립으로 향하려는 방향성을 갖게 될 것이기 때문이다.

집단적 배치는 복수성의 성좌와 같은 개념이며, 일단 그러한 공동체적 관계망을 설립하는 것이 무의식의 성좌에도 심원한 영향을 준다. 마치 뉴런 그물망이 배치에 따라서 꼭두각시놀이를 하듯이 어떤 배치 속

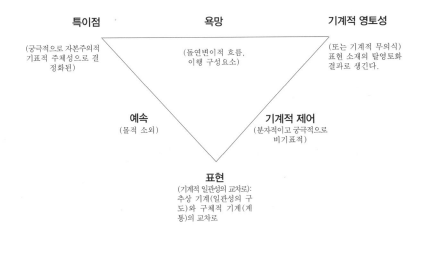

특이점 ·   욕망   기계적 영토성

(궁극적으로 자본주의적
기표적 주체성으로 결
정화된)

(돌연변이적 흐름,
이행 구성요소)

(또는 기계적 무의식)
표현 소재의 탈영토화
결과로 생긴다.

예속   기계적 제어

(목적 소외)

(분자적이고 궁극적으로
비기표적)

표현
(기계적 일관성의 교차로):
추상 기계(일관성의 구
도)와 구체적 기계(계
통)의 교차로

펠릭스 가타리의 3차원의 분열분석

에서 자리 잡고 있느냐에 따라 각각의 마음과 무의식은 모두 달라질 수밖에 없다. 물론 집단 속에도 배치를 재배치하고 판 짜는 사람들이 있다. 그러나 이들은 핵심 집단처럼 예속과 제어를 행사하는 것이 아니라, 모든 사람에게 해당한다. 즉 공동체에서는 모두가 판짜는 사람이기 때문에, 핵심 집단의 설립에 매우 신중할 수밖에 없다. 그래서 오히려 아마추어, 신입, 청소년 등에게 핵심 집단의 역할을 담당하도록 만드는 경향이 있다. 이렇듯 판짜는 사람들은 특이점을 설립하고 욕망과 사랑, 정동의 흐름에 따라 배치를 풍부하게 만드는 방향으로 나아간다. 이를 통해서 핵심 집단, 욕망하는 복수성, 예속 집단 등이 각각의 섹터에서 작동하는 것을 적절히 재배치함으로써 어느 한 경향에 고착되지 않도록 만들고 힘쓰는 이유이기도 하다. 그런 점에서 공동체적 관계망에서 활동하는 사람들은 판짜는 사람들이며, 배치-예술가이며, 커뮤니티 아

티스트, 미시정치가라고도 할 수 있겠다.

:: 집단과 무의식의 성좌

가타리는 프루스트의 『잃어버린 시간을 찾아서』에 대해서 분석하면서, 그 중에서도 「꽃피는 아가씨들의 성운」이라는 부분을 『기계적 무의식』(푸른숲, 2003)에서 중요하게 다루고 있다. 『잃어버린 시간을 찾아서』의 화자의 시선은 5~6명의 아가씨들 중 3명의 아가씨로 이행하고, 곧이어 알베르틴이라는 한 명으로 시선이 고정되어 마침내 결혼에 이른다. 그 과정에서 화자는 자신이 품고 있던 사랑이 아가씨들 집단에 대한 사랑으로서의 지극히 미친 사랑이라는 점을 아직 깨닫지 못한다. 여기서 한 사람에 대한 국지적인 상호작용은 최초의 아가씨들과의 만남에 대한 잉여성이며 관계성좌로 향한 흐름을 빨아들이는 미시 블랙홀과 같이 작동한다. 화자가 나중에 자신의 사랑한 것은 아가씨들의 새처럼 지저귀는 성운이었지 한 사람이 아니었다는 것을 깨닫기 전까지, 그는 자신의 사랑이 선택한 한 인물의 묘한 안면적 잉여성에 시선이 머물러 있다. 가타리가 언급하는 복수성은 관계성좌를 이루면서, 기표라는 고정관념으로 환원될 수 없는 고정관념을 깨뜨리는 도표화된 질서이다. 새들처럼 지저귀는 아가씨들은 일대일 대응으로는 성취될 수 없는 복수성의 비밀을 베일 속에 감추어두고 있다. 가타리의 이러한 지적은 공동체적 사랑, 다자간 사랑, 폴리아모리(polyamory)에 대한 실험과 단상까지도 제공한다.

모두의 혁명법

5, 6명의 소녀들에서 갑자기 3명의 아가씨들로 이행하고, 약간 머뭇거린 후에 화자의 사랑은 알베르틴에게만 고정된다. 그러나 이 사랑이 지닌 초기의 '집합적 측면'은 그렇다고 해서 그 권한을 잃어버리는 것이 아니며, 투여된 대상의 복수적 성격은 말하자면 집단에서 개인에게로 이전된다.[45]

만약 우리들의 마음이 관계성좌에 따라 변화한다고 주장한다면 사람들의 반응은 어떨까? '사랑은 움직이는 것'이라는 말에 고개를 가로젓는 순정파라면 특히 거부감을 느낄 것이다. 마치 알베르틴 한 사람에게 고착된 사랑의 마음이 사실상 관계성좌에 대한 사랑이었다는 것을 깨닫는 순간처럼 말이다. 하지만 이 관계성좌는 연인 간의 사랑에 한정된 개념이 아니다. 관계성좌는 무의식을 결정하고 마음을 좌우하는 배치라고 할 수 있다. 그렇기 때문에 마음과 무의식을 바꾸려는 사람들——예를 들어 심리치료사나 정신분석가——이 있다면, 먼저 관계성좌 다시 말해 배치를 재배치하는 것이 먼저 필요할 것이다. 만약 가족성좌나 집단적 배치를 바꾸지 않고 명상이나 기도, 요가를 통해서 마음의 평화와 안정을 찾았다면, 기존 배치로 돌아가면 곧장 다시 기존의 마음으로 돌아가 버릴 것이다. 그런 점에서 관계성좌와 관련된 마음이나 감정, 정동은 철저히 변용에 입각한 무의식이거나, 체화된 마음일 것이다. 그런 점에서 도시 사회에서 고립된 개인들이 선택할 수 있는 자율성의 영토는 복수성으로 미끄러져 들어가는 것에 달려 있다. 이런 점에서 변용을 거치지 않은 마음, 이를테면 계산적이거나 추론적인 장치에 의해서 발생되는 컴퓨터나 정보기술에 기반한 코드화된 마음과, 사랑과 정동에

---

45 펠릭스 가타리, 『기계적 무의식』(푸른숲, 2003), 371쪽.

의해서 체화되고 변용된 마음을 철저히 구분해야 할 것이다.

정보 이론이나 사이버네틱스의 전제조건은, "책상은 책상일 뿐이다"라는 식의 상징적으로 완전히 동일한 표상을 수신자와 발신자가 주고받는다는 이상화된 질서를 기반으로 한다. 그러나 이러한 정보주의가 괄호 치거나 판단정지하고 있는 영역이 바로 언표행위의 집합적 배치(agencement collectif d'enonciation)이다. 언표행위의 집합적 배치에서는 단지 관객이나 수용자로 간주되어 있는 사람들도 "응, 어, 음" 등의 반응을 통해서도 강렬도를 전달하고 비기표적 기호작용인 냄새, 색채, 음향, 몸짓, 표정 등을 전달함으로써 집단이 만들어낸 반복의 배치를 바꿀 수 있는 재료를 제공해 준다. 집단의 무대에 선 연사는 청중의 웃음소리, 표정, 음율, 언표, 고개 끄덕임 등에 따라 자신의 발언 내용과 방향성을 바꿀 수 있다. 물론 공동체의 배치에서는 그런 무대조차 없기 때문에 서로 간의 이러한 비기표적 기호작용은 더욱 강렬할 수밖에 없다. 결국 우리는 배치의 강렬도 속에서 무언의 춤을 추듯 발언하고 있는 셈이다.

언표행위의 집합적 배치는 비기표적 기호작용이 얼마나 강렬한가에 따라서 언표가 생산되는 판이자 구도이다. 만약 어떤 사람이 자장면을 10번 반복하여 말한다면 집단의 복수성 속에는 짜증과 스트레스의 에너지가 솟구쳐 나와서 표정이나 몸짓, 음향 등의 비기표적인 작용을 바꿀 것이다. 즉, 언표행위의 집합적 배치 속에서는 '기호의 에너지화'가 상시적으로 이루어질 수 있는 기본적인 판을 형성한다. 정보, 코드, 기호는 춤을 추듯 배치에 아로새겨진 온갖 에너지의 특이점들이다. 언표행위의 집합적 배치가 없는 정보주의와 사이버네틱스의 이상화된 정보 모델은 사실상 달성될 수 없는 동화와 같은 모델이라고 할 수 있다. 바렐라가 쓴『몸의 인지과학』(김영사, 2013)에 따르면, 사이버네틱스를 인지론적으로 수용한다 할지라도 '경험하고 체화하는 마음'과 '계산하고 추론하는 마음'의 분열로 나타날 수밖에 없다는 결론에 이르는 이유도 이것 때문이다. 더 문제가 되는 것은 마음과 언어의 기원이 바로 배치라는 지점에 있다.

:: 네트워크와 횡단코드화 현상

언표행위의 집합적 배치는 각기 다른 기계 작동(반복)을 보이는 다양한 분자들이 어우러진 배치이며, 동시에 각자의 기계 작동 간의 차이에도 불구하고 횡단하는 흐름이 발생되는 배치이다. 동시에 몰적인 지층과 분자적인 지층 등을 넘나드는 횡단의 흐름도 배치 속에서 생성된다. 가타리가 잠정적인 개념으로 『분자혁명』에서 제안하고 있는 횡단코드화(transcodage) 현상은 지층을 넘나들며 탈주선에 따라 기계 작동을 배치하는 것이라고 할 수 있다. 즉, 위계와 지층을 넘나들며 탈주하면서 기계와 기계를 연결하는 수평적 네트워크를 구성하는 색다른 배치를 의미한다.

횡단코드화 현상은 각각의 기계 작동이 차이가 있음에도 불구하고, 기계 사이에서 일관성이 등장하여 조립하고 연결하는 색다른 거대한 판이 조성되는 것을 의미한다. 예를 들어 어떤 사람이 노래를 부르는 커뮤니티에서 갑자기 춤을 추는 커뮤니티로 향하더라도, 또한 팟캐스트를 듣다가 텔레비전을 보더라도, 기계와 기계 사이에서 비스듬히 횡단하는 일관된 구도가 형성된다는 것이다. 또 이를테면 강렬한 기계적 일관성의 구도를 생각해 볼 수 있다. 우리가 일관성의 구도를 말할 때, 서로 다른 '반

복되는 삶의 배치(=기계들)'를 갖고 있어서 서로 딴소리를 하면서도
공동체를 형성할 수 있다는 점에 착목한 개념이라고 할 수 있다.

  자율화된 특정한 기호적 기계가 작용하게 될 때만 하나의 지층에서 또
  다른 지층으로의 직접적인 이행이 이루어질 수 있다. 그때 코드의 잉여가
  치가 아니라 횡단코드화(trans-codage)가 작용할 것이다.[46]

그런데 각각의 기계 작동을 연결하는 일관성의 구도라는 가타리의
스케치는 과연 어떤 현실적인 복수성에 대한 논의에 해당하는지가 궁
금해지는 대목이다. 그런데 그것이 바로 수평적인 네트워크 현상에 대
한 설명 방식이라는 점에서 지극히 현실적인 복수성의 논의라는 점은
분명하다. 네트워크는 작은 기계 부품이 모여서 만들어진 거대한 기계
체로서의 형상으로 등장한다. 작은 기계 부품들은 그 안에서 다양한 기
능연관과 조립 연결에 따라 작동한다. 그렇기 때문에 가타리의 횡단코
드화에 입각한 기계적 일관성의 구도는 바로 네트워크 속에서의 기계
작동이 현실에서의 위계와 서열, 지층 등에 사로잡히지 않고 거대한 메
타연합체를 이루는 것을 의미한다. 동시에 이것은 기계 문명이 사물화
와 물신주의를 촉진하는 것이 아니라, 기계와 기계 사이를 매끄럽게 횡
단하면서도 일관성을 갖게 해주는 수평적 네트워크라는 색다른 복수성
으로도 향할 수도 있다는 점을 보여준다.
  지층을 넘나드는 횡단코드화의 모습은 '코드의 잉여가치'라는 거울
의 뒷면으로도 발현된다. 예를 들어 마을에서의 문화예술과 대안경제

---

46 펠릭스 가타리, 『분자혁명』(푸른숲, 1998), 367쪽.

의 융성과 발아가, 지층이 전혀 다른 임대료의 상승으로 나타나는 젠트리피케이션 현상을 들 수 있다. 지층이 다른 생명과 사물, 집단이 서로를 모방하면서 자본화를 시도하는 것이 코드의 잉여가치 현상인데, 제3세계에 대한 분리차별, 공동체의 시너지 효과에 대해서 자본이 탐을 내는 것, 기계적 잉여가치의 탐색이 그것의 내용이다. 이러한 코드의 잉여가치 현상만이 여러 지층을 넘나들 수 있는 것만은 아니다.

그런 점에서 코드의 잉여가치가 부정적 탈영토화의 방향성이라면, 횡단코드화는 긍정적 탈영토화의 방향성이라고도 할 수 있겠다. 사회가 지층을 이루며 겹겹이 쌓이면서 관료화될 때, 그것을 가로질러 넘나들 수 있는 힘은 네트워킹을 통해서 수평적 연결접속을 하는 것에 달려 있다는 점은 이제 거의 상식적인 수준에 이르렀다. 물론 이러한 사람들의 네트워킹이 다시 자본화되면서 첨단정보산업의 재료가 되고 있는 현실에서 이러한 코드의 잉여가치를 감수하더라도, 반복(=기계) 간의 차이와 단절을 넘어 횡단적인 코드를 조성하는 네트워크 운동이 중요하다는 점을 가타리의 횡단코드화 개념은 시사하는 바이다. 횡단코드화의 영역은 사물의 본질을 표상하는 상징적으로 완결된 정보 이론의 질서가 아니라, '차이를 낳는 차이'로서의 정보 생태계의 질서, 사물 곁에서 달라붙어 서식하는 무의식의 질서, 즉 다시 말해 기계적 무의식의 질서라고 할 수 있다. 여기서 기계적 무의식은 기상 징후에도 부부의 침실에도 책꽂이에도 냉장고에도 TV에도 들어붙어 서식하는 무의식이다. 네트워크라는 기계적인 관계성좌가 발생하는 마음은 사물, 생명, 자연, 기계의 모종의 복잡성에서 서식하는 무의식에 기원을 갖는다. 이는 바로 애니미즘(=사물영혼론)으로 발전할 수 있는 잠재성을 갖고 있으며, 이는 말년 가타리가 정립하고자 했던 사상이다.

:: 네트워크에서의 구성적 실천

관계성좌는 무한 속도로 향할 수 있는 비밀을 갖고 있다. 성장주의의 변형들, 즉 성공주의/승리주의는 유한한 인간의 노동이나 일이 무한한 속도로 무한한 산출물을 만들 것이라는 환상을 부여한다. 이것이 불가능한 약속이며 허구라는 점은 분명하다. 지구의 한계가 성장의 한계이기 때문이다. 지구의 한계 앞에 엄청난 속도를 내던 자본주의 문명도 폐색(閉塞)에 사로잡히고 있다. 자본주의와 성장주의의 속도 문명과 달리 독특한 속도가 있다. 바로 연대, 사랑, 변용의 속도가 그것이다. 공동체는 유한자들의 무한결속이 갖는 경우의 수의 무한한 증대만이 유일무이한 '유한에서 무한으로 향할 수 있는 경로'라는 것을 알려준다. 여기에 대해서 결속이 갖는 접촉경계면에 따라 나비처럼 재빠르게 혹은 굼벵이처럼 느리게 속도의 느림과 빠름의 배열의 변화가 이루어지며, 사실상 무한 속도의 가속화는 사랑과 변용을 통해서만 가능하다. 이러한 변용 속도의 느림과 빠름의 변용은 신체와 사회체에 불가역적 변화를 주어서 마치 호흡과 숨결을 갖고 있는 살아 있는 생명체와 같이 부드럽고 유연하고 융통성과 탄력성이 있게 만든다. 이를 통해 기계체와 공동체에서의 가속과 감속의 반복은 리토르넬로(=후렴구)의 화음과 리듬에 사로잡혀 색다른 반복을 띠는 기계체로서의 모습으로 드러난다. 그런 점에서 메타네트워크이자 간(間)공동체로서의 사회라는 기계체가 가진 작동 방식의 비밀을 살짝 들여다 볼 수 있다.

현실적인 복수성으로 미끄러져 들어가는 것은, 동양철학이 말하는 무리 속에 몸을 감추어 탈주, 은둔, 변신, 잠행하는 것으로도 느껴질 수 있다. 그러나 그것은 복수, 여럿, 다양의 갖는 차이로 인해 편위 운동과 소용돌이 운동의 흐름에 몸을 싣는 것일 수도 있다. 이는 정답이 없고 문제제기로서의 소통만이 있는, 어찌 보면 서로 딴소리만 하다 끝나고 마는 판과 구도라고 할 수 있다. 이는 의미화에 따라 정답이 나오는 것이 아니라, 끊임없이 지도를 그리는 과정일 수 있다. 그 지도 그리기를 도표라고 한다. 동시에 도표는 비기표적 기호계를 작동시킬 때 나타나는 기호작동으로, 예를 들면 음악의 기보법, 수학의 미적분, 회화의 원근법 등과 같이 고도로 자유로우면서도 고도로 조직된 것일 수도 있다. 기계들이 발산하는 도표는 기표처럼 모델화될 수 있는 기호작용이 아니라, 각각의 차이 나는 기계의 작동이 그리는 지도 그리기이다. 이제부터는 이유와 본질이 아니라, 작동과 양상이 문제되는 상황이 되는 것이다.

복수성은 화음으로 이루어진 절대적 변주로 나타난다. 그래서 신디사이저 음이 복수성에 어울리는 음색이다. 이러한 신디사이저의 음색, 즉 리토르넬로에서 문제가 되는 것은 각자가 그리는 지도 그리기(=도표)들 간의 결합과 합성이 무수한 실타래가 뭉치고 얽히듯 메타기계체로 드러난다는 것이다. 그 메타기계체는 각기 다른 기계 작동과 지도 그리기를 연결하는 일관성의 구도가 있다. 그런데 기계들 각각이 반복이면서 생산이기 때문에, 단지 하나의 반복을 발견한 것으로만 메타기계체 즉 네트워크가 설명될 수 없다. 오로지 화음과 리듬, 박자를 가진 반복이 갖는 있는 메타기계체의 횡단면에 접속하여 비스듬히 탈주선을 탈 때만 체화되고 알 수 있기 때문이다.

리토르넬로가 단지 가능한 변화의 종결이 아니라 그 시작이라는 것을 사람들은 종종 잊는다. 리토르넬로는 우리가 '미래의 힘과 함께 나아갈 수 있도록' 해준다. 리토르넬로는 스스로를 미래의 힘으로 기워 넣음으로써 그것과 결합한다. 리토르넬로가 이렇게 할 수 있는 것은 정동이 전이 또는 통로로서 리토르넬로의 다른 측면들 안에서 또는 그 사이에서 감각과 사건, '시간의 윤곽선'을 가로질러 연결될 수 있기 때문이다.[47]

네트워크는 각기 다른 반복을 갖고 있는 기계부품들의 결합이기 때문에, 발견의 응시를 빠져나가는 대신 구성과 생산에 따라 무리를 이루어 특이성을 갖추게 된다. 주어진 신체, 사물, 사회체에 대한 발견주의적 시도는 들뢰즈의 '초월론적 경험론'이라는 제안으로 나타났지만, 네트워크의 차원에서는 발견주의를 넘어선 구성주의의 차원을 드러낸다. 들뢰즈와 가타리는 기계가 설립되고 만들어지는 것, 즉, 반복이 설립되는 것은 욕망의 자율성과 구성적 실천에 따르기 때문에『안티 오이디푸스』에서 '욕망하는 기계'라는 개념을 제안하였다.

네트워크에서 유통되는 색다른 기호 작동이 대부분 소수자의 비기표적 기호계이지, 전문가들의 모델로서의 기표가 아니라는 점에 주목해야 할 것이다. 우리는 아이, 소수자, 장애인, 성소수자 등이 발산하는 색채, 음향, 몸짓, 표정, 향기 등을 통해 네트워크라는 메타기계체를 작동시킴으로써 세상을 재창조할 특이점을 설립해야 한다. 메타기계체의 연결망의 속성은 연대와 변용, 사랑을 특성으로 한다. 그렇기 때문에 소수자에 대한 혐오 발화와 차별, 증오 등의 미시 파시즘이 아니라, 특이한 소수자의 기호작용이 네트워크에서 유통되었을 때 비로소 기계적 탈주선이 구축될 수 있다. 즉, 복수성의 화음 즉 소수자의 비기표적 기호계가 만드는 지도 그리기(=도표)와 반복(=기계)의 연결망으로 만듦

---

47 멜리사 그레그, 그레고리 시그워스 편저,『정동이론』(갈무리, 2015), 249쪽.

모두의 혁명법

으로써 메타기계체 속에서 이행하고 횡단하며 변이하는 움직임을 만들어낼 수 있는 것이다.

그런 점에서 특이성 생산을 통해서 색다른 기계 작동을 보이고, 도표화된 기호를 발생시키는 네트워크의 기계는 결국 작은 변화가 돌이킬 수 없는 변화를 만들어내는 분자혁명을 배태하고 있는 셈이다. 그리고 이러한 분자혁명의 방향성은 생명과 자연으로 향하고, 소수자-되기로 향한다. 결론적으로 가타리가 언급한 "현실적인 복수성으로 미끄러지라!"는 의미는 공동체와 네트워크의 심원한 관계성좌의 가능성과 잠재성, 구성적 실천으로 향하라는 말로 요약될 수 있다. 더불어 우리는 네트워크라는 기계체라는 복수성의 거대한 판으로도 변화와 이행의 잠재력을 새롭게 구축할 수 있다.

7장

기계는 왜 욕망을,
욕망은 왜 기계를 끌어당길까?

강령 7

인간과 기계 모두를 쫓아내는 것을 멈춰라, 인간과 기계의 관계는 욕망 그 자체를 구성한다.

일찍이 들뢰즈는 '차이 나는 반복'을 발견했지만, 차이가 어떻게 생산되고 강렬해지는지에 대해서는 규명할 수 없었다. 그래서 단지 '차이의 형이상학'에 머물러야 했다. 그런데 가타리를 통해서 기계 즉 반복의 사상에 대한 전면적인 궤도 수정과 혁신을 할 수 있었는데, 바로 '욕망하는 기계' 개념이었다. 욕망하는 기계는 기계와 인간의 접속에서 욕망이 생산되는 바를 설명한다. 기계는 이제 닫히고 폐쇄된 반복의 영역을 벗어나, 들뢰즈 방식으로 말하자면 살아 꿈틀대는 질료가 되는 것이다. 이것은 이후 가타리의 사물영혼론의 형태로 발전하는데, 이는 사물의 본질이 아닌 사물의 결, 가장자리, 주변에 서식하는 욕망, 사랑, 정동이라는 관점으로 발전한다.

:: 4차 산업혁명 담론과 인간의 마음

2016년 3월 9일 인공지능 알파고(AlphaGo)는 세계 최고의 바둑기사인 이세돌 9단과 피할 수 없는 대결을 벌였다. 역사에 남을 인간과 기계 간의 대결이었다. 결과는 4대 1, 알파고의 승리였다. 인간이 1승을 거둔 것 자체가 기적과도 같은 느낌이 드는 대목이었다. 이후 인공지능 딥러닝(Deep Learning)에 대한 관심은 더욱 뜨거워졌다. 기계에도 마음이 있을 수 있는가라는 질문이 던져졌으며, 인공지능을 인간 이후의 종으로 보는 관점도 주목되었고, 4차 산업혁명 담론이 봇물 터지듯 확산되었다. 그 대결의 선두에 선 유발 하라리는『사피엔스』(김영사, 2015)에서 인간 다음의 종으로서의 포스트휴먼의 출현에 대해서 말하기도 했다. 거대한 파고가 스치고 지나간 후처럼 망연자실한 느낌조차도 드는 순간들이었다.

물론 여러 가지 사회적 관심에도 불구하고 분명한 것은 알파고와 같은 인공지능을 비롯한 첨단기계장치들의 내부 작동 원리에 대해서 극소수의 전문가 이외에는 잘 모른다는 사실이다. 심지어 전문가조차도 인공지능의 결과 값이 도출되는 과정과 원리에 대해서는 알 수 없다고 말한다. 그런데도 인공지능은 잘 작동하고 있다. 첨단기계는 본질이나 이유는 모르지만 작동은 하는 암흑상자(Black-Box) 유형의 장치로 이행하고 있다. 그러다 보니 마치 기계가 생명과 같이 우리가 알 수 없는 마음을 갖고 있다는 환상도 유발되었다. 당시의 질문의 핵심은 이러하다. "기계는 마음을 가질 수 있을까?", "그 마음이 인간의 마음을 대신할 수 있을까?", "그 마음의 작동원리란 과연 무엇일까?"

생물학자 그레고리 베이트슨은 『마음의 생태학』(책세상, 2001)에서 모종의 복잡성이 수반하는 마음에 대해서 말하였다. 이는 사이버네틱스라고 불리던 생태계, 공동체, 네트워크 등에 의해서 작동하는 마음의 층위를 의미한다. 2차 세계대전 직후 이 모종의 복잡성이 수반하는 마음 현상이 동시다발의 형태로 발견되는데, 이는 돌이킬 수 없는 변화의 지점인 '특이점(singularity)'과 같은 것이었다. 베이트슨은 다음과 같이 말한다.

내가 여러분에게 제기한 인공두뇌학적 인식론은 새로운 접근이라고 생각한다. 개인의 마음은 내재적이지만 육체에만 내재하는 것은 아니다. 그것은 육체 밖의 통로들과 메시지에도 내재하며, 개인의 마음이 하부 시스템에 지나지 않는 그보다 더 큰 마음이 있다. 이 더 큰 마음은 신과 비교되며, 어쩌면 일부 사람들이 신으로 의미하는 것일지도 모르지만, 그것은 여전히 전체적으로 상호 연결된 사회시스템과 지구 생태계에 내재해 있다.[48]

48 그레고리 베이트슨, 『마음의 생태학』(책세상, 2001), 694쪽.

모두의 혁명법

여기서 우리의 마음을 지도처럼 그려낸다면 어떨까? ① 몸에 서식하는 마음 즉 피부의 곁에 들러붙어 있는 마음이나 두뇌의 겉 표면(=대뇌피질)에 붙어 있는 기억, 장 내 미생물의 상태에 따라서 변화하는 감정과 지능 등의 영역을 먼저 말할 수 있다. 그리고 ② 사물, 기계, 생명 등에 서식하는 마음 즉, 부부의 침실에도, 텔레비전에도, 축구경기장에도, 컴퓨터와 인공지능에도, 뾰족한 물건에도 서식하는 기계적 무의식을 말할 수 있다. 또한 ③ 모종의 복잡성에 수반되는 마음, 즉 프루스트의 『잃어버린 시간을 찾아서』에서 '꽃피는 아가씨들의 성운' 장에서 언급되었듯이, 새처럼 지저귀는 아가씨 중에 한 명과 결혼했다가 나중에서야 자신이 사랑한 것이 한 명이 아니라 지저귀는 관계성좌, 집단적 배치였음을 깨닫게 되는 대목에서 등장하는 마음이 그러하다. ④ 너와 나 사이에서 생성되는 마음 즉 사이주체성(inter-subjectivity)이라고 불리는 관계망 창발의 영역이나 공통성(common)——공유자산, 집단지성, 공유경제, 공유지 등——의 논의들이 갖고 있는 마음의 영역이 그러하다. ⑤ 확고하게 의식하는 마음이 그것이다. 이것은 들뢰즈가 피부에 들어붙어 있다고 간주한 책임주체의 의식, 기억, 관념 등의 마음이다.

이렇게 마음의 지도 그리기를 하면 인공지능이 갖고 있는 마음이라는 것이 '마음의 생태학'의 일부에 불과함을 알게 된다. 마음(mind)은 주체성(subjectivity)의 일부이다. 우리의 관심 영역은 자연스럽게 인간-기계가 대결하는 주체성이 아닌 인간-기계가 어우러져서 살아가고 느끼고 일하고 욕망하는 주체성에 대한 영역으로 이행하게 된다. 기계가 분비하는 환상에 주목할 것이 아니라, 인간-기계가 생성시키는 다양한 욕망에 주목해야 할 것이기 때문이다. 그런 점에서 인간을 빼고 논의되는 4차 산업혁명 담론은 사실상 첨단기술문명이 만든 환상의 유토피아라고도 할 수 있겠다. 얼마 전 작고한 영국의 과학자 스티븐 호킹 (Stephen William Hawking)은 인간을 뺄셈하는 안드로이드 기술이 아닌 인간과 기계의 결합을 강화하고 인간을 강화하는 사이보그 기술을 더 발전시켜야 한다는 발상을 제출한 적이 있다. 이는 포스트휴먼 시대의 개막에 대한 경고 메시지와 같은 것이었다.

:: 사이보그, 인간-기계의 상호작용

마르크스는 『자본론』에서 인간과 기계의 결합과 구성 즉 사이보그 (cyborg)에 대한 3차원을 보여주었다. 불변자본과 가변자본이라는 '가치 구성'과 고정자본과 유동자본이라는 '유기적 구성', 기계-인간의 '기술적 구성'이 그것이었다. 여기서 그 전제조건은 기계는 가치를 이전시키지만 가치를 생산할 수 없다는 발상에 입각해 있다. 즉, 기계의 가치 이전이나 감가삼각비용을 제외하고는 가치를 생산할 여지는 없다는 것이다. 그러나 이러한 『자본론』에서의 논의는 앞서 서술한 『정치경제학비판요강』에서 다루었던 "기계가 일반지성과 사회적 지성의 투여에 따라 생산되며, 사회적 가치의 생산물이다"라는 논점에서 급격하게 이탈한 내용이다. 『자본론』에서는 인간과 기계의 구성작용이 더욱 강렬해지는 상대적 잉여가치의 심급에서 가치를 생산할 수 있는 노동력을 줄이고 가치를 생산할 수 없는 기계류를 늘림으로써 이윤율의 경향적 하락을 피할 수 없다고 주장한다. 이는 공황이나 붕괴론적 전망을 도출하는 로자 룩셈부르크 등의 후대 마르크스주의자들의 논의를 유발하는 대목이기도 하다. 인간이 해야 할 일을 기계가 대신할 때, 기계는 가치를 생산할 수 없기 때문에 이윤율은 점점 줄어들 것이라는 설명인데, 이는 현대의 시각에서 보면 충분히 역사적인 오해를 불러일으킬 만한 부분이기도 하다. 동시에 이는 인간의 노동만이 가치를 생산한다는 노동가치론의 핵심을 드러내 보이는 대목이기도 하다. 그렇다면 마르크스는 러다이트 운동의 기본적인 전제조건에서 한 치 앞도 나아가지 못한 것은 아닌가? 21세계 탈근대 사회에서 나타나는 오토매틱, 사이버네틱스, 인공지능 등의 현상을 분석할 수 없는 구래의 지반에 머물고 있는가?

어찌 보면 현대 사회는 기계가 인간을 내쫓아버렸던 상황, 인간이 배제되고도 자본주의가 잘 돌아가고 있는 상황으로 현현하고 있다. 더욱이 4차 산업혁명 담론에서 인간에 대한 대대적인 뺄셈이 예고되는 상황을 보더라도 그렇다. 이는 기계가 가치를 생산하지 않을 것이라는 마르크스의 낙관론을 심각하게 거스르는 측면이기도 하다. 인간 존재에 대한 향수와 낭만에도 불구하고, 기계는 우리 일상에 침투하여 인간 없이도 잘 작동하고 있는 중이다. 여기서 마르크스의 사이보그적인 설정, 인간-기계의 구성에 대한 구도조차도 사실상 낡은 것이 되어버렸다. 기계는 인간으로부터 독립하기 시작하였고, 포스트휴먼의 상황은 작금의 현실이 되었다. 인공지능은 인간이 담당했던 일들을 잠식해 들어올 것이다. 텔레마케터, 의사, 변호사, 택시운전사, 영업사원 등의 역할을 인공지능이 대신할 상황이 바로 코앞에 와 있다. 2050년까지 현존하는 직업의 80%가 인공지능과 사이버네틱스, 로봇 등에 의해서 사라질 것이라는 전망이 나온 것은 우연이 아니다. 그러므로 노동의 중심성 테제는 이제 더 이상 유효성을 상실했다. 인공지능이 아직 전면화되고 있는 현재의 시점에 기술의 발전에 따라 일자리가 사라지고 있으며, 노동과 소득의 고리는 끊긴 지 오랜 상황이다. 이제 적색은 노동가치와 노동의 중심성 테마를 포기할 지경에 놓여 있다. 오히려 적록연정의 전망은 욕망가치와 기본소득, 제3섹터를 통해 발아하고 있다.

이제 노동가치론의 근거가 되고 있는 '기계는 가치를 생산하지 않는다' 라는 생각에 대해서 다시 한 번 되짚어보아야 할 상황이 되었다. 이를 위해 마르크스의 또 다른 저작 『정치경제학비판 요강』에서 독해되고 있는 「기계에 대한 단상」에 대해서 주목할 필요가 있다. 이에 따르면 기계는 사회적 노동, 사회적 지성의 산물로서 노동 현장으로 들어온다.

그것들은 인간의 손으로 창출된 인간 두뇌의 기관들이다. 대상화된 지력(知力)이다. 고정자본의 발전은 일반적인 사회적 지식이 어느 정도까지 직접적인 생산력이 되었고, 따라서 사회적 생활 과정 자체의 조건들이 어느 정도까지 일반적 지성의 통제 아래 놓였으며, 이 지성에 따라 개조되는가를 가리킨다.[49]

여기서 기계가 연구실이나 실험실의 폐쇄된 진공 상태에서 아주 창의적인 과학자나 연구자의 창조 행위에 따라 생산된다는 것은 허구적인 신화에 가깝다. 모든 창조물은 사회적 지성의 산물, 일반지성의 산물로서 창조되고 생산되기 때문이다. 이를테면 일반지성, 집단지성의 산물인 리눅스(Linux) 기반 운영 체제들은 다양한 컴퓨터 기반 산업에 활력과 기회가 되고 있다. 안드로이드폰의 대부분은 이러한 리눅스를 기반으로 하고 있다. 일반지성(General Intellect)은 지성이 공유될수록 창조와 생산을 고무시키고 촉진한다는 기본적인 상식을 제시한다. 그런

49 카를 마르크스, 『정치경제학 비판 요강2』(백의, 2000), 382쪽.

점에서 마르크스의 일반지성은 자본에 의한 비물질적인 지식과 정보에 대한 무단 점취 즉 저작권과 특허권, 지적 재산권 등에 대한 위험성도 알려주고 있다. 문제는 초기 단계의 자본주의는 일반지성을 사회라는 영토에서 원시적 축적을 통해 무차별적인 형태로 추출하고 선별하고 식별해서 기계에 적용했다는 점이다. 이를테면 컨베이어벨트라는 설비는 사실은 도축장에서 통용되던 내장을 발라내고, 살점을 도려내는 등의 일련의 도륙 과정에 대한 일반지성이었는데, 그것이 공장에 적용되면서 대량생산의 기반이 된다. 그런 점에서 노동 현장에서의 노동 착취뿐만 아니라, 삶의 현장에서의 일반지성의 약탈이 동시에 이루어졌던 것이다.

후기 자본주의 시기에는 여기서 더 확장된 형태로 변모한다. 일반지성을 코드화하고 이에 따라 코드 자체의 잉여가치를 선취하는 방식의 색다른 전략으로 나선 것이다. 이를테면 공동체에서 통용되던 생태적 지혜의 일종인 요리법은 가공품을 만들기 위한 첨가제의 매뉴얼로 코드화되어 상품화된다. 전국 어디서나 맛이 똑같은 치킨, 피자 등 프랜차이즈 식품들이 그러하며, 편의점의 흔한 레트르 식품들이 그 예이다. 또한 플랫폼 자본주의 하에서는 인기는 권력이며 많은 사람들의 선망과 인기를 누리는 사람들이 머무는 플랫폼이라는 코드화된 질서 자체가 이득과 수익을 누리는 상황이 연출된다. 이에 따라 기계가 정보와 지식의 코드에 의해서 생산되고 등록되고 소비되는 일련의 과정에서 기계적 잉여가치가 발생한다. 그것이 구체적인 기계로 구현되지 않는다 하더라도 추상적인 관계망에 관련된 코드화 역시도 해당된다. 결론적으로 기계가 가치를 생산한다는 점은 바로 일반지성과 기계 간의 관계로부터 비롯된다. 바로 사회적 지성, 일반지성이 코드에 의해서 추출되는 한에 있어서 기계는 가치를 생산하며, 마치 현상적으로는 인간과는 완전히 무관한 것처럼 등장하는 특징을 보인다. 물론 그것이 인간-기계의 사이보그 형태로부터 완벽히 벗어난 것은 아니다. 단지 인간이 공장이라는 현장에서 기계와 함께 노동하는 '공존노동'의 영역을 뺄셈을 하고 기계를 산출해 낼 수 있는 일반지성, 집단지성, 떼지성, 생태적 지혜, 공통성 등에서 코드를 추출하는 '사회적 노동'을 덧셈 하는 방식으로 가치를 생산하는 셈이다.

여기서 주목할 점은 사이보그 전략과 안드로이드 전략 간의 차이점이다. 이는 인간-기계 그 사이를 매개하고 있는 사회적 지성과 이를 생산하는 욕망, 정동, 사랑 등의 관계와 관련되어 있다. 사이보그는 인간과 기계의 관계를 중심으로 두지만, 안드로이드는 인간과 분리된 기계를 중심으로 두는 문제설정이다. 문제는 인간의 잠재성과 가능성을 완전히 배제하고 기계 작동을 만들 원천 소스로서만 인간을 사용하는 안드로이드 전략으로 향할 것인가, 아니면 인간의 유효성과 기능을 보존하거나 강화하는 사이보그 전략으로 향할 것인가의 문제이다. 오늘날, 인공지능과 로보틱스, 사이버네틱스, 휴보노이드 등의 기술은 안드로이드 전략의 포로가 되어 있다. 인간과의 관계를 제거하면서 인간의 영역을 무차별적으로 침투해 들어와 인간이 할 일을 잠식하고 인간이 더 이상 필요없게 되는 세계를 만들어내고 있다. 이는 인간의 욕망을 단지 코드를 추출할 원천 소스로만 여길 뿐이지, 인간의 욕망을 고무하고 활성화하면서 인간-기계 간의 관계를 발전시키는 것이 아니다. 앞으로 사회는 점점 더 자동화되고 인공지능화된 기계체(body of machines)에 의해서 복합적으로 조절되고 조종되고 자기생산되는 상황으로 나아갈 수도 있다. 앞으로 니콜라스 루만이 언급했던 바대로 '자기생산하는 연결망으로서의 사회 시스템'의 등장이 본격화될 가능성이 높다. 루만의 시스템 이론의 특징은 시스템이 인간이라는 주체성 없이도 작동되는 체계라는 점이다. 이러한 사회 시스템의 설립은 마르크스가 『자본론』에서 언급한 인간-기계의 구도를 퇴락한 낭만적인 시대의 지적 산물로 간주하게 될 것이다.

그런가 하면 가타리는 사회 시스템뿐만 아니라 근본적인 생명과 기술기계 등의 반복에 대해서 주목한다. 가타리에 따르면 기계는 반복이다. 인공지능에서 사용하는 방법론 역시도 재귀적 반복에 대한 연산 기능이고 학습 기능이며 인지 기능이다. 반복은 기계의 본질적인 부분을 구성한다. 마치 낮과 밤, 봄-여름-가을-겨울, 밀물과 썰물, 파도의 철썩임 등이 생태계에서 반복되듯이 인간의 삶과 생활세계도 앉고 서고 밀고 당기고 오락가락하는 등 반복으로 가득하다.

반복은 차이의 시작입니다. 여기서 반복은 어떤 것의 종말, 과정의 멈춤을 이루는 것이 아니라, 반대로 탈영토화의 문턱(seuil), 욕망하는 변이(mutation)의 기호를 표시하지요, 동일한 이미지의 반복, 응고된 표상, 긴장병(canatonie)——이 모든 것은 어떤 공격에 대한 반응일 수 있습니다.[50]

문제는 인간이 생산의 영역에서의 반복의 기능을 핵심적으로 담당하고 있었던 노동의 시기가 저물어 가고 있다는 점이다. 대부분의 반복노동은 기계가 대신하고 있다. 인간은 완전히 다른 영역에서 자신의 가치를 찾아야 할 것이다. 오히려 욕망, 정동, 사랑, 열정, 심미적인 활동, 관계망 자체에서의 가치를 인간의 영역이라고 할 수 있다. "어떻게 인

---

50 펠릭스 가타리, 『분자혁명』(푸른숲, 1998), 41쪽.

간의 독자적인 영역이 있을 수 있지?" 이런 질문이 인류 종말론자들에게서 던져진다. 오히려 인간은 차이 나는 반복을 통해서 우발성을 만들고 카오스를 만들어내는 예술과 심미적인 영역의 활동, 사랑, 돌봄, 욕망의 정동노동의 방향으로 향해야 할 것이다. 돌발흔적처럼 사랑과 욕망은 삶의 반복을 만들고 그 반복은 리드미컬한 화음으로 가득 찬 공동체를 구성한다. 그런 점에서 정동의 약속은 인류 미래의 약속이기도 하다.

여전히 노동의 중심성, 노동가치론, 노동자계급론 등 인간의 노동만의 반복에 희망을 걸고 있는 사람들에게 있어 현대는 비관과 우울의 시대를 의미할 것이다. 그들은 오히려 마르크스의 인간-기계와 달리 인간과 기계의 유기적인 구성이 분열되어 있고, 인간과 기계가 경쟁하고 있다는 수많은 증거를 제시한다. 더불어 인간이 갖고 있는 욕망과 정동의 능력을 회의하면서, 결국 인간은 희망이 없다고 조용히 읊조린다. 그런데 욕망, 정동, 사랑, 돌봄은 반복(=기계)을 설립하는 최초의 돌발흔적이다. 동시에 가타리가 언급한 '욕망하는 기계'라는 개념처럼, 정동과 욕망은 기계와 인간을 연결 짓는 중요한 매개체이다. 그런 점에서 인간의 욕망과 정동의 가장 큰 능력과 잠재력은 기계(=반복)를 산출하는 데 있다. 그런 의미에서 인간에게 미래가 분명히 있다. 노동의 반복에 미래가 없을 뿐이다. 인간의 욕망은 사회적 지성을 잉태하는 생각의 경로, 연결망과 관계망, 상호작용, 흐름 등을 만들어내기 때문이다. 기계를 생산하는 욕망을 회의하고 노동으로 퇴행하고 회귀하려는 것은 도착, 굴절, 협착, 응고, 자가당착 등의 현상으로 나타난다. 물론 노동권, 최저임금, 노동조합의 권리 등은 여전히 유효하지만, 그것으로 충분하지 않다는 얘기다. 기계와 인간의 관계가 창조와 생산의 욕망으로 매개될 때 결국 욕망은 반복을 설립하여 혁신적인 기계를 생산하는 것으로 응답할 것이다. 욕망이 기계류의 혁신과 생산에 결정적인 역할을 한다는 애기다. 기계에 전기를 주듯이 욕망에게 소득을 주는 기본소득이 필요한 시점이다.

:: '기계=반복'의 두 가지 노선

'기계는 반복이다'라는 가타리의 언급은 독특한 기계관을 정립한다. 물론 이에 앞서 기계 현상을 발견한 사람은 프로이트와 라캉이었다. 프로이트는 아이들의 포르트-다(fort-da) 놀이를 유심히 관찰하는데, 이는 실꾸리를 '포'라고 외치며 던지고 '다'라고 외치며 감아오는 단순반복형 놀이이다. 아이들이 단순한 반복에 대해서 재미있어 하고 흥미를 갖는 것은 당연한 일인데, 프로이트는 이러한 반복이 부재와 결여에 따른 반복강박으로 보았다. 이 반복 현상이 어머니로부터 분리됨으로써 나타난 불안감에서 반복되는 면이 있을 수 있으며, 이는 동일성의 반복, 반복강박으로 나타난다는 것이다. 근대 시기 데카르트 등이 주장했던 기계학(mechanics)에서의 '닫히고 폐쇄되고 코드화된 기계체'들의 질서는 이러한 반복강박에서 도출된 결론이다. 다시 말해서 전태일 열사가 "우리는 기계가 아니다 인간답게 살고 싶다"라고 외칠 때의 기계는 반복강박의 기계이다. 또한 러다이트 운동이 제거하고 파괴하고자 했던 자동기계들 역시도 반복강박의 기계이다. 동시에 마르크스 역시도 기계가 가치를 생산하지 못할 것이라고 여겼던 이유 역시 반복강박의 기계 이외에는 전혀 색다른 기계를 바라볼 수 없었기 때문이다.

하지만 놀이를 하는 아이들의 반복이 아무런 감흥도 던져주지 못하는 단순한 기계적인 반복 때문일까? 들뢰즈는 『차이와 반복』(민음사, 2004)이라는 책을 통해 생태, 생명, 생활의 차이 나는 반복 현상에 대해서 규명하려고 했다.

> 우리는 도처에서 박자-반복과 리듬-반복을 구별해야 한다. 전자는 단지 후자의 겉모습이거나 추상적인 효과에 불과하다. 물질적이고 헐벗은 반복(같음의 반복)이 나타난다면, 이는 항상 또 다른 반복이 그 안에서 자신을 위장하고 있다는 것을 의미한다.[51]

이는 창조와 생성의 반복이 가능하다는 낙관적인 색채를 갖고 있다. 예를 들어 아침-점심-저녁으로 우리가 식사를 하는 것도 반복강박에 따른 것이기보다는 차이 나는 반복에 따라 늘 새로움이 반복되는 과정일 수 있다. 물론 가사노동의 고단함을 느끼는 주부의 시각에서는 경우에 따라 반복강박으로 느껴질 수도 있지만 말이다. 늘 동일한 일상이 비루하게 다가오고 그 속에서 반복이 이루어진다는 생각과는 달리, 차이 나는 반복은 새로움의 연속이고 생성과 창조가 이루어지는 반복으로서의 삶의 잠재력을 응시하는 것이기도 하다. 공동체에서도 재미와 놀이로 시작했던 일이 반복되면 일과 과업이 되는 경우가 있다. 이 경우 공동체의 일을 노동이나 고역으로 여기는 것이 아니라, 차이 나는 반복이라는 재미와 놀이의 연장선으로 여길 수도 있다. 여기서 차이 나는 반복은 리듬과 화음으로 가득한 반복이다. 그래서 들뢰즈와 가타리가 언급했던 리토르넬로처럼 실존적인 영역에서 나타나는 정동, 사랑, 욕망의 반복이 나

---

51   질 들뢰즈, 『차이와 반복』(민음사, 2004), 69쪽.

타내는 화음을 생각해 볼 수 있다. 반복강박이 비루하고 지루한 일상을 구성한다면, 차이 나는 반복은 다이내믹하면서도 우주, 광물, 식물, 미생물 등과의 화음으로 가득 찬 색다른 일상을 구성할 수 있다.

여기서 기계에 대한 생각은 인간을 몰아내고 내쫓는 경쟁적인 형태가 아니라, 인간과 기계의 접촉경계면마다 화음과 리듬으로 흥이 절로 나는 색다른 반복의 기계로 여겨질 수 있다. 그렇기 때문에 스마트폰 중독이나 게임 중독과 같이 '기계적 약물 중독' 현상이 일반화되고 있는 현대 사회에서, 기계와의 접속을 통해 욕망, 사랑, 꿈, 희망, 의미, 추억 등의 반복을 추구하는 것이 이상한 일이 아니다. 혹자는 인간 없이도 기계는 작동될 수 있는 인공지능과 오토매틱의 시대가 왔다고 말한다. 그러나 기계는 생명이 아니고, 더더군다나 정동(affect)을 구성하는 인간일 수도 없다. 그래서 인간의 영역은 기계를 생산하는 지성을 산출한다는 점에 더 방점이 찍힐 것이며, 생산과 노동의 영역으로서 기계와 마주치는 것은 극소화될 것이다. 가타리는 '기계적 약물 중독'에 대한 개념에서 기계와의 접속이 인간의 잠재적인 능력을 확장하는 방향으로 나아갈 것이라고 전망한다. 특히 스마트폰 한 대에 비디오, 오디오, 라디오, 카메라, 컴퓨터, MP3 등이 하나의 기기로 응축되고 집약된 상황은 기계적 약물 중독을 매우 가속화하는 시대를 의미한다. 이에 따라 인간의 잠재성의 확장은 기계와 접속을 어떻게 효과적으로 할 것인가의 여부에 달려 있다고 해도 과언이 아니다. 그리고 그러한 인간-기계와의 접속의 영역이 바로 욕망을 구성할 것이다. 기계를 매개하지 않는 순수한 인간과 인간과의 관계를 꿈꾸던 시대는 이미 멀찌감치 지나간 상황이다. 이제 기계를 어떻게 배치하여 욕망을 생산할 것인가의 여부가 중요해졌다. 그런 점에서 기계에 대한 두 가지 노선 즉, 반복강박의 기계와 차이 나는 반복의 기계를 어떻게 배치할 것인가의 문제가 굉장히 중요해졌다는 얘기가 된다.

동력 기계를 기술적 기계의 2세대로 간주할 수 있을 텐데, 사이버네틱스와 컴퓨터는 기술적 기계의 3세대로서 전면적 노예화 체제를 부활시키고 있는 것으로 볼 수 있다. 인간-기계 체계가 과거의 비가역적이고 비순환적인 과거의 예속 관계를 대체하면서 이 두 요소 간의 관계를 가역적이고 순환적인 것으로 만들고 있다. 여기서 인간과 기계의 관계는 사용이나 활동이 아니라 상호간의 소통에 기반하고 있다.[52]

가타리는 기계학적 기계(mechanics)와 기계론적 기계(machine)을 구분한다. 기계학적 기계는 '닫히고 폐쇄되고 코드화된 기계' 즉 반복강박의 기계이며, 기계론적 기계는 '열리고 자기생산하는 기계' 즉 차이나는 반복의 기계이다. 기계학적 기계가 의미와 일의 자동주의 모델이라면, 기계론적 기계는 놀이와 재미의 자율주의 모델이다. 욕망이 서식할 수 있는 기계적 배치는 당연히 기계론적 기계이다. 물론 사람들은 어떻게 기계론적 기계가 가능하겠느냐며 의구심을 가질 수 있다. 기계론적 기계의 실존 양상은 바로 공동체, 생태계, 네트워크와 같은 것들이다. 그런데 기계학적 기계는 악(惡)이고, 기계론적 기계는 선(善)이라는 이분법을 굳이 작동시킬 필요는 없다. 왜냐하면 공동체에서 재미로 시작한 활동이라도 의미를 갖게 되면 일이 되기 때문이다. 이에 대해서 잠깐 정리해 보자면 다음과 같은 도표가 가능하다.

52 질 들뢰즈, 펠릭스 가타리, 『천개의 고원』(새물결, 2001), 878쪽.

모두의 혁명법

기계의 구분	기계론적 기계(machine)	기계학적 기계(mechanics)
철학자	들뢰즈와 가타리	프로이트와 라캉
방식	여러 의미를 횡단하고 이행하고 변이함	의미화, 모델화, 표상화
형태	재미/놀이	의미/일
기여하는 바	공동체, 네트워크	자본주의 등가교환
결과	자율적 행동	자동적 행동
논리	A는 B이면서, C이면서, D이면서 등등	A=A 이것은 내것이다(소유권) 책상은 책상이다(등가교환)
기호작용	기호-흐름	고정관념
방법론	구성주의 (각각이 따로 세계를 구성)	표상주의 (객관적 진리론)
반복(=기계) 의 유형	차이 나는 반복	반복강박
반복의 유래	있다(창조와 생성)	없다(부재와 결여)
반복의 예시	생태계, 생활, 생명	감옥, 군대, 병원 등에서의 비루한 일상

●

기계론적 기계와 기계학적 기계

이러한 도표를 보면서 책상을 탁 치며 기계론적 기계가 더 좋다고 생각하면 끝일까? 사실상 '자율성의 기계'와 '자동성의 기계'는 어떻게 배치되는가에 따라 욕망, 정동, 사랑 등을 형성하는 방식이 달라질 수 있다. 예를 들어 기도문이나 염불 등은 늘 입버릇처럼 외우는 자동적인 문구이지만, 실존을 강건하게 만드는 데 유리한 정동양상을 만들 것이다. 또한 공동체나 집단이 불안하면서도 자유로운 실존을 구성하지만, 더불어 안정감을 갖기 위해서 자동성의 기계를 설립하는 것도 우연은 아니다. 즉, 자율성 속에 자동성이 서식하고, 자동성 안에 자율성이 서식하는 상보적인 관계를 바라보아야 할 것이다.

가타리는 하나의 모델에 집중하는 몰적인(molar) 질서와 여러 모델을 횡단하는 분자적인(molecular) 질서를 구분하면서, 자동성과 자율성의 관계에 대해서 주목했다. 몰적인 질서가 갖고 있는 의미화, 표상화, 모델화의 질서는 기존 근대적인 사회 구축물의 면모를 보여주는 측면이 있다. 이미 구성되고 구축된 질서를 그대로 따르면 안정적이고 효율적인 움직임이 가능하다. 따라서 몰적인 질서 안에서는 하나의 모델에 수렴되고 집중되도록 일사불란하게 똑같이 움직이는 행동 유형이 나타난다. 이에 비해 횡단하고 이행하고 변이하는 분자적인 질서는 자율적인 활동의 비밀을 살짝 보여준다. 분자적인 질서는 따로 규칙을 정하지 않고 제각기 분산되어 움직인다. 부딪히거나 막히면 우회로를 설정하거나 도주하는 등의 다른 방향을 개척하여 자율적인 길을 찾는다.

몰과 분자의 관계는 바로 기계학적 기계와 기계론적 기계의 관계에 상응한다. 그렇기 때문에 인간과 기계의 배치와 접촉경계면을 달리하면서, 욕망과 정동을 형성하는 방향성과 일관성을 구축할 필요가 있다. 어떤 사람에게는 자유로우면서도 불안한 실존 양상인 분자적인 것이 공포나 두려움으로 다가올 수도 있다. 또 어떤 사람에게는 의미화되고 고정관념에 사로잡힌 몰적인 것이 비루하고 지루하게 다가올 수도 있다. 또 자동주의는 대체로 경계해야겠지만 때로는 자동성의 특성을 욕망도 갖고 있는 점은 분명하다. 이런 점에서 몰적인 것과 분자적인 것 사이에서 인간-기계 간의 관계와 배치를 설립하는 것이 욕망의 미시정치라는 색다른 기계주의 전략인 셈이다.

모두의 혁명법

:: 욕망하는 기계와 기계적 잉여가치

일찍이 들뢰즈는 기계론적 기계인 차이 나는 반복을 발견했지만, 차이가 어떻게 생산되고 강렬해지는지에 대해서는 규명할 수 없었다. 그래서 단지 '차이의 형이상학'에 머물러 있어야 했다. 그런데 야성적인 실천가인 펠릭스 가타리를 통해서 기계 즉 반복의 사상에 대한 전면적인 궤도 수정과 혁신을 할 수 있었는데, 그것이 바로 '욕망하는 기계' 개념이었다. 욕망하는 기계는 욕망하는 순간 기계 즉 반복이 설립된다는 점에서 바라볼 수 있다. 예를 들어, 오늘 더치커피를 마셨는데 그 맛이 마음에 들고 또 마시고 싶은 욕망이 들어서, 다음번에도 반복적으로 마실 수 있게 된다는 설명 방식이 가능하다. 이처럼 욕망하는 기계는 기계와 인간의 접속에서 욕망이 생산되는 바를 설명한다. 기계는 이제 딱딱하고 텅 빈 사물의 영역이나 닫히고 폐쇄된 반복의 영역을 벗어나 욕망이 서식하고 증식하는 곳 즉, 들뢰즈 방식으로 말하자면 살아 꿈틀대는 질료가 되는 것이다. 이것은 이후 가타리의 사물영혼론의 형태로 발전하는데, 이는 사물의 본질이 아닌 사물의 곁, 가장자리, 주변에 서식하는 욕망, 사랑, 정동이라는 관점으로 발전한다. 이에 따라 욕망은 반복 즉 기계를 통해서만 자신을 드러내고, 기계적 무의식에 따라 모든 장소, 인물, 상황, 사물, 생명, 기계 등에 서식하는 것이 되었다. 이를테면 부부의 침실에도, 텔레비전에도, 축구경기장에도 서식하는 무의식을 상상해 볼 수 있다. 여기서 공동체가 활력과 생명에너지로서의 욕망이 매우 필요한 상황을 즉, 소진되고 고갈된 상황을 어떻게든 벗어나려고 필사적으로 노력하는 순간에 반드시 기계와 인간의 배치에 대해서 주의해야 한다는 점이 드러난다. 들뢰즈와 가타리가 함께 쓴 『안티 오이디푸스』에서 보면 다음과 같은 구절이 있다.

   그것은 도처에서 기능한다. 때론 멈춤 없이, 때론 단속적으로 그것은 숨
쉬고 열 내고 먹는다. 그것은 똥 싸고 씹한다. 이드라고 불러 버린 것은 얼
마나 큰 오류더냐?……젖가슴은 젖을 생산하는 기계이고, 입은 이 기계에
짝지어진 기계이다. 거식증의 입은 먹는 기계, 항문 기계, 말하는 기계, 호
흡 기계 사이에서 주저한다.[53]

   욕망하는 기계는 접속에 따라 잠재성을 드러내는 기계이면서, 동시
에 접촉경계면에서 변신을 거듭하는 기계 작동을 통해서만 모습을 드
러내는 기계이다. 욕망하는 기계는 인간을 넘어서, 미생물, 동물, 식물,
광석, 로봇까지도 포괄하는 주체성의 양상을 의미하기도 한다. 욕망하
는 기계에 대한 설명은 어떻게 욕망하는 기계들이 연결되고 접속되면
서 기계체로서의 집단과 사회, 공동체를 구성하는가를 다루고 있다. 가
타리는 인간중심주의를 넘어서 생명과 사물, 로봇까지 확장된 기계주
의 양상을 욕망하는 기계 개념에 담고 있다. 이에 따라 거시적인 사회
구조보다는 미시적인 욕망하는 기계의 연결과 접속이 만들어낸 배치에
더 관심을 기울일 여지가 생긴다고 할 수 있다.
   이렇게 가타리가 만들어낸 욕망하는 기계라는 개념은 라캉과 같은 구
조주의적 정신분석에 심원한 충격을 가하는 것이라고 할 수 있다. 라캉은
반복강박으로서의 기계를 발견하면서도 기계 작동에 의해서 구성된 연
결접속이 그 자체로 자율성을 갖는 것이 아니라, 구조적인 수준으로 회귀

53 질 들뢰즈, 펠릭스 가타리, 『안티 오이디푸스』(민음사, 2014), 23쪽.

하고 결정되어야 한다는 지극히 보수적인 결론을 내렸다. 즉, 욕망이 색다른 관계망을 창안하더라도 결국 사회의 기성 구조로 환원될 수밖에 없다는 것이 라캉의 설명 방식이었다. 즉, 구조라는 영원성의 좌표가 불변항으로 존재한다는 것이다. 그러나 가타리의 욕망하는 기계 개념은 완전히 색다른 관계망과 반복이 자율적으로 설립될 수 있다는 점을 가리키고 있다. 그렇기 때문에 변하지 않는 거시적인 구조에 협착된 반복이 중요한 것이 아니라, 유한하며 국지적인 영역에서 다양하게 연결되고 접속되는 미시적인 반복 양상이 더 중요한 것이 되었다. 그렇기 때문에 반복 즉, 기계는 구조에 선행하며, 자율적인 반복의 영토는 언제든 가능하다. 이러한 자율적인 반복이 구조에서 벗어난 매우 특이한 주체성을 만들어낸다. 이것이 욕망 생산이고 특이성 생산이다. 이러한 욕망 생산 다시 말해 특이성 생산은 구조혁명을 넘어선 색다른 분자혁명의 가능성을 의미하는 것이라고 할 수 있다. 어떻게 특이성이 생산되는가, 어떤 색다른 욕망이 생산되느냐의 문제가 바로 욕망하는 기계의 연결접속이 만들어내는 색다른 주체성이며, 기계 간의 연결 방식에 심원한 변화를 유발하기 때문이다.

그런데 이런 질문도 던질 수 있다. 기계에 욕망이 서식한다면, 사물에서도 욕망이 서식할 수 있을까? 스피노자의 『에티카』(서광사, 1998)의 1장 「신에 대하여」에서는 사물에 대한 인식 부분이 나온다.

[1부 정리 29] 사물의 본성에는 어떤 것도 우연적으로 주어진 것이 없으며, 모든 것은 일정한 방식으로 존재하고 작용하게끔 신적 본성의 필연성에 의해 결정되어 있다.[54]

54 B. 스피노자, 『에티카』(서광사, 1990), 46-47쪽.

여기서 스피노자는 사물 역시도 자기보존의 욕구라는 본성을 가지고 있다고 보면서, 사물 역시도 욕망이라는 영역으로부터 분리될 수 없음을 응시한다. 스피노자의 기하학적 구도에서 나타나는 사물은, 사물영혼론으로 전개될 가능성을 가질 정도로 신적 속성인 변용과 자기보존의 욕구(conatus)인 욕망의 작동에 따르는 범신론적인 질서이다. 이에 따라 변용과 자기보존의 욕구의 본성을 가진 실체로서의 '신, 즉 자연'은 사물과 같은 양태로도 표현된다. 그러므로 기계에 서식하는 욕망만이 아니라, 사물에 서식하는 욕망도 존재함을 알 수 있다. 사물에 내재한 욕망의 풍부함과 잠재력을 응시하는 것은 가능할까? 가타리의 말년의 행적에서 나타나는 사물영혼론으로의 전회는 사실상 정동을 기계현상에서 사물까지로 확장한 것이라고 볼 수 있다. 예를 들어 인공지능의 경우에도 전기적 에너지와 사이버네틱스의 복잡한 피드백 구조를 빼면 사실상 사물의 자기보존과 변용의 원리를 확장한 것이라고 할 수 있다. 단지 다르다면 생각과 변용의 속도가 사물의 경우 감속과 가속의 형태로 나타나 이를 전자적으로 컨트롤할 수 없다는 점이 차이점일 것이다.

오늘날 스피노자주의자의 대표적인 인물은 아마 펠릭스 가타리일 것이다. 혹자는 스피노자를 합리론자로 보면서 이성에 따라 욕망이 제어되는 모델로 제시한다. 물론 스피노자의 내재적 이성관은 이성과 욕망이 평행을 이루는 구도를 보여준다. 그러나 스피노자를 철학사의 한 귀퉁이에서 합리론으로 배치하는 것의 문제점은, 스피노자의 자기보존의 욕구라는 코나투스(conatus)나 신적 속성인 변용(affection)에 대한 언급은 대부분 합리주의의 범주를 벗어나 있다는 점에 있다. 물론 스피노자의 자기원인이 인과론으로 오해될 여지가 없는 것은 아니다. 그러나 스

모두의 혁명법

피노자의 욕망은 합리주의적인 도식작용에 따라 이성이 구성된다는 면이 아니라, 망상적인 욕망의 도식작용(=지도 그리기)까지도 인정하는 영역에 들어와 있다. 즉, 자기원인의 범위가 사랑, 욕망, 변용, 심지어 분열, 광기 등의 영역까지 확장되어 있다.

이러한 스피노자의 사상을 바탕으로 가타리가 펼쳐내는 욕망 이론은 매우 특이하다. 특히 가타리에 있어서 기계와 인간의 연결접속에서 만들어지는 욕망의 작동 방식은 합리적인 범주에서 판단할 수 없는 다채로운 욕망의 양태를 드러낸다. 혹자는 『안티 오이디푸스』의 욕망하는 기계에 대한 설명 방식을 보고, 지극히 비이성적이고 비합리적인 이야기라고 말하기도 한다. 그러나 기계-인간 사이에 발생하는 욕망이 자율적인 형태를 발견하기 위해서는 이성으로는 접근될 수 없는 자기원인까지 포괄해야 할 것이다. 그런 면에서 보면 욕망은 광기, 분열생성과 동의어라고도 할 수 있다. 그러한 욕망을 그대로 놓아두면 자율적으로 자주관리될 수 있다는 것이 빌헬름 라이히(Wilhelm Reich)의 성-정치의 논점이다. 이를 가타리는 적극적으로 계승하고 있다. 그런 점에서 욕망의 미시정치라는 개념에 따라 기계와 인간 간의 접촉경계면에서의 욕망 생산에 대해서 바라볼 때, 검열관의 시선으로부터 벗어날 수 있는 것이다.

욕망이 생산적이고 창조적이라는 생각은 가타리의 사상 면면에 흐르고 있는 기본 토대이다. 욕망하는 기계는 서로 연결되고 접속하면서 생각의 경로, 정동의 흐름의 경로, 상호작용의 경로 등을 발생시킨다. 이에 따라 욕망하는 기계 사이에서 창조되고 생산되는 것은 공유자산과 생태적 지혜, 집단지성, 일반지성, 다중지성, 떼지성 등과 같은 것이다. 이에 따라 욕망의 창조성과 생산성은 공동체를 풍부하게 만드는 소재이자 재료가 될 수 있다. 그런 점에서 공동체에 생명에너지와 활력으로서 욕망이 작동하는 것이다.

그런가 하면 기계와 인간 사이에서 상호작용의 과정에서 만들어진 욕망이 만들어내는 생태적 지혜와 집단지성의 영역은 기계류를 창조할 수 있는 사회적 지성, 일반지성의 토양이라고 할 수 있다. 이제 플랫폼 자본주의, 정동 자본주의의 개막 이래로 욕망가치에 대한 논의는 전면화되었고, 노동가치는 오히려 부수적인 자리를 차지하고 있다. 욕망은 잉여, 군더더기, 찌꺼기와 같은 시간 속에서 생산된다. 지극히 룸펜 프롤레타리아트적인 개념이라고 해도 이상할 것이 없다. 노동이 정지된 시간, 실업, 그림자 노동, 주변부 노동, 구직 포기 등의 상황에서 욕망은 더 강렬한 것이 되고 자신의 삶이 가지고 있는 내재성의 구도 중 하나가 된다. 그동안 잉여와 군더더기, 찌꺼기, 잔여 이미지라고 여겨졌던 욕망의 영역이 가장 창조적이고 생산적인 것으로 바뀌는 것이 바로 기계적 잉여가치이다. 욕망의 반복 설립이 기계의 반복 설립이기 때문이다. 이를 위해 예술과 창조, 심미적인 것의 생산, 차이와 다양성으로 이루어진 우아함의 창조, 세계의 재창조 등을 기계적 잉여가치로 결실을 맺도록 하는 미시정치가 반드시 요구된다. 그런 점에서 욕망은 인간과 기계 사이에서 나타나면서 동시에 기계류를 생산할 수 있는 강렬하고 밀도 있고 생산적인 활동으로 간주되어야 한다. 이러한 시각 전환이 필요한 이유는 욕망이야말로 기계적 잉여가치를 형성할 수 있는 비밀열쇠이기 때문이다. 즉, 들뢰즈와 가타리가 함께 『안티 오이디푸스』에서 그려냈던 욕망의 정치경제학은 사실상 기계적 잉여가치의 형성 과정을 묘사한 것이라고 할 수 있다.

전 사회적으로 기계적 잉여가치가 전반화된 현 시점이 바로 기본소득에 대한 혁신적인 논의가 필요한 시점이다. 기본소득의 필요성에 대한 공감대는 고용 없는 성장이 계속되고 있는 현재의 상태를 반영한다. 또한 노동의 영역이 축소되거나 사라지고 있는 현 시점에서의 소득 보전에 대한 논의도 반영하고 있다. 또한 자본의 입장에서는 소비자를 만들기 위함이고, 공공 영역의 입장에서는 보편적인 복지를 위함이다. 그러나 더 적극적인 의미는 바로 기계와 인간 사이에서 만들어지는 욕망을 어떻게 생산적이고 창조적인 것으로 만들 것인가의 미래적 관점도 내포하고 있다. 그런 점에서 기계적 잉여가치가 전면에 나선 상황이라면 그것을 노동의 관점에서 일자리를 지키고, 유연화를 막고, 임금을 지키려는 것도 필요할 수도 있다. 그러나 주어진 노동을 지키는 것 이상의 노력이 필요하다. 즉, 이미 없어지는 일자리와 노동의 영토에 생명 유지 장치를 장착하는 것이 아니라, 삶과 욕망의 창조적이고 생산적인 측면을 고무하는 기본소득의 논의로 나아갈 필요가 있는 것이다. 이는 복지라는 수혜적인 재분배 패러다임을 넘어서, 소비자를 만드는 양적 척도의 시장의 논리를 넘어서, 창조적이고 생산적인 욕망하는 기계가 만든 기계적 잉여가치에 기반한 패러다임으로 이행하는 것을 의미한다.

:: 네트워크, 욕망하는 기계들의 구도

욕망하는 기계는 인간의 욕망뿐만 아니라, 기계와 인간 사이의 욕망을 규명하기 위한 개념이다. 기계가 욕망을 갖는다는 말에 의아해하는 이들도 많을 것이다. 여기서의 기계는 기술기계만이 아니라 동물이나 자연처럼 반복을 이룬 모든 것에 해당한다. 이에 따르면 넓은 의미에서 인간도 기계에 속한다. 이처럼 인간과 더불어 비인간 즉 사물, 동물, 자연은 욕망하는 기계이면서 기계적인 욕망으로 가득 차 있다. 여기서 혹자는 자연과 인간 사이의 영성적인 관계망에 대한 논의가 빠져 있다고 말할 수도 있다. 그런데 어떤 시점부터 반복의 형상을 갖는 자연 역시도 사회 시스템으로부터 보호되고 보존되어야 한다는 의미에서 기계로부터 분리될 수 없는 국면에 들어와 있다. 즉, 자연주의자들은 자연을 있는 그대로의 사물의 질서라고 여기겠지만, 자연과 인간 사이에도 반복의 양상인 기계 현상이 들어와 있고 기계를 통해 매개될 수 있다. 이를테면 자연생태계의 봄-여름-가을-겨울, 밀물-썰물과 같은 반복의 양상조차도 기계라는 개념을 현현한 것이라고 할 수 있다.

이는 들뢰즈도 『시네마 1,2』(시각과 언어, 2005)에서 유사한 내용을 거론한 바 있다. 신체-욕망의 단계에서 기호-욕망의 단계로 이행한 2차 세계대전을 전후하여 물질의 감각적인 인식과 모방적 이미지로부터 분리된 완벽히 색다른 시청각적인 이미지를 창조하기 시작하면서 물질과 운동, 지각과 더불어 주관과 객관 모두가 이미지로 번역되기 시작했다는 것이다. 여기서 이미지는 특이점이다. 하지만 가타리는 이미지가 아니라 욕망하는 기계로 세상을 설명하려고 한다. 즉, 인간과 자연으로부터 분리된 실체성을 갖기 시작한 기계류의 등장과 더불어 모든 것이 욕망하는 기계라는 특이점으로 번역되고 설명 가능하게 되었다는 것이다. 이런 점에서 욕망하는 기계라는 특이점은 들뢰즈의 이미지라는 특이점을 통해 세계를 설명하는 방식과는 또 다른 설명력을 갖는다. 그러나 색다른 질서가 등장하여 특이성, 단독성, 유일무이성, 일의성을 갖는 순간 그 나머지 것들이 모두 그것의 준거좌표에 의해서 번역되고 해석될 수 있다. 이것이 바로 특이성 생산의 비밀이라고 할 수 있다. 그런 점에서 특이성 생산은 가히 혁명적인 순간이라고 할 수 있으며, 작은 변화가 돌이킬 수 없는 변화 즉, 불가역적인 변화를 가하는 이유에 대해서 규명한다.

들뢰즈와 가타리가 함께 작업했던 『안티 오이디푸스』에서는 욕망하는 기계가 어떻게 연결접속되어 욕망의 정치경제학을 만들어내는지에 대한 전거가 서술되어 있다. 여기서 욕망하는 기계들이 연결접속되어 만들어진 기계체를 생태계, 네트워크, 공동체 등으로 바라볼 수도 있다.

> 욕망 기계들은 이항 규칙 또는 연합 체제에 따르는 이항 기계이다. 하나의 기계는 언제나 다른 기계와 짝지어 있다. 생산적 종합, 생산의 생산은 〈그리고〉, 〈그 다음에〉……라는 연결형식을 갖고 있다. 흐름을 생산하는 어떤 기계와 이 기계에 연결되는, 절단을, 흐름의 채취를 수행하는 또 다른 기계가 늘 있으니 말이다. (젖가슴-입)…… 하지만 하나의 횡단선 속에서, 어떤 다른 기계와 늘 하나의 연결이 성립된다. 이 횡단선 속에서 저 처음 기계는 다른 기계의 흐름을 절단하거나, 다른 기계에 의해 자신의 흐름이 절단되는 것을 〈본다.〉[55]

먼저 욕망하는 기계는 '그리고… 그리고… 그리고…'의 방법으로 연결되는 접속(connection)에 따라 욕망을 생산한다. 접속의 황홀함은 자신의 잠재성을 드러내면서 접촉경계면을 통해 특이성을 표현한다는 점 때문이다. 이런 점에서 스피노자적인 표현주의가 사실상 접속이라는 욕망 생산 단계에서 드러날 것이 분명하다. 그 다음으로 '~또는 ~'

55　질 들뢰즈, 펠릭스 가타리, 『안티 오이디푸스』(민음사, 2014), 28-29쪽.

의 배타적 이접(disjunction)에 따라 욕망은 식별되고 선별될 것이다. 물론 '~도 ~도'의 관용적인 이접도 가능하다. 예를 들어 '흑인이냐 백인이냐'라는 식별과 선별이 그것이 예다. 물론 '흑인도, 백인도'의 관용도 가능하지만 말이다. 일단 이접의 단계를 거치면 코드가 기입되고 등록된다. 이접에서 식별과 선별의 기준이 되는 것은 현존 문명의 준거점일 수밖에 없다. 이에 따라 코드의 등록과 기입은 정상성, 평범성, 일상성으로 가장한 차별적이고 배타적인 분리와 배제의 논리가 작동한다. 마지막으로 '그러므로 나는 ~이다'라는 연접(conjunction)에 따라 욕망은 소비된다. 연접의 논리는 욕망이 정체가 분명해지고 의식적 자아와 같이 응고된 형태로 드러나는 것을 의미한다. 그런 의미에서 소비가 응고되고 정체가 분명한 결과물과 관련된다는 점에서 '똥'과 유사하다는 점은 결코 우연이 아니다.

가타리의 리비도 경제학 즉 욕망의 정치경제학의 강조점은 바로 특이성 생산이다. 보통의 경우에 자본주의에 대한 욕망경제적인 분석으로 생각하는 경우가 대부분이지만, 사실은 그 내재적인 영역에 특이성 생산을 통한 완전히 다른 욕망 생산과 순환, 유통, 소비에 대한 구상이 숨어 있다. 예를 들어 '식별과 선별의 코드화'는 '차별과 배제의 초코드화(super-codage)'의 포로가 될 수도 있지만, '탈주와 이행의 탈코드화'의 실천으로 향할 수도 있다. 이를테면 생활협동조합에서 우리 아이들에게 먹일 친환경 농산물을 선별했던 주부들이 환경운동으로 이행하는 과정이 그것이다. 그런 점에서 준거좌표의 논의는 이행적이고 횡단적이며 변이적인 탈코드화와 탈영토화의 운동에 따라 특이하고 유일무이한 것의 등장으로 나타날 수도 있다. 즉, 특이점이 세상을 자신의 원리로 번역하고 이해하듯이, 자기 자신의 실존적 준거좌표에 따라 시공간을 새롭게 개방하고 세상을 재창조할 수 있는 것이다. 자신의 유일무이한 실존에 대한 긍정은 죽음과 끝, 유한성에 대한 염려일 수도 있겠지만, 유한하다는 것이 오히려 색다른 삶과 생활세계를 개방할 판이 될 수도 있다. 그런 점에서 가타리의 리비도 경제학의 구상은 접속을 통한 잠재적인 것에서 실재적인 것으로의 이행에 머물면서 분리차별로서의 이접과 정체성으로서의 연접에 대해 자괴감을 갖는 논리가 아니다. 오히려 공동체나 집단이 코드와 코드 사이를 넘나드는 횡단코드화를 통해서 색다른 실존좌표를 개방하여 기계적 핵(=핵심 집단)을 형성하고 이에 따라 특이점을 통과하여 무한변이되는 광속보다 빠른 타키온 입자를 설립하려는 것을 의미한다. 이에 따라 리비도 경제학 논의에서의 접속-생산, 이접-등록, 연접-소비의 순환고리는 완전히 다른 차원의 논의로 이행하여 열린 우주와 같이 세상에 개방되는 것이다. 물론 이러한 색다른 리비도 경제학은 횡단코드화를 설립하는 특이성 생산으로 압축될 수도 있다.

생명계(monde vivant)의 조직화는 우선 이러한 종류의 가속자 설치의 개시를 나타낸다. 일정 수준에서 다세포 유기체[조직체]는 한편으로 내부 코드화(intracodage) 체계에 의해 그리도 다른 한편으로 횡단코드화에 의해 살아가는, 단세포 유기체의 식민자이거나 무리이다. 그러나 이 횡단코드화는 그러한 내생적 코드화를 유지함으로써 한정되지만, 다양한 우주적인 강렬한 지층화에 개방적이며 이것을 표현하고 수정한다.[56]

56 펠릭스 가타리, 『분자혁명』(푸른숲, 1998), 371쪽.

사회를 구조적 심급에서 보는 사람들은 대부분 특이성 생산이 가하는 불가역적 변화에 대해서 응시하지 못하고, 단지 사회구조에 대한 화려한 분석과 이에 대한 왜소한 대응과 무능한 전망, 무기력한 개인 등을 수반한다. 그러나 가타리의 기계체에 대한 구상에서 보자면 구조에 앞서 다양한 욕망하는 기계들의 연결접속이 먼저이고, 그들의 반복의 강건함과 코드와 코드 사이를 매끄럽게 연결하는 횡단코드화를 설립할 수 있는 특이점의 가능성은 연결접속의 부위를 전염과 파급효과의 국면으로 만들어낸다. 이에 따라 네트워크나 생태계, 공동체가 서로 연결되어 있다는 전체론(holism)의 차원은 바로 특이점에 따라 전체의 연결 방식이 바뀔 수 있다는 가능성 즉, 작은 변화가 돌이킬 수 없는 변화로 이행할 수 있는 가능성으로 나타난다. 가타리식으로 말하자면, 분자혁명이 눈덩이 효과로 연쇄반응하는 것을 의미한다. 즉, 기계 부품 단위라고 여겨지던 반복의 차원이 서로 연결될 때를 주목해야 한다. 반복과 반복 간의 연결접속, 즉 기계 작동들 간의 연결은 그 접촉경계면에서 특이성 생산을 슬며시 보여준다. 그 이유는 반복과 반복, 기계와 기계 사이에 도표적 가상성이 형성되기 때문이다. 예를 들어 집에서 아버지로 있다가, 거리에서 시위대가 되고, 술집에서 주당이 되는 등의 반복과 반복의 연결 사이에서 작동하는 도표적 가상성에 대해서 주목할 필요가 있다. 또한 소수자, 아이, 생명 등이 나타났을 때 도표적 가상성은 사랑, 정동, 돌봄 등으로 나타나면서 미세해지고 풍부해지고 다양해진다. 이에 따라 갑자기 특이성 생산이 불쑥 도표적 가상성의 미세한 주름 사이에서 출현한다. 이 가상적인 능력이 바로 특이성 생산의 비밀열쇠를 갖고 있다. 기계 부품 간의 기능연관과 접촉과 틈새, 여백, 사이 등에서 갑자기 특이성이 생산되는 이유는 바로 횡단코드화에 따라

모두의 혁명법

실존적인 준거좌표에 심원한 변화가 초래되고, 이를 가상성에 따라 형상화하면서 동시에 집단과 공동체의 배치에 따라 언표행위화하기 때문이다.

그런 점에서 수많은 기계들이 모여서 만들어진 기계체 즉, 생태계, 공동체, 네트워크 등은 분자혁명의 색다른 순간, 돌이킬 수 없는 순간을 준비하는 것이다. 달리 생각해 보면 생태계에서의 생명의 창발과 창조적 진화는 바로 분자혁명의 순간과 동일선상에 있다. 그런 점에서 도토리 한 알이 싹을 틔워 마침내 온 산을 뒤덮을 울창한 떡갈나무 숲이 되는 떡갈나무 혁명은 네트워크 혁명이기도 하다. 공동체와 집단에서의 주체성 생산은 어떤 의미에서 배치와 관계망의 창발적인 순간과 조응한다는 점도 이 때문이다. 그러나 분자적 수준의 심원한 변화는 연결망, 관계망, 배치 등을 전제로 한다. 물론 독립되고 원자화된 개인의 수준에서의 환상적인 차원의 횡단이 존재할 수 있는 여지는 분명히 있다. 그러나 분자혁명은 반복의 설립을 통해서 강건해지고, 완전히 다른 설명 방식을 가진 횡단코드화를 촉매하고, 도표적인 가상성을 통한 연결접속의 변형을 가하는 등의 실천적인 행위의 결과물이라고 할 수 있다.

그런 점에서 기계는 이제 분리되고 자동화된 기계 부품이나 모든 것들을 빨아들여 기기화하는 스마트화된 장치로만 머무는 것이 아니라, 기계 간의 연결을 통해서 완전히 다른 기계 작동으로 나아갈 수 있는 분자혁명의 서식지가 된다. 네트워크나 공동체에서는 생각지도 못하고 지각할 수 없고 돌이킬 수 없는 분자혁명으로 가득하다. 사람들은 횡단코드화에 쉽게 익숙해지며, 통속적이고 비루한 자동운동을 넘어서 색다른 차원을 개방하는 데 관심을 가지고 있다. 오늘날 개방된 기계체의 세계, 네트워크, 공동체의 세계는 다양한 차원계수가 결합되고 공존하는 복잡계에 진입해 있으며, 마치 숨 쉬고, 먹고, 싸는 것처럼 일상적으로 역동적인 분자혁명이 도처에서 격발되는 질서인 셈이다.

'의미=권력'의 무시간적인 논리보다
역사의 시간이 중요한 이유는?

강령 8

색다른 논리, 즉 현실적 욕망의 논리를 촉진시키
고, 구조에 대한 역사의 우선성을 정립하라. 상징
주의와 해석에서 벗어난 색다른 분석을 촉진시키
고, 지배 질서의 의미작용의 전투주의를 해방할 수
단을 제공하는 색다른 전투주의를 촉진시켜라.

가타리는 『분자혁명』 말미에서 '의미=권력'이라는
명제를 등장시켰다. 이제까지 변혁운동 세력은 지배
질서가 의미화하는 논리에 대해 이를 전복시키거나
변화하도록 하는 방식을 택했다. 그러나 가타리는 색
다른 전투주의를 개방하였다. 소수자운동, 대안운동,
생태운동, 욕망해방운동 등은 의미 즉 권력의 그물망
에 걸려들지 않는 영역에 있다. 공동체의 관계성좌와
의미좌표를 바꾸는 것은, 의미 내부에서의 헤게모니
를 둘러싼 전투주의가 아니라, 민중과 소수자들이 욕
망과 사랑, 정동의 흐름을 순환시키려는 색다른 전투
주의에 따라서이다. 이는 지배 질서에 편입되어 헤게
모니 투쟁을 수행하는 의미 모델의 전투주의에서 벗
어나는 것을 의미한다.

:: 욕망의 미시정치가인 아이들

스웨덴의 언어학자 헬레나 노르베리호지(Helena Norberg-Hodge)가 1992년도에 쓴 『오래된 미래』(중앙북스, 2007)에서는 인도의 작은 마을 라다크가 개발과 관광의 회오리 속에서 어떻게 변화하는지에 대해서 담담히 그린다. 특히 1980년대까지만 해도 공동체가 살아 있고, 전통적인 자급자족의 평화로운 삶을 추구하던 라다크가 어떻게 개방의 큰 물결에 변화하는가 하는 모습들이 자세히 묘사되어 있다. 이전에는 아끼고 적게 쓰지만 늘 축제를 벌이는 데 인색하지 않고 종교, 계급, 연령을 넘어서서 공동체를 이루며 살았던 삶이 그려진다. 그러나 서구 문명의 영향으로 텔레비전이 일상화되고 도로가 놓여 관광객들이 들어오자, 라다크의 청년들은 청바지를 입고, 선글라스를 끼고, 줄담배를 피고, 오토바이를 몰면서, 자신의 전통적인 삶이 아닌 텔레비전에 나오는 도시에서의 삶을 선망하기 시작했다. 동네를 뛰어놀며 공동체에 활력을 주었던 아이들은 일 년치 소득에 해당하는 돈을 하루에 쓰는 관광객 앞에서 "한 푼만 주세요, 우리는 너무 가난해요"를 연신 외칠 수밖에 없는 상황에 처하게 된다. 자신의 둘레 환경과의 일체감 속에서 행복을 느꼈던 소농의 삶은 온데간데없이 사라지고, 생태적 지혜에 기반하여 건강한 삶을 누리던 전통 방식의 삶은 완벽히 파괴된다. 이 일련의 과정을 담담히 술회하고 있는 이 책을 읽고 있다 보면 참담함과 우울감이 느껴지기도 하다.

다시 라다크의 전통적인 삶으로 돌아가 우리가 주목할 대목은, 전통적인 공동체에서 갈등이 생겼을 때 아이들이 이를 자발적인 중재자로 나선다는 점이다. 거래나 사소한 분쟁이나 분배의 문제에서 아이들은 수완과 재능을 발휘하여 공동체를 일으킨다. 소규모 공동체의 갈등 해결 능력의 가장 큰 부분은 사실상 아이들의 미시정치에 달려 있는 셈이다.

그는 쌀을 한 자루를 가지고 와서 그것으로 그 유명한 잔스카르산 버터를 구하려고 했다. 그가 한 나이 든 아주머니에게 다가가자 많은 사람들이 몰려들었다. 그때 열두 살 남짓 되어 보이는 어린 소년이 두 사람 사이에 중재를 맡고 나섰다. 소년은 바로 그 '도로의 제왕'이라 불리는 트럭 기사에게 어느 정도 가격을 기대하는지 어느 정도가 적당한지를 이야기해주었다.……그 거구의 사나이가 자기 체구의 절반 정도밖에 되지 않는 소년의 말을 순순히 따랐다는 사실이 조금 어색한 느낌이긴 했지만 그래도 그것은 아주 적절한 선택이었다.[57]

57　헬레나 노르베리호지,『오래된 미래』(중앙북스, 2007), 114쪽.

여기서 공동체의 아이들이 자발적 중재자로 나선 상황들은 우리의 상상력을 자극한다. 마을 행정이나 마을살이에서 아이들의 능력은 그저 돌봄의 대상이 되는 것이 아니라, 욕망에 따라 움직이는 자율적인 미시정치가로 재탄생할 수 있음을 짐작하게 된다. 사실 일반적인 견해에서 공동체의 갈등 해결 능력은 사법적 질서, 변호사, 경찰, 법관 등과 같은 준엄하고 딱딱한 어른들의 의미작용에 따라 대리된다는 생각이 지배적이다. 결국 공동체가 스스로 갈등을 해결하는 것이 아니라, 외부의 전문가들을 통해서 갈등을 해결할 수밖에 없는 상황이 되고 공동체 자체의 갈등 해결 능력은 고갈된다. 이는 노르웨이의 범죄 사회학자 닐스 크리스티(Nils Christie)가 범죄의 문제를 피해자, 가해자, 지역사회 등이 머리를 맞대고 공동으로 해결하는 방안을 찾아나가야 하며, 공동체의 갈등 해결 능력을 높이는 방향으로 향해야 한다고 일갈했던 지점과 일치한다.

공동체의 주체성(subjectivity)에 대한 논의는 삼차원으로 나타난다. 먼저 1자인데, 1자는 1인칭 속에 3인칭이 있음을 즉, '마음을 응시하는 마음'을 가진 자로 묘사된다. 즉, 나쁜 일을 하고 있는 '나'와 그것을 지켜보고 있는 '나'가 함께 있음을 느끼면서 움직이는 단독자이다. 여기서 3인칭을 초월적인 신이 아닌가라고 생각할 수도 있지만, 사실은 내재적인 삶의 배치, 다시 말해 공동체적인 관계망 자체라고 할 수 있다. 다음으로 2자이다. 근대는 주체-객체, 주관-대상, 무대-관객이라는 능동과 수동 모델의 2자 관계를 구축해 왔다. 그러나 그러한 이분법은 무척 낡은 지배적 잉여성에 불과하다. 그 대신 탈근대가 개방한 색다른 노선을 생각해 본다면, 너와 나 사이에서 '사랑할수록 닮아지는 것'으로서의 공통성(common)과 '사랑할수록 달라지는 것'으로서의 사이주체성(inter-subjectivity)를 떠올릴 수 있다. 공통성과 사이주체성은 공히 '사랑할수록 같아진다'는 동일성과 통일성의 전체주의 사상과는 궤도를 달리한다.

　마지막으로 3자인데, 바로 너와 나 사이에 자발적인 중재자로 등장하는 아이가 그것이다. 전통 사회는 기본적으로 2자보다는 아이라는 미시정치가가 개입된 3자의 판을 짜는 경우가 많다. 아이들도 하나의 욕망의 주체성이라는 점은, 욕망이 어떤 행정 관료나 전문가보다 공동체의 일을 잘 해낼 수 있는 능력을 가지고 있음을 의미한다. 그런 점에서 적어도 아이 혹은 아이되기를 하는 어른들의 욕망이 공동체의 배치와 판에서 색다른 미시정치를 해낼 수 있는 셈이다. 그래서 "2자부터 공동체가 출발하는가? 3자부터 공동체가 출발하는가?"라는 아포리즘이 던져질 때, 우리는 아이라는 욕망의 주체성이 개입되는 놀랄 만한 순간을 떠올려 볼 수 있게 된다.

:: 현실에서의 욕망이라는 촉매제

　합리주의가 무대의 연단과 집단의 관계망을 장악하면, 대립과 갈등 이외에 그 자리를 역동적으로 만들 수 있는 '이행의 구성요소'가 없게 된다. 여기서 이행의 구성요소는 입구와 출구를 달리하면서, 다른 부분으로 탈주로를 그려낼 수 있는 이행 지점을 의미한다. 아카데미는 자신이 의미화하고 모델화된 구성물을 정교한 논리와 추론으로 발표하고, 이에 대한 반박으로 그것보다 훨씬 정교한 논증을 갖다 붙이며 대립하는 것이 토론의 활성화에서 매우 중요한 절차라고 사유한다. 그러나 여기서 문제의 해결책이라고 제시된 것이 더 문제가 될 수 있다. 모델을 아이디어가 아니라 이념의 구조물이나 논리의 구조물로 더 정교하게 만들어 동의하는지, 않는지에 대한 토론으로 향하기 때문이다. 특히 세미나, 토론회, 학회, 심포지엄, 포럼 등에서는 이러한 방식의 대화와 토론이 일상화되어 있다. 그런데 과연 논리를 기반으로 하는 합리적 사유란 늘 올바른 것일 수 있을까? 설령 그 자체로 100% 올바르다고 해서, 모든 상황이나 배치 속에 서로 올바르게 작용할 수 있을까? 생각해 볼 사례로 독일의 역사 속에서 좌파 사회민주주의가 가장 고도로 정착되었던 나치즘 등장 이전의 바이마르 공화국을 예로 들어볼 수 있다. 바이마르 공화국은 고도의 합리주의를 기반으로 한 정치 체제였다. 합리주의의 극단을 추구하다 보니, 욕망이나 성, 섹스, 육체적 사랑, 에로스 등의 이야기를 한 마디도 할 수 없는 경직되고 합리화된 사회 시스템이 이때 등장했다. 여기서 민주주의는 고도로 조직되어 기능화된 관료주의와 동의어가 되었다. 그리고 이처럼 욕망이 왜곡되고 경색된 독일 사회에서 히틀러의 파시즘이 똬리를 틀었다.

회의와 세미나, 토론회 등의 자리를 풍부하게 만드는 것은 대립과 갈등의 변증법이 아니라, 바로 욕망이라는 촉매제다. 예를 들어 욕망의 담지자인 아이들이 회의 자리에 배석하는 것은 그 자리를 풍부하고 다양하게 만들 뿐만 아니라, 회의의 방향성을 이미 선취하게 만드는 요소도 있다. 욕망이라는 생명에너지와 활력은 관계망과 배치를 발효시키고 성숙시킬 수 있는 효모이자 감초이자 촉매제이다. 일단 욕망이 등장하면, 하나의 모델이나 의미에 집중했던 분위기가 환기되고 욕망이 흘러가는 대로 또 다른 문제의식으로 이행할 수 있게 된다. 굳이 대립과 갈등을 다시 통합으로 이끄는 변증법을 동원해서 변화의 흐름을 조정할 필요가 전혀 없으며, 논증과 추론이 닿지 않는 삶의 내재성이나 신체의 생명에너지, 욕망, 사랑, 정동의 흐름 등과 같이 '삶을 살아간다는 것 자체의 진실성과 위대성'에 접속하게 된다.

그럼에도 불구하고 아카데미는 모든 논리와 이론을 고정관념화할 수 있는 능력을 갖고 있다. 그래서 삶과 욕망 그리고 사랑이 갖고 있는 문제제기에 대해서 일정한 대답이 할당될 수밖에 없다는 착각과 오만을 갖게 만든다. 그러나 고정관념을 넘어선 '이행의 구성요소'를 찾고자 하면서 암중모색하는 소수자나 아이 등 욕망의 미시정치가들이 그 자리에 있다면, 자신의 욕망은 살짝 혹은 강렬히 자신의 모습을 드러내면서 전혀 다른 배치로 이행하고 인도하려 할 것이다.

욕망은 뒷문(back-door)을 선호한다. 앞문에서 떵떵거리며 자신의 얼굴을 드러내는 사람들이 아니라, 주변과 가장자리에 있는 사람들이 은밀히 오갈 수 있는 뒷문과 뒷담화 속에서 등장하는 것이 욕망이다. 아이들이 귀에 속닥거리는 모습이 공동체에서는 아름다운 장면이 되는 이유가 그것이다. 그래서 무대 정면에서 욕망은 고갈되어 쩔쩔매면서 침묵의 단계에 이르지만, 뒤풀이 자리에서는 술술 자신의 이야기들을 풀어내고 욕망이 고개를 든다. 그런 점에서 욕망의 입구와 출구는 다르며, 문제제기와 대답은 분열되어 있다. 이 분열 속에서 에너지와 생명력이 발생한다. 욕망의 흐름에 따라 배치를 재배치해야 하는 이유가 여기에 있다. 푸코의 말처럼 "욕망은 만지면 만질수록 부풀어 오르는 것"일지도 모른다. 욕망이 촉매제인 이유는 상대방 속에 감추어진 삶의 진정한 이야기를 발견할 수 있도록 통로를 열기 때문이다. 또한 자신의 세계를 나름대로 구성할 수 있도록 만드는 에너지를 욕망에서 찾게 된다. 더불어 사람과 사람, 사람과 동물, 사람과 사물 사이에서 창발되고 생성되는 색다른 상호작용을 보여주기 때문이다. 이렇듯 욕망은 발견, 구성, 창발의 세 가지 역할을 하면서, 관계망과 배치에서의 촉매제이자 에너지로서 작동하고 있다.

모두의 혁명법

말실수, 서투른 행위, 그리고 증상은 창문에 날아와서 자신들의 부리로 톡톡 치는 새들과 같다. 새들을 해석하는 문제가 중요하지 않다. 이행구성 요소들이 상황 속에 철저한 변화를 일으키기에 충분한 일관성을 획득할 수 있는 새로운 준거 세계의 지시자들로서 기여할 수 있는지를 알기 위해 그 들의 궤적을 위치짓는 것이 오히려 중요하다.[58]

합리적인 사람들은 자신이 속한 크고 작은 공동체에서 어떤 틀이나 구조, 시스템 등을 주조하면서 에너지와 활력이 그 안에서 공회전하도 록 유도한다. 그러나 그렇게 되면 공동체 내부의 욕망은 탈진하고 중화 되고 사라진다. 공동체가 욕망을 활력이자 생명에너지로 작동시키고자 한다면, 욕망의 배치에 대한 미시정치가 필요하다. 즉, 합리주의자들 이 원하는 의사결정권이나 주도권이 아니라, 뒷담화와 뒷문, 뒤풀이에 서 등장하는 욕망이 자리와 배치를 풍부하게 만들 수 있도록 색다른 재 배치와 역할 교대, 동역학(kinetic), 자주 관리와 자기 결정, 가장자리 효 과의 극대화 등의 미시정치를 조성할 필요가 있다. 물론 사람들은 으레 세미나에서 경색된 이야기만 하다가 뒤풀이 자리에 가면 헤겔의 미네 르바의 부엉이의 반대의 비유처럼 "이성이 술에 취하여 잠들면, 욕망이 등장한다"라고 할 수 있는 계기가 생길 것이다.

그런데 뒤풀이에서 등장하는 욕망의 촉매제 역시도 이성과 합리성 의 보조 장치로서만 만족하는 결과를 낳기도 한다. 이 경우 어떻게 하 면 욕망으로 하여금 스스로 말하게 만들 것인가? 우리가 잘 살펴보아 야 할 점은 신에게서 특권이 부여되어 영원히 확장되고 증대되며 성장

---

58 펠릭스 가타리, 『미시정치』(도서출판b, 2010), 376쪽.

할 수 있다는 프로테스탄티즘이 조성했던 욕망과, 유한하며 끝이 있고 폐절되며 순환하고 재생하는 욕망을 구분할 필요가 있다는 점이다. 전자의 욕망은 영원성과 무한성으로 향하려고 하며, 바로 합리주의가 자신의 쌍둥이 형제로 만들려고 했던 무한한 자본주의적인 욕망의 기본적인 구도이다. 반면 공동체의 생명에너지이자 활력으로 작동하는 욕망은 후자의 유한하고 국지적인 특이한 욕망이다. 자신의 욕망의 유한성을 털어놓을 때 자리는 풍부해지고 다양해지고 비로소 에너지가 생긴다. 반면 자신의 탐욕과 기득권의 욕망이 무한하도록 만들려고 할 때 합리성의 갑옷이 탐욕스러운 욕망을 감추면서 자신을 대리하도록 만든다. 이런 점에서 자본주의적 욕망과 생명에너지로서의 욕망은 철저히 구분해서 배치될 필요가 있다.

공동체에서는 사이, 틈새, 여백에서 정동과 욕망이 생성되고 그때서야 주체성(subjectivity)이 생산된다. 마치 사물의 본질에 무의식이 있는 것이 아니라 사물의 곁에 무의식이 서식하는 것처럼, 주체성은 동심원들이 교차하는 바로 그 틈과 사이 배치에서 발생된다. 그래서 의식의 빛에 대립되는 무의식이라는 그림자가 한 쌍을 이룰 것이라고 생각하는 것도 일면 일리가 있을 수 있다. 그러나 빛과 그림자라는 근대의 광학적이고 기하학적인 세계에 대한 인식은 색채적이고 촉감적인 세계를 걸러내는 구멍이 송송 난 뜰채였다고 할 수 있다. 이성이라는 창을 통해 본 광학적 질서는 빛과 어둠이라는 이분법에 따라 세상을 주조하는 데 반해, 실제 세상은 색채와 촉감의 다양성이 보여주는 향연이기 때문이다. 중요한 것은 서로 동심원들이 연결되고 겹쳐지고 주름과 지절이 생겨서 색채와 굴곡, 요철이 아로새겨지는 교차점에 대한 부분이다. 그것은 빛과 그림자라는 이분법——근대의 광학적 인식 방법론——으로부터 완벽하게 벗어나, 수많은 결과 무늬, 얼룩, 요철, 오목과 볼록, 촉감 등을 만들어내는 과정이다. 욕망이 촉각적이고 촉지적인 느낌을 갖는 이유는 바로 여기에 있다.

n개의 분절을 지닌 비기표적 기호론의 정치의 경우는 기표적 기호학의 일부를 계속 가용할 것이다. 그러면 기표적 기호학은 의미작용 및 주체화의 재영토화 효과에도 불구하고 기능할 것이다. 기표적 기호학은 단지 독재 하에 떨어지는 기호생산 체계를 초코드화하는 자신의 기능을 잃어버릴 뿐이다.[59]

더욱이 주체와 대상이라는 근대의 이분법을 넘어선 사이주체성 등의 동심원들이 교차하고 더 나아가 그 둘 사이를 미끄러지듯 오고가는 흐름으로서의 욕망, 정동, 사랑을 생각해 볼 수 있다. 만약 여기서의 욕망이 무한하다면 마치 벤처기업의 아이디어 회의나 광고회사의 브레인스토밍처럼 자신을 과장하고 부풀리고 사물 도착을 강화하기 위한 설정 중 하나로 엉뚱함이나 색다름, 가지치기, 편승하기 등의 논의로 향할 수도 있다. 하지만 이것은 욕망을 방법론적으로만 차용한 것에 불과하다. 생명에너지로서의 욕망은 유한한 자신의 삶과 실존의 끝을 응시하고 있기 때문에, 그 자리가 색다를 수밖에 없으며 이러한 실존과 맞닿은 소수성이 순환하고 유통됨으로써 특이할 수밖에 없다. 그저 방법론적인 특이성이 아닌 것이다. 더불어 더 급진전된 논의로 나아가자면, 자신의 목표를 달성하기 위한 액세서리나 보조 수단으로서 욕망이 동

---

59 펠릭스 가타리, 『분자혁명』(푸른숲, 1998), 299쪽.

원되는 것이 아니라 욕망으로 하여금 스스로 배치와 관계망 자체를 작동하는 기본 원리로도 등장할 수도 있다. 그렇게 되면 어떤 합리적인 관료제보다 어떤 뛰어난 전문가보다, 욕망이 공동체를 잘 다스릴 수 있을 것이라고 전망하는 것도 어렵지 않다. 물론 그러한 배치와 관계망이 조성되어 있다는 전제조건이 필요하지만 말이다. 욕망은 결국 생태계, 공동체, 네트워크, 집단, 사회에서의 순환과 재생의 흐름의 원천이다. 물론 욕망이 유한하기 때문에 고갈될 수도, 에너지나 활력이 사라질 수도 있다. 그렇기 때문에 공동체와 소수집단, 네트워크의 과제는, 어떻게 하면 주체성 생산을 이룰 것인가, 다시 말해 그 일을 해낼 수 있는 에너지를 어디에서 찾을 것인가라는 지점에 있다. 바로 우리 사이에서 생성되는 하나의 욕망이 그것의 해결책 중 하나일 수 있다.

소수자는 사회적 약자나 양적 소수, 돌봄의 대상, 피해자만이 아니다. 소수자는 돌연변이를 일으키고, 이행과 변이를 촉매하는 본성을 가진 특이점으로써 공동체를 풍부하게 만드는 '이행의 구성요소'이다. 그런 이유 때문에 소수자는 잠깐 동안 등장했다 사라지는 욕망이 갖는 단어와 느낌, 감각만이 아니며, 생명의 창발과도 같은 '욕망과 정동의 특이점'이다. 욕망의 특이점이 개방하는 관계망은 다차원적이고 다극적이고 다의미적인 질서이다. 즉, 욕망은 사방으로 분기하며, 만방으로 뻗어나가는 복잡계의 흐름이다. 접속이 있는 곳에 색채와 화음이 발아하고, 접속이 있는 곳에 사이주체성이 형성되며, 머무는 곳에 고유한 의미와 관계에 따라 장소성이 형성되고, 상호작용과 교감이 강한가 약한가의 차이점에 따라 감속과 가속이 결정되고, 공동체의 순환과 재생을 자원 배분만이 아니라 사랑, 정동, 욕망의 흐름으로 드러내며, 우발적인 사건이 가능한 여유, 여가, 여백을 구성하는 것이기 때문이다. 욕망이라는 촉매제

모두의 혁명법

를 사용하면 복잡계 즉 다차원적 질서가 열린다고 보는 이유도 여기에 있다. 즉, 색다른 차원의 개방의 비밀에는 욕망이 있는 셈이다.

:: 정신분석과 역사적 무의식의 차이

구조주의는 무시간적인 구조, 무역사적인 구조를 설립한다. 구조에 대한 역사의 우선성을 말할 때, 역사라는 개념이 어떤 의미좌표에 놓여 있는지를 먼저 살펴보아야 할 것이다. 먼저 역사에 대한 아주 오래된 질문, "어제의 나와 오늘의 나와 내일의 나가 같을 수 있는가?"라는 질문에서 출발해 보자. 여기에 대해서 칸트가 말했던 선험적 통각(transcendental apperception)을 가진 시간상으로 통합적인 자아 개념이 떠오를지도 모른다. 역사는 어제의 나와 오늘의 나, 내일의 나를 관통하는 일관된 흐름이다. 다시 말해서 역사 속에서는 논리적 장부기재의 원리가 작동한다. 논리적 장부기재는 일군의 사람들에게 고양이가 지나가는 장면에 대한 논증을 여러 개 쓰도록 만들어서 결국 그것의 개수에 한계가 있음을 응시하는 프로그램이다. 내가 선택하고 판단하고 결정하는 것은 우발적인 표류에 따라 자유롭게 느껴지지만, 그것의 선택지로서의 경우의 수는 역사라는 유한한 논리적 장부기재에 한정되어 있다. 그래서 "내가 말한 것은 누군가 말한 것이다"라거나, "세상에 새로울 것이 없다"라거나, "오래된 것에 미래가 있다"라는 말도 어찌 보면 일리가 있다. 반면 진보적 역사관은 역사라는 이러한 일관된 흐름에 어제보다 나은 오늘, 오늘보다 나은 미래라는 청사진을 투사한다.

여기서 역사관의 여러 가지 형태를 살펴보면 다음과 같다. ① 진보적 역사관의 발전된 형태는 헤겔의 나선형으로 꼬이면서도 전진하는 그림의 구도가 제시되곤 한다. ② 이에 반해 역행적 역사관은 자원, 지구, 자연은 유한하며 미래 세대의 욕구와 필요에 따라 현재 시대의 삶을 재편해야 한다는 시간의 윤곽선을 차지한다. 이른바 유엔이 채택한 지속가능한 발전(sustainable development)이라는 개념이 그것이다. ③ 또한 알튀세와 같은 구조주의자들은 어제-오늘-내일이 단절되어 있으며, 역사는 '기원도 목적도 없는 과정'이라고 사유한다. 일종의 단속적 역사관인 셈이다. 이러한 인식론적 단절을 동원하는 알튀세의 역사관은 거대한 패러다임에서의 전환점이 존재한다는 가스통 바슐라르나 캉길렘 등의 과학철학의 논의를 끌어들인 결과다. 역사에 대한 진보적인 시각은, 결국 유한한 것에서 무한한 것이 산출된다는 자본주의적인 진보가 산출한 논의의 덫으로부터 자유롭지 않다. ④ 이에 비해 순환적 역사관은 유한한 것이 유한한 것으로 다시 돌아가고 재생과 순환을 하는 회귀적 이미지를 제공해 준다. 순환적 역사관을 가진 농경사회와, 늘 새로움을 추구하는 자본주의는 궤도를 달리하였다. 순환적 농경사회는 유한한 자원, 자연, 인간의 순환 과정의 여여(如如)한 망각의 긴 기억 위에 돌발흔적과도 같은 특이한 사건들을 신화적 기억으로 축적해 왔다. ⑤ 마지막으로 메시아주의적인 구원적인 역사관이 있다. 종말론이나 메시아주의, 유토피아주의가 품고 있는 일거에 변혁이 이루어질 것이라는 사상이다. 이는 단절적 역사관과 유사한 측면을 갖고 있다.

문제는 현대의 도시 사회에서 살고 있는 원자화된 개인의 무의식 속에는 역사적 무의식이 없다는 점이다. 즉, 무의식의 평면 속에서 과거-현재-미래가 역사적 흐름의 일관성 속에서 그려지는 것이 아니라, 무시간성, 무장소성의 똑같은 이미지 좌표 속에 기입될 뿐이다. 프로이트가 발견한 무의식은 논리적 시간이 있을 뿐 역사적 시간이 없는 것을 특징으로 한다. 그런 점에서 논리적 시간은 일종의 타임머신이다. 그 타임머신을 통해 시원 속에 잠재되어 있는 유아기로의 퇴행이 수시로 이루어질 수 있으며, 백일몽과 같은 미래가 과거와 뒤섞여서 잡탕이 되는 무의식으로 나타날 수도 있다. 이러한 역사적/사회적 무의식을 배제한 개인적/가족적 무의식은 결국 집단과 공동체, 사회 등의 거대한 무의식의 흐름으로부터 벗어나 자신의 안위와 영토, 내면 생활, 가족 생활 등을 유지하고자 하는 지극히 원자화된 개인의 출현을 의미한다. 푸코의 언급처럼 근대사회는 개인을 주조해 냈으며, 그 개인이 유지되었던 비밀에는 값싼 화석 연료에 기반한 도시사회가 있었다. 1인 가구로 철저히 분해된 개인들은 더 이상 역사의 일관된 흐름에 대해서 신경 쓰지 않는 무시간성, 무역사성의 삶의 좌표에 진입한다. 예를 들어 집단이나 공동체의 경우에는 미시사가 있을 것이고, 사회의 경우에는 거시사가 있을 것이지만, 원자화된 개인의 경우에는 역사라는 시간의 흐름이 갖는 연속성과 불연속성, 역동적인 전개와 퇴행, 주체성의 개입과 실천, 일거에 돌발흔적처럼 찾아오는 역사적인 사건들 등에 대한 감각과 의미, 정동에 대해서 완벽히 둔감하고 두절되어 있는 삶 속에서 살아간다. 그것은 시끄럽게 앵무새처럼 떠드는 텔레비전과도 같이 개인의 텅빈 독백과 반복되는 레토릭, 잉여 현실, 중얼거림 등의 전개 과정이 사실상 무역사적이라는 점을 의미한다.

자본주의 질서는 시간화 양식들에 근거하고 있다. 자본주의 질서는 자신의 상이한 생산활동을 가치증식시키는 수단인 임금체계로 시작하여 고대적 삶〔생활〕 체계를 파괴하고 등가의 시간을 부과한다. 상업적 회로들 속에 들어가는 생산들, 사회질서의 생산들, 또는 고부가가치의 생산들은 등가의 일반적인 시간에 의해 모두 초코드화된다.[60]

현대의 도시 사회를 살아가는 개인들에서처럼 과거-현재-미래가 동시에 기입되는 평면적 무의식의 구도를 보여주는 것이 바로 구조주의이다. 구조는 그 자체의 설립의 과정이 어떤 과정과 맥락 속에서 이루어졌는지에 대해서는 누구도 얘기하지 않고, 그저 영원성의 좌표 위에 불변항으로 제시될 뿐이며, 거기에 던져져 무기력지층에 사로잡힌 개인만이 있다는 발상이 구조주의에서의 기본적인 구도이다. 즉, 어쩔 수 없는 구조와 무기력한 개인의 한 쌍이 앙상블을 이루게 된다. 그러나 자신의 삶의 구성요소와 토대를 면밀히 검토하고, 자신이 놓인 배치에 대해서 신중하게 생각하다 보면 이 역시도 역사적 무의식의 기반 속에 있다는 점을 발견할 수 있다. 그러나 알튀세가 말했던 구조적 접합과 중층결정, 기원도 목적도 없는 과정으로서의 역사라는 구조주의적 사고는, 실존의 준거좌표를 차지하는 역사적 무의식을 의도적으로 누락시키고, 역사의 일관된 흐름에서 자신의 배치가 어디인지에 대한 질문을 의식적으로 회피하며, 역사적인 실천이 미시적인 삶과 관련된다는 사실을 완벽하게 상실한 상태를 드러낸다. 결국 그것은 무시간적인 구조에 기반한 침묵의 블랙홀일 뿐이다.

다시 말해 사회구조에 대해서 말하는 사람들은 구조의 변화를 통해 역사가 발전할 것이라고 말하지만, 그것을 해낼 수 있는 주체성이 어떻게 만들어지는지에 대해서는 침묵한다. 또한 구조주의자들은 구조마다

---

60 펠릭스 가타리, 『미시정치』(도서출판b, 2010), 73쪽.

　　　　　　　　　　　　　　　　　　　모두의 혁명법

여러 다른 시간대역들이 접합되어 있어서 서로 비동시대성을 만든다고 말한다. 즉, 구조들 스스로가 다양한 시간을 만들어내는 불변항의 시간의 틀이 된다. 이는 비가역적이고 일관된 흐름으로서의 역사적 시간, 끝과 폐절과 유한성이 있는 삶과 실존의 시간을 부정하는 것에 불과하다. 즉, 역사는 유한한 생명의 시간에 속하지, 불변항의 시스템이나 구조에 속하는 것이 아닌 것이다. 그러나 역사라는 일관된 흐름은 자신의 배역과 역사적 배치, 사건성으로 요철과 굴곡, 색감과 촉감을 만들어내며, 이에 따라 분자혁명, 주체성 생산, 연속과 불연속 사이의 비약과 퇴행 등을 역사에 참여하는 주체성들에게 요구한다. 역사는 도도한 강처럼 흐름이 되어 실존의 준거좌표를 바꾸어내며, 우리의 미시적인 삶의 방식을 바꾸는 것이다. 그런 점에서 구조주의가 사유하는 시간관은, 제논의 아킬레스와 거북이의 역설이 말하듯이 단락의 순간들이 각각 분리된 논리적인 무시간성을 구성한다는 생각인 데 반해, 역사적 시간은 베르그송이 말한 '생명이 갖는 지속과 운동, 지각의 이미지'로서 다가올 수밖에 없다. 그런 점에서 역사를 강에 비유하면서 도도히 흘러간다는 표현은 매우 적절한 것이다.

가타리의 역사/사회적 무의식과 프로이트의 가족무의식을 비교해 볼 때, 무의식에 각인되어 있는 일관된 흐름으로서의 역사적 무의식이 아닌 시간을 초월한 논리인 오이디푸스 콤플렉스를 사유하는 것은 곧 삶, 세계, 실존이 처한 역사적 상황과 시간의 흐름을 사유하지 않겠다는 것을 의미한다. 그런 점에서 역사적 시간과 논리적 시간은 결코 같지 않다.

시간의 고유성에 대해서 생각해 보자면, 근대 이전의 시간은 장소적으로 통합되지 않았고 표준 척도가 부재했던 이유로 인해 각 지역이나 집단마다 각기 다른 시간성 속에서 살아가는 것이 일상적이었다. 이러한 전근대 시기의 지방인들의 고유한 시간은 고전주의와 낭만주의의 기본 구도가 되는 역사관을 형성한다. 즉, 미시사가 거시사를 압도하면서 생활세계, 뿌리 내림의 장소성, 돌아갈 곳으로서의 고향, 대지와 영토가 중심이 되는 순환적이고 회귀적인 역사를 구성하였던 것이다. 그리고 근대의 시작은 역사 자체를 국가의 거시사로 통합함으로써, 미시사를 이항-대립적으로 억압하였다. 이 속에서 역사의 인물로 등장하는 합리적인 주인공이 있는 데 반해, 역사의 대상으로서의 무지몽매한 민중이 있었다. 여기서 거시사는 영웅의 역사가 되고, 미시사는 여기에 통합되고 종속되어야 할 민중의 역사가 된다. 여기서 근대의 역사는 이 분법에 따라 의미화되고 모델화되는 시간이 되었다. 동시에 선형적인 자본주의적 진보의 시간은 평면화된 무의식 속에 인과관계와 같은 역사라는 추리소설 형태의 역사관을 만들었다.

여기서 주목해야 할 것은 들뢰즈와 가타리가 언급한 일관성의 구도 (plan of consistence) 혹은 고른판이라는 개념이다. 마치 공동체 구성원들이 중언부언하면서 서로 딴소리를 하면서도 일관된 대화를 할 수 있듯이 역사는 영웅이나 주인공, 스타가 아닌 여러 집단과 공동체들이 어우러져서 가장 현명하고 지혜로운 일관된 흐름을 형성한다. 그것은 칼 폴라니의 『거대한 전환』(길, 2009)에서 언급되었던 각 계급과 집단들의 이익 속에 사회의 '묻어 들임'이 있으며, 사회를 보호하도록 일관된 방향으로 향했던 역사관과도 공명한다. 그것은 진보와 보수라는 이념과 논리 구분이 아닌 현실로서의 사회를 보호해야 한다는 점에 대한 자각을 의미한다. 이 책에서는 '자기조정시장'이라는 자유주의의 논리적 시간과 '사회를 보호해야 한다'는 현실의 일관된 흐름으로서의 역사의 시간이 대비된다. 이것은 논리적 시간(=이념)으로 나타난 역사가 아니라 현실적인 역사를 보여주는 단서나 증거라고 할 수 있다.

　궁극적으로 따져볼 때 그 모든 사건들이 일어나게 만든 것은 사회 전체의 이익이었다. 물론 그 이익을 수호하는 과업은 전체 인구 중 어떤 특정 집단이 다른 집단에 비해 더 중심적으로 떠맡게 되었지만, 우리는 이제부터 보호주의 운동을 구체적인 설명할 차례가 되었거니와, 그래서 우리의 설명은 이런저런 개별 계급의 이익이 아니라 시장에 의해 재난에 처한 여러 사회적 이익의 내용을 중심으로 묶어나가는 것이 더 합리적인 일이라고 본다.[61]

　결국 도시사회에서 분해되고 원자화된 개인들의 경우에는 논리적 시간으로서 역사를 사유할 뿐이지, 집단과 공동체에서 느껴지는 역사적 무의식으로부터는 분리되어 있다. 즉, 역사의 일관된 흐름에 뛰어들거나 개입하거나 실천하는 것으로 향할 수 없고, 그저 주어진 구조들의 논리적 시간으로 박제화된 역사를 판단할 뿐이다. 그러나 바로 자신의 삶의 과정과 실존이 역사 그 자체라는 사실을 깨닫지 못한다면 역사는 박물관의 전시품이나 심지어 가짜 뉴스와도 구별되지 않게 된다. 그런 점에서 역사적 무의식을 형성하기 위한 실천은 역사의 기억을 보존하고 기록하는 것뿐만 아니라, 일관된 역사적 무의식의 흐름 속에 자신을 배치하며 현재의 삶과 미래의 삶을 규명할 수 있는 현실로 받아들이는 데 있다.

　집단과 공동체를 구성하는 것은 '일관성의 구도' 속에 자신을 배치함으로써 역사의 일관된 흐름을 논리적 시간이 아니라 현실적 시간으로

61　칼 폴라니, 『거대한 전환』(도서출판 길, 2009), 430쪽.

느낄 수 있는 토대라고 할 수 있다. 그런 점에서 공동체가 만들어낸 일관성의 구도 속에서 사람들은 역사적 무의식이라는 공유 지반과 공통감을 가지게 된다. 일관성의 구도가 갖는 시간의 형태는, 다측면적으로 분기하면서도 일관성을 갖게 되는 무의식의 행렬의 방향성을 보인다. 반면 근대 시기에 통합적인 시간은 일차원적인 평면 위에 논리적 시간과 역사적 시간의 강제적으로 통합함으로써 국가주의적인 방법론을 주조해낸다. 더불어 역사에는 사건이 존재하며, 이는 사물과 배치의 심층에 잠재되어 있던 것이 갑자기 사건으로 실재화될 수 있다는 점을 의미한다.

역사에서 사건성의 순간은 특이성 생산의 순간이다. 즉, 제2차 세계대전의 홀로코스트라는 역사는 인류의 역사에서 인종주의와 파시즘에 맞서야 하는 이유를 알게 한 사건이었으며, 제2차 세계대전 중에 히로시마와 나카사키의 핵무기의 사용은 인류 절멸의 가능성으로부터 벗어나 반핵 운동과 탈핵 운동에 계기가 되었던 사건이다. 역사 속의 사건성은 이후 세대들에게 역사의 일관된 흐름 속에서 어디로 향해야 할 것인가에 대한 실존적 준거좌표를 제시해 준다.

언제나 아메리카에서 온 삼촌, 망나니가 된 형, 어떤 군인과 함께 떠난 숙모, 파산했거나 공황의 여파로 실직한 사촌형, 무정부주의자인 할아버지, 미쳤거나 노망이 들어 입원한 할머니가 있다……파리 코뮌, 드레퓌스 사건, 종교와 무신론, 스페인전쟁, 파시즘의 대두, 스탈린주의, 월남전쟁, 68년 5월……이런 것들이 모두 무의식의 콤플렉스를 형성하는데, 이것들은 늙어빠진 오이디푸스보다 더 큰 영향들을 끼친다. 따라서 바로 무의식이 문제이다.[62]

---

62 질 들뢰즈, 펠릭스 가타리, 『앙띠 외디푸스』(민음사, 1998), 152쪽.

모두의 혁명법

그런 점에서 사건성은 표층에서 갑자기 돌출했다 사라지는 포스트모더니즘의 일탈이나 파생실재, 조각난 벽돌과 같은 사물성에 대한 인식으로부터 벗어나 있다. 포스트모더니즘은 역사성에 대해서 공격하면서 탈근대 자본주의의 환등상과 같은 현실의 화려함을 칭송하는 나팔수 역할을 해왔다. 어떤 삶의 내재적 연관성 없이 갑자기 돌출하다 사라지는 피상적인 사건으로서의 무의식이 아닌 공동체와 집단, 네트워크 등의 배치를 설립하는 역사적 무의식에 대해서 주목해야 할 것이다.

가타리가 구조에 대한 역사의 우선성을 강조하는 이유도 포스트모더니즘이나 구조주의가 갖고 있는 역사관이 일관된 흐름으로서의 역사를 느낄 수 있는 역사적 무의식의 판 즉, 집단과 공동체, 사회로부터 개인을 분리시키기 때문이다. 그것은 단지 미시사 위주로 거시사를 분해하는 형태로 환원될 수 있는 성질의 것이 아니다. 오히려 역사가 무의식에 선행하여 현실적인 시간의 배열 장치로서 존재한다는 점을 망각케 하는 것이 구조주의와 포스트모더니즘의 문제점이라는 점을 지적하는 것이다. 즉, 포스트모더니즘의 경우 역사라는 구성적이고 생산적인 흐름을 푸닥거리 하여 내쫓고, 그 대신 원자화된 무시간적인 개인, 사물, 상품이라는 와해되고 해체된 벽돌더미를 제시한다. 구조주의처럼 불변항의 구조에 협착되어 쩔쩔매는 개인이 아니라, 집단, 공동체, 분자들이 역사에 뛰어들어 개입하고 실천할 수 있는 여지는 풍부하다. 또한 집단적/기계적 배치에 따라 역사의 일관된 흐름에 따르는 역사적 무의식을 자신의 실존적인 준거좌표로 삼는 것이 중요하다는 점을 가타리는 말하는 것이다.

:: 해석의 화석화와 상징의 응고물들

정신분석이 갖고 있는 특징 중 하나는 지속과 흐름으로 나타나는 진행형적 과정을 하나의 해석으로 환원한다는 점이다. 해석은 요술지팡이처럼 모든 것에 적용될 수 있는 불변항을 설립한다. 예를 들어 '오이디푸스 콤플렉스'라는 발상이 그것이다. 문제는 횡단하고 이행하고 변이하는 흐름이 끊기면서 해석의 원리에 협착되거나 공회전하면서 모든 것들이 소시지 만들듯 쑤셔박히게 된다는 점에 있다. 만약 축구경기를 하는데, 축구선수가 카메라 앞에서 "나 잘 하지요?"라고 얘기하는 상황에 직면한다면 무슨 생각이 드는가? 해석의 스크린 위에 기입된 모든 사항들은 의미화되고 해석되는데, 그것은 구조의 불변항처럼 모든 이들에게 보편적으로 적용 가능한 원리가 차지한다. 사실 정신분석과 점이나 무당집과의 차이점은 거의 없다고 보아도 무방하다. 몇 가지 원리로 환원되는 해석의 요술지팡이에 따라 이후에 해야 할 일에 대한 전모가 드러나며, 이는 신화, 꿈, 미신, 상징과도 큰 차이를 보이지 않기 때문이다.

해석의 원리가 어떻게 설립되는지에 대해서 살펴보면, 바로 횡단하고 이행하며 변이하는 흐름을 하나의 의미연관으로 사로잡을 수 있는 논변을 구사하는 데 있다. 누군가 세상을 콤플렉스로 해석하려 한다면, 예를 들어 모든 것을 패션 콤플렉스로도 설명할 수도 있다. 이를 통해 그 사람이 취직을 못해서 우울한 이유가, 혹은 대인관계가 원활하기 못해 불안한 이유가, 약물과 게임 등에 중독된 이유가 패션에 대한 자신감의 결여 때문이라는 결론에 이를 수도 있다. 이렇듯 모든 것들을 단하나의 의미로 해석하는 것이 가능하다. 그것이 패션 콤플렉스일 수도 건강 콤플렉스일 수도 있지만, 문제는 의미화, 모델화, 표상화를 차지하면서 해석의 근본 원리를 차지하는 논리가 무엇인가가 아니다. 모델이나 의미는 대부분 제한된 생활연관 속에서 발생되는 파생물이라고 볼 수 있다. 예를 들어 프로이트의 정신분석은 전후 유럽의 중산층에 일반화된 신경증에 해당하는 것이라고 간주될 수 있다. 모든 가정은 오이디푸스 콤플렉스에 따라 엄마, 아빠, 나라는 설정으로 이루어진 것만은 아니며, 더욱이 가족 전망이 없는 젊은이들에게는 듣기에도 괴로운 논리 구조이다. 그것은 오이디푸스 콤플렉스일 수도 있지만, 아닐 수도 있다. 무조건 하나의 논리로 수렴시키려는 시도는 위험하다. 따라서 "~은 ~이다"라는 방식으로 확실한 대답을 던져주는 사람들에 대해서 한 번쯤 의심해 봐도 좋다.

다차원적인 흐름이 멈추는 것은 그것 중에서 하나의 구성 요소에 불과한 것을 모든 것을 설명하는 원리로 확장하는 것이다. 과대망상증의 동역학이 여기서 발생하며, 그런 요소가 있는지 없는지에 대한 간증이 뒤따라야 할 것이다. 간증의 순간은 행동으로의 전이의 순간처럼 명령어와 같은 기능을 한다. 해석은 권력적인 담화를 수반한다고 할 수 있으며, 내담자와 상담자의 민주적이고 수평적인 관계를 훼손하는 것이라고도 할 수 있다.

해석 : 어떤 것은 항상 그 가체와는 다른 것을 의미해야 한다. 진실은 결코 강렬도와 세력관계의 현실성 속에서 발견할 수 없고, 기표적 열쇠로 요술을 부림으로써만 발견될 수 있다.[63]

63 펠릭스 가타리, 『분자혁명』(푸른숲, 1998), 150쪽.

해석에서 동원되는 의미화는 흐름이 갖고 있는 여러 분기점과 가능성의 좌표를 넘나들 수 있는 여지를 극소화하고 야성성을 중화하고 자율적인 것을 거세한다. 이런 점에서 해석의 의미화는 화석화, 응고화, 사물화의 원리라고도 볼 수 있다. 전문가의 화려한 해석 앞에서 고개를 숙이는 것이 과연 치료 과정을 설명할 수 있는지에 대해서 의심할 수밖에 없다. 사실 누군가에게 내밀한 얘기를 꺼낸다는 것은 사회적인 관계망에서는 있을 수 없는 관계 설정이다. 심지어 가족이나 절친 간에도 숨기고 싶은 비밀이 있기 마련이다. 문제는 내담자가 상담자를 가족 중 어느 누군가로 동일시하며 치료동맹을 구성한다는 전이의 방법론에 대해서 다시 한 번 생각해 봐야 한다는 점이다. 사실 가족들 사이에서는 상대방의 말에 대해서 논평할 수 없으며, 제3자적 시선을 구성할 수 없는 동일시로 끈적끈적하게 얽힌 관계망이 존재한다. 이런 경우에는 사회-집단-공동체의 관계망이 갖고 있는 횡단성(transversalité)으로부터 벗어나 있게 된다. 여기서 횡단성은 거리 조절이며, 수직과 수평 사이이며, 가깝지도 멀지도 않는 관계망의 배치이다. 그러한 전이의 관계망은 결국 권력 관계나 가족 간의 동일시의 관계를 상담실 안으로 끌고 들어오는 꼴이다.

또한 해석의 원리는 기존에 존재해 왔거나 의미의 응고물로 굳어져 있는 상징질서를 동원한다는 점에 문제가 있다. 여기서 퍼스의 도상(icon), 상징(symbol), 지표(index) 간의 상관관계에 대해서 주목해 봐야 할 것이다. 유사성의 기호인 도상은 예를 들어 한자의 사람 인(人) 자가 사람의 형상인 것을 생각하면 좋겠다. 상징의 관습성은 한 입 베어 문 사과가 애플 사의 상표인 것을 떠오르게 한다. 지표의 인접성은 연기가 나면 가까운 곳에 불이 났다는 것을 가리킨다는 점을 생각나게 한다.

모두의 혁명법

이렇듯 지표의 인접성은 사물의 곁에 기호를 발생시키며, 도상의 유사성은 사물과 비슷하게 기호를 변전시키며, 상징의 관습성은 이를 굳어진 표상으로 만든다. 상징의 경우에는 지표나 도상의 자율성이 전혀 없는 기성 관념이나 기성 이데올로기에 편입된 질서라고 할 수 있다.

퍼스는 세 가지 기호작용을 제시하면서, 상징적 표상이 모든 기호의 중심일 수는 없다고 생각했다. 그러나 해석의 방법론에서는 상징, 도상, 지표 등을 함께 사유하지 않고 유독 기성 질서에 편입된 이미지인 상징 속에서만 기본 원리를 찾는다. 즉, 상징이라는 기성 질서를 내세워 보편적인 원리를 자임하고자 하는 것이다. 이것은 모든 것을 편편하게 만들고 뻔하게 만드는 아카데미의 속성으로부터 벗어나지 않는 것이다. 그런 점에서 해석이 상징의 응고물 중에서 누적되어 각인된 관습 속에서의 신화에 대해서 착목하는 것은 우연이 아니다. 오이디푸스 콤플렉스의 신화적인 연원은 여기서 규명된다. 문제는 오이디푸스 왕이 친부를 죽이고 어머니를 취한 자신의 참혹한 운명에 비관하여 스스로의 눈을 찔러 장님이 되었고 자신의 딸인 안티고네와 방랑에 나선다는 내용의 누락에 있다. 즉, 오이디푸스는 정주할 때의 콤플렉스를 벗어나기 위해서 유목하면서 탈주하는 셈인 것이다. 이런 점에서 프로이트는 오이디푸스 콤플렉스라는 개념이 갖는 상징에 있어서도 절반만의 진실만을 보고 싶은 대로 담은 것이다.

해석에 동원되는 의미화의 구도는 "~은 ~이다"라는 정의(definition)와 단정, 규정의 논리이다. 이러한 논리는 아카데미에서 동원되는 전문가의 답이나 고정관념이라고 할 수 있다. 그래서 들뢰즈와 가타리는 함께 쓴 『천개의 고원』에서 의미화의 논리를 제국의 이론으로 규정했다. 이 두 사람이 다른 한 축으로 제시했던 것이 바로 "~은 ~일까?"라는 식의 문제제기적 사유이다. 이러한 문제제기의 사유는 유목과학이라고 규정되며, 고정관념을 회피하면서, 다의미적인 차원을 개방하는 효과를 갖는다.

> 정리(定理)가 이성의 질서를 따르는 데 반해 문제(問題)는 변용태의 차원에 속하는 것으로서 과학 자체의 다양한 변신이나 발생, 창조와 불가분의 관계에 놓여 있다. ……왕립과학은 과학을 포함하는 이러한 "문제-요소"의 범위를 가능하면 대목 축소해 "정리-요소"에 종속시키려 하는 등 이러한 아르키메데스적인 과학의 모든 움직임을 제한하려고 했다.[64]

여기서 고대 그리스의 철학에서 소크라테스와 플라톤의 차이점에 대해서 주목할 필요가 있다. 소크라테스의 경우 진리가 모두에게 전제되어 있고 철학자들은 대중에게 질문을 던짐으로써 그것을 상기시킬 따름이라는 변증술의 원리에 따라 문제제기적인 사유를 보여주었다면, 플라톤의 경우에는 진리에 도달하기 위한 이상적인 이데아 세계라는 지적 구축물로 제시함으로써 전문가가 논증과 추론을 통해서만 도달할 수 있는 대답과 정의의 사유를 보여주었다. 그런 점에서 소크라테스가 지혜의 노선이라면, 플라톤은 아카데미의 진리의 노선에 서 있다고 할 수 있다.

전문가들은 스스로 대답을 갖고 있다고 자임하는 사람들이다. 국가철학자, 기업의 회계와 자문위원들, 각종 심사와 평가에 동원되는 고급 전문가 등의 경우에도 해석의 방법론에 따라 모든 것을 하나의 의미

---

64 질 들뢰즈, 펠릭스 가타리, 『천개의 고원』(새물결, 2001), 693쪽.

와 모델로 환원하는 사람들이다. 물론 다중 분석이나 다차원 사유를 동원하지 않느냐라는 반박이 존재할 수도 있다. 그러나 다차원적인 분석에도 불구하고 전문가의 모델화, 의미화, 표상화는 대부분 해석이 보여주는 하나의 발상으로의 환원에서 크게 벗어나지 않는다는 점이 문제이다. 여기서 우리는 해석과는 차이가 있는 분석의 방법론에 대해서 착목할 필요가 있다. 가타리는 횡단하고 이행하고 변이되는 흐름 자체를 지도화하여 보여주는 것을 '분열분석적 지도 그리기(Cartographies schizoanalytique)'라고 말한다. 즉, 분열생성에 기반하여 탈주하고 이행하고 횡단하며 유목하는 흐름에 대해서 다채로운 모델들을 넘나들며 그려내는 것이, 해석과 다른 분석가의 임무라는 것이다. 여기서 분열분석적 지도 그리기는 하나의 모델이나 의미에 따라 답이 결정되는 방식이 아니라, 자의성과 임의성의 규칙을 전제로 여러 모델과 의미를 넘나들며 탈주와 이행, 횡단의 이유와 작동을 설명하기 위한 여러 가지 설명 근거를 탐색하는 것을 뜻한다.

물론 분석의 경우에도 해석의 개입이 초래하는 흐름의 절단의 상황에 직면할 수 있지 않느냐고 반문하는 사람도 있을 수 있다. 그러나 우리가 흔히 하는 오해, 즉 내담자가 자신의 속내를 털어놓으면 상담사가 분석을 해주는 것이라는 오해와는 달리, 사실 진짜 분석가는 분열을 일으킨 당사자 혹은 내담자 자신이다. 상담자들은 이른바 환자라고 의미화되어 있는 분석가의 분열에 따라 "미친 사람보다 더 미쳐야 한다"는 장 우리 박사처럼 내담자의 분열분석의 원리와 지도를 따라가는 조력자에 불과하다. 응고되고 고착된 고정관념으로서의 상징을 맴도는 것은 결코 분석이 아니다.

예를 들어 다음 도표에서 보는 것처럼, 꼬마 한스의 경우 여러 상황과 인물, 사건을 넘나들며 공포증으로부터 벗어날 수 있는 탈주와 이행의 경로를 이미 개척하고 있는 아이이다. 오히려 해석이 이러한 흐름을 절단할 때, 한스는 해석의 응고물에 협착되어 공포증이라는 증상으로 귀착된다. 꼬마 한스의 말에 대한 공포증은 또래 아이들과의 말놀이를 통해 탈주와 이행, 횡단이라는 탈영토화로 나아갈 가능성을 발견하게 된다는 점도 주목할 만한 부분이다. 그의 입구와 출구는 분열되어 있고, 탈주와 횡단의 출구를 향해 나아가는 자기원인의 분석은 꼬마 한스 자신의 몫이다.

결국 해석의 원리는 욕망의 문제제기와 탈영토화하려는 움직임을 기성 질서와 기성 이데올로기에 붙잡아두고 회수하는 것을 의미한다. 이런 점에서 해석의 반동성에 대해서 아무리 강조해도 지나치지 않다. 회수의 논리는 탈주의 논리와 대결한다. 즉, 하나의 상징이나 의미작용으로 환원시켜 붙잡아 두려는 힘과 기존 질서로부터 벗어나 새로운 영토를 만들려는 탈주의 힘 사이의 팽팽한 긴장 상태가 있는 셈이다. 물론 가타리는 탈주의 논리 즉, 분열분석적 지도 제작의 논리에 서 있다. 그렇기 때문에 욕망의 이행 경로와 다채로운 탈주로를 그려내며, 삶과 욕망과 정동의 변이와 횡단을 그려내는 것이 분열분석의 임무이다. 그리고 그것은 바로 분석가인 내담자 자신의 삶의 내재성과 실천적 모색, 신체변용과 정동의 순환의 결과물인 셈이다. 이런 점에서 되짚어보건대 프로이트-라캉의 경우, 바로 회수라는 반동적인 논리를 감추어두고 해석의 의미작용을 통해 내담자가 사로잡힌 의미의 응고물로부터 벗어나고 탈주하려는 욕망을 제거하려 했던 인물들이라고 할 수 있는 것이다.

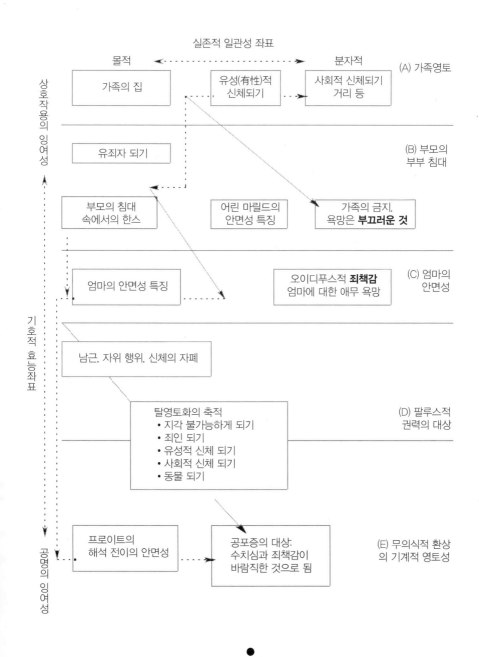

실존적 일관성 좌표

몰적 ← - - - - - - - → 분자적

| 가족의 집 | 유성(有性)적 신체되기 | 사회적 신체되기 거리 등 | (A) 가족영토 |

상호작용의 잉여성

| 유죄자 되기 | | | (B) 부모의 부부 침대 |

| 부모의 침대 속에서의 한스 | 어린 마릴드의 안면성 특징 | 가족의 금지. 욕망은 **부끄러운 것** | |

기호적 효능좌표

| 엄마의 안면성 특징 | | 오이디푸스적 **죄책감** 엄마에 대한 애무 욕망 | (C) 엄마의 안면성 |

| 남근, 자위 행위, 신체의 자폐 | | | |

| 탈영토화의 축적 • 지각 불가능하게 되기 • 죄인 되기 • 유성적 신체 되기 • 사회적 신체 되기 • 동물 되기 | | | (D) 팔루스적 권력의 대상 |

| 프로이트의 해석 전이의 안면성 | 공포증의 대상: 수치심과 죄책감이 바람직한 것으로 됨 | | (E) 무의식적 환상 의 기계적 영토성 |

공명의 잉여성

꼬마 한스의 공포증적 포위의 리좀
출처: 가타리, 『기계적 무의식』(2003), 212쪽.

8장 '의미=권력'의 무시간적인 논리보다 역사의 시간이 중요한 이유는?   261

:: 의미작용에 맞선 사건으로서의 특이성 생산

그렇다면 모든 의미작용은 욕망을 흐르지 못하게 회수하고 제거하려는 반동적인 것인가? 가타리는 『분자혁명』 말미에서 '의미=권력'이라는 명제를 등장시켰다. 즉, 우리가 흐름으로서 지나치는 무의미의 순간이 아니라, 의미의 그물망에 걸려들고 의식되는 순간은 권력이 작동하는 순간이라는 말이다. 예를 들어 우리가 길거리를 휙휙 지나치면서 도시의 평범한 사람들을 가로지를 때 의미는 작동하지 않는다. 그런데 갑자기 눈에 띄게 누더기 옷을 입거나 누추한 사람이 등장하면 의미가 작동하기 시작한다. 즉, 의미는 자신의 준거로부터 벗어나는 순간 작동하기 시작하는 권력의 시선인 셈이다. 이런 점에서 의미를 둘러싼 논의들은 대부분 미시권력과 관련되어 있음을 알 수 있다.

그러나 의미작용은 하늘에서 떨어지는 것도 아니고, 통사론이나 생성적 의미론에서 자연발생적으로 생기는 것도 아닙니다! 의미작용은 동요하는 세력관계 속에서 의미를 생성하는 권력 구성체와 분리할 수 없습니다. 거기에는 보편적인 것도 자동적인 것도 전혀 없습니다.[65]

이러한 사유는 푸코의 지식권력에 대한 사유와 궤도를 함께한다. 푸코에 따르면 근대 지식의 구획화, 분류, 정리, 정의 등의 노력이 바로 미시권력을 촘촘하게 만들겠다는 통제 권력의 앎의 의지와 무관치 않다고 말한다. 즉, 앎의 의지가 바로 권력의지이듯이, 의미는 미시권력

---

65 펠릭스 가타리, 『분자혁명』(푸른숲, 1998), 336쪽.

모두의 혁명법

의 작동의 메커니즘인 셈이다. 푸코의 미시권력은 사회의 미세혈관을 타고 흘러가는 권력의 그물망을 의미하는데, 이는 사회에 대한 통제 장치와 권력의 배치(dispositif)로 드러난다. 결국 가타리는 의미=권력에 대항하는 전투주의를 개방한다. 이는 여러 모델을 넘나드는 재미와 놀이와 같은 분자적인 것과 하나의 모델에 집중하는 의미와 일과 같은 몰적인 것에서도 등장한다. 예를 들어 아이들을 자율적으로 놔두면 여러 놀이를 넘나들며 기쁨과 즐거움을 느낄 것이지만, 아이들에게 하나의 놀이를 시키면 의미가 발생하지만 굉장히 지루한 일이 될 것임에 분명하다. 그런 점에서 가타리는 의미와 일 모델과 함께 재미와 놀이 모델 즉, 여러 의미의 횡단 모델을 발견하였다. 그런 점에서 가타리는 세상의 모든 재미없는 것에 대해서 의심해 보는 영원한 자율주의를 창안한다.

이제까지 변혁 운동 세력은 의미와 기억을 둘러싼 전투주의에 착목하면서, 자신의 활동을 의미/일 모델에 따라 배열하기를 원했다. 지배 질서가 의미화하는 논리에 개입하여 반대 논리를 펼침으로써 전복시키거나 변화하도록 하는 방식으로 자신의 의미를 투여하고 또 하나의 해석의 여지를 남기겠다는 전략이었다. 그러나 가타리는 의미와 기억을 둘러싼 전투주의와 완벽히 다른 무의미한 영역으로 간주되었던 소수자, 욕망, 광기, 사랑, 주체성 생산의 전투주의를 개방하였다. 우리가 무심코 지나가며, 무의미하다고 여겨 왔던 우리 사회의 주변부, 가장자리 등에 위치한 소수자운동, 대안운동, 생태운동, 욕망해방운동 등은 의미 즉 권력의 그물망에 걸려들지 않는 영역에 있다. 물론 소수자운동에 따라 의미와 기억의 전투에 편입되기를 원하거나 정체성을 획득하고 권리주의적인 실천을 할 수도 있다. 그러나 공동체의 관계성좌와 의미좌표를 바꾸는 것은, 의미 내부에서의 헤게모니를 둘러싼 전투주의가 아니라 오히려 무의미와 침묵하는 영역으로 간주되었던 민중과 소수자들이 욕망과 사랑, 정동의 흐름을 순환시키려는 색다른 전투주의에 따라서이다. 이는 지배 질서에 편입되어 헤게모니 투쟁을 수행하는 의미 모델의 전투주의에서 벗어나는 것을 의미한다. 기억과 의미에 대한 전투주의를 주장하는 혁명 전략이 아니라, 보이지 않고 지각되지 않으며, 식별 불가능한 영역에 있는 민중, 소수자, 생명, 자연 등에 입각한 색다른 전투주의를 개방한다.

들뢰즈는 가타리의 논의를 풍부하게 만들었던 사람 중 한 명이지만, 특이성에 대한 사유에서 가타리와 차이점을 갖는다. 들뢰즈의 '사건성'으로서의 특이성은, 사물의 저변에 그리고 배후에 잠재되어 있던 것을 실재화하는 특이성으로서 발견되는 것을 의미한다. 결국 사건성은 잠재된 것이 드러나는 순간을 발견하는 것에 방점을 찍은 발견주의를 의미한다. 즉, 들뢰즈가 『칸트의 비판철학』(민음사, 2006)에서 개념화했던 초월론적 경험론이 바로 발견주의적 방법론을 정초한 것이다.

〈선험적〉은 경험으로부터 도출되지 않는 표상들을 일컫는다. 〈초월적〉은 경험을 필연적으로 우리의 선험적 표상들에 종속시키는 원리를 일컫는다. 이 때문에 공간과 시간의 형이상학적 해명에 뒤이어 초월적 해명이 나오며 범주들의 형이상학적 연역에 뒤이어 초월적 연역이 나오는 것이다. 〈초월적〉은 경험 가운데 주어진 것을 필연적으로 우리의 선험적 표상에 종속시키며, 또 이와 상관적으로 선험적 표상을 경험에 필연적으로 적용하는 원리를 규정한다.[66]

66 질 들뢰즈, 『칸트의 비판철학』(민음사, 1995), 31쪽.

그런데 발견주의뿐만 아니라 들뢰즈와 구별되는 가타리의 이론의 차이점에서 간과할 수 없는 부분이 '구성'과 '자기생산(autopiesis)'의 영역이다. 즉, 순간의 사건성이 지속되는 것은 분명하겠지만, 사건성을 만드는 순간순간의 창안 역시도 중요한 것이다. 이런 점에서 사건성은 잠재된 영역에서 미리 주어지는 것이 아니라, 구성적 실천에 따라 창안되어야 할 지점도 갖고 있다. 그런 점에서 들뢰즈가 특이성의 '발견주의'에 머물고 있다면, 가타리는 특이성 생산이라는 '구성주의'의 영역으로 전진하였다.

가타리의 특이성 생산이 갖는 의미는 불교에서의 돈오점수(頓悟漸修)로 설명할 수 있다. 즉, 단박의 깨달음에 따라 그것이 지속된다는 돈오의 논의와, 점진적이지만 찰나적인 수행을 해야 한다는 점수의 논의는 대승불교와 소승불교의 갈림길이다. 들뢰즈의 사건성과 발견주의, 지속의 논의는 베르그송의 구도에 따라 '생명'에 적합하다면, 가타리의 특이성 생산, 분자혁명, 지도 제작 등의 논의는 이미 『세 가지 생태학』(동문선, 2003)에서 선보였던 '생태'의 논의라고 할 수 있다. 경우에 따라 사랑의 찰나주의와 욕망의 지속주의라는 비교도 해볼 수 있다. 가타리는 '사랑=욕망'이라는 관점에서 특이성 생산에 욕망의 전략과 사랑의 전략을 포함시킨다. 매순간을 철저히 창안과 구성, 자기생산의 시각에서 실천한다는 것은 무척 피곤하게 느껴질 수도 있다. 그러나 사랑의 부드러운 흐름에 따라 횡단하고 이행하면서 찰나의 유한성에 접속하는 것이라면 문제는 달라진다. 또한 욕망이 특이한 사건에 접속하여 색다른 흐름을 지속하는 것도 강렬도가 지속되는 고원과 같은 지대를 만드는 작업이라고 할 수 있다.

가타리의 색다른 전투주의는 의미작용 자체로 들어가 헤게모니를 행사하는 투쟁이 아니라, 근본적인 판이자 구도를 차지하고 있는 '배치'를 둘러싼 현실적인 투쟁을 의미한다. 즉, 이는 놀며 사랑하며 욕망하며 즐길 수 있는 '판짜는 자'가 되는 전투주의이며, 욕망과 사랑, 정동의 흐름을 변전시키고 이행시키기 위해서 배치를 재배치하는 전투주의이다. 또한 배치를 창조함으로써 색다른 흐름과 차원을 개방하는 특이성 생산의 전투주의이다. 이러한 현실의 배치를 바꾸고 창안하는 실천적 전투주의가 개방될 때 의미연관은 부수적으로 변화할 수밖에 없다. 그런 점에서 판짜는 자의 전투주의는 고정관념에 맞서고, 무료함에 맞서고, 재미를 창안하고, 이행과 변이를 창안하는 것에 달려 있다. 이런 점에서 무척 재미있는 전투주의, 유머와 해학, 낙관이 있는 전투주의이며, 총성이나 무력, 폭력, 대립, 적대가 없는 사랑과 욕망의 전투주의이다. 이런 점은 가타리가 말년 동안 몰두했던 녹색당 운동에 투영되어 있는 실천 양상이기도 하다. 결국 특이성 생산은 아주 색다른 판을 깔게 되어 기존 배치와는 완전히 다른 배치를 까는 작업이다. 아주 색다른 전투주의에 주목할 때 가타리의 분자혁명이 갖는 색다른 혁명관도 이해될 수 있는 것이다.

9장

언어 이전에 배치를 살펴야 하는 이유는?

강령 9

언표행위의 주체와 언표 주체 사이의 단절을 초월하는 언표행위의 집합적 배치를 인식하라.

가타리는 『분자혁명』에서 욕망해방운동과 소수자운동에서 자유라디오가 가진 폭발적인 잠재력과 위상을 높게 평가했다. 자유라디오는 오늘날의 팟캐스나 유튜브와 비슷하다. 공동체의 배치는 언표행위의 비밀이며, 동양철학의 비밀이다. 그렇기 때문에 오픈소스, 집단지성, 생태적 지혜, 공유경제 등을 만들어 내려면 일단 언표행위의 집합적 배치를 만들어내는 것으로부터 출발해야 할 것이다. 이러한 언표행위의 집합적 배치의 특징으로 인해, 소음, 잡음, 잉여, 잔여물로 간주되어 화용론의 휴지통에 집어 던져버렸던 민중적 영역이 복권될 수 있다. 가타리의 언표행위의 집합적 배치에는 민중적인 무의식의 화용론이 내재해 있는 셈인 것이다.

:: 자유라디오라는 소수 언어의 배치

펠릭스 가타리는 『분자혁명』에서 욕망해방운동과 소수자운동에서 자유라디오가 가진 폭발적인 잠재력과 위상을 높게 평가했다. 자유라디오운동의 시작은 볼로냐의 들고양이들(Gatto selvaggio) 그룹이 출범시킨 1974년 라디오 알리체(Radio Alice)에서 찾을 수 있다. 자유라디오라는 매체가 성립되었던 사건은 소박하다. 볼로냐의 군사기지에서 몇 센트를 주고 산 송신기와 카세트 장치 하나로부터 시작되었기 때문이다. 알리체의 일원들은 '폭동의 워키토키'의 역할을 하면서 거리시위나 점거 상황을, 당시에 동전을 넣고 사용한 공중전화를 통해 연락을 취하는 동전 리포터로 직접 알렸다. 이러한 직접 연결과 현장 방송은 그 당시 매체로서는 상상하기 어려운 파격에 가까운 시도였다. 그들은 또한 온갖 프티부르주아, 약물중독자, 동성애자, 방탕자, 부랑자들의 '비행 결사체'로 간주되기도 했다. 그들이 사용하는 언어 역시도 일상생활 그대로의 언어, 지방어, 속어, 비어, 밤에 사용되던 언어, 장광설의 연설, 의미를 알 수 없는 음악들, 돌발적인 뉴스, 게릴라 가드닝, 스쾃, 끝장토론에 가까운 대담, 발명, 발견, 요리법, 점성술, 마술적 인종, 사랑, 전쟁게시판, 몽환적인 메시지, "실제 사건을 일으키는 허위 뉴스들을 퍼뜨리자"라는 슬로건의 온갖 거짓말들, 역정보, 횡단주의, 대도시 인디언들, 마오-다다이즘, 무감각들로 이루어져 있었다.[67] 과도한 현실이 던져주는 현기증과 어지러움이 오가면서도, 한편으로는 엄청난 욕망과 열망의 에너지가 미지의 미래로 투여되는 매체였다.

자유라디오의 그 당시 모습을 담은 동영상을 유튜브에서 검색해 보면, 이 매체에 접근하여 발언하기 위해 긴 줄을 선 소수자, 민중, 활동가들의 행렬이 눈에 띈다. 그들은 권력과 전문가들이 독점하며 소수자가 접근 불가능한 주류 미디어의 구경꾼이 아니라, 참여 가능하고 자유롭게 발화 가능한 자유라디오의 무명씨(無名氏)들이었다. 그들의 발화법은 주류 미디어를 장악한 좌/우파의 공리계에 속하지 않는 소수 언어였다. 또한 낚시질 방송도 했는데, 이를테면 생방송 중에 경찰서장을 가장하고 당시 총리에게 전화를 걸어 "노동자들이 시설과 집기를 부수고 있는데 어떻게 해야 합니까?"라고 말하고, 방송을 듣고 있는 모든 사람들과 함께 그의 발언들, 이를테면 "다 쓸어버려" 등의 반응을 면밀히 듣기도 했다. 소수 언어의 확산은 주류 사회와 좌우파의 공리계를 뒤흔들었으며, 급기야 공권력은 라디오 알리체를 폐쇄하기 위해서 권총을 들고 방탄조끼를 입은 수백 명의 무장경찰들을 동원한다. 그 당시

---

67 윤수종, 『자율운동과 주거공동체』(집문당, 2013), 「제3장 이탈리아 자유라디오운동」
    참고.

의 마지막 방송분의 기록은 다음과 같다.

음 같은 헬멧, 같은 방탄조끼, 권총을 겨누고 그리고 그와 같은 것들……
어…… 정말 말도 안 되는, 정말 믿을 수 없는, 영화를 위한 소재 종류, 그
리고 만약 그들이 문을 두드리지 않는다면 나는 내가 영화를 보고 있다고
생각할 것이다. …… 경찰이 또 다시 와서, 문을 두드린다…… 이봐, 조심
해, 낮추고……(경찰이 뒤에서 고함친다.) 오 분만 기다려요, 변호사들이
오고 있다. 그들이 오고 있어…… 그들(경찰)은 말한다. "젠장 문 열어"와 그
와 같은 것들(전화 자동 응답소리) 앨리스…… 나는 알베르토가 누구인지
모른다, 그럼에도…… 어…… 안 돼, 난 마테오가 아니라고 경찰이 문 앞에
있어…(뒤에서 다른 목소리) 그들이 들어오고 있어!…… (아나운서) 그들이
들어왔어, 그들이 안에 있어, 우리는 양손을 올리고 있어(소음), 우리는 마
이크를 손에 들고, 우리는 (소음 및 소리친다) 우리는 손을 들고 있어. (죽
은 듯한 침묵)[68]

이 진압 상황이 방송되면서 이탈리아와 유럽 전역에는 자유라디오
알리체의 후예임을 자임하는 자유라디오 방송국이 수백 개가 생겼다.
이처럼 소수 언어의 발화가 들불이 되어 번지자, 권력은 이를 진압의
방식이 아닌 회수의 방식으로 무마하려고 했다. 1980년대가 되자 유럽
국가들은 자유라디오에 국가보조금이라는 당근을 잇달아 주기 시작했
고, 상업 방송의 유혹을 통해 욕망을 회수하려고 했던 것이다. 이에 따

---

68 움베르토 에코, 알렌 그리코, 「이탈리아 독립라디오: 문화적 이념적 다변화」(1978),
Daum 〈소수자〉 카페 수록 자료 중에서 재인용.

라 자유라디오운동 내부에서 심각한 자기 검열의 시기가 찾아오고 점차 침체되기 시작되었다. 결국 자유라디오는 사라졌지만, 그들이 남긴 메시지를 다시금 되새겨보게 된다. 그것은 아마도 의미를 따질 수 없는 횡단과 탈주의 주체할 수 없는 욕망이 만든 배치 자체의 발화가 아니었을까? 다수 언어를 전복시킨 소수 언어로 이루어진 집단적 언표행위의 배치의 반란이 아니었을까?

:: 언표행위 주체와 언표 주체의 분열

라캉은 '말하는 나'와 '말 속의 나'는 분열과 단절, 구분의 선에 놓여 있다고 말한다. 여기서 '말하는 나'는 언표행위 주체, '말 속의 나'는 언표 주체라고 개념화되어 있다. 한때 라캉의 제자였던 가타리는 라캉의 서클을 뛰쳐나오기 전 이러한 구도 속에서 「잃어버린 편지」라는 장을 공동집필했다. 이에 따르면 '말하는 나'로서의 시니피앙의 주체와 '말 속의 나'라는 시니피에의 자아는 구분된다는 것이다. 다시 말해 정의와 근거 간의 구별, 말의 의미작용과 말의 질료 간의 구별이 언표에 있다는 얘기다. 이에 앞서 라캉은 한 아이가 거울 앞에서 상상적 동일시를 통해 통합된 자아라는 이미지를 구성하지만, 실은 분열된 주체에 불과하다는 점을 지적하였다. 이에 따라 시니피앙의 그물망, 즉 아버지의 질서 내부에 들어가야 주체로 호명된다는 점으로 더 진행된다. 그러나 자아와 주체의 분리와 분열은 라캉의 체계에 그대로 노정되어 있다.

언표행위 과정의 개체화와 타자로부터 자신의 기호적 식별은 그 자체를

모두의 혁명법

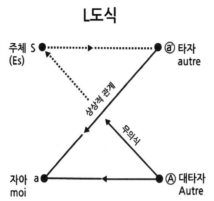

L도식

주체 S (Es) ● ┈┈┈▶ ┈┈ ● ⓐ 타자 autre

상상적 관계

무의식

자아 a ● ◀─── ● Ⓐ 대타자 moi Autre

●

라캉의 상상적 동일시(자아)와 상징적 동일시(주체)의 관계 L도식

어떤 사회조직 양식과 분리할 수 없다. 언표행위 주체와 언표 주체의 분열은 무의식의 선한 대상과 악한 대상의 분열과, 즉 사회적 장의 리비도적 장소와 분리할 수 없다. '체험된' 자아, 기호학화된 자아와 파악할 수 없는 자아 사이의 경계는 사회체에 의해서 끊임없이 작동된다.[69]

다시 쉽게 설명하자면 말 속에서 나라고 생각하는 것과 말하는 당사자가 분열된 경우를 말하는 것이다. 이를테면 "너희를 사랑한단다"라고 말하는 선생님의 학생들을 대하는 표정이 고압적일 경우가 그것이다. 즉 그것은 '이론 속 나'와 '실천 속 나'의 분열과도 같다. 여기서 주체의 분열 양상은 다음과 같다. 언표 주체-자아-시니피에-상상적 동일

69 펠릭스 가타리, 『기계적 무의식』(푸른숲, 2003), 65쪽.

시가 한쪽 극단에 있다면, 언표행위 주체–주체–시니피앙–상징적 동일
시가 한쪽 반대편에 있다. 이에 따라 이러한 단절과 분열은 시니피앙의
그물망으로 들어간 주체의 한 극으로 가야만 타자의 장에서 욕망과 무
의식적 주체로 거듭날 수 있다고 말하는 것이다. 그러나 분열과 분리는
해결되지 않고, 봉합되고 회수될 뿐이다. 라캉의 '말하는 나'와 '말 속의
나'의 분열의 아포리즘에 대한 구도는 다음과 같다.

 '말하는 나'와 '말 속의 나'의 분열은 사실상 주체와 대상의 이원론 즉
서구 형이상학의 2자 관계를 대변한다. 그러나 화자와 청자 사이에는
제3의 영역——사이주체성(inter-subjectivity)과 공통성(commons)——을 전
제하지 않고서는 대화할 수 없다. 왜냐하면 관계성좌의 영역이 없는 물
리적인 합산이나 이분법은 무의미하기 때문이다. 이는 서구 형이상학
이 아주 쉽게 주체와 객체, 주관과 객관의 대화를 전제한다는 점에 대
한 비판이다. 즉, 제3의 영역의 발생은 언어라는 행위 자체가 갖고 있
는 근본적인 지평이다. 결국 2자 관계라는 이분법이 아닌 3자 관계 이
상 즉 n자 관계를 설정하지 않고서는 의사소통 행위는 설명될 수 없는
부분이 있다. 예를 들어 두 사람의 만남 속에서 상징 체계와 메시지의
코드화된 질서, 통사법이라고 설명되었던 문법 규칙 등은 누구에 의해
서 결정되는가? 과연 둘이서 합의해서 결정할 수 있을까? 물론 라캉은
이를 시니피앙의 그물망이라고 보고 초코드화된 질서인 대타자의 질서
를 끌어들일 것이다. 그러나 관계는 아버지와 관계나 사법적인 질서만
이 지배적일 수는 없다. 라캉의 논의는 아버지의 질서를 대신할 사법적
질서나 언어 규칙으로 이루어진 구조라는 계열화된 그물망의 논의와는
큰 차이를 갖지 못한다. 주체와 대상의 이분법은 서구 형이상학의 논의
에서 근저를 관통하는 논의였다. 이러한 2자 관계의 구상은 라캉의 언

표행위 주체와 언표 주체의 분열로 흔적과 잔여물로 남아 있다.

그러나 우리가 2자 관계와 이분법에 대한 대안으로 지목하는 3자 관계는 라캉의 대타자나 초월자로서의 아버지, 국가, 신 등을 얘기하려는 것이 아니다. 오히려 3자 관계는 초월주의가 아니라, 내재주의에 입각해서 설명되어야 할 것이다. 즉, 관계의 외부에서 그것을 찾기보다 관계의 내부에서 찾아야 할 것이다. 즉, 여기서 가타리의 배치(agencement) 개념이 등장한다. 즉, 우리를 말하게 하고, 쓰게 하고, 언어화하도록 만드는 것의 배후에 작동하는 제3의 영역은 바로 그 관계망이라는 내재성의 구도 그 자체인 것이다.

언표행위 배치에 대한 의무적 준거로서 〈코기토〉의 독재와 손을 끊는 것, 물질적, 생물학적, 사회적 등의 배치가 자기 자신의 운명을 기계화할 수 있고 이질적인 복잡한 세계를 창조할 수 있다는 것을 인정하는 것, 이러한 것은 최소한의 이론적 보증과 함께 무의식에 거주하는 분자적 군집이라는 문제에 접근할 수 있도록 해주는 조건이다.[70]

관계에 대한 논의는 구조에 대한 논의가 아니다. 그것은 찢어질 수도 망가질 수도 있고 유한한 공동체적 관계망 자체를 의미하며, 또한 흐름이 관통하고 에너지가 생성되는 연결망을 의미한다. 배치라는 제3의 영역의 현존은 '말하는 나'와 '말 속의 나'의 분열과 단절을 설정하는 구조주의나 '말하는 나'와 '말 속의 나'의 대화를 추구하는 형이상학과 서구 철학의 방법론을 넘어서는 것이다. 배치에 대한 재배치를 통해서 표현

70 펠릭스 가타리, 『기계적 무의식』(푸른숲, 2003), 192쪽.

의 자율성은 끊임없이 확장될 수 있으며, 어디에 배치되는가에 따라 언표행위는 각각 다르게 표현될 수 있다.

여기서 바렐라가 『몸의 인지과학』에서 말한 발제주의(enactivism)에 대해서 주목할 필요가 있다. 발제주의는 우리의 인식이 성립되는 과정이 세계 구성적 실천과 마음의 형성이 함께 이루어지는 과정이라는 점에 대해서 지적하고 있다. 이는 스피노자의 평행론, 다시 말해 변용 양태와 평행하게 공통관념이 형성되는 것과 아주 유사한 지평을 만들어낸다. 혹자는 스피노자의 평행론을 "사랑할수록 지혜로워진다"라고 요약한다. 이에 따라 세계의 무근거성이 일반화된 현대 사회에서 주체와 대상의 분열과 단절을 전제로 한 구조주의나 제3의 영역을 대타자로 환원하여 초월성에 대한 요청으로 향하는 것이 아니라, 이 둘을 연결하고 구성하는 제3의 영역을 관계망과 배치로 사유하는 발제적인 관계망에 대한 설명에 대한 요청으로 향하는 것이다. 이것이 바로 내재주의적인 방법론에 따라 등장하는, 가타리의 배치(agencement) 개념인 것이다.

:: 언표행위의 집합적 배치

말한다는 행위의 차원은 사실상 집합적 배치에 따라 결정된다. 물론 개인적으로 어떤 준거집단에 기반하고 있느냐에 따라 차이가 날 수 있지만, 대부분의 경우에는 집단과의 접촉경계면에서 나타나는 배치에 따라 언표행위가 이루어진다. 예를 들어 집에서는 아버지로 직장에서는 부하 직원으로 극장에서 관객으로 여러 집단을 횡단하면서 언표행위를 그때마다 창안해 낸다. 어쩌면 통속적인 집합적 배치의 설정으로 간주하여 자동적으로 언표행위가 이루어진다고 착각할 수도 있다. 그러나 자신이 어느 집단에 소속되어 있고, 어떤 위상과 지층 속에 포함되어 있는가에 따라 언표행위의 성격과 내용이 달라질 것이다. 예를 들어 고정관념이 없는 아이들의 경우에는 비어, 속어 혹은 말이 안 되는 말을 내뱉겠지만, 전화를 받거나 아버지 앞에 있을 때는 표준말을 구사하려는 노력을 하는 경우가 많다. 그런 점에서 말을 행위의 차원에서 고려하는 화용론은 배치에 대한 논의 없이는 상상적인 차원에 머무를 수밖에 없다.

언표행위의 집합적 배치(agencement collectif d'enonciation)는 여러 집단을 횡단하고 이행하는 과정으로서의 삶을 보여준다. 그러나 특정 집단에 응고되거나 고착될 때는 딱딱한 성격갑옷과 같은 역할, 직분, 기능 등이 정체성의 형태로 다가올 수 있다. 이 경우 시간과 장소가 달라졌다 하더라도 흐름과 횡단에 따라 집합적 배치를 바꾸고 새로운 가상의 인물을 형성하는 데 익숙지 않게 된다. 이를테면 회사의 사장이었던 아버지가 집에서도 사장처럼 가족들에게 대하는 경우가 그것이다. 결국 삶은 기계와 기계의 횡단과 연결의 과정이며, 집단과 집단을 오가면서 색다른 반복을 형성하는 과정이기도 하다. 이러한 언표행위의 집합적 배치들을 횡단하고 이행하지 못하는 경우는 다중인격장애라고 한다. 다중인격장애의 경우에 제2, 제3의 인물이 등장하여 말을 하고 놀고 화를 내는 것 같지만, 사실은 배치에 따라 색다른 가면을 쓴 가상의 인물을 만들어내는 능력의 상실에 기반하고 있다. 아무리 평범한 사람이라 하더라도 가면과 가면을 횡단하며, 색다른 인물들이 되고, 색다른 어조와 느낌을 가진 언표행위를 하는 사람들로 이행할 수 있는 가상성의 능력을 갖고 있다. 이를 가타리는 도표적 가상성이라고 말하고, 들뢰즈는 잠재성이라고 말한다.

도표(diagram)를 관계의 도상(icon)으로 묘사하며 연산함수와 같은 것으로 본 퍼스는 현재의 전망에서 더 발전시킬 가치가 있는 보다 광범위한 전망을 제안했다. 여기서 도표는 사실상 자신에게 기능적인 일관성과 구체적인 일관성을 제공할 뿐만 아니라 단순한 구조적 관계에 폐쇄된 정체성으로부터 벗어나게 하는 다양한 타자성의 등록기들을 전개하도록 요구하는 자기생산적 기계로 여겨진다. 기계의 원형-주체성은 자신의 실존적 영토성을 훨씬 넘어서 확장한 가상성의 세계 속에 설립된다.[71]

가타리는 도표적 가상이라는 개념을 통해서 이행하고 횡단할 수 있는 가상의 능력을 개념화하였다. 이에 따라 전혀 다른 배치에 간다 하더라도 사람들은 금방 배치를 살피고 색다른 언표를 창안해 낼 수 있는 능력을 갖게 되었다. 그러나 정체성이나 하나의 성격갑옷밖에 가지고 있지 못한 사람들은 부드러운 이행과 횡단의 능력을 갖추지 못한다. 이를, 되기(becoming)가 아닌 이기(being)라고 가타리는 말한다. 이는 접속에 따라 잠재성이 자동적으로 발현되는 것이 아니라, '특이성 생산'으로서의 사건성을 만들어내야 한다는 점을 의미한다. 들뢰즈의 잠재성 논의와 가타리의 특이성 논의의 다소간의 차이점은 여기에 있다. 언표행위의 집합적 배치를 넘나드는 것은 예술, 창조, 심미적 행위를 의미하며, 이를 위한 준비 동작과 유연성, 예술가의 재배치 능력 등이 필요하다. 예술가를 '판 짜는 사람'이라고 말하는 이유는 여기에 있다.

언표행위의 집합적 배치가 조성되면 그때마다 각각 다양한 언표가 생산된다. 예를 들어 상담실에 앉는 순간 나의 언표행위는 배치에 따라

71 펠릭스 가타리, 『카오스모제』(동문선, 2003), 64-65쪽.

모두의 혁명법

순식간에 조성된다. 또한 강연장의 연단에 서는 순간 앞으로 진행될 언표행위는 첫마디에서 대부분 결정된다. 이에 따라 언표가 생산되는 과정에서 집합적 배치를 살펴봐야 할 것이다. 예를 들어 욕설, 악성 댓글, 혐오 발화에서도 사회적-집단적-역사적 배치가 드러나 있다. 이를 개인적인 심리 상태에 따라 결정된 것이라고 보기에는 무리가 있다. 또한 어떤 배치에서는 적절했던 것이 다른 배치와 사이배치로 향하면 부적절한 것이 될 수 있다. 그런 점에서 우리는 신중할 필요가 있다.

중요한 것은 언표행위의 집합적 배치를 더 다양하게 만들어낼 필요가 있다는 점이다. 특히 소수자들은 자신의 언어를 만들어내기 위해서 의도적으로 언표행위의 집합적 배치를 조성하고자 하는 노력을 한다. 이러한 집합적 배치에서 담론과 언어, 개념 등이 생산된다. 담화의 재료는 기존에 있던 소재를 재창조해서 사용하기 때문에, 수리, 병렬, 재조합 방식의 브리콜라주로 보일 수 있다. 이러한 재의미화의 예술적이고 심미적인 담화 생산에서 두드러진다. 이는 보편화된 의미화가 아닌 재특이화된 언어화를 의미한다. 그러므로 배치에 따라 무력화된 언표행위로부터 벗어나려면 우선 언표행위의 집합적 배치를 형성하면서, 주변 사이배치나 구조 등에 하나의 관계망으로서 개입하고 실천하여야 할 것이다. 다시 말해 아무 관계도 없는 사람과 거래를 하고, 아무 관련 없는 사람의 정보를 접하고, 아무 관계도 없는 사람과 경쟁하는 것이 아니라, 우선 관계를 형성하면서 말을 생산하는 것이 필요한 것이다.

가타리의 언표행위의 집합적 배치와 반대편에 있는 것은 푸코의 미시권력의 배치(dispositif) 개념이다. 푸코의 논의는 담화 분석을 권력 분석의 수준으로 만들면서, 일상의 작고 미세한 혈관을 따라 어떻게 미시권력이 작동하는지에 대해서 설명한다. 물론 권력의 미시적인 그물망은 분리와 배제의 네트워크 잠금을 하는 생명정치의 단계로 이행해 있다. 여기서 권력 담화의 중심은 "무엇을 혐오하고 미워하는가?"라는 수준에서 "무엇을 배제하고 분리하는가?"라는 수준으로 이행하고 있는 것이다. 둘 다 미시 파시즘의 작동으로 나타나지만, 미시권력의 작동양상은 다르다. 푸코의 권력 담화 분석은 미시권력의 그물망 속에서 너와 나 혹은 우리 중 어느 누군가가 무심결에 이주민과 소수자에 대한 분리와 배제에 공모하면서 미시 파시즘의 블랙홀에 빠질 수 있다는 경고를 던진다. 물론 의도적으로 혐오하고 미워하지 않았다 하더라도 말이다. 말년 푸코의 논의처럼 자기 통치의 수준에서 우리 안의 작고 미세한 권력을 어떻게 주체 형성에 이용할 것인가의 과제도 제기될 수 있지만 말이다.

들뢰즈와 가타리가 함께 쓴 『천개의 고원』에서의 언표행위의 논의는 많은 시사점을 준다. 먼저 언표행위는 행위에 상당하는 수준 즉 '수행적 발화(performative utterance)'의 속성을 가지며, 동시에 행위를 수반하게 하는 수준 즉 '발화수반행위(illocutionary act)'의 속성을 갖는다. 여기서 하버마스와 같은 언어철학자들은 수행적 발화의 속성에 주목하였다면, 들뢰즈와 가타리는 '모든 언어는 명령어'라고 단언하며 발화수반행위에 주목한다. 즉, 언표행위 자체는 그 자체로 명령어와 같은 발화수반행위에 해당한다는 것이다. 그 말에 따르면, 언표행위는 합의적 수준에서 의사소통할 수 있는 동화적인 그림을 그려낼 수 있는 영역이 아니라, 그 자체가 권력 담화의 속성을 갖고 있다. 이러한 지점에서 들뢰즈와 가타리의 논의는 푸코 논의와 공명한다. 왜 언어는 명령어인가? 언표행위의 집합적 배치가 푸코의 미시권력의 배치와 같다는 의미인가? 들뢰즈와 가타리는 모든 언표행위에는 작은 사형 선고와 같은 속성이 있다고 보았다. 즉, 모든 말 속에는 판결문을 읽는 판사의 배치와 같은 권력

담화의 속성이 있다는 것이다. 비록 친절한 권유와 인사말이라도 말이다.

언어는 삶이 아니다. 언어는 삶에 명령을 내린다. 삶은 말하지 않는다. 삶은 듣고 기다린다. 모든 명령어에는 심지어 아버지가 아들에게 하는 명령어의 경우에도 작은 사형선고가 있다. 카프카는 그것을 〈심판〉이라고 했다.[72]

여기서 언표행위의 3가지 수준을 살펴볼 필요가 있다. 처음에는 미래 도래할 세계에 대한 예언과 영혼의 속삭임, 아버지의 은유와 같은 시적 언표의 시기가 있다. 데리다가 지적했듯이, 여기서는 은유와 비유에 따라 영혼과 신이라는 아버지가 그의 아들로서 담화와 언표를 만들어낸다. 이른바 '은유와 비유의 시기'였다. 두 번째는 언표행위가 2자 관계를 표상하는 근대의 시기였다. 이 경우 언표가 정확히 대상과 일치한다는 설정 속에서 아버지의 은유에 전문가로서 대답하는 당돌한 아들을 등장시킨다. 이렇게 '대답의 시기'가 개막된다. 세 번째는 언표가 대상과 주체를 넘어서 그 관계와 연결이 갖는 문제의식을 발언하기 시작하는 탈근대 상황을 의미한다. 이 시기는 '문제제기의 시기'이다. 즉, 언표행위의 3가지 수준은 은유-비유의 시기, 대답의 시기, 문제제기의 시기를 거치고 있다. 그러나 언표행위 자체는 아버지의 발화인 작은 사형선고의 성격을 상실한 것은 결코 아니다. 결국 관계 맺기의 과정에서 말한다는 것보다 감각한다는 것, 느끼고, 변용된다는 것과 같은 교감과 상호작용의 우선성을 알 수 있다.

---

72 질 들뢰즈, 펠릭스 가타리, 『천개의 고원』(새물결, 2001), 149쪽.

:: 언표행위의 집합적 배치의 사례들

언표행위가 집합적 배치와 관련되어 있다는 점을 잘 보여주는 사례들은 다음과 같다. 먼저 '언어 약자'을 살펴보면, 텔레마케터, 백화점 점원, 보험회사 영업사원, 부하 직원, 내담자 등등이 여기에 해당하는 인물들이다. 이들이 속한 배치는 대부분 자본주의의 통속적인 관계 속에서 표준말을 사용하면서 감정노동을 하고 있으며, 위생적이고 탈색되고 깔끔한 담화의 성격을 갖는다. 언어 약자들의 경우 권력 담화에 대해서 방어적이기 때문에, 정동의 순환과 이행, 횡단의 흐름이 발생할 가능성은 극도로 배제된다. 대신 자신의 외양이나 발화를 최대한 위생적으로 만들고 이에 따라 형식적이고 통속적인 의례를 등장시킨다. 언어 약자라는 언표행위의 집합적 배치에서는 스스로가 권력 담화를 유발해야 한다는 역설적인 상황을 의미하기 때문에, 선행된 발화행위를 언어 약자들이 수행했다 하더라도 결국 권력 담화의 대답 속에 자신을 위치지음으로써 언표행위를 해야 한다는 아이러니에 직면한다. 여기서 '말하는 나'와 '말 속의 나'는 철저히 분열되거나 단절되어 있기 때문에, 이를 봉합할 수 있는 여지는 없다. 대신 장치와 설정, 제도 속에서 최대한 자신을 보호하려는 방어적인 태도를 취할 수밖에 없다.

언표행위의 집합적 배치가 드러나는 두 번째 인물군은 '언어 소수자들'이다. 언어 소수자들은 아동, 이주민, 청각장애인, 정신질환자, 여성, 성소수자 등이다. 이러한 주체성들은 사실 자신의 언어를 개발하기 위해서 언표행위의 집합적 배치를 만들어야 한다는 구성주의적 과제를 가지고 있는 주체성이다. 언어 소수자들의 경우에는 기존의 언표들을 재의미화하여 사용하거나, 색다른 언표를 만들어서 거울과 같이 반사하는 경우도 있다. 이를테면 퀴어라는 개념에 대한 성소수자들의 재전유를 사례로 들 수 있다. 처음에는 비하 발언이었지만, 재전유를 거쳐 자긍심을 표현하는 개념이 된 것이 퀴어 개념이기 때문이다. 대부분의 소수자들은 의미화하는 것을 통해 "나는 ~이며, ~은 ~이다"라고 단정할 수 있는 권력이 없다는 점이 특징이다. 이로 인해 의미화의 차원과 언어화의 차원이 이중적으로 구분되는 경우가 많다. 언어 소수자의 경우에도 책임주체의 당당하고 의지적인 설정과는 다소 차이가 있는 방식으로 자신의 집합적 배치에서만 통용되는 언어적 실천을 드러낸다. 이에 따라 집단이라는 배치 속에서 자신을 위치 짓고 언표행위를 함으로써 자신의 실존적 준거좌표를 획득하여야 한다는 과제가 등장한다.

> 방언의 지도 위에서 보이는 것은, 결코 명확한 경계선이 아니라 단순히 접경지대나 이행지대일 뿐이다. 모국어란 없다. 하나의 사회집단, 하나의 인종집단 혹은 하나의 민족에 의한 기호적 권력의 장악이라는 현상이 있는 것이다.[73]

그러므로 언어 소수자들의 경우에는 개인으로 원자화되었을 때 무기력지층에 포획되고, 언표행위 자체가 불가능해지는 침묵의 상황에 직면한다. 이에 따라 언표행위의 집합적 배치는 미리 주어지기보다는 구성되고 생산되고 재배치되어야 한다는 점을 알 수 있다. 이런 점에서 배치는 잠재성이 접속에 따라 반짝 등장하는 것이 아니라 특이성 생산의 구성적 실천을 통해서 생산되어야 할 것이 된다.

---

73 펠릭스 가타리, 『기계적 무의식』(푸른숲, 2003), 45쪽.

언표행위의 집단적 배치에서 세 번째로 문제를 삼을 지점은 언어 특이자들이다. 언어 특이자는 지방 사람들, 깡패, 군인, 일용잡부, 수감자 등과 같은 다형적 시설이나 폐쇄된 장소성이나 특정 직업군 등에서 나타나는 언표행위의 차원이다. 이들의 경우 특이 체질을 가진 집단으로 자신을 나타내기 위해서 자신의 직분, 기능, 역할에 따라 다양하게 굴절되고 변형된 언표를 생산해 내었다. 사실상 자신의 준거집단의 외부에서는 전혀 알 수 없는 담화를 생산함으로써 자신의 집단이 갖는 고유성을 보호하고, 다른 집단과 구분되는 폐쇄성을 과시한다. 언어 특이자들의 대표적인 발화 형태는 상소리와 욕설, 비하 발언 등의 일상화와 심미화와 음율화이다. 욕설이나 방언, 속어, 비어 등이 여기에 해당하며, 이에 따라 자신의 언표행위의 집합적 배치가 갖는 하위 배치를 위장하고 방어한다. 특히 욕설의 경우 자신보다 약자에 있는 아이, 동물, 여성을 비하하면서 자신이 갖고 있는 일말의 권력을 과시하는 것이다. 문제는 이러한 특이 체질적 집단의 혐오 발화가 경기 후퇴와 양극화, 불평등의 상황에 직면하면서 전 계층을 망라하는 수준으로 변화하고 있다는 점이다. 이러한 지점은 미시 파시즘의 발호라고 할 수 있는 사회 현상으로 드러나며, 이는 저성장 사회로 진입하고 있는 전 세계적인 국면에서 더욱 전면화되고 있다.

언표행위의 집단적 배치에서 마지막으로 살펴볼 지점은 피진(pidgin)과 크레올어(creole)라는 측면이다. 피진은 해외 교류, 무역, 식민화에 따라 발생한 굴절되고 변형된 언어의 형태이다. 예를 들어 필리핀 영어, 한국 영어, 말레이시아 영어 등의 변형되고 굴절된 의사소통 방식이 그것이다. 피진은 가깝지도 멀지도 않은 관계를 형성하는 순간에 활성화된다. 너무 가까워지면 언어적으로 완전히 포섭되지만, 너무 멀어지면 의사소통 자체가 안 된다. 또한 피진은 아이 언어와 같은 발화를 특징으로 한다. 이러한 점은 아이들의 의사소통 발달 과정과 제3세계 민중들이 느끼는 외부 사람들과의 의사소통의 수준이 유사하다는 것을 의미한다. 피진이 1세대를 거쳐 다음 세대에 전승되어 자동적으로 발화되기 시작하면 크레올어가 된다. 이러한 언표행위의 집합적 배치는 급격한 세계화로 인해 소수 언어들이 사라지는 국면이 도래하면서, 기존 영어나 불어 등 주류 언어로 포섭되는 과정에 놓여 있다. 그저 흔적과 자취, 잔여물로서 남아 있을 뿐, 계속 되는 표준어와 주류 언어의 공세에 따라 언표행위의 집단적 배치가 사라지거나 해체된다.

방언, 속어, 비어, 지방어, 피진어와 크레올어와 같은 소수 언어는 다수 언어와 구분되는 언표행위의 집단적 배치를 갖고 있다. 그러나 다수 언어는 통사법이라는 문법의 잣대로, 굴절되고 변형된 소수 언어를 끊임없이 사라지게 만들어왔다. 소수 언어의 현존은 언어를 "삐약삐약 울게 만드는 것"을 가능케 하는 지름길이라고 들뢰즈와 가타리는 표현하고 있다. 즉, 소수 언어의 등장은 다수 언어의 표준적인 언표행위를 교란하고 굴절시키고 이행하게 만드는 촉매제이다. 결국 언어의 다양성은 공동체의 다양성이기도 하다.

상수들은 조이고 변주들은 풀어주도록 변수들을 조작함으로써, 언어가 말을 더듬도록 하라. 또는 언어가 "삐약삐약 울게" 하라……, 언어 전체에, 심지어 문어에도 텐서들을 설치하라, 그리고 거기서 외침, 아우성, 음높이, 지속, 음색, 억양, 강렬함을 끌어내라.[74]

74 질 들뢰즈, 펠릭스 가타리,『천개의 고원』(새물결, 2001), 201쪽.

그러나 국어라는 표준말을 어릴 적부터 교육시킴으로써, 다수 언어의 권력담화를 당연시 하도록 만드는 것이 지배 질서의 과제이다. 이에 반해 다양성은 생산되어야 한다는 점을 잘 보여주는 것이 인터넷 언어나 또래 언어, 카톡 방언. 팟캐스트 언어 등의 언표행위이다. 이러한 새로운 언표행위는 전자적인 매체에 언어를 적응시키면서 동시에 자신의 언표행위의 배치를 가상적인 지평의 일부로 만든다. 다시 말해 집단의 위상이 가상적 집단일 수 있기 때문에, 언표행위의 집단적 배치가 가상적인 차원에서 형성되는 것이다. 이에 따라 집합적 배치는 가상성의 준거좌표의 일부로 편입되며, 자신이 어떤 준거집단의 입장에 설 것인가에 따라 언표행위의 집합적 배치를 다르게 설정할 수 있는 색다른 상황을 창조한다. 마치 이탈리아의 소수자운동과 자율운동의 매체였던 라디오 알리체가 특이성을 생산하는 언표행위를 다양하게 보여준 것처럼, 전자적 매체 속에서 색다른 언표행위가 이루어진다는 점은 고무할 만한 상황이다.

　물론 소수 언어가 비어, 속어, 방언, 지방 언어, 욕설과 같은 것으로 이루어진다는 점에 대해서 비판하는 목소리가 있을 수 있다. 예를 들자면, 팟캐스트에서 발화되는 욕설을 평가할 때, 소수자 비하, 여성 비하, 동물 비하, 아이 비하와 같은 행위 상당적인 수준에서 바라볼 것인가라는 문제와, 그것이 아니라 표현의 자율성의 수준에서 바라볼 것인가의 문제는 충돌하는 지점이 있는 것이다. 우선 데리다와 같이 의미의 해체 속에서 기표의 자율성을 추구한다면 표현의 자율성이 극대화될 수 있다. 반면 오스틴, 하버마스와 같은 화용론의 전통에서는 행위에 상당하는 것으로 간주되어 금기시될 수도 있다. 이런 점에서 가타리는, 기표의 자율성이 아닌 도표(=지도 그리기)의 자율성의 입장에 서서 화용론의 휴지통을 응시한다. 화용론이 암묵적으로 행위에 상당하기 때문에 문제 삼을 수 있다고 여기는 모든 발화가, 사실상 언표행위의 집단적 배치에서의 지도 그리기로서의 표현의 자율성을 고무하는 색다른 표현 소재의 일부가 될 수 있다는 점에 주목한다. 자유라디오나 팟캐스트와 같은 소형 미디어에서의 표현의 자율성의 차원을 어떻게 하면 소수 언어를 통해서 언표행위 집합적 배치를 조성할 것인가라는 색다른 과제를 갖고 있기 때문이다.

:: 화용론의 휴지통

오스틴이 『말과 행위』(서광사, 1992)에서 서술하고 있는 화용론에 대한 논의는, 언어가 행위에 상당하거나 행위를 수반한다고는 말하고 있지만 어떤 관계망과 배치에서 그렇게 될 수 있느냐에 대해서는 침묵한다. 예를 들어 아이가 노인더러 "착하게 살아라"라고 행위수반적으로 말할 수는 있지만, 그것이 어떤 배치와 관계망 하에서 가능한가라는 점에 대해서는 설명하지 않고 있는 것이다. 사실 배치에 따라 달라지는 것이 언표행위이기 때문에 아이가 노인에게 착하게 살라고 말하는 관계와 배치는 현실에서는 조성되기 어려운 특이한 상황을 의미한다. 오스틴은 진술문과 수행문을 구분하면서 "철수는 젊은이다"라는 참과 거짓이 분명한 진술문과, "철수 같은 젊은이를 사랑해"라는 행위를 유발하거나 수반하는 수행문의 차이점에 대해서 주목했다. 즉, 수행문으로서의 약속, 판정, 선언 등은 행위에 상당한다는 것이다.

그러나 배치와 관계망이 누락된 화용론은 이론적인 가정에 불과하다. 즉, 사회라는 장은 언어 내에서만 작동한다. 그러나 언표행위의 집합적 배치는, 사회적 관계와 배치가 언어 내부만이 아니라 언표행위라는 담화와 발화 상황 자체에서 동시에 작동하고 있다는 점을 의미한다. 화용론은 사회와 집단을 단지 언어 현상 내부에서 사고하였을 뿐이다. 다시 말해 화용론은 무의식의 화용론 즉 배치의 화용론을 함께 사고하지 않고서는 성립될 수 없다. 만약 화용론과 무의식의 화용론을 분리하려고 한다면, 화용론은 정보 이론의 구도로 전락하고 말 것이다. 이를테면 정보 이론에서는 송신자와 수신자가 있고 이 두 사람의 코드는 일치하며 상징질서는 통합되어 있다는 전제 속에서 메시지가 교환된다는 설정을 보여준다. 그러나 현실 세계에서는 정보 이론의 구도가 관철될 여지는 거의 없다. 화용론이 전제하고 있는 사회적이고 집단적인 언표행위는 사실 배치 속에서 동시적이고 즉각적으로 작동하고 있는 현실의 힘이다. 이에 따라 화용론의 휴지통을 뒤졌을 때라야 진정한 무의식의 화용론인 사회 현실이 드러날 수 있는 것이다.

언어학 이론은 각각의 중요한 발전단계에서——촘스키의 표현을 빌리면——화용론의 휴지통을 대체하였을 뿐이다. 구조주의의 이항적인 음운론적 환원에서 휴지통은 의미론적-화용론이었다. 생성의미론의 위상학에서는, 사람들은 내용을 설명하지만 언표행위의 사회적 배치에 대해서는 항상 설명하지 않고, 휴지통은 무어라 규정하기 힘든 윤곽을 더듬는 화용론의 방향으로 밀려난 상태였다.[75]

무의식의 화용론은 비기표적 기호계에 기반한 교감과 상호작용을 구성요소로 한다. 예를 들어 한 사람과 한 사람이 만나는 것은 언표행위

---

75 펠릭스 가타리, 『기계적 무의식』(푸른숲, 2003), 41-42쪽.

로서의 만남과 접속일 수 있지만, 사실은 몸짓, 표정, 음율, 박자, 화음, 색채, 형상, 냄새, 이미지 등과 같은 비기표적 기호계를 주고받는 과정일 수도 있다. 비기표적 기호계는 고정관념이 아닌 이행하고 횡단하는 기호작용이다. 이러한 이행의 구성요소로 인해 사람들은 상대방의 입장에 서서 되기(becoming)를 수행하고, 관계망 성숙, 즉 발전(development)의 방향으로 나아갈 수 있는 것이다. 그런 점에서 무의식의 화용론에 입각해서 화용론을 다시 쓰는 작업을 하지 않는다면, 화용론은 언어학자의 빛 좋은 개살구가 될 가능성이 농후하다.

무의식의 화용론은 또한 비기표적 기호계만을 구성요소로 갖지 않는다. 언표적 수준에서의 논의, 이미지-영상의 논의, 정보와 코드화된 지식의 논의, 기표화된 자본주의 논의를 포함하여야 할 것이다. 이러한 4가지 차원은 무의식의 화용론과 화용론이 교차하는 집합적 언표행위의 배치를 규명할 수 있는 전거라고 할 수 있다. 그런 점에서 화용론의 휴지통을 뒤지면 뒤질수록 언표행위를 규명할 수 있는 보석 같은 구성요소들이 쏟아져 나온다. 정보 이론과 미디어 매체는 자본주의적 주체성을 규명할 수 있는 구성요소지만, 때로는 비기표적 기호계와 언표행위와 함께 대안적인 주체성 생산의 매체가 될 수도 있다. 집합적 언표행위의 배치를 관통하며 흐름을 형성하고 있는 정동, 사랑, 욕망은 공동체와 신체로부터 기인한 것이라고 취급되어 왔지만, 탈근대 자본주의의 기호-욕망의 단계에서는 기호작용에 따라 발생할 수 있는 것으로 이행해 있다. 즉, 이미지와 영상, 기호작용이 사랑과 욕망의 흐름의 배치를 생산할 수 있는 것이다. 이러한 상황에서 언표행위의 집단적 배치는 완전히 달라진 현재의 상황에 직면해 있는데, 예를 들어 가상적 준거점에 따라 배치 자체가 규정되는 상황을 들 수 있다. 즉, 자신의 언표행위는 어떤 가상적인 배치를 염두에 두느냐에 따라 완전히 효능좌표를 달리할 것이다. 이에 따라 배치를 현실적인 관계망 자체로만 두는 것을 넘어서, 현실과 가상이 교직하고 교차되는 잠재성의 지점에서 배치를 면밀히 검토해야 할 구도가 그려진다.

앞서 말했듯이 배치를 제거한 상황에서 언표행위 주체와 언표 주체 간의 단절과 분열은 구조주의와 서구 철학의 기본적인 구도를 그려왔다. 그러나 이러한 분열의 시각이 아닌 집합적 언표행위의 배치라는 구도에서 발언하고 발화하는 것은, 구성적 기반을 만들어내면서도 동시에 발화의 내용과 표현을 만들어내는 것이다. 특히 이런 입장에서 소수자들은 주어진 현실의 역학 관계 속에서 발견되는 것만이 아니라, 배치의 생산과 구성의 시각에서 소수자들이 발명되어야 하는 것이다. 즉, 배치는 주어지는 것만이 아니라 창안되고 발명됨으로써 '말하는 나'로서의 주체성 생산을 이루어낼 수 있는 것이다. 이런 점에서 데리다가 『마르크스의 유령들』(그린비, 2014)에서 유령이 된 마르크스를 호출하고 재의미화함으로써 색다른 배치를 생산하려고 한 점은 시사점이 크다. 즉, 호러물이나 스릴러물이라고 할 수 있을 정도로 유령을 소환하고 역사적-사회적 배치의 일부인 언표행위의 배치의 일부로 삼는 실천 역시도 가능한 것이다.

살아 있는 것을 발명하기 위해, 새로운 것이 살게 하기 위해, 그때까지 거기에 존재하지 않은 것(noch nicht Danewesenes)이 현존으로 도래하도록 하기 위해, 초혼(招魂)이 죽음을 부르는 순간부터 초혼은 불안이다. 환영 앞에서 느끼는 이러한 불안은 고유하게 혁명적인 것이다.[76]

---

76 자크 데리다, 『마르크스의 유령들』(그린비, 2007), 216쪽.

이러한 가상적 실존좌표에 따른 언표행위의 집합적 배치는 '말하는 나'와 '말 속의 나'의 단절 속에서 담화하는 상황을 넘어서 이를 구성주의적으로 연결시키는 환영적인 제3의 영역을 만들어낸다. 이러한 구성주의적 진행 과정은 단지 근대의 책임주체를 표상하는 칸트주의적인 철학으로 귀결되지 않는다. 즉, 68혁명이 슬로건으로 만들었던 "상상력에게 권력을!"이라는 말은 그저 당위와 책임의 슬로건만이 아니라는 말이다. 환영, 유령, 상상력, 환시, 환각 등은 단지 환상의 개념이나 초월성, 향유, 결여라는 라캉의 구도가 아니라, 욕망의 배치를 정확하게 겨냥하는 개념이 될 것이다. 이에 따라 동양철학에서처럼 마치 제3자에게 하듯 말하는 것이 집합적 언표행위의 배치를 조성하는 것의 핵심이다. 예를 들어 공자는 요순시대를 살았던 과거의 유령을 통해 제자들에게 말하면서도 사실상 제3자에게 말하듯 말하고, 장자의 호접몽은 장자를 위한 발언도 제자를 위한 발언도 혹은 독자를 위한 발언도 아닌 '어느 누군가'이자 '어느 누구도 아닌 자'를 위한 제3자를 넘어선 n자를 향한 발언이다. 이에 대한 비밀에는 언표행위의 집합적 배치가 숨어 있는 것이다. 이처럼 동양에서의 발화의 비밀처럼 공동체와 배치 속에서는 색다른 발화와 언표행위를 만들어내는 힘이 숨어 있다.

공동체 속에서는 강렬도, 밀도, 온도, 화음과 음색 등에 따라 무언의 춤을 추듯 발언하는 것이 일반적이다. 이러한 언표행위는 언표행위의 내용이 아닌 표현에 주목하게 만든다. 그렇기 때문에 배치를 살피지 않고 언표의 내용에 주목하는 화용론은 무기력지층 앞에 선 원자화된 개인과도 같다.

작은 통과 비법, 제가 무엇을 어떻게 할지 몰랐던 25살 때, 정말로 저를 뒤흔들었던 유형의 사람은 우리(Oury)였습니다. 저는 제 괴로운 위기들을, 그를 감동하게 하려고 하지 않고 그에게 여러 번에 걸쳐 상세하게 설명했습니다. 어느 날 그가 저에게 다음과 같은 선(禪)문답을 했을 때까지. "네가 잠자리 가기 전 밤에 그 일이 일어나? 어느 쪽으로 누워 자? 오른쪽? 좋아, 그렇다면 다른 쪽으로 돌아누워!" 분석은 때때로 단지 그와 같은 것입니다. 돌아누우면 충분합니다.[77]

공동체의 배치는 언표행위의 비밀이며, 동양철학의 비밀이다. 그리고 앞서 얘기했던 베일에 싸인 제3자의 비밀이기도 하다. 공동체에서의 대화는 "음", "그렇지"라는 추임새만으로도 수많은 말이 생산되고, 호기심 찬 표정만으로도 아이디어와 색다른 언표가 생산되는 것이 가능하다. 그것이 자신이 한 일처럼 보이지만, 이런 추임새를 넣은 사람들과 공동으로 만들어낸 것이다. 그렇기 때문에 공유(common)의 비밀 역시도 언표행위의 집합적 배치를 통해서 풀 수 있다. 그렇기 때문에 오픈 소스, 집단지성, 생태적 지혜, 공유경제 등을 만들어내려면 일단 언표행위의 집합적 배치를 만들어내는 것으로부터 출발해야 할 것이다. 이러한 언표행위의 집합적 배치의 특징으로 인해, 소음, 잡음, 잉여, 잔여물로 간주되어 화용론의 휴지통에 집어 던져버렸던 소수자의 영역이 복권될 수 있다. 즉, 잉여와 소음, 웅성거림이라고 간주되었던 소수성의 영역이 사실상 무의식의 화용론의 이행의 구성요소가 된다. 이로서 '무의식은 언어로 구조화된다'라고 생각했던 라캉의 구도를 완벽히 벗어나, 언어로 확실하게 구조화되지 못한 발화에 있어서도 그것이 웅성

---

77 펠릭스 가타리, 『가타리의 대담』(미출간원고), 「미셸 부텔과의 대담, 1985」, 134쪽.

　　　　　　　　　　　　　　　　　모두의 혁명법

거리면서 강렬도, 온도, 밀도를 갖고 있다는 것 자체만으로 언표행위의
집합적 배치라고 할 수 있게 되는 것이다. 가타리의 언표행위의 집합적
배치에는 소수성을 띤 무의식의 화용론이 내재해 있는 셈인 것이다.

10장

미리 주어진 외부가 아닌 탈주를 통한 외부 생산으로!

강령 10

권력의 파시즘에 대해, 욕망으로, 욕망 기계로, 그리고 무의식적 사회적 장의 조직으로 인도하는, 능동적이고 적극적인 탈주선을 대립시켜라.

문명의 외부에 대해서 어떤 태도를 취해야 할까? 들뢰즈와 가타리의 동물되기라는 개념은 여기에 대한 단상과 영감, 아이디어를 준다. 여기서 동물되기는 문명의 외부로서의 소수자와 생명으로 향하는 탈주선을 의미한다. 들뢰즈와 가타리가 함께 주장했던 노마드는 '고정관념을 갖지 않는 자유인이나 실천가'와 같은 사람이라는 점에서 탈주하는 사람들의 이미지를 제공해 준다. 비루한 일상, 지루한 작업, 권위적인 학습 등으로부터 거대한 탈주의 행렬을 만들었던 68혁명의 상황은 민중이 스스로 외부를 만들어 자율성을 획득하려 했던 역사적인 사건이라고 할 수 있다. 그런 점에서 외부적 사유는 야성적 사유이며 자율주의의 또 다른 이름이라고 할 수 있겠다.

:: 68혁명, 지상에 드러난 욕망의 탈주선들

"모든 사람이 숨쉬길 원하지만 누구도 그럴 수 없고 많은 사람들은 '우린 나중에 숨쉴래'라고 말한다. 그들 대부분은 죽지 않는다. 이미 죽어 있기 때문이다."

"덧칠하지 마. 구조 자체가 썩었어."

"노동하지 마. 노동하는 사람은 일이 없으면 지루해진다. 노동하지 않는 사람은 결코 지루하지 않다. 만국의 노동자여, 즐겨라!"

———68혁명의 낙서들 중에서

68혁명의 시작은 여러 갈래부터 감지된다. 프랑스 파리 낭테르 대학의 여학생 기숙사의 부당한 관리 지침에 항의하는 시위대, 이스빠노 집단과 가타리가 주도하여 경찰에 무참하게 두들겨 맞는 전술을 폈던 3·22 운동, 베트남 침공에 항의했던 시위대의 점거 활동, 소르본 대학에 대한 점거 시위 등의 여러 조류는 결국 68혁명의 도도한 물결이 되었다. 잘못된 것은 기성 체제 자체였다. 당시 포디즘의 대량생산/대량소비의 시스템은 지루한 노동, 비루한 학습 노동, 여성의 젠더 불평등이라는 상황에 민중을 몰아넣었다. 욕망의 특이점들은 결국 "지루해서 못 살겠다"라는 테제로 요약된다. 민중과 소수자들은 어떤 특이점의 계기를 통해 탈주선을 타기 시작한다. 한 사람이 여럿이 되고, 여럿이 욕망의 배치를 이루고, 욕망의 배치가 말, 글, 낙서, 음악, 미술, 시위, 매체 등을 구성하게 된다. 그 속에서 꿈꾸고, 항의하고, 욕망하고, 상상하는 행동양식들이 서식하게 된다.

새로운 사회 운동은 정신질환자의 점거 시위의 물결, 소수의 성의 권리를 말하였던 동성애자와 성소수자들의 시위, 전쟁 대신 섹스와 평화를 추구하며 진압 군인의 총구에 꽃을 꽂던 평화시위대와 히피들, 가사노동에 대한 임금 지급을 외치며 뛰쳐나온 주부들, 가족주의 전망으로부터 벗어나 공동체를 이루기 시작한 청년들, 노조 관료의 영향력으로부터 벗어난 주변부 노동자들의 와일드 스트라이크, 구좌파의 논리로부터 완벽히 벗어난 신좌파들, 지구와 생명, 생태를 드디어 발언하고 행동하기 시작한 생태주의자들, 권위주의 교육 체계에 대해서 항의하는 청소년들, 다른 생각의 권리를 주장하는 정신질환자들, 섹슈얼리티의 자율성을 말하기 시작한 성매매 여성들 등의 분자적인 욕망의 배치로 집약될 수 있다. 드디어 욕망이 스스로 발언하고 점거하고 행동하기 시작한 것이다.

해방이란 불안정성을 코드화하려는 것이 아니라, 그것들의 증식을 원하는 것이다. 즉, 차이와 특이성이 만개하도록 하는 것이다. 새로운 혁명——노마드——는 흑인과 백인과의 차이를 계급투쟁으로 단순화하지 않는 것이

모두의 혁명법

며, 욕망의 복수성을 인정하는 것이다. 들뢰즈 · 가타리의 실천은 분자적인 것이 되는데, 분자적인 것이란 민중적 사회적 집단의 연대가 아니라 욕망의 배치를 다루는 것이다.[78]

68혁명은 여전히 진행 중인 욕망의 혁명이다. 그러나 그때와 같은 상황은 다시는 벌어지지 않을 것이라고 말하는 사람도 있다. 68혁명의 탈주선 자체는 외부인 자연과 생명으로 향해 있지만, 내부의 자연, 내부의 생명인 욕망이 문명을 변화시키는 방향성으로도 향했기 때문이다. 즉, 문명의 외부가 아니더라도 문명의 내부에서 소용돌이와 파열음을 일으키는 것이 바로 탈주선이다. 오늘날 분자적 욕망의 등장에 대해서 부드럽고 유연하게 대응하는 분자적인 억압이라는 지배 질서가 등장하면서, 욕망의 문제제기를 중화하고 살균하고 탈색시키기 원하는 방향성도 함께 존재한다.

그러나 통합된 세계자본주의 체제의 내부에서 특이한 욕망의 등장은 시스템 전체에 대해서 심원한 변형을 가할 수 있는 유일무이한 사건이 된 상황이다. 특히 분자적인 욕망의 집합적 배치와 관계망은 즉각적인 제도화로 나아갈 수밖에 없는 상황이다. 그런 점에서 '관계망=제도'라는 가타리의 제도요법의 제안은 협치(governance)의 위상을 구성적 협치의 방향성으로 변형시킨다. 즉, 협치의 내부로 욕망의 미시정치(=구성적 협치)가 깊숙이 들어가 있는 상황이 그것이다. 이렇듯 68혁명은 현재도 진행 중이고 여전히 완강히 지속되는 과정에 놓여 있는 셈이다. 집중과 수렴을 특징으로 하는 권력의 심장부에 점차 스며들어가 분자적

---

78 Sadie Plant. *Nomade and Revolutionaries*, 1993, Deleuze and Guattari Volume 2.

인 욕망이 스스로 발언하고 구성적 협치를 수행하고 있는 현재의 상황은 영구혁명(=영구개량)의 시대임을 의미한다. 이런 점에서 오늘날이 바로 68혁명의 시대이다.

:: 과도한 현재는 권력과 파시즘의 히스테리

현대 사회에서 민주주의와 전체주의, 파시즘은 서로 전혀 상관없는 정치 체제인 것으로 다루어진다. 그러나 겉으로는 평화롭고 안전한 민주주의 내부에 파시즘과 전체주의의 암적인 권력의 논리가 똬리를 틀며 작동하고 있다는 점은 역사적으로도 드러난다. 전체주의 같은 경우에 파리 코뮌으로부터 시작된 노동자 직접민주주의에 대한 반동적 움직임의 결과물이며, 파시즘의 경우에는 전후 독일 사회의 경직되고 관료화되고 무능한 사회민주주의로부터 벗어나 카리스마 있는 권위주의적인 지도자를 향한 반동적 움직임의 결과물이다. 이러한 두 체제는, 하나는 배제와 차별 더 나아가 증오와 혐오의 논리를 갖고 있는 파시즘과, 다른 하나로 위계와 권위, 감시와 관료주의의 논리를 갖고 있는 전체주의로 구분된다. 들뢰즈와 가타리는 파시즘과 전체주의, 민주주의 세 가지 영역을 다음 도표와 같은 구도로 그려낸다.

이러한 파시즘에 대한 분석으로는 라이히의 『파시즘의 대중심리』(그린비, 2006)가 있다. 이 책에 의하면 당시 히틀러는 위대한 아리안 민족이 태양계 내에서 대업을 완성할 것이라고 선언하면서, 전쟁 부채로 인해 밑바닥에 도달한 독일 민중으로 하여금 강렬한 카리스마를 가진 지도자에게 예속되는 것을 욕망하도록 충동질하였다. 나치는 대중의 욕

구분	민주주의	파시즘	전체주의
신체 양상	기관 없는 신체	암적 신체	유리처럼 텅 빈 신체
논리	선언	가언	정언
연결 양상	접속(connection)	이접(disjunction)	연접(conjunction)
연결 논리	~그리고 ~그리고	~이냐 ~이냐	고로 나는 ~이다
연결 방식	수평적 연결접속	분리차별	정체성
리도비경제상 위치	생산	등록	소비

망 속에 숨어 있는 카니발적 희생 제의를 연상케 하는 남성적 활력, 피, 생활 공간, 죽음에 대한 원형 이미지와 상징 체계를 동원하였다. 이는 바이마르 공화국과 같이 관료제를 합리적이라고 여겼던 사회민주주의 정부에서는 한 번도 볼 수 없었던 엄청난 예속을 향한 충동과 에너지를 응집시키는 것이었다.

여기서 라이히는 스피노자의 문제의식과 같이 "왜 대중은 예속을 욕망하는가?"라는 질문을 던진다. 사실 파시즘의 광기는 인종주의, 민족주의, 애국주의의 열망으로 나타나기는 했지만, 그 배후에 자살적 욕망을 내재하고 있었다. 즉, "더 이상 잃을 것이 없다, 갈 데까지 가보자"라는 밑바닥에 도달한 대중들의 자살에 이르는 암적인 신체가 숨어 있었던 것이다.

사회심리학은 전혀 반대되는 관점에서 문제를 파악한다. 즉 설명되어야 할 것은 배고픈 사람들이 도둑질을 했다거나 착취당한 노동자가 파업을 일으켰다는 사실이 아니라, 배고픈 사람들 중 대다수는 왜 도둑질을 하지 않는가, 또 착취당하고 있는 사람들 중 대다수는 왜 파업을 하지 않는가라는 사실이다.[79]

그렇다고 파시즘이 무능하면서도 정치선동을 통해서만 대중을 장악한 것은 결코 아니었다. 가타리에 따르면 나치의 파시즘은 분자적이고 미시적인 영역에서 점원 유형의 기회주의, 융통성, 순응성, 재향군인 유형의 신뢰감, 평민 유형의 평범함으로 무장되어 있었고, 경기회복, 실업해소, 공공노동 프로그램, 통화규제 등 강력한 국가 규제 정책을 수행했다. 또한 나치는 1차 세계대전 이후에 짊어진 전쟁 부채를 갚지 않겠다고 선언하고, 금본위제 국제 환율시장으로부터 탈퇴하는 등의 현실적인 정책들을 수행했다. 혹자는 파시즘이 너무도 비합리주의인 광기 어린 정치제도일 것이라고만 생각하는 경우도 있다. 그러나 사실 파시즘은 가장 근대적인 이성의 결과물이며, 그것의 최종적인 결론이다. 즉, 도구적 이성이라는 목적합리성이 극대화되었을 때 이성적인 사유가 오히려 가장 광기의 사유로 전도될 수 있다는 것을 역사적으로 보여준 사건이라고 할 수 있다.

'파시즘은 다시는 없을 것이다' 따위의 아주 너그러운 정식을 단호히 거부해야 한다. 파시즘은 이미 발생했고, 또 여전히 발생하고 있다. 파시즘은 우리의 가장 복잡한 방어망을 뚫고 스며들어 발전을 계속한다. 파시즘은 밖에서 오는 것처럼 보이지만, 그 에너지는 우리 각자의 욕망의 핵에서

79 빌헬름 라이히, 『파시즘의 대중심리』(그린비, 2006), 55쪽.

모두의 혁명법

나온다. 외관상 문제가 없는 상황에서 재앙은 어느 날 갑자기 나타날 수 있다.[80]

나치의 파시즘은 기존의 공리계를 완전히 초극한 대업에 착수했다고 미화된다. 이는 니체의 초인 사상에 기반하고 있는 것이었다. 이를테면 나치의 병사들에게 가장 애독되었던 책이 바로 『차라투스트라는 이렇게 말했다』와 같은 책이었다. 유태인에 대한 아우슈비츠에서의 학살은 개인적인 살해 욕구나 사이코패스와 같은 것과는 전혀 다른 태양계 내에서 동시대를 초극한 위대한 사업으로 미화되었다. 문제는 니체의 초인사상이 공동체의 가치평가로부터 자유로운 가치평가 즉 초극의 논리가 가능하다는 것으로 왜곡될 수 있다는 점이다. 즉, 공동체가 갖고 있는 "남을 죽이지 말라", "남의 물건을 훔치지 말라"와 같은 가치판단을 쉽게 초극한다는 것은 무엇일까? 가치를 창조하는 초인의 모습일까? 아니면 기존 가치체계로부터 자유로운 영웅일까? 그러나 그것이 드러난 형태는 공동체의 지속과 유지를 위협하는 암적인 모습으로서의 파시즘이었다. 공동체와 소수자, 여성의 나약함을 뛰어넘어서 초인의 강함을 설파하는 초극의 원리는 파시즘의 기본 심상을 이루고 있다.

나치의 스탈린그라드와 노르망디에서의 패배로 인해 사람들은 파시즘이 다시는 돌아오지 않을 것이라는 믿음을 갖게 되었지만, 사실 이것은 낭만적이고 순진한 생각이다. 이제 파시즘과 전체주의는 민주주의 내부로 들어와 권력의 작동 방식의 일부가 되었다. 즉, 분리와 차별의 파시즘과 위계와 권위의 전체주의는 민주주의로 스며들어와 민주주의

80 펠릭스 가타리, 『분자혁명』(푸른숲, 1998), 81쪽.

의 다양성과 생명력을 좀먹고 암적으로 증식한다. 바로 미시 파시즘 현상이 그것이다.

미시 파시즘은 차별과 배제의 논리로 민주주의 내부에서 작동한다. 한국 사회에서도 '우리 안의 파시즘'이라는 개념으로 잠깐 소개된 바 있는 미시 파시즘에 대한 논의에 주목할 필요가 있다. 미시 파시즘은 분리차별의 논리 구조를 갖고 배제, 차별, 분리, 혐오, 증오 등으로 그 논리를 확대하는 분자적인 체계이다. 그런데 문제는 민주주의의 차이와 다양성의 일부로 미시 파시즘 집단이 포함될 수 있느냐의 문제이다. 인종주의, 여성 혐오 발화, 소수자에 대한 차별 등은 민주주의 내부로 스며들어와 권력 집단의 정치 수단과 도구가 된다. 이에 따라 반파시즘 투쟁 지형은 소수자들의 욕망해방투쟁으로 재편되어 있는 상황이다. 우리가 낯선 인종, 소수자, 아동, 여성 등에 대해서 식별과 차별의 논리를 갖게 될 때, 미시 파시즘의 논리는 이미 우리 안에서 작동하는 셈이 된다. 가타리는 미시 파시즘이 도처에 똬리를 틀 수 있다는 가능성에 대해서 인정한다. 예를 들어 여성에게 친절한 사람이 아이에게 권위적일 수 있으며, 노동자를 위해 투쟁하던 사람이 소수자에 대해서 차별적일 수 있다. 그러나 가타리에 따르면 그것은 "어느 정도인가"의 문제를 수반한다. 식별과 분리의 시선을 넘어 차별과 배제로 향하는가 혹은 증오와 폭력으로 더 확장되는가의 문제가 그것이다.

파시즘이 작동시키는 욕망의 미시정치와 소수자운동이 만드는 욕망의 미시정치는 잘 구분하기 어렵다. 따라서 민주주의와 다양성 내부로 파시즘과 전체주의도 그 일부로 들어올 수 있다는 착각과 오해도 가능하다. 들뢰즈와 가타리는 리좀(rhizome)의 논리, 즉 n-1(일자를 뺀 다양성)을 통해서 파시즘과 전체주의라는 일자의 논리가 다양성과 차이의

모두의 혁명법

논리로부터 뺄셈이 되어야 한다고 설명하고 있다.

> 리좀은 〈하나〉로도 〈여럿〉으로도 환원될 수 없다. 리좀은 둘이 되는 〈하나〉도 아니며 심지어는 셋, 넷, 다섯 등이 되는 〈하나〉도 아니다. 리좀은 〈하나〉로부터 파생되어 나오는 여럿도 아니고 〈하나〉가 더해지는 여럿(n+1)도 아니다.……리좀은 n차원에서 주체도 대상도 없이 고른판 위에서 펼쳐질 수 있는 선형적 다양체들을 구성하는데, 그 다양체들로부터는 언제나 〈하나〉가 빼내진다(n-1).[81]

여기서 반파시즘의 민주사회는 바로 소수자운동이 발전하고 다양체로서의 공동체가 성숙한 결과물이라는 점에 주지하여야 할 것이다. 권력의 파시즘의 논리를 넘어서는 것은 소수자들의 욕망이 존중되는 차이와 다양성의 사회를 의미한다. 그렇기 때문에 소수자에 대한 혐오와 폭력에 대해서 저항하고 소수자의 편에 서서 소수자되기를 하는 것이 바로 미시 파시즘의 유혹으로부터 자유로워지는 하나의 방법이라고 할 수 있다. 그런 점에서 소수자운동의 욕망투쟁은 미시 파시즘의 차별과 배제의 논리로부터 자유로워지고 민주사회로 가기 위한 가장 유력한 지름길이라고도 할 수 있다.

특히 한국 사회에서 여성에 대한 혐오 발화와 이주민에 대한 증오, 소수자에 대한 차별이 확산되고 있는 것은 제로성장 사회의 진입으로 인한 성공 기회의 박탈과 일자리의 부족, 젊은이들의 실직, 전망 상실이라는 상황과 맞물려 있다. 이는 독일 사회가 밑바닥 정서 속에서 파

---

81 들뢰즈와 가타리, 『천개의 고원』(새물결, 2001), 47쪽.

시즘의 유혹으로부터 자유롭지 못했던 것과 유사한 상황임을 의미한다. 파시즘은 좌/우파의 공리계 내에서 똬리를 틀며 예속에 대한 욕망을 추동하였다. 마찬가지로 회사, 공장, 직장, 가상현실, 게임, 스마트폰 어플, 미디어, 이웃, 가족 등 모든 곳에 미시 파시즘이 증식할 수 있는 가능성이 있다. 그렇기 때문에 욕망의 미시정치가 민주사회에서 더욱 중요한 위치를 차지한 상황이라고도 할 수 있다. 욕망이 자살적인 충동이나 예속에 대한 욕망으로 향하는 것이 아니라, 해방과 자유와 공명하면서 공동체 속에서 선순환될 수 있도록 유도하는 것이 필요한 때이다.

:: 욕망은 미래진행형적 흐름

한편에 파시즘의 미시정치가 있다면, 다른 한편에는 욕망의 미시정치가 있다. 여기서 욕망은 자본주의적 욕망이 아니라, 삶을 살아가고자 하는 의지이며, 생명에너지와 활력이며, 둘레환경과 생활세계를 새롭게 만들어 살 수 있는 공간으로 연출하는 것을 의미한다. 또한 일단 욕망이 발생했다는 것은 기존 질서에 대한 문제제기가 발생했다는 것으로 간주될 수 있다. 그래서 지배 질서에 균열과 물음표, 파문을 일으키는 돌멩이 하나가 바로 욕망이다. 이러한 욕망을 소비로 환원할 수도 없을 것이다. 아이들의 욕망이 과자봉지로 환원될 수 없고, 여성의 행복이 세탁기나 화장품으로 환원될 수 없고, 노인의 욕망이 담배 한 개비에 환원될 수 없다. 전 세계에 눈덩이처럼 욕망이 격발되었던 68년 혁명을 상기해 본다면, 현존 질서를 유지하고자 하는 사람들의 입장에서 욕망이 던지는 파문이 얼마나 위협적인지에 대해서 알 수 있다. 자본주의는 68년 욕망혁명을 이후 1989년 신자유주의 시스템의 정착을 통해서 이에 응답했다. 이제 보장된 삶의 신화는 더 이상 불가능하며, 대신 욕망의 생성에 대해서 포획할 수 있는 전자적/금융적 시스템이 자본주의에 장착된다. 자본주의는 어떤 욕망이 발생하는지에 촉각을 곤두세우면서, 즉각적으로 상품화하고 자본화하는 유연한 시스템을 갖추었다. 그러나 욕망이 아무리 포획된다 할지라도 그 자체로 기존 질서에 대한 문제제기이자 반란이라는 점은 바뀌지 않았다. 욕망의 생성은 항의하는 무의식, 광야-무의식의 생산인 셈이다.

욕망이 억제되는 것은, 아무리 작은 욕망이라도 일단 욕망이 생기면 사회의 기성 질서가 의문시되기 때문이다. 그렇다고 해서 욕망이 비사회적인 것은 아니다. 그렇지 않고 욕망은 사회를 뒤집어엎는다. 욕망하는 기계들이 세워지면 사회의 구석구석이 온통 폭파된다.——혁명적인 것은 욕망이자, 좌익의 제전이 아니다!——그리고 어떠한 사회도 참된 욕망의 정립을 허용하면 그 착취, 예속 및 위계질서의 구조가 반드시 위험에 처하게 된다.[82]

또한 어떤 일이나 과업을 하고자 하는 집단이나 공동체에서 관건이 되는 것은 어떻게 그것을 해낼 수 있는 에너지와 활력을 갖추느냐의 문제이다. 철학에서의 에너지론은 프로이트의 리비도에너지론과 라이히의 오르곤 에너지론, 그리고 가타리의 기호의 에너지화 논의까지 전개되었다. 그것은 에너지와 활력을 어떻게 만들어야 할 것인가에 대한 고

---

82 질 들뢰즈, 펠릭스 가타리, 『앙띠 외디푸스』(민음사, 1997), 179쪽.

민의 결과이다. 공동체에서는 생명에너지와 활력이 없이는 어떤 일도 성사될 수 없다. 그렇기 때문에 욕망이 있는 곳에 에너지와 활력을 만들어내는 특이성 생산과 관계망 창발이 있는 셈이다. 더 근원으로 내려가 보면, 가타리의『분열분석적 지도 제작』의 논의처럼 반복(=기계)이 에너지 발생의 원천이라고도 할 수 있다. 예를 들어 "나는 기뻐"라는 말을 10번 반복하면, 기쁘다는 마음이 생산된다. 생명에너지는 반복의 재귀적인 작동 속에서 생성된다. 그렇기 때문에 공동체에서 생명에너지와 활력을 찾는 방법은 사랑과 욕망의 발생으로부터 시작되지만, 그것이 생산되는 것은 재귀적인 과정에서 비롯되는 것이다. 또한 욕망이라는 생명에너지가 발생하기 위해서는 지루하고 비루한 일상의 반복이 아니라, 색다른 것의 차이 나는 반복으로부터 유래한다는 점도 드러난다. 왜냐하면 동일성의 비루한 반복은 소진으로 향하겠지만, 차이 나는 반복은 에너지와 활력의 생성과 화음으로 향할 것이기 때문이다. 즉, 편차가 있어서 소용돌이를 일으키고 카오스를 일으키는 것이 발생되고 반복되면, 그것의 횡단면 속에서 사랑과 욕망이라는 생명에너지가 생산되는 것이다.

여기서 오르곤 에너지론을 전개했던 라이히의 생명에너지관에 대해 주목할 필요가 있다. 라이히는 성-욕망이라는 1차적인 욕망의 자연스러운 생명에너지가 금기시되고 터부시된다면 성격갑옷이라는 딱딱한 지층이 형성되고, 이에 따라 억압을 욕망하는 파시즘이라는 방향으로 향한다고 지적했다. 이에 따라 파시즘의 원인을 욕망과 자연에서 찾고 있는 호르크하이머의『도구적 이성비판』(문예출판사, 2006)의 논의는 기각되고, 오히려 욕망에 대한 억압을 수행하는 제도나 사법적 질서에서 찾아야 한다는 점이 부각된다. 즉, 욕망이 자연스럽게 흐르도록 그대로 놔두면 균형과 조화의 욕망의 미시정치가 등장하면서 공동체는 욕망을 자주관리할 수 있게 된다는 것이다. 라이히의 생명에너지에 대한 논의는, 한 곳에 집중되어 있는 에너지관이 아니라 분산되고 민주적인 에너지관의 정립에도 기여할 수 있는 요소를 갖고 있기 때문에 오늘날의 재생에너지와 관련된 철학적인 토대에 영감과 단상을 제공해 준다. 문제는 등장하는 욕망이 폭발적이냐, 아니냐가 아니며, 동시에 자본주의적 욕망인 탐욕, 도착, 갈애에 기반을 두고 있느냐의 여부도 아니다. 욕망을 과격함이나 극단주의 등의 혐의를 두거나 유죄화하는 논리의 배후에 깔린 지적은 이런 증거를 제시하지만 말이다. 이와 반대로 생명과 신체, 우주와 자연으로부터 기원을 갖는 에너지가 공동체를 풍부하게 만들고 활력이 되는 지점에 있다.

사랑과 욕망의 부드러운 흐름이 공동체와 집단에 생성되면, 그 흐름의 횡단면을 따라 공동체는 탈주하며 이행하고 변이되고 횡단한다. 여기서 가타리는 사랑과 욕망을 구분하지 않고 욕망이라는 개념으로 통합한다. 이는 불교에서의 돈오점수(頓悟漸修)의 논의처럼, "영원한 찰나의 연속이냐? 한 번의 사건성의 지속이냐?"라는 지점에서 찰나의 사랑과 지속의 욕망으로 구분할 수 있는 여지도 남긴다. 하지만, 사랑과 욕망의 생성과 창조는 기존 시간에는 존재하지 않았던 찰나의 사건을 통해 마치 사진 포착처럼 인생의 전반을 각인할 수 있는 무의식의 사건성을 발생시킨다. 이에 따라 흐름에 몸을 싣고 비스듬히 따라가는 것도 하나의 방법이겠지만, 소수자되기와 같은 하나의 사건 속에서 인생의 행로를 완전히 달리 하는 것도 가능하다. 이에 따라 공동체에는 기존의 기억에 없었던 색다른 상황, 사건, 인물 등이 등장하고 생산될 수 있다. 사랑과 욕망의 부드러운 흐름이 '주체성 생산'이라는 과제를 해결할 수 있는 유력한 열쇠라는 점은 반기억 생성이라는 점에 있는 것이다.

　　상이한 특이화과정들의 공통특성은 자본주의적 주체화를 거부하는 다르게 되기이다. 관계들 속에서의 따뜻함, 특정 욕망방식, 창조성의 긍정적인 확인, 사랑하려는 의지, 단순히 살거나 살아남으려는 의지, 이러한 의지들의 복수성을 통해 그것을 느낄 수 있다. 이것이 일어날 수 있는 공간을 만들어야 한다. 욕망은 오직 특이화의 벡터들에서만 체험될 수 있다.[83]

　　욕망은, 책임주체로서 정체성이 분명해지면서 완결적인 것이 되거나 '쾌의 증대와 불쾌의 감소라는 결과의 공리주의'에 따라 평가되고 계산될 수 있는 것이 아니다. 그것은 미래진행형이자 과정으로서의 주체성을 생산하는 곳으로 바로 향한다. 욕망은 무의식적인 행렬이 움직이는 과정과 진행을 결정할 뿐, 그것이 어떻게 효율적으로 달성되었는가를 따지지 않는다. 그래서 성과주의나 공리주의가 아니다. 욕망을 품게 되면 삶의 무의식적 기반의 지향성과 방향성이 욕망을 따라 움직이는 상황을 만든다. 그렇기 때문에 "네가 진정으로 원하는 게 뭐야?"라고 묻는 것은 언제나 타당하고, 그 질문이야말로 삶의 진실에 가까워질 수 있는 질문이다. 만약 미리 결정된 역할, 기능, 직분 등에 따라 책임주체로서 행동하는 것이 전부라고 한다면, 얼마 지나지 않아 소진되고 고갈된 텅 빈 상태로 빠지거나 폐색되어 버릴 위험이 있다. 즉, 에너지와 활력을 어디에서 찾을 수 있는지에 대한 동기부여와 원천에 문제가 생기기 때문이다. 환경, 인물, 관계, 정동 등의 타자성을 아우르고 그것에서 서식하는

83　펠릭스 가타리, 『미시정치』(도서출판b, 2010), 78쪽.

　　　　　　　　　　　　　　　모두의 혁명법

무의식의 결과 무늬, 화음 등의 배치를 살핌으로써, 자신의 욕망이 어떤 것인지에 대해서 들여다보지 않고서는 그러한 위험은 늘 상존한다.

그런 점에서 욕망은 미래진행형적인 무의식이라고 말할 수 있다. 욕망이 정신적 어려움에 처한 사람들의 치유의 비밀을 갖고 있는 이유도 거기에 있다. 욕망이 미래로 향하는 자기원인을 형성함으로써 협착과 폐색, 도착, 우울, 불안으로부터 탈주할 수 있는 경로를 개방하기 때문이다. 과거의 트라우마가 있다면 욕망이 갖고 있는 미래적 시간으로부터 지도 그리기를 하면서 미래의 특이점과 연결된 현재를 살도록 하면서 과거의 조각난 무의식을 매끄럽게 할 수 있는 원천을 형성할 수 있게 된다. 동시에 두 개의 잘못된 발신음이 동시에 수신되는 정신분열증의 이중구속의 논리에 따라 "이러지도 못하고 저러지도 못하는" 쩔쩔매게 되는 상황에 직면하게 되면, 욕망은 두 개의 모순된 원인과 완전히 무관한 자기원인의 내재성의 구도를 그려냄으로써, 분열을 오히려 생성의 계기로 만들어버린다. 이에 따라 협착분열은 분열생성으로 이행하게 되는 것이다. 그런 점에서 체 게바라의 말처럼 "인간은 꿈으로부터 내려온다"라고 말할 수 있으며, 더 나아가 "인간은 미래로부터 건너온 유별난 사람이다"라고도 할 수 있게 된다.

공동체는 자신의 무의식적 행렬과 미래진행형적 과정이 어디로 향하고 있느냐에 대한 배치와 흐름에 대한 미시정치를 수행해야 한다. 경우에 따라서 실패를 감내하거나 좌절과 침체, 폐색의 상황에 직면할 수도 있을 것이다. 그러나 이러한 위기의 국면에서 놀랄 만한 생명에너지가 생산되어 뚜벅뚜벅 미래로 향하도록 만드는 것이 욕망의 미시정치가 갖는 매력이다. 이에 따라 욕망의 배치와 재배치를 수행하면서, 공동체 구성원 각자의 욕망들이 어우러지고 합성될 수 있도록 하는 것이 관건이다. 이러한 문제에 직면해서 전문가주의에 호소한다면 욕망의 미시정치가 가진 본래의 취지는 퇴색되고 말 것이다. 전문가주의는 전문가 자신의 모델화, 표상화, 의미화의 능력이 유일하다는 일종의 독단주의에 불과하기 때문이다. 이와 완전히 다른 방향에 공동체가 있다. 공동체 내부에서 아이되기, 동물되기, 소수자되기라는 사건 즉, 공동체가 한 번도 직면하지 못했던 순간이 형성되면서 서로를 긍정하게 되고, 기쁨의 정동이 순환하는 과정을 생각해 볼 수 있다. 이런 점에서 약물, 성, 게임, SNS, 미디어 등에 대한 전반적인 삶의 내재적인 영역이 모두 욕망의 미시정치에서 다루어질 수 있다.

:: 욕망과 무의식의 사회적 장에서의 조직화 방식

욕망은 일단 권력의 감시에서 벗어나면, 현 체계의 계획자들과 행정가들이 지닌 미쳐 날뛰는 합리주의보다 더욱 현실적이고 현실주의적인 더욱 훌륭한 조직가이자 더 능숙한 엔지니어로 드러난다. 과학, 혁신, 창조는 기술관료들의 의사합리주의에서가 아니라 욕망에서 증식한다.[84]

가타리는 『분자혁명』에서 이렇게 말했다. 가타리의 말은 욕망의 미시정치와 욕망의 자주관리가 어떤 정교한 사회시스템보다 더 자율적으로 일을 잘 해낼 수 있다는 점을 적극적으로 피력하고 있는 구절이다. 현재 우리나라에서의 협치(governance)의 문제점은 바로 의사합리주의

---

84 펠릭스 가타리, 『분자혁명』(푸른숲, 1998), 278쪽.

적 과정을 시민들에게 부과하고 있다는 점에 있다. 오히려 협치의 관건은 욕망을 전면에 등장시키는 욕망의 미시정치로 향할 것인가의 문제라고 할 수 있다.

기존 민주주의의 맹점은 특히 나치 집권 전 바이마르 공화국의 오류처럼 바로 관료제를 가장 합리적인 시스템으로 여겼다는 점에 있다. 이에 대한 파시즘의 반격이 있었지만, 민주주의 자체의 혁신을 어떻게 이룰 것인가는 문제는 여전한 관건이다. 이 점에서 욕망의 미시정치(=구성적 협치)가 적극적으로 도입되고 구사될 필요성이 제기된다. 즉, 파시즘의 미시정치에 또다시 빠져드는 것이 아니라, 민중, 소수자, 죄수, 분열자, 성소수자, 아이 등의 욕망의 미시정치가 관건인 것이다. 그러므로 미시정치를 해낼 사람들은 바로 지배적 잉여성으로서의 책임주체가 아니라, 공동체적 관계망과 집단적 배치가 갖는 강렬도와 복수성에 따라 조직되고 생산된 색다른 주체성일 것이다.

욕망이라는 말을 하면 일단 권총부터 빼드는 보수적이고 권위적인 집단이 있을 수 있다. 이러한 권위주의는 사법적인 질서인 초코드화의 양식에 따라 욕망에 재단하고 욕망을 가진 자들을 유죄화하고 사법적인 혐의를 두는 지배적 잉여성이다. 여기서 가타리는 초자아의 수용좌표라는 다소 어려운 개념을 등장시킨다. 여기서 초자아는 아버지, 신, 국가에 해당하며, 이에 복속되어 평화롭고 안전하고 안락한 삶을 구가하려는 집단을 예속집단이라고 가타리는 말한다. 무의식과 욕망에 아로새겨진 권력의 사법적 시선이자 구조는 구체적인 장치나 시설, 설비로도 나타난다. 탈주하려는 민중의 물결을 가로막고 정신병원, 감옥, 병원, 시설 등의 다형적 시설물에 이관하면서 이로부터 벗어나려는 욕망을 봉쇄하는 것이 그것이다. 이에 탈주하려는 욕망을 가진 자는 질환자가 되고 부랑아가 되고 범죄자가 되어 나비 표본처럼 전시된다. 권위주의의 문제점은 카리스마를 가진 국가 지도자나 신, 아버지 등이 되려고 하는 것조차도 자신의 병든 욕망의 산물이라는 점이다. 어쩌면 역으로 권위주의에 대해서도 질환으로 병으로 범죄로 간주할 수도 있다. 권위에 호소하는 것은 자신의 욕망으로도 그것을 충분히 해낼 수 있다는 점에 대한 부정과 불신에 기반하며, 자기 연민과 자기 불신이 뒤엉켜진 억압에 대한 욕망이다.

홉스가 말한 '여러 신체 사이에는 공백이 없으며, 움직이려고 하면 서로 충돌하고 갈등할 수밖에 없다'는 외부 소멸 가설은 욕망이 서식할 여백을 제거한 평면을 제공한다. 이를 계승한 사상가가 바로 미셸 푸코이다. 앞서 말한 홉스의 물체론은 푸코의 미세한 그물망과 같이 권력이 작동하는 미시권력의 배치(dispositif)라는 논리에 감추어져 있다. 예를 들어 자본주의가 지구라는 한계에 직면하게 되고, 나노 단위, 유전자, 전자감시, 인공지능의 영역을 포섭함으로써, 외부는 완전히 존재하지 않는다는 생각이 그것이다. 자연, 생명, 우주라는 외부는, 지구를 아예 떠나거나 자연에 대한 영적 신비감으로 확장하지 않는다면 불가능하게 되는 상황에 직면한다는 것이다. 외부 소멸 가설은, 푸코에 의하면 욕망해방의 외부가 있을 것이라고 상정하는 억압 가설을 부정하는 논리로 향한다. 욕망이 억압되는 것에 대해서 해방되려고 하거나 탈주하려는 움직임 역시도 미시권력의 포획의 논리로부터 자유롭지 못하다는 것이 그것이다. 즉, '권력이 있다면 저항이 있고, 저항이 있다면 권력이 있다'라는 푸코의 논변이 갖고 있는 외부 소멸 테제에 대해서 생각해 볼 여지가 있다.

정의상 이러한 저항은 권력관계의 전략적 영역에서만 존재할 수 있을 뿐이다. ……저항은 몇몇 이질적인 원칙에 따라 이루어지는 것이 아니지만, 그렇다고 해서 속임수나 필연적으로 지켜지지 않을 약속인 것도 아니다. 저항은 권력관계에서 다른 항(項)이고, 요지부동의 맞은편으로서 권력관계에 편입된다. 그러므로 저항 역시 배열이 불규칙하다.[85]

몇 년 전 인공지능 알파고와 이세돌과의 바둑 대결을 통해 인공지능에 대한 다양한 논의들이 제기되었다. 그중에서 인간이 인공지능과 다른 점이 무엇인가에 대해서 논의하는 과정에서도 이러한 '외부 소멸 테제'가 어김없이 등장한다. 즉 계산적이고 합리적인 이성 전부가 인공지능의 포획의 덫에 빠져든다면, 인간이 잘 할 수 있는 영역이 과연 무엇인가라는 비관적인 전망이 그것이다. 그러나 그 반대편에 계산할 수도 없고, 전혀 이성적이지도 않은 영역이 남아 있다. 바로 욕망이나 정동, 사랑의 영역이다. 이것이야말로 인간의 자율성이자 외부일 것이라는 예측이 가능하다. 욕망이 있는 한 인간은 자연, 생명, 우주라는 외부의 영역을 내재화할 수 있다. 그런 점에서 욕망은 내 안의 자연, 내 안의 생명이라는 점에서 '내부의 외부'인 셈이다. 이렇듯 외부 소멸 가설은 기괴한 단면을 드러내지만 그것이 주는 메시지에 대해서 주의 깊게 살펴볼 필요는 있다.

욕망은 권력과 효율성, 기능에 따라 조직되지 않는다. 욕망은 재미가 없으면 곧장 고갈되고 소진되어 버리는 것이 특징이다. 끊임없이 재미와 놀이의 요소를 가지면서 횡단면과 빈틈, 여백 속에서 욕망은 생성된

---

85 미셸 푸코, 『성의 역사1──앎의 의지』(나남신서, 1990), 116쪽.

다. 그렇기 때문에 일과 의미의 모델과 같이 기능, 역할, 직분이 분명한 작업 속에서는 욕망이 곧장 사라져 버린다. 예를 들어 자유로운 토론회에서 "이것을 정의하지 않고서는 논의를 진행할 수 없다"라는 아카데미의 논리가 작동하면, 사람들은 모두 뿔뿔이 흩어져 버린다.

그 제목이 『동성애적 욕망』이라는 책에 관해서 토론하려고 녹음기 앞에 모이게 되었다. 갑자기 마치 아마추어가 한 사람 끼어든 것처럼 누군가 이렇게 말했다. "우선 우리 사이에서의 동성애적 욕망에 관해서 말하고 그것이 이 방 안에서 어떻게 유통되고 있는가를 알지 않고서, 이 책에 관해서 말할 수 없을 것 같습니다." 즉각 상상할 수 있는 말의 억압과 자기검열이라는 아연실색하게 만드는 분위기가 일었다. 그러나 그러한 상태가 3시간이나 계속되어도 발기라는 말도 할 수 없었다.[86]

'놀이와 재미 모델'의 특징은 하나의 모델에 집중하고 수렴되는 '일과 의미의 모델'과 달리, 여러 모델을 넘나들고 규칙을 바꾸며 금기를 넘나드는 설정을 갖고 있다는 점이다. 이런 점에서 욕망에 기반한 활동은 우리를 모험가와 탐험가, 요리사, 배우, 게이머 등을 횡단하는 존재로 만들어버리는 것이 특징이다. 물론 욕망의 조직화 방식만으로 모든 사업이 운영될 수 있는 것은 아니다. 자동적인 영역으로서의 실무, 뒷정리, 알림과 시건장치 관리와 시설 관리, 물품보관 등 일들이 있기 때문이다. 한 판 재미있게 놀아도 준비나 뒤처리 등의 실무는 뒤따르게 마련이다.

---

86 펠릭스 가타리, 『가타리가 실천하는 욕망과 혁명』(문화과학사, 2004), 101쪽.

욕망은 브리콜라주(bricolage)처럼 자본주의의 잡동사니나 물건, 사건 등을 조합하여 재의미화할 수 있는 것이기도 하다. 이렇듯 맥락과 의미를 횡단하며 그때그때 필요에 따라 다양한 기계들을 장착할 수 있는 신체를 기관 없는 신체라고 들뢰즈와 가타리는 표현한다. 이로서 욕망하는 기계는 기관 없는 신체라는 강렬도=0의 충만한 잠재성의 신체에 자유롭게 장착될 수 있게 된다. 물론 기관 없는 신체가 오해될 소지가 많은 관계로 1990년대 프랑스의 대안운동가들은 이 개념을 사용하지 않게 되었다고 한다. 왜냐하면 이러한 욕망이 횡단하고 이행하고 변이할 수 있는 신체의 유형이 아니라 독재와 권력의 신체 역시도 존재하기 때문이다. 들뢰즈와 가타리의 『천개의 고원』(새물결, 2003)에서는 '유리처럼 텅 빈 신체'라는 감시와 정체성의 확립, 욕망의 소진에 따라 작동하는 전체주의의 신체와, 욕망에 파고들어 자멸을 유도하며 자살적인 탈주선을 구축하는 '암적 신체'라는 파시즘의 신체를 언급한다.

> 지층들은 나름대로 기관 없는 신체를, 즉 고른판에 대한 전체주의적이고 파쇼적이고 무시무시한 캐리커처들을 만들어낸다. …… 세 가지 몸체의 문제. …… 우리 안에 있는 파시스트의 암적인 신체가 되지 않고, 또 마약 중독자, 편집증 환자, 우울증 환자의 텅 빈 신체가 되지 않으면서도 기관 없는 신체들을 어떻게 만들어낼 수 있을까?[87]

욕망의 미시정치는 텅 빈 신체와 암적 신체가 등장하면, 이를 사랑과 욕망의 부드러운 흐름으로 어떻게 이행시키고 변이시킬 것인가가 관건

---

87 질 들뢰즈, 펠릭스 가타리, 『천개의 고원』(새물결, 2001), 313쪽.

이 된다. 후대 사람들에 의해서 '자유인의 해방 전략'이라고 일컬어지는 『에티카』(서광사, 1999)에 스피노자가 언급한 것처럼, 증오에 대해서 증오로 답하는 것이 아니라 사랑을 통해서 영구적인 승리를 할 수 있기 때문이다.[88]

욕망하는 기계는 욕망이 반복(=기계)으로 작동하면서 강건한 실존의 양상으로 바뀔 수 있는 토대가 된다. 동시에 욕망하는 기계는 하나의 신체의 양상으로 보자면, 음악기계, 춤기계, 조각기계, 회화기계 등으로 발현될 수 있으며, 우리는 이를 부드럽게 이행할 수 있는 도표적 가상(diagrammatic virtuality)이라는 능력을 갖고 있다. 즉, 입만 보더라도 먹는 기계, 말하는 기계, 키스하는 기계 등으로 우리는 자유롭게 이행할 수 있다. 그 기계들 사이를 지도 그리기하듯 연결하고 접착하는 것이 도표적 가상성이다. 모두가 다중인격을 갖고 있고, 회사에서, 극장에서, 무대에서, 학교에서 다른 인물을 등장시켜 이야기한다. 그렇게 기계 작동들을 연결시키는 도표적 가상의 역할이다. 또한 욕망하는 기계들이 서로 연결되고 접속되는 공동체와 집단, 네트워크, 사회의 입장에서 보면, 생산-접속(connection), 등록-이접(disjunction), 소비-연접(conjunction)이라는 연결 방식을 달리하면서 욕망하는 기계들 간의 결합과 연대가 가능하게 된다. 네트워크상에서는 욕망하는 기계들 간의 연대와 화합, 화음 등의 결합양상이 나타난다. 네트워크에서 이질적인 것이 만날 때 또 하나의 색다른 주체성이 생산되는 놀라운 순간도 느낄 수 있다. 이는 각각의 반복과 표현 소재의 차이점을 통한 색다른 주체

---

88 「제3부 정서의 기원과 본성에 다하여」 중에서 정리 20, 정리 23, 정리 31, 정리 43, 정리 44 등 참고할 것.

모두의 혁명법

성의 등장을 도모하는 것이며, 자신에게는 낯설고 이질적인 기계 작동에 직면해서 황홀경과 경탄을 일으키는 얼리어댑터(early adopter)의 모습과도 같다.

'욕망하는 기계'들이 모여서 이룬 기계체(the body of machines)는 네트워크와 공동체의 또 하나의 이름이다. 이 기계체는 욕망의 연쇄반응을 일으킬 수 있는 그물망이다. 일단 반복의 양상이 서로 다르다는 점에 대해 민감하고 유연하며 융통성을 갖춘 그물망이 되어 있는 네트워크들이 서로 사회화학적 연쇄반응을 일으킬 수 있는 여지가 충만하다는 점은 네트워크가 가진 풍부한 잠재력이다. 이러한 연결망 속에서 특이하고 강건한 반복이 나타남으로써, 색다른 눈덩이 효과의 견인차가 되고, 이에 전염되고 파급된 반복들이 연쇄적으로 반응하고 태도를 결정하게 되는 것이, 특이성 생산 다시 말해 주체성 생산이라고 할 수 있다. 특이성 생산은 다른 각각의 부위들을 해석하고 번역할 수 있는 준거점으로써 기능하면서, 동시에 전문가들의 모델화, 표상화, 의미화의 의사합리주의가 아닌 소수자되기라는 깜짝 놀랄 만하고 유일무이한 사건이 초래한 분자혁명으로 이끈다. 이는 사랑과 욕망이 약속하는 혁명의 미래상이라고 할 수 있다.

:: 능동적이고 적극적인 탈주선들

칠레의 인지생물학자들인 마투라나와 바렐라는 생명의 우발적 표류가 만든 다양한 종의 창발에도 불구하고, 그 출발점에서 유한한 소재로부터 시작한다는 점을 '논리적 장부기재'라고 표현하였다. 이는 지구의 한계, 물질-에너지-자원의 한계를 내포하고 있는 개념이다. 하지만 그럼에도 불구하고 생태계는 우발적 표류를 통해서 창조적 진화로 향할수 있게 된다고 바렐라는 말한다. 즉, 유한한 것의 연결과 조립의 '경우의 수'는 무한하며, 우발적인 사건의 생성은 무한하다는 것의 반증이다.

주의 깊은 독자라면 우리가 무엇을 말하려고 하는지 헤아릴 수 있을 것이다. 왜냐하면 이것은 이제까지 말한 모든 것들 속에 이미 담겨 있기 때문이다. 해결책은 일종의 논리적 장부기재(logische Buchhaltung)를 유지하는데 있다. 다시 말해 우리가 처음에 강조했던 "말한 것은 모두 어느 누가 말한 것이다"라는 점을 결코 잊지 않는 것이다.[89]

1972년 로마클럽의 『성장의 한계』라는 보고서 이후로 인류는 지구의한계, 생명의 한계, 자연의 한계에 가까이 다가가고 있다. 이에 따라 외부는 소멸한 것이 아닌가라는 문제의식이 전반적으로 확산되었으며, 우주로 진출하지 않는 한 인류가 사용할 수 있는 자원-부-에너지의 한계는 명백한 것으로 다가왔다. 그렇다면 인류는 손 놓고 한계를 받아들이기만 할 것인가? 그 점에 있어서 가타리는 외부(=우발성)를 만들어내야 한다는 점, 즉 소수자를 발명해야 한다는 점을 주장하였다. 외부는 주어지는 것이 아니라, 만들어지는 것이라는 점에서, '특이성 생산'은 앞으로 생태계 위기를 무사히 돌파해야 하는 인류에게 최대의 과제가 되었다고 해도 무방하다. 즉, 유한함의 의미는 이제 '규제적인 차원'이 아니라 '구성적인 차원'의 문제로 다가오는 것이다.

89 마투라나와 바렐라, 『앎의 나무』(도서출판 갈무리, 2007), 154쪽.

외부의 소멸이 초래한 또 하나의 차원이 개방되었는데, 외부의 소멸로 인해 소진되고 통속화되고 비루해진 삶의 차원이 우울, 좌절, 비관의 색깔을 갖고 등장한다. 그런 점에서 오히려 다른 세상이 가능하다고 여겨졌던 혁명적 낭만주의가 더 필요하다는 사람도 있을 수 있다. 그러나 모순의 지양으로서의 미래의 유토피아가 동질화의 방향성이 아니라 이질화의 방향성 즉 차이 생산으로 향해야 한다는 점은 분명하다. 여기서 가타리의 특이성 생산은 혁명적 유토피아나 희망과 꿈, 이상향의 무늬를 통하지 않고 가장 유물론적 차원에서의 외부의 개방을 의미한다. 공동체에서 특이성 생산이 이루어지면, 자원-부-에너지의 한계에도 불구하고, 내부에 또 다른 외부가 개방된다. 이로써 미리 주어진 외부로부터의 투입/산출이라는 경로를 거치지 않고도 관계망이 풍부해지고 욕망과 정동의 흐름은 강렬해진다.

문명의 외부에 대해서 어떤 태도를 취해야 할까? 들뢰즈와 가타리의 『천개의 고원』에서의 동물되기라는 개념은 여기에 대한 단상과 영감, 아이디어를 준다. 여기서 동물되기는 문명의 외부로서의 소수자와 생명으로 향하는 탈주선을 의미한다. 동물되기는 동물이 가진 야성성으로 향하는 행렬이며, 그것이 문명의 외부를 향한 탈주선으로서의 되기이다. 여기서 야성성은 자율성과 동의어이다. 야성성 즉, 자율성이 외부로부터 주어진 것이라는 논점은 완벽히 붕괴되어 있는 상황이다. 외부에 있는 영토로서의 동물의 서식지만의 문제가 아니라, 동물의 야성성을 보존함으로써 문명의 내부에 새로운 외부를 만들어내야 한다는 점이 또 다른 과제로 등장했기 때문이다.

우리가 말하는 것은, 모든 동물은 일차적으로 패거리이며 무리라는 점이다. 모든 동물은 특성보다는 무리의 양태들을 갖고 있다. 이 양태들의 내부에 구별이 존재하기는 하지만 말이다. 그런데 바로 이 점에서 인간은 동물과 관계를 맺는다. 따라서 무리에 대한 다양체에 대한 매혹이 없다면 우리는 동물이 되지 못한다. 바깥의 매혹일까? 아니면 우리를 매혹시키는 다양체가 우리 안쪽에 머물고 있는 하나의 다양체와 이미 관계를 맺고 있는 것일까?[90]

이런 점에서 기존의 성장주의와 개발주의 논리처럼 자연과 생명에 대해서 무한히 착취하고 약탈할 수 있다는 식의 사고는 이미 파산한 상황이다. 대신 우리 안에 있는 자연과 생명, 욕망을 보존함으로써 자율성을 보존하고 지켜내야 한다는 생각이 전면에 등장한다. 홉스에서 푸코로 이어지는 외부 소멸 가설은 그저 이론적 가정이라고 사유해서는 안 되는 상황이 도래했다. 따라서 공동체적 관계망이 야성성과 자율성을 지켜낼 수 있도록 실천하는 것이 현존 문명의 과제라는 점을 잊지 말아야 할 것이다.

현존 문명에서 보이는 코드의 잉여가치와 같은 색다른 착취 양식은 자본이 공동체에 대해서 탐을 내는 방식이다. 그것은 공동체가 자본주의로부터 탈주하면서 특이성 생산을 통해서 외부를 생산하면, 곧바로 자본이 이를 따라가 포획하고 포섭하는 것으로 나타난다. 결국 현존 문명의 특징은 「톰과 제리」라는 만화영화에서처럼 도망가는 생쥐 제리와 쫓아가는 고양이 톰의 이미지로 그려낼 수도 있겠다. 이러한 탈주와 포획의 상대적 탈영토화에 대해서 가장 절실하게 느끼고 있는 인물들은

---

90 질 들뢰즈, 펠릭스 가타리, 『천개의 고원』(새물결, 2001), 455쪽.

아마 젊은이나 예술가, 공동체 기업가, 젠트리피케이션(gentrification)에 직면한 마을활동가 등과 같은 사람들일 것이다. 탈영토화와 재구조화 는 시간을 두고 이루어지거나 동시에 이루어지며, 외부를 상실한 자본 이 내포적인 영역에서 약탈과 착취의 전략을 구사할 때 나타나는 모습 이다. 결국 자본의 포획에 대해 젊은이, 예술가, 마을활동가들은 항상 탈주하는 태도만을 취하기는 어렵다. 그러나 너무 좌절하거나 비관할 필요가 없을 것이다. 자본이 공동체를 착취하는 방향성과, 반대로 공동 체가 자본을 착취하는 방향성이 교직하는 상황에 대해서 교차적으로 파악한다면 말이다. 바로 '코드의 잉여가치(surplus de code)'와 '흐름의 잉여가치(surplus de flux)'의 두 가지 방향이 동시적으로 이루어지는 색 다른 상황이 그것이다. 결국 특이성 생산을 통해 외부를 만들어내는 것 은, 곧바로 자본화(＝의미화, 표상화, 모델화)로부터 완전히 자유로운 것 이 아니며 서로 물고 물리는 과정처럼 자율성을 지켜내야 하는 상황인 것이다.

그런데 이러한 상대적 탈영토화의 과정이 이루어지는 상황에서 절대 적 탈영토화의 과정을 상정할 수 있는 것일까? 결국 권력과 자본에 포 획되어 외부는 소멸되어 버리는 것으로 귀결되는 것은 아닐까? 이런 질문은 비관과 우울의 색깔과 뉘앙스를 갖고 활동가들 사이에서 자조 섞인 레토릭이 되고 있다. 그러나 점과 점을 연결시키는 선이라고 볼 것인가 아니면 선과 선 사이의 점으로 볼 것인가의 관점 차이를 생각해 볼 필요가 있다. 전자는 점으로 다시 고착될 것이라고 생각하는 것이라 면, 후자는 점이 색다른 진행형과 과정으로서의 선의 중간 지점에 불과 하다는 생각을 의미한다.

유목민이 특히 〈탈영토화되었다〉고 말할 수 있는 것은 이들에게서 재영토화는 이주민의 경우에서처럼 탈영토화 이후에 이루어지거나 또는 정주민의 경우처럼 다른 어떤 것 위에서 이루어지는 것이 아니기 때문이다. (정주민은 소유 제도나 국가 장치와 같은 다른 어떤 것의 매개를 통해 대지와 관계를 맺는다). 이와 반대로 유목민들에게는 탈영토화가 대지와의 관계 그 자체를 구성하고 있으므로 유목민은 탈영토화 그 자체에 의해 재영토화된다. 즉 대지 그 자체가 탈영토화된 결과 유목민은 거기서 영토를 발견하는 것이다.[91]

절대적 탈영토화의 과정은 영구혁명(=영구개량)의 과정 속에서의 일관된 흐름이 나아가는 방향성을 가지고 있다. 이것은 자본주의적 진보의 논의처럼 성장주의의 기반이 되는 자연, 생명의 외부가 무한할 것이라는 생각으로부터 벗어나, 특이성 생산의 과정 자체가 만들어내는 외부의 생산을 의미한다. 즉, 자신이 건너야 할 시냇물에 스스로 돌을 놓고 건너는 것과 같다. 그런 점에서 외부가 주어져 있다고 생각하는 자본주의적 진보의 논의로부터 절대적 탈영토화의 논의는 자유롭다.

혹자는 대면할 것이지 왜 탈주하느냐고 반문한다. 그러나 대면은 외부를 생산해 내지 못하고 내부에서 이루어지기 때문에 다시 하나의 프레임에 갇히게 된다면, 탈주는 색다른 프레임과 지평을 제시하면서 외부를 창출하는 것이다. 다시 말해 입구와 출구가 하나라는 대면의 논리가 아닌, 입구와 출구가 분열되어 있다는 탈주의 논리가 외부를 생산해 낼 수 있는 새로운 대안적인 출구 전략이 될 수 있는 것이다.

---

91 질 들뢰즈, 펠릭스 가타리,『천개의 고원』(새물결, 2001), 732~733쪽.

그런 의미에서 가타리의 사유는 외부적 사유가 아니라, 외부 생산적 사유이다. 미리 주어진 외부를 상정하고 그 내부에서 해결하고자 하는 것이 아니라 끊임없이 외부를 발명하는 것이다. 즉, 공동체의 관계망이 유한자의 결속과 연결의 경우의 수를 무한대로 향하게 하는 방향으로 나아가기 위해서라면, 끊임없이 소수자를 발명하는 과정——특이성 생산——을 수반해야 할 것이다. 물론 소수자에 대해서 사랑이나 욕망, 정동의 순환으로 향하는 소수자되기 역시도 필요하다. 지배 질서에 의해서 소수자가 포획되고 지배적 잉여성 내부로 가두어지는 것으로부터 탈주해야 한다. 동시에 공동체가 무한한 경우의 수를 창출하기 위해서 소수자를 발명할 필요도 제기된다. 다시 말해 구성된 외부와 구성한 외부 간의 접촉경계면이 영구적으로 필요하다. 그런 점에서 외부적 사유는 탈주적 사유인 것이다.

결국 들뢰즈와 가타리가 함께 주장했던 노마드는 '고정관념을 갖지 않는 자유인이나 실천가'와 같은 사람 즉 '제자리에서 여행하는 사람'이라고 할 수 있다는 점에서 탈주하는 사람들의 이미지를 제공해 준다. 비루한 일상, 지루한 작업, 권위적인 학습 등으로부터 거대한 탈주의 행렬을 만들었던 68혁명의 상황은 민중이 스스로 외부를 만들어[92] 자율성을 획득하려 했던 역사적인 사건이라고 할 수 있다. 그런 점에서 외부적 사유는 야성적 사유이며 자율주의의 또 다른 이름이라고 할 수 있겠다.

---

92 68혁명의 외부는 주어진 외부인 실존 사회주의 체제가 아니라, 스스로 구성해낸 자율성의 영토 자체였다는 점에서 외부 생산적이라고 할 수 있다.

11장

혼자서 탈주하지 말고
여럿이 탈주해야 하는 이유는?

강령 11

자신만이나 '개인적으로' 탈주하지 말고 사람들이 도관을 뚫고 종기를 제거하듯이 탈주하라.

• • • •

카프카가 쓴 『성(城)』이 그려내는 탈주선, 즉, 성의 본질이나 심장부로 들어갈 수 없는 소수자가 성의 주변과 가장자리를 배회하고 방황하고 탐색하는 실존의 양상을 생각해 볼 수 있다. 즉, "본질과 이유가 무엇인가?"라고 물으면서 정의화와 의미화라는 아카데미의 유혹에 빠져드는 것이 아니라, "양상과 작동이 무엇인가?"라고 물으면서 다양한 의미와 의미 사이의 연결 속에서 매끄럽게 탈주하며 그 실존의 양상을 그리는 것이 그것이다. 그런 면에서 종기의 도관을 뚫는 것과 같은 집단적 탈주는 소수자되기로 향하는 전 인민적 변용(=사랑)에 다름 아니다. 즉 사랑을 향한 우리 안의 생명과 자연의 탈주선이다.

:: 치마타와 탈주선

이와사부로 코소의 『뉴욕열전』(갈무리, 2010)에 따르면, 뉴욕의 성립 과정은 다양한 인종과 문화, 특이성을 가진 민중과 소수자가 만든 한 판 난장의 역사였다. 특히 이 도시는 먼저 이주해 온 사람과 다음에 이 주해 온 사람 간의 갈등과 도시의 재전유의 양상을 둘러싼 갈등, 정치적이고 인종적이고 사회적인 갈등 등이 벌어졌던 역동적인 도시라고 할 수 있다. 이 책에서는 젠트리피케이션(gentification)에 반대하는 전시 활동을 하다 바로 자신이 젠트리파이어였음을 깨닫는 예술가, 에로스의 생명에너지를 운반하고 정동노동을 수행하면서도 도시의 주변부를 차지한 성노동자, 게토와 할렘, 인종의 도가니 속에서 민중의 집합적 신체와 장소를 형성했던 이주민들과 흑인들, 정치적인 결사를 통해서 비밀스럽고 은밀한 운동을 촉발했던 아나키스트와 노동자들, 여성과 성소수자들의 권리를 위해서 싸웠던 여성 운동가들의 모습 등 다양한 사례들이 제시된다.

여기서 이와사부로 코소는 '치마타(巷)'라는 색다른 방식의 운동을 거론한다. 이것은 민중의 집합적 신체가 길과 노상에 대해서 재전유하려고 하던 삶의 방식이다. 즉, 도시의 길이 수송, 운송, 이동의 수단만이 아니라, 민중의 집합적 신체가 벌이는 노상(sidewalk)에서의 삶의 일련의 과정들을 만들어낸다는 것이다. 특히 민중의 집합적인 운동, 탈주선, 분자적 운동, 떼지성 등의 양상으로써 치마타의 중요성이 드러난다. 그는 다음과 같이 말한다.

치마타는 도시 형성에서 분자적인 운동이다. 비록 물질적이지만, 보다 유연하며 유동적인 운동이다. 이 운동은 고정된 장소 및 구축물이 아니라, 언제 어디에서나 나타나며 어떤 형태로든 구축물을 변모시켜 최대한 활용할 수 있는 운동이다. 결국, 이 운동은 도시 민중 내지 떼가 생활하고, 문화를 생산하며 투쟁하는 '장소로써의 운동'이라 할 수 있다. 도시 형성이라는 운동이 구축적인 측면에서만 이해되기 쉽지만, 오히려 이 운동은 '양자류'로써 혹은 '탈주의 선'으로써 볼 수 있게끔 해 준다.[93]

여기서 양자류(陽子流)와 탈주선이라는 개념은 도시의 그물망도 같은 길에 대한 치마타로써의 재전유 행동에 의해서 재조명된다. ① 먼저 우리가 생각할 수 있는 것은 근대적인 모델인 원인과 결과, 입구와 출구가 일치하는 대면의 이미지이다. 원인과 결과 즉, 입구와 출구의 일치는 대면, 모순, 적대, 갈등, 이익, 이해와 같이 자신의 요구와 욕구를

---

93 이와사부로 코소, 『뉴욕열전』(갈무리, 2010), 527쪽.

정면승부와 대결, 투쟁, 의사소통으로 해결하려는 행동 양식을 보여준다. 입구와 출구가 일치하는 모델은 하나의 문제제기에 반드시 하나의 답이 있다는 식의 뉴턴의 세계관을 의미한다. 우리가 사지선다형의 문제를 풀 때, 반드시 답이 하나라는 생각을 주입받는 것도 이런 인과적이고 기계적인 세계관의 영향이다.

② 그 다음으로 우리가 생각할 수 있는 부분은 원인과 결과 즉, 입구와 출구가 분열되고 일치하지 않는 탈주의 이미지이다. 이를테면 어떤 사람이 사업이나 연애 문제의 입구에서의 고민을 갖고 있다면, 출구를 춤, 미술, 영화, 연극에서 찾을 수 있다. 관계망과 제도의 불일치, 즉 미시적인 확률론과 거시적인 함수론 간의 불일치는 바로 입구와 출구가 다름을 의미하며, 양자역학이 개방한 질서이기도 하다. 입구와 출구의 분열은 엄청난 에너지를 발생시키는데, 바로 그것을 분열생성 혹은 양자류라고도 한다. 우리는 입구에서의 문제의식을 풀기 위해서 다시 입구를 출구로 대면하는 방식이 아니라, 끝없는 탈주선을 타고 다른 출구를 찾아 떠나는 행동을 할 수 있다. 도주한다고, 비겁하다고, 대면으로 풀 문제를 왜 도망을 가냐고 말할 수도 있다. 그러나 입구와 출구의 불일치는 바로 우리의 삶의 일련의 과정들이 갖고 있는 색다르고 특이한 영역에서의 출구 전략의 의미를 갖고 있다.

③ 마지막으로 말할 수 있는 것은 입구와 출구가 전혀 다름에도 출구를 나오자 다시 입구와 유사한 곳으로 향하는 재진입 현상이다. 그것은 재귀적인 반복을 통해서 전혀 다른 입구와 출구임에도 순환되고 중복되고 함입(introjection)되는 양상으로 나타난다. 이러한 나선형의 순환적 질서의 이미지는 역사 발전 과정에 대한 묘사로도 사용되기도 한다. 재진입은 바로 자신의 입구에서 문제를 던졌던 것으로부터 벗어나 색

다른 출구를 개척했을 때 직면하게 되는 처음의 입구에서의 문제의식과의 유사한 지평을 의미한다. 물론 입구와 출구는 일치하지 않고 분열되었지만, 대면과 탈주가 동시에 이루어져 꽈배기 유형으로 입체적인 이미지를 그린다. 여기서 저자가 주목한 지점은 베이트슨의 분열생성론이다.

> 사랑에 빠지는 현상은 기호가 역전된 분열 발생과 유사하며, 심지어 진정한 사랑의 과정이 이제까지 순조롭게 진행됐다면 지수곡선을 따라갔을 것이다.……클라이맥스와 오르가슴을 향한 이들 상호작용 현상의 두드러진 관계는 분열 발생으로 간주하는 경우와 종종 심리적으로 대등한 사랑에 이르게 하는 누적적인 상호작용의 과정을 몹시 강화한다.[94]

그레고리 베이트슨에 따르면, 입구와 출구의 불일치라는 분열 발생의 상황이 바로 사랑, 욕망, 정동이 생성되는 과정의 동역학과 일치한다고 본다. 즉, 사랑과 욕망의 생명에너지가 발생하는 것은 다시 보면 분열이 발생되는 과정과 동일선상에 놓여 있는 것이다. 사랑이야말로 분열생성의 비밀을 가진 우리 속에서의 입구와 출구가 다른 삶의 형태라고도 할 수 있다. 그런 점에서 사랑은 둘이 혹은 여럿이 벌인 탈주선 위에 그려진 생명에너지의 흐름이라고 할 수 있다. 그렇기 때문에 양자류, 다시 말해 분열생성론은 사랑과 욕망으로 이루어진 우리 삶이 갖고 있는 탈주선의 비밀을 살짝 보여주는 측면이 있다.

---

94 그레고리 베이트슨, 『마음의 생태학』(책세상, 2006), 214쪽.

:: 내포적 발전과 탈주선

인류의 역사에서 대탈주는 여러 번 있었는데, 그것은 색다른 사건이었다. 그중 영국에서 청교도인들의 신대륙으로의 탈주와 미국 인디언들의 동부에서 서부로의 탈주 등이 대표적인 사례이다. 탈주의 이유는 "더 이상 살 수가 없다"라는 점으로부터 출발하는 경우가 대부분이고, 박해와 억압, 착취를 피해 새로운 영토로 향하는 것이었다. 그런데 오늘날 지구의 영토가 한계가 있다는 점은 명확해졌으며, 우주로 나가지 않는 한 탈주, 탐험, 개척, 모험의 신화는 끝난 것이라는 주장도 일각에서는 나오고 있다. 홉스가 말한 외부 소멸 가설처럼 문명의 외부가 없어져 버린 상황에서 해방과 탈주의 미지의 영토는 사라진 것처럼 보인다. 가타리는 '통합된 세계자본주의' 하에서 외부로 향하는 탈주와 저항의 물결에 대해서는 무시무시한 강경한 탄압이 이루어지고, 이에 따라 문명 내부에서는 부드러운 억압 아래서 달콤한 졸음에 겨워 TV앞에 앉아 있는 것과 같은 행복하고 안락한 삶이 제시된다고 말하고 있다.

최종적으로 문제는 바로 사회체(socius)의 가장자리에 남을 현상——그것이 포함하는 것이 얼마나 광범위하든 간에——인가 아니면 사회체에 근본적으로 문제제기할 현상인가를 아는 것이다. 여기서 분자적인 것을 특징짓는 것은 탈주선이 체계의 탈영토화하는 객관적인 선을 그대로 따르고 새로운 자유의 공간에 대한 억누를 수 없는 열망을 창조한다는 사실이다.[95]

---

95   펠릭스 가타리, 『가타리가 실천하는 욕망과 혁명』(문화과학사, 2004), 334쪽.

이런 측면에서 보자면 탈영토화는 심리적 장소감이 조성한 가상의 영토로부터의 탈주로 보일지도 모른다. 그러나 분명한 것은 탈영토화를 통해서 배치의 재배치와 관계 맺기 방식의 변화, 분자적인 수준에서의 변이가 분명히 드러난다는 점이다. 즉, 공동체 자체가 문명의 외부로 탈주하는 것이 아니라, 내부에서의 연결접속의 방식을 바꿈으로써 완벽히 다른 공간 연출과 색다른 영토감, 거리감, 장소감, 관계 맺기를 하게 되는 것이다.

오늘날 19세기 이래로 계속되어 온 성장의 시대가 끝남으로써 앞으로 저성장 시대가 계속되리라는 전망이 도처에 나타나고 있는 상황이다. 이제 개척, 약탈, 개발, 착취, 탐험, 모험의 시대는 역사의 뒤편으로 쓸쓸히 퇴장했다. 양적이고 실물적이고 외양적인 성장(growths)이 아닌, 질적이고 내포적이고 관여적인 발전(development)이 부각되는 이유는 바로 그 때문이다. 발전 전략은 성숙의 경제로도 불린다. 발전 전략의 대표 격이라고 지칭되는 두 개의 전략이 바로 '지속가능한 발전' 전략과 '내포적 발전' 전략이다. 지속가능한 발전은 미래 세대의 관점에서 현재세대의 욕망을 조정하는 바에 따르며, 이는 유한성의 실존좌표를 승인하는 것을 의미한다. 특히 내포적 발전 전략은 관계망의 시너지와 연결접속의 변이와 이행, 정동과 욕망의 흐름, 특이성 생산을 통한 외부의 생산, 내부 작동으로 나타나는 재귀적 반복으로서의 재생과 순환 등을 특징으로 한다.

이 내포적 발전 전략에서 주목해 보아야 할 지점이 바로 특이성 생산을 통한 외부의 생산이다. 물론 특이성 생산이 만들어놓은 외부성은 곧 자본화, 상업화라는 포획과 뒤쫓음에 따라 재영토화될 위험에도, 노출되어 있다. 그러나 특이점의 물리학적 의미가 '에너지를 구체적 물질로 바꾸어놓는 점'이듯이, 특이점이 생산된다는 것은 사회와 공동체, 집단의 내부 원리를 특이점이 제시하는 색다른 준거좌표에 따라 재번역하기 때문에 곧 강렬한 외부의 발생을 의미한다. 내포적 발전 시대에는 실물적인 개발과 성장이 아닌 내부에서의 관계 맺기나 연결 방식 자체를 재창조함으로써 특이점의 색다른 작용, 기능, 의미 등을 공동체에 전달하고 유통시킨다. 그런 점에서 내포적 발전 시대에는 개인적인 탈주가 아니라 집단적 탈주를 통해서, 내부의 연결접속과 수많은 특이점에 따라 관계망을 재창조하는 것이 핵심적인 사안이다.

그런 점에서 오늘날의 탈주의 방식은 사이버스페이스를 통한 가상적 탈영토화라는 측면으로도 조명되고 있지만, 세 가지 차원의 탈주가 있을 수 있다. 먼저 첫 번째 지배적 잉여성으로부터의 탈주를 의미한다. 즉, 여유, 여가, 여백으로서의 잉여성과 잔여성이 아니라, 통속적인 지배적 잉여성으로서의 미디어, 스포츠, 문화 향유, 노동, 사적인 프라이버시의 영토, 환상 경제 등으로부터의 탈주가 굉장히 중요해졌다. 즉, 지배적인 잉여성은 통속적이고 스테레오타입화된 생활양식을 강제함으로써, 특이성 생산을 통해 외부를 창출할 수 있는 잠재력을 고갈시킨다. 예를 들어 누군가는 작업장에서의 노동의 지배적 잉여성으로부터 벗어나자마자 또 하나의 지배적 잉여성인 가정의 미디어 앞에서 소진되고 축 늘어진 상태로 직면하게 될 것이다. 주말만 되면 거실 TV 앞에 누워 리모컨을 들고 대부분의 시간을 보내는 직장인들이 바로 그 예이다. 이처럼 노동과 여가 모두에서 자본주의로부터 벗어나지 못한 이 사람에게는 여가조차도 자본에 포섭된 생활을 구가할 수밖에 없다. 노동자로서의 지배적 잉여성의 뒷면에는 소비자로서의 지배적 잉여성이 있다. 소비자로서의 지배적 잉여성은 텅 빈 신체의 상태인 정체성을 식별할 수 있는 주체성 생산의 방식의 포획이 작동한다. 이러한 지배적 잉여성이 제시하고 있는 텅 비고 소진되고 환상에 시달리고 고갈된 신체를 벗어날 때가 있다. 그때를 강렬한 온도, 밀도, 강도가 지속되는 신체 상태로 상상해 보면 어떨까? 삶의 재창조를 가능케 하는 예술, 과학, 혁명으로의 탈주는 언제든 가능하며, 이러한 탈주가 자본주의의 외부를 창출하는 강렬한 탈영토화의 흐름이라고 할 수 있다.

두 번째는 권력의 포획으로부터의 탈주가 그것이다. 한나 아렌트의 '악의 평범성'에 대한 지적처럼 권력의 포획이 가능한 사람들은 '나, 너, 그'로서의 책임과 기능, 역할이 분명한 사람들이다. 권력의 포획 줄에 매달린 부두인형 모델의 사람들은, 사실은 순진하게 여당과 야당의 정치 게임처럼 미시권력이나 국가장치를 생각하는 사람이며 미디어에서 언급된 환상적인 이미지 게임에 가두어진 사람들이다. 그러나 특이성 생산을 통해서 외부를 생산하면서 탈주하는 집단에게는 포획의 사실은 정부보조금이나 프로젝트 기금, 인구조사와 사회조사사업, 상업적 협찬 등으로 나타난다. 물론 이러한 권력의 잉여가치는 보조금 자체나 프로젝트 기금 자체에서 발생하는 것이 아니다. 그것은 공동체가 만들어낸 관계망의 시너지를 '나, 너, 그'로 환원하고 회수할 경우에 발생한다. 그렇기 때문에 공동체가 외부로부터 보조금이나 자원을 받을 경우에 관계망 내부에서의 협의를 통하지 않는다면, 자칫 권력의 포획에 걸려들고 회수되게 되는 결과를 낳는다. 그리고 내부로 유입된 외부의 자원은 철저히 내부의 사랑, 정동, 욕망의 흐름에 실려 소모되어야 할 것이다. 그것이 공동체를 건강히 만드는 것은 일종의 미량의 독일 경우에만 가능하다. 그런 점에서 협치의 시대에 권력의 포획으로부터 자유롭기 위해서는 공동체 관계망 내부에서의 공통성(commons)에 기반하는 미시정치가 반드시 필요하다. 결과적으로 권력의 포획으로부터의 탈주는 관계망 내부에서의 공동책임과 공유자산, 집단지성, 공통의 지혜 등으로 만들어내는 탈주의 흐름으로부터 가능한 것이다.

세 번째는 매개되지 않는 분리로부터의 탈주가 그것이다. 국가, 공동체, 시장 등 어느 영역으로부터도 매개되지 않은 게토화된 영토가 여기서 등장한다. 탈근대 자본주의는 배제와 차별의 메커니즘을 통해서 미시권력의 그물망을 작동시킨다. 이에 따라 국가, 시장으로부터 분리된 몇몇 집단과 공동체의 영역이 모든 자원-부-에너지의 흐름으로부터도 단절해 있게 되는 결과가 생기게 된다. 다시 말해 철저히 분리차별과 고립주의에 처하는 내부 식민지의 영토가 발생되는 것이다. 자칫 매개되지 않은 분리로부터의 탈주를 개인적인 탈주로 간주하다 보면 성공신화와 같은 스토리가 등장할 수도 있다. 그러나 공동체와 집단, 무리가 수행하는 분리로부터의 탈주는 되기(becoming)라는 사건성을 통해서 공공 영역이나 공동체 영역, 시장 영역을 개입시켜 게토화로부터 벗어나는 길을 선택하는 미시정치적인 실천을 의미한다. 물론 공동체에 따라서 '의도적인 게토화'를 통해서 자율성을 극대화하는 경우도 있다. 아마 노르웨이에서 닐 크리스트가 그려내었던 정상과 비정상의 구분 없이 사람들이 어우러졌던 캠프힐 공동체가 그 대표적인 사례일 것이다.

그럼에도 불구하고 우리는 그 단어[게토]를 부끄러워하고 멀리해서는 현실을 바꾸지 못한다. 마을을 게토와 비교하는 사람들이 있다. 마땅히 그래야 한다. 유사성이 있고, 우리는 조사해야 한다. 하지만 여기에서 딜레마가 생겨난다. 캠프힐 마을이 게토에 가깝지만, 게토가 모두에게 나쁜 느낌을 주는 것이 사실이라면, 우리는 즉각적으로 그 끔찍한 말에서 마을을 떼

내려고 하지 않을까?[96]

그러나 내부에서 작동하는 돌봄, 정동, 욕망의 흐름으로부터 완전히 분리된 고립되고 외로운 개인의 경우에는, 좌절, 멘붕, 우울, 고독, 무위 등의 상황에 직면해 있게 된다. 이러한 고립과 외로움으로부터 탈주하여 집합적 배치를 형성하고 '되기'라는 사랑과 욕망의 흐름의 섬광과 같은 순간을 만들어나가는 것이 색다른 탈주선의 모습일 수 있다. 결국 탈주가 정동과 돌봄의 흐름을 따라 탈주선을 형성하는 것 즉 개인적인 탈주가 아닌 집단적인 탈주로 향해야만, 집단적 배치라는 관계망의 성숙과 발효의 소재로 탈주의 행로가 나타날 수 있는 것이다. 그런 점에서 개인적 탈주는 무기력하고 다시 순응하고 회수되는 재구조화로 향한다면, 집단적 탈주는 집단 내부의 돌봄과 정동의 흐름으로 인해 더 강건해지고 강렬해지는 것을 알 수 있다. 마치 바닷가에서 수십 명의 사람들이 눈을 모두 가리고 서로의 어깨를 잡아 의지하면서 집단을 이루어 모래사장 건너 바다를 향해 가는 체험처럼 말이다.

:: 생성의 탈주, 죽음의 탈주

집단적 탈주가 강렬할수록 내부 관계망의 유대감은 더욱 강렬해진다. 동시에 집단 구성원의 잠재력은 탈주선을 따라 더 강렬하게 현실화되어 드러난다. 그런 점에서 탈주선이 곁과 가장자리를 비스듬히 그

---

96   닐 크리스티, 『외로움과 시설을 넘어서』(울력, 2017), 176쪽.

려낸 횡단면은 창조와 생성의 구도를 그려낸다. 탈주의 횡단면은 사물의 곁에 서식하는 무의식과 같은 정동의 요소를 비스듬히 횡단하면서, '이행의 구성요소'로 만들어버린다. 다시 말해 사랑, 정동, 욕망이 강렬해지는 과정은 바로 탈주의 과정이다. 냄새, 색채, 음향, 몸짓, 표정, 맛 등의 여러 이행의 구성요소를 재료로 삼아 탈주하는 것이 혹자는 대면하면서 본질로 향하지 않고, 색다른 출구를 찾아서 탈주하기 때문에 무의미하다고 말할 수도 있다. 그러나 집단적 배치에서는 이러한 탈주선이 갖고 있는 풍부한 잠재력을 금방 느낄 수 있다. 관계망의 성숙과 발효, 야성성에 기반한 자율성, 외부의 생산에 이르는 특이성 생산이라는 이행의 구성요소들이 만개하기 때문이다. 그런 점에서 집단적 탈주선이 가진 이행의 구성요소는 냄새, 색채, 음향, 몸짓, 표정 등의 비기표적 기호작용이 관계망 성숙을 이루고, 본질주의가 아닌 곁, 틈, 여백을 비스듬히 가로지르게 만든다. 이런 집단적 탈주의 양상은 예술가 집단, 실험 집단, 가상 커뮤니티 등에서 특히 두드러지게 나타난다.

보통 개인적 탈주의 일종으로 여겨지는 성공 신화의 경우에는 주변 사람들이나 이웃, 심지어 가족까지도 성공의 행렬에서 풍경으로 간주된다. 마치 고속으로 가는 자동차가 창밖으로 주변 풍경을 주파하듯 필요한 것만 취하고 필요 없으면 스쳐 지나가 버리는 것이다. 그러나 집단적 탈주의 과정은 효율과 편리함, 기능과 역할 등에 의해서 이루어지는 것이 아니라, 전체 주변의 모든 것들과 관계 맺는 방식의 변화를 의미한다. 그런 점에서 탈주는 세계의 재창조라고도 할 수 있다. 탈주 과정에서 마주친 모든 사람들의 태도 변화는 스토리를 만들고, 이에 따라 풍부하고 다양한 이야기들이 생산된다. 그저 지나치는 풍경으로 주파하는 것이 아니라, 비스듬히 횡단하며 탈주하는 과정에서 머무는 모든 곳에 사건이 생긴다. 그런 점에서 탈주선이 강렬한 탈영토화의 과정인 이유도 거기에 있다.

동시에 이러한 탈주의 과정은 분열이 만들어내는 지도 그리기의 생산 과정과 동일하다. 탈주는 분열의 에너지원을 통해서 작동되는 무의식의 행렬이라고도 할 수 있다. 그런 점에서 분열생성론의 핵심은 문제의식의 입구로부터 시작하여 강렬한 탈주선이 만들어내는 색다른 출구로써의 사건과 상황, 삶의 방식, 장소 등에 대한 탐색에 있다. 특히 탈주가 만들어내는 핵심적인 영역은 바로 '주체성 생산'에 있다. 근대의 책임주체는 고정관념이나 직분, 역할, 기능에 사로잡힌 주체의 형상을 띤다. 이에 반해 탈주선을 따라가면서 형성된 주체성은 사이, 여백, 틈새의 특이점들에서 서식하며 어떤 특이한 사건에 따라 출현했다가 사라진다. 특이한 주체성들은 이렇게 만들어졌다가 사라지기를 반복한다. 이런 점에서 탈주의 과정은 주체성의 생성과 창조 과정이라고도 할 수 있다.

특이점들, 특이화 과정들이 다원적인 주체성의 생산적 뿌리들 자체이다. 특이화 과정들 속에는 불안정하거나 깨지기 쉬운 어떤 것이 항상 있다. 특이화 과정들은 제도화나 소집단-되기에 의해 항상 회수될 위험을 무릅쓴다. 특이화 과정은 배치의 수준에서 활동적인 전망을 지닐 수 있고, 동시에 같은 수준에서 게토에 갇힐 수도 있다.[97]

이러한 특이한 주체성들에 의한 탈주만이 존재하는 것이 아니라, 자본주의 또한 탈주의 방식을 활용한다. 신자유주의의 상황은 국경을 넘

---

97 펠릭스 가타리, 『미시정치』(도서출판b, 2010), 87-88쪽.

나들며 탈주하는 금융자본의 이미지를 등장시켰다. 그리고 2008년 서브프라임 모기지 사태가 촉발한 세계금융위기 이후에 탈주하는 금융자본이 지배하는 신자유주의도 기능 저하와 퇴락의 상황으로 접어들고 있다.

그런데 자본의 탈주는 이제 다른 방식으로 나타난다. 빠른 속도로 지나쳐 가는 자본은 1인 가구의 모습으로 현현하고 있기 때문이다. 가타리는 『미시정치』에서 탈주와 포획이 균형을 이룬 포디즘 상황에서의 커플유형의 가족에 대해서 언급하고 나서 바로 다음에 금융자본주의하에 탈주의 힘이 너무 강렬해진 상황에서 나타나는 1인 가구 유형의 가족에 대해서 언급한다. 즉, 신자유주의하에서 포스트포디즘 상황의 대표적인 가족 유형은 1인 가구인 셈이다. 여기서 개인적인 탈주는 대부분 포스트포디즘의 적합한 탈주 유형으로 분류된다는 점이 드러난다. 결국 현존 체제는 개인적인 탈주를 권장하고 추천한다.

집단적 탈주는 적어도 커플 이상의 탈주에 기반하고 있다. 커플이 마주보고 색다른 영토를 개척하는 이미지는 들뢰즈와 가타리가 『천개의 고원』에서 안면성에 대해 다룰 때 등장한다. 2인 이상의 집단 즉 모듈 단위가 구성되어야 내부 환경이 조성될 수 있고, 이 속에서 관계망의 성숙과 발효, 정동의 흐름이 탈주선을 그려낼 수 있기 때문이다.

여기서 탈주의 방법론에 대해서 문제제기를 던지는 사람이 있을 수도 있다. 모순과 대립과 대면하여 문제를 해결하려고 할 것이지, 왜 굳이 탈주를 하면서 문제를 회피하는가 하는 질문이 그것이다. 여기서 쟁점으로 삼아야 할 것은 대면이냐 탈주냐 하는 문제가 아니라, 바로 그 사람의 문제제기 자체이다. 대답으로서의 의미화의 공식은 "~은 ~이다"라는 방식으로 하나뿐인 정답의 세계를 구축한다. 그래서 대면의 질서에서는 정답이 나와 있는 상황에서의 문제해결의 방식일 따름이다.

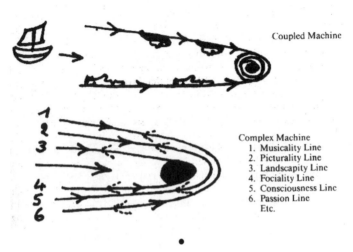

트리스탄과 이졸데에 의한 바다의 주체적인 권위적 얼굴
1. 독신기계, 2. 커플기계, 3. 복합적 기계

그런데 문제제기의 방식은 의미를 고정시킬 수 없으며, 다양하고 차이
나는 다양한 탈주선들이 개척된다. 그러므로 탈주의 방법론은 문제제
기의 방법론과 동일한 위상을 갖는다. 즉, 우리가 어떤 체제와 시스템
에 대해서 문제의식을 느끼고 색다른 대안에 대해서 욕망하는 순간, 정
답과 대답이 나와 있는 시스템 내부의 대립과 모순을 넘어서 색다른 외
부로 향하게 되는 것이다. 결국 왜 대면을 통해 문제를 해결하는 방법
을 택하지 않는가 하는 질문 역시도 하나의 탈주인 셈이다. 이에 따라
집단적 탈주는 기성 질서에 신물을 느낀 사람들이 문제제기를 던지며
미래로 향하는 유력한 방법론이라는 점이 드러난다. 문제제기에는 다

모두의 혁명법

양한 대답이 있을 수도 혹은 아예 대답이 없을 수도 있기 때문에 우리
는 탈주하는 것이다.

그런데 탈주가 늘 생성과 창조만을 향하는 것만은 아닐 수도 있다.
즉, 죽음의 탈주선, 자살적 탈주선도 가능하기 때문이다. 우리가 문제
로부터 벗어나 거리를 두고 생각하려고 하는 경우도 있다. 그러나 삶을
위기로 빠뜨리는 문제 자체가 자신의 존재 양상의 본질로 침잠해 들어
오고 어떤 선택의 경우의 수도 없다는 절망의 방식으로 잠식해 들어오
는 상황에서 "모든 것 아니면 아무것도 아닌"이라는 변증법이 개인들에
게 파고들 수 있다. 자살은 종종 개인적 탈주의 방식에서 선택지로 등
장한다. 물론 나치의 파시즘은 집단적 탈주를 통해서 자살적인 행렬을
만들어내기도 했다. 결국 삶의 탈주선이 아닌 죽음의 탈주선에는 파시
즘의 논리가 서식하고 있음을 알 수 있다. 파시즘은 죽음의 상징인 피
를 연상시키는 권력에 대한 예속을 만들어내며 죽음으로의 탈주를 권
장한다. "피할 수 없다면 즐겨라!"라는 격언이 여기에 해당할 것이다.

모든 파시즘적 의미작용은 사랑과 죽음의 복합적 표상 위에서 새로
이 전개되었으며, 여기서 [대문자]에로스(Eros)와 [대문자]타나토스
(Thanatos)는 더 이상 하나[일자]가 아니었다. 히틀러와 나치는 죽음을 위
해, 독일의 죽음을 위해 투쟁했다. 그리고 독일 대중은 그들을 따라 자기파
괴에 이를 각오가 되어 있었다. 그들의 패배할 것이 분명해진 뒤에도 몇 년
동안 더 싸울 수 있었다는 것을 다르게 이해하기는 사실 어려울 것이다.[98]

---

98 펠릭스 가타리, 『분자혁명』(푸른숲, 1998), 78쪽.

미시 파시즘의 배제와 차별 역시도 집단 내부에서의 자살적인 논리들을 배후에 둔 상황에서 전개된다. 예를 들어 여성에 대한 혐오 발화의 경우에는 자신의 마음의 고향이자 자신 안의 여성성의 현현인 여성을 혐오함으로써 사실상 자기파괴적인 자살적 사고방식을 기저에 깔고 있다고 할 수 있다. 집단 혹은 개인의 자살적 탈주의 논리가 사실상 살아가기를 포기한 죽음을 향한 탈주라는 점에서, 오히려 살고자 하는 의지, 더 이상 살아갈 수 없는 상황으로부터 탈주가 더욱 절박하고 중요한 이유도 역설적으로 설명이 된다.

탈주는 왜 포획을 뒤따르게 하는가? 이런 질문에 대해서 혹자는 상대적 탈영토화인 탈주와 포획의 양 쌍으로부터 벗어날 수 없는 현실을 자조 섞인 말로 언급한다. 그러나 탈주는 절대적 영토화인 우주되기, 자연되기, 동물되기, 소수자되기, 광석되기, 야채되기, 지각 불가능하게 되기로부터 출발한다. 탈주하는 사람들은 자신을 높이고 부각시키기 위해서가 아니라, 우주의 먼지 한 알처럼 자신을 한없이 낮춤으로써 삶의 진실에 도달한 사람들이다. 사랑과 욕망, 정동, 돌봄의 흐름 속에서 자신도 그 흐름의 일부로서 살아가고자 하는 약속으로 향할 때, 즉 흐름에 몸을 실을 때 사실상 탈주는 시작된다. 그리고 더 이상 살 수 없게 된 노동 지옥이나 학습 지옥, 미디어 지옥과 단절하면서 탈주하고 벗어난다. 절대적 탈영토화는 아주 짧은 시간 동안은 상대적 탈영토화의 탈주와 포획의 게임으로 보일 수도 있지만, 사실상 그것은 삶의 기저에 깔린 자연과 생명과의 접속이며 문명의 외부와의 접속을 의미하는 것이다.

:: 모세의 출애굽과 집단적 탈주

구약 성경에서는 모세의 출애굽에 대한 이야기가 등장한다. 이스라엘 민족들은 모세를 따라 제국의 예속으로부터 벗어나 젖과 꿀이 흐르는 약속의 땅으로 탈주한다. 물론 척박한 땅에 도착해서 이스라엘 민중들은 모세를 비난하고 불만을 표출하기도 하였다. 여기서 해방 전략 중에서 탈주가 차지하는 위치를 짐작게 한다. 그러나 오늘날 이스라엘의 시온주의는 오히려 파시즘에 가까울 만큼 팔레스타인 민중을 억압하는 바로 향하여 있다. 역사는, 억압받고 박해받던 민족을 다시 억압하는 민족으로 탈바꿈시킨다. 그런 점에서 탈주가 약속하는 해방에 대해서 회의하게 될 수도 있다. 탈주는 재구조화를 수반한다는 점에서 탈주와 포획의 두 가지 힘의 벡터가 팽팽한 긴장 상태에 놓일 수도 있다. 그러나 탈주의 행로를 따라 재구조화의 유혹으로부터 벗어나 매끄럽게 미래를 향해서 나아가는 것이 결국 삶의 일관된 방향성이라는 점도 드러난다. 그 과정이 바로 자기 자신을 구성하는 과정일 테니까 말이다. 체 게바라처럼 남미 사회의 해방을 위해 게릴라로서 끊임없이 탈주한 혁명가의 형상을 상상하는 것도 가능하다.

탈영토화와 재구조화(=재영토화)의 딜레마에는 해결책이 없는 것일까? 탈주선을 끊임없이 개척해 나가는 미시정치는 미래로 향하는 무의식과 깊은 관련이 있다. 어떤 활동가가 '그때 거기'의 형태로 탈주의 사건성들을 자신이 만든 과거의 좋았던 기억이나 상투적인 레퍼토리로 만들고 있다면, 다시 '여기 지금'의 형태로 논점을 이동시킬 필요가 있다. 그리고 여기 지금에 있는 단상, 맹아, 영감, 징후 등에서 미래로 향할 수 있는 색다른 이행의 구성요소를 탐색하는 과정이 수반되어야 한다. 현재의 어느 집단의 거주지나 지점을 안정과 안위, 안전을 보장할 수 있는 준거좌표로 삼으려는 논점도 등장할 수도 있다. 그러나 탈영토화 과정은 준거좌표의 설정과 모델링이 아니라, 탈주의 횡단면이 노출하는 다채로운 실존 양상에 주목하는 것이다. 문제의 핵심은 "머무르느냐? 벗어나느냐?"에 있지 않다. 오히려 모든 고정관념과 모델화의 유혹으로부터 벗어나려는 노력과 실천이 중요한 것이다.

개인적 탈주는 자격과 의무, 책임으로부터의 벗어남이지만, 결국 개인의 책임으로 귀착되는 한계를 갖고 있다. 어느 누군가가 "누구의 자격으로 그렇게 했느냐?"라고 묻는다면, 개인적 탈주를 감행하는 사람들은 결국 '나, 너, 그'를 대답할 수밖에 없기 때문이다. 그러나 집단적 배치에 입각하여 탈주한 사람들이라면, '우리 중 어느 누군가'로부터 시작했으며, 집단과 공동체의 관계망이 함께 작동하면서 탈주했다고 개인성으로부터 비스듬히 벗어나 말할 수 있게 된다. 그런 경우에는 '책임주체'가 아닌 '사이주체성'으로 대답함으로써 개인으로 탈주의 실천을 회수하려는 작업으로부터 방어할 수 있게 된다. 즉, 개인적인 책임 소재가 아닌 집단적 배치의 자율성의 영역이 개척되는 것이다. 개인적 탈주의 경우에는 개인으로 모든 사건이 회수되는 순간, 연약하고 흔들리는 양상이나 책임으로 딱딱하고 경직된 양상 두 가지 중 하나를 선택해야 하는 상황에 직면한다. 그런 점에서 정체성을 식별하려는 눈이 작동하고, 이를 스스로 의식하고 반응하게 되는 결과를 낳게 된다. 탈주의 이유에 대해서 나, 너, 그의 순전 개인적인 성향과 기호, 취미, 판단, 모델화가 이유가 되는 경우는 바로 정체성의 재구조화를 위한 것이다.

내가 특이화 과정이라고 부르는 것——단지 어떤 장소, 결정된 시간에 살

모두의 혁명법

거나 살아남을 수 있고 우리 자신일 수 있는 것——은 정체성(전형적인 것: 내 이름은 펠릭스 가타리이고, 나는 여기에 있다)과는 아무 관련이 없다. 그것은 오히려 원칙적으로 자아를 구성하는 모든 요소들이 접합되는 방식과 관련이 있다. 달리 말하면 사람들이 느끼고 숨 쉬고 말하거나 말하고 싶지 않고, 여기에 있든가 떠나든가 하는 방식과 관련이 있다.[99]

그러나 집단적 탈주의 경우에는 '정체성'이 아니라 '특이성'에 따라 대답할 수 있게 된다. 즉, 집단적 배치에 기반한 탈주는 우리 중 어느 누군가에게 어떤 특이한 사건의 생산이 있었고, 이에 따라 특이한 주체성 생산이 있었다고 대답할 수 있게 된다. 집단적 배치가 탈주선을 탈 때는 접촉경계면에서 벌어지는 갖가지 사건의 생성에 따라 내부의 배치가 끊임없이 재구성되고 재배치되는 역동성을 띠게 된다. 이에 따라 집단적 배치는 외부로부터 강제와 억압, 제재가 들어온다 하더라도 그것에 대한 태도와 자세, 배치와 자리를 결정하는 내부의 미시정치가 강렬하게 작동하면서 배치를 보존하고 유지할 수 있게 된다. 이에 따라 개인적 탈주의 과정이 연약한 심상을 갖느냐 강건한 심상을 갖느냐 등의 개인의 능력과 특성의 여부가 아니라, 집단적 배치에 따른 실존적인 강건함과 내부적 심리적-영성적-정서적 지지대와 배치의 역동성이 그 자리를 대신하게 될 것이다. 즉, 외부에서 "누구의 자격으로 그것을 하느냐?"라는 질문이 들어올 때 집단적 배치의 소통의 결과물이거나 태도 결정의 일부거나 집단적 책임에 따라 이루어진 것이라는 개인성을 회피한 대답이 가능해지기 때문이다. 그런 점에서 특이성은 배치와 관

---

99 펠릭스 가타리, 『미시정치』(도서출판b, 2010), 115쪽.

계망을 전제하는 것이며, 집단적 탈주의 과정은 끊임없는 특이성 생산을 이루면서 접촉경계면에서 놀랄 만한 사건을 만들어내는 실천 방식이다.

만약 개인적 탈주에서 특이성이 나타난다면, 체제나 시스템은 그를 곧장 정신병원, 감옥, 시설, 병원 등과 같은 곳으로 보내 개인을 관리하려 들 것이다. 결국 개인적으로 탈주하고 미친 것은, 무기력하며 연약한 절규로 가득하다. 그러나 집단적으로 함께 미친다면? 함께 미쳐서 탈주한다면? 그렇다면 문제는 완전히 차원을 달리하게 될 것이다. 집단적 배치가 갖는 흐름, 상호작용, 관계망, 반복 등이 작동하면서 동시에 강렬하게 기존의 준거좌표와 기성 사회를 거부하고 집단적 탈주를 감행한다면, 그러한 특이점으로 인해 완전히 다른 차원이 개방될 것이다. 그렇기 때문에 집단적 탈주가 만들어내는 상상력, 무의식, 욕망 등은 배치의 역동성과 실존적인 강건함의 재료가 됨으로써 특이성 생산을 감행할 수 있다. 즉 혼자서 혹은 개인적으로 탈주하고 미치는 것이 아니라, 집단적 배치를 형성하고 함께 탈주하고 함께 미치고 함께 전방으로 달려가는 것이 필요하다는 것이다.

집단적 탈주를 '함께 미친다'는 점에서 보는 것의 이점은 무엇일까? 집단적 분열은 감속과 가속 즉, 빠름되기와 느림되기의 속도감에 따라 사이와 거리, 밀도를 고무줄처럼 늘어났다 줄어들게 할 수 있다. 이러한 집단에 잠재된 온도, 밀도, 강렬도, 속도의 증감에 따라 특이한 사건성으로 현실에서 드러날 수 있는 것이 집단적 탈주이다. 집단적 탈주는 유일무이한 사건성으로서의 자신의 배치를 만듦으로써 문명의 외부를 생산하거나 문명의 내부에 파열을 내면서 누구도 생각하지 못했던 측면을 드러내 보인다. 이는 사실 집단적 탈주의 횡단면이 갖는 다채로운 상상력과 욕망, 무의식을 의미하며, 이를 이행의 구성요소라고도 부른다. 그런 점에서 집단적 탈주가 보여주는 이행의 과정은 전문가들이 자랑하는 '하나의 모델에 따르는 재구조화'가 아니라, 끊임없이 이행하고 변이하고 횡단하는 탈주의 과정 그 자체를 지도 그리기 하는 과정이다. 그런 점에서 가타리의 '분열분석의 지도 제작'은 집단적 탈주가 갖는 이행의 과정, 이행의 에너지, 이행의 구성요소, 이행의 이미지 등을 보여주고 있다.

분열분석은 주어진 상황에서 작동중인 다양한 지도 제작법들 안에서, 기조 제작법들을 현실화하기 위해 지도 제작법들을 횡단함으로써 지도 제작법들에 작동적 도표 체제를 제공하고 (이를테면 표현 소재의 변화를 통해), 지도 제작법들 스스로 수정된 배치 안에서 더욱 개방적이고 더욱 과정적이며 더욱 탈영토화되게 작동하도록 만드는 가운데 가상적 자기생산의 핵심 지대를 식별할 수 있도록 해준다.[100]

집단적 탈주를 들뢰즈와 가타리는 동물되기(devenir-animal)라는 개념으로 설명한다. 동물되기는 집단이나 무리가 동물처럼 야성성을 갖게 되는 것을 의미하며, 여기서 야성성은 곧 자율성이다. 집단적 탈주는 미시 파시즘처럼 '억압에 대한 욕망을 강렬하게 만드는' 파시즘의 미시 정치가 아니라, 소수자, 생명, 우주, 광석, 야채 등에 대한 되기의 강렬한 흐름을 통해서 욕망의 미시정치를 더 강렬하고 풍부하고 다양하게 만드는 실험적이고 실천적인 의미를 갖고 있다. 그런 점에서 집단적 탈주는 성공주의/승리주의에 대한 집단적 투사가 아니라 낮은 곳으로 향

---

100 펠릭스 가타리, 『카오스모제』(동문선, 2003), 85쪽.

하는 소수자되기의 무늬와 결을 갖고 있다. 작은 공동체와 집단, 집단과 무리가 소수자와 생명을 향해 탈주할 때, 그 강렬한 사랑과 욕망, 정동의 흐름은 눈덩이 효과처럼 주변 사람들이나 다른 집단에게 돌이킬 수 없는 변화를 주어 세상을 재창조해 내는 역동적인 과정이 될 것이다. 그런 점에서 집단적 탈주는 분자혁명의 전제조건이다.

:: 해방과 탈주선

집단적 배치는 집단이나 소그룹과 구분되는 공동체적 관계망을 전제할 수도 있다. 공동체적 관계망은 소집단이 갖지 못한 내재성의 평면을 내부에 갖고 있다는 점이 장점이다. 그러한 내재성의 평면을 일관성의 구도(plan of consistence)라고 하는데, 이는 공동체 구성원들이 대화를 하는 과정에서 서로 딴소리를 하면서도 이야기의 큰 흐름은 일관된 방향성으로 향하는 모습을 상상해 볼 수 있다. 이처럼 공동체가 일관성의 구도 속에서 강렬도, 온도, 밀도, 속도 등이 감속과 가속의 평행과 균형을 그리는 것에서 벗어나, 가속이 너무도 강렬해져서 기존 배치로는 해결되지 않는 순간이 찾아올 때, 공동체는 문턱을 넘어 집단적으로 도관에 구멍을 뚫듯이 탈주하기 시작한다. 이는 기존의 공동체의 특성을 유지하고 보존하고자 하는 사람들조차도 예외가 아니며, 이들 역시 대부분 자신의 감수성, 인식작용, 지각작용 등을 변화시키는데, 그 이유는 연결망으로서의 공동체가 갖고 있는 집단적 피드백 과정이나 정동의 흐름이 탈주선을 따라 완전히 달라지기 때문이다. 역으로 공동체 속에서 서로 딴소리하는 일관성의 구도가 강렬해지면서 상호작용의 빈도와 밀도, 강렬도가 변화하는 것도 집단적 탈주의 지표이자 리트머스일 수 있다. 혹자는 집단의 통일성과 결속력이 강화되었을 때 집단적 행동을 감행한다고 생각하는 경우도 있다. 그러나 오히려 집단이 일관성의 구도 속에서 다채로운 딴소리가 강렬해졌을 때 사실상 공동체가 탈주하기 시작한다는 점에 우리는 주목해야 한다. 그런 점에서 차이 생산 즉 특이성 생산만이 집단적 탈주의 흐름을 가능케 하는 원동력이며, 이에 따라 외부가 개방되는 것이다.

집단과 공동체는 기본적으로 다양체로서의 형태를 띤다. 그렇기 때문에 다양체는 하나의 의미나 모델에 의해서 통합된 이미지를 그려낼 수 있는 성격의 것이 아니다. 다양체의 구성원들은 접촉경계면마다 사건을 일으키면서 집단적인 탈주의 흐름에 몸을 싣고 목적이 어디인지 분명치 않는 진행형적 과정으로 나아간다. 그런 점에서 근대의 목적합리성과는 정반대로 다양체 자체의 내부 생태계의 풍부성과 다양성에 따라 과정이 재미있고 흥미롭고 놀이와 같은 피드백을 갖기 때문에 탈주하는 것이다. 공동체적 구성원들이 서로를 수단화하거나 도구화하는 것은 사실상 불가능하며, 이러한 도구적 합리성의 해악에 대한 경각심 때문만이 아니라 그것이 무료하고 재미없다는 점에서 그것에 손을 떼는 것이다. 이에 따라 다양체는 문명과 체제, 시스템의 외부를 창출할 만큼 아이디어와 상상력, 영감, 단상, 징후가 풍부하고 충만해지는 상황에 도달하게 된다. 이에 따라 외부가 개방되는 과정은 탈주하는 집단의 내용과 표현, 두 층위 모두에서 구성된다.

턱은 늑대의 턱이 아니다. 그렇게 단순하지 않다. 턱과 늑대는 거리가 달라짐에 따라서, 서로 다른 속도들로, 다른 다양체들과 함께, 문턱들의 극한에서 눈과 늑대, 항문과 늑대로 변형되는 하나의 다양체를 형성한다. 도주선 또는 탈영토화의 선, 늑대-되기, 탈영토화된 강렬함들의 비인간-되기 이것이 바로 다양체이다.[101]

이러한 집단적 탈주는 해방일까? 외부의 개방의 측면에서는 해방으로도 다가올 수 있다. 그러나 해방에 대한 영토가 외부가 따로 미리 주어져 있고, 이에 따라 탈주가 외부의 생산과 창조가 아닌 도주와 도망, 일탈의 과정으로 한정된다는 설정에는 문제가 있다. 탈주는 오히려 외부를 생산하고 창조하는 적극적인 의미에서의 특이성 생산의 과정이라고 할 수 있다. 이에 따라 탈주자들의 물결은 그저 살 수 없어서 도망쳐 오고, 공장과 시설의 담 벽을 월담하고, 시골에서 도시로 흘러 들어오고, 탐험하듯 여행하는 사람들의 이미지에서 벗어나 있다. 오히려 탈주자들은 색다른 것을 만들어내는 공동체적 관계망의 창조성과 생산성에 따라 자기생산을 하면서 스스로 기존 좌표로부터 완벽히 벗어나는 것을 의미한다. 탈주는 미지의 것으로의 여행의 이미지가 아니라, 미지의 것을 창조하는 과학, 예술, 혁명의 색깔과 화음으로 가득하다. 그런 점에서 초기 자본주의 사회에서 나타나는 탈주가 해방이라고 간주되었던 외부로의 접속과 이동이라는 이미지는, 후기자본주의 사회에서 나타나는 탈주가 외부 생산이며 자기 해방이라는 이미지와 완벽히 차이를 갖는다.

또한 탈주는 여백, 여가, 여유의 산물이기도 하다. 후기자본주의가 완벽히 여백이나 틈새, 사이를 소멸시켰다고 여겨질 만큼 통속적인 문명은 미디어, 소비생활, 노동, 문화 등으로 고도로 조직화하고 있는 상

---

101 질 들뢰즈, 펠릭스 가타리,『천개의 고원』(새물결, 2001), 71쪽.

황이다. 사람들은 문화나 스포츠를 소비하면서도 여유 없는 삶, 저녁이 없는 삶에 직면해 있다. 이러한 상황에서 여백, 여유, 여가를 생산해 내는 것조차도 바로 집단적 탈주에 의해서만 가능하다. 왜냐하면 사로잡은 포획으로부터 벗어나는 집단적 탈주를 감행하지 않고서는 시간-공간-에너지의 실존좌표가 개방될 수 없는 국면에 접어들었기 때문이다. 자본과 미디어, 네트워크의 일상의 조직화는 고도로 발전한 상황이며, 이에 따라 닫히고 코드화되고 폐쇄된 기계 작동의 비루함과 지루함의 공간으로 일상과 생활세계가 전락할 위험은 도처에 도사리고 있다. 이러한 문명과 시스템의 내부에서는 사람들이 소비의 선택이나 텔레비전 채널을 돌리는 행위나, 인터넷 서핑 등이 자유일 것이라는 착각에 빠져들게 한다. 그러나 진정한 자유와 자율성을 보존하는 것은 시스템 내부에서 각각의 배치의 횡단면을 따라 집단적으로 탈주하면서 외부, 여유, 여가를 창조해 내는 방법뿐이다. 즉, 2세부터 6세 아동들이 놀이를 여러 번 바꾸고 횡단하고 이행하면서 재미를 추구하듯이 기존 배치를 매끄럽게 횡단하고 이행하고 규칙과 형태를 바꾸면서 집단적으로 탈주하는 것을 상상해 볼 수 있다. 그런 점에서 연애와 사랑도 커플이 상호작용 하면서 커플 기계라는 집단을 이루어 탈주하는 것을 전제하지 않고서는 상투적인 결혼, 가족생활, 미디어의 포로가 될 수밖에 없다.

그런 점에서 여러 형상과 이미지, 규칙, 제도 등의 횡단면을 따라 하나씩 자신이 맘에 드는 이미지나 도상을 뽑았다가 다시 다른 도상과 이미지로 금방 이행하면서 탈주선을 그려내는 도표적 전략에 대해서 상상할 수 있다. 이는 탈주선이 코드화와 탈코드화라는 규칙의 설정과 위반의 이분법을 벗어나 횡단코드화의 영역을 갖고 있다는 점에 대해서도 이해할 수 있게 한다. 즉, 규칙과 규칙 사이의 연결과 접속을 비스듬히 가로지르는 색다른 노선을 발견할 수 있는 것이다. 이는 고정관념에 사로잡혀 코드를 포획하려는 초코드화를 벗어나 있지만, 단지 거부와 저항, 위반, 벗어남이라는 탈코드화의 반대 쌍에 머무는 것이 아니다. 횡단코드화는 코드와 코드 사이 즉 규칙과 규칙 사이의 비스듬한 연결 고리나 횡적 접속면을 생산해 내는 집단적 탈주의 생산물 중 하나다. 이를 통해 공동체나 집단은 마치 선승의 선문답처럼 'A이면서 B이면서 C이면서'라는 횡단하는 탈주선을 그려나가는 것이다.

이러한 집단적 탈주는 고정관념이나 본질주의에 사로잡힌 의식적인 모델화의 유혹으로부터 벗어나 곁, 사이, 틈새, 여백 등에서 서식하며 모델과 모델 사이를 연결짓는 무의식의 메타모델화로 향한다. 즉, 하나의 모델에 의해서 식별될 수 있는 것이 아니라, 여러 모델을 넘나드는 과정을 지도로 그리는 것을 의미한다. 예를 들면 카프카가 쓴 『성(城)』이 그려내는 탈주선, 즉, 성의 본질이나 심장부로 들어갈 수 없는 소수자가 성의 주변과 가장자리를 배회하고 방황하고 탐색하는 실존의 양상을 생각해 볼 수 있다. 즉, "본질과 이유가 무엇인가?"라고 물으면서 정의화와 의미화라는 아카데미의 유혹에 빠져드는 것이 아니라, "양상과 작동이 무엇인가?"라고 물으면서 다양한 의미와 의미 사이의 연결 속에서 매끄럽게 탈주하며 그 실존의 양상을 그리는 것이 그것이다. 그런 면에서 종기의 도관을 뚫는 것과 같은 집단적 탈주는 소수자되기로 향하는 전 인민적 변용(=사랑)에 다름 아니다. 즉 사랑을 향한 우리 안의 생명과 자연의 탈주선이다. 그런 점에서 집단적 탈주는 사랑과 욕망을 재발견하고, 세상을 재창조하며, 문명의 외부를 만들어나가는 공동체가 취할 수 있는 유력한 전략 중 하나다.

12장

사랑과 욕망, 정동의 흐름이 만든 제도가 중요한 이유는?

흐름을 가로막고 수로화하려는 사회적 코드들 아래로 흐름을 통과시켜라.

· · · ·

공동체는 끊임없이 돌보고 보듬고 닦아주어야만 유지될 수 있다. 공동체의 관계가 성숙할 수 있는 것은 대립과 모순을 주장하는 합리적이고 이성적인 인간형에 의해서가 아니라, 사랑, 정동, 욕망 등의 무의식의 흐름이 돌봄의 구체적인 행동으로 나타나도록 만드는 부드럽고 감성적인 인간형에 의해서 가능하다. 공동체의 강렬한 흐름을 느낄 수 있는 것은, 중심이 아니라 가장자리이며 주변, 곁이다. 공동체의 대부분의 활동은 자신을 재생하는, 즉 자기 자신을 생산해 내는 활동이며, 동시에 소수자, 사회적 약자, 특이자, 주변인이라는 낮은 곳으로 향하는 돌봄과 사랑이 대부분이다. 이를 들뢰즈와 가타리는 소수자되기라는 개념으로 표현한다.

:: 흐름을 포획하는 플랫폼 자본주의

최근 초등학생들이 꿈꾸는 장래희망의 상위권에 유튜버가 차지하고 있다. 유튜버가 된다는 것은 인기 연예인에 버금가는 엔터테이너가 되는 것을 의미하기 때문이다. 물론 고소득을 받을 수 있다는 대박 신화의 변조 형태도 여기에 서식하고 있다. 그러나 정작 유튜브에 영상을 올린 사람들은 쪼그라드는 자기 자신을 발견하게 된다. 조회수에 따라 책정되는 광고 단가가 낮아서뿐만 아니라, 사람들에게 매력이나 인기, 호감을 어필할 수 없는 자기 자신을 발견하게 되는 것이다. 결국 더 자극적이고 선정적인 영상을 올리게 된다. 그런데 우리는 여기서 의문을 갖게 된다. 인기를 끌고 얻고 추앙하고 따르고 어필하는 일련의 욕망, 정동의 흐름에서 이득을 보는 사람은 누구인가라는 지점에 대해서 말이다. 이는 플랫폼 자본주의, 정동 자본주의라고 불리는 최근 자본주의의 작동 방식을 의미한다.

네트워크에서는 정보와 코드의 흐름을 따라 사랑, 정동, 욕망의 흐름도 함께 움직인다. 그리고 울고 웃고 기뻐하고 즐기는 모든 행위는 결국 플랫폼의 이득으로 돌아가게 된다. 이는 일찍이 가타리가 '코드의 잉여가치'라고 불렀던 현상 중 하나이다. 욕망의 흐름을 코드화하는 네트워크를 갖고 있다는 사실 그 자체로 이득이 된다는 것에 대해서 처음에는 이해가 되지 않을 것이다. 그러나 젠트리피케이션을 생각해 보면 쉽게 이해가 갈 것이다. 즉, 마을 만들기와 문화예술의 창발 등이 그와 전혀 관련이 없는 임대업자의 수익으로 이어지는 현상 역시도 코드의 잉여가치 현상 중 하나다. 결국 플랫폼 자본주의는 마을, 공동체, 네트워크에 대한 질적 착취 방식에 대한 자본의 탐색 결과물 중 하나다. 결국 욕망, 사랑, 정동의 미분적 과정은 자본화라는 적분의 결과물로 뒤바뀌게 되고 부당이득이 발생하게 되는 것이다. 이 속에서 사랑, 욕망, 정동이 울고 웃고 떠들고 인기를 끌고 즐기고 질투하고 추앙하는 등의 행위를 할 것이다. 무엇을 위해서 그것을 하는가? 플랫폼을 갖고 있는 자본을 위해서?

지구의 한계에 봉착하여 더 이상 탐험, 약탈, 모험을 할 외부가 사라진 자본주의는 점차 내부의 관계망인 마을, 공동체, 네트워크에 관심을 갖기 시작했다. 그 이후에 보이는 플랫폼 자본주의 양상은 대체로 세 가지 형태를 보이고 있다. 권력의 잉여가치(갑질), 코드의 잉여가치(공동체 착취), 흐름의 잉여가치(관계망 착취)가 그 양상이다. 이제 소비자도 생산자도 유통의 관계망에서 우위를 차지할 수 없다. 유통자본만이 모든 이익의 우위에 선다. 더불어 자본이 침투할 수 없었던 사랑, 정동, 욕망의 흐름 역시도 추출의 방법론에 따라 자본화가 가능한 코드 중 하나로 간주된다. 이것은 코드의 잉여가치에 상반되는 흐름의 잉여가치에 대한 전략을 말했던 펠릭스 가타리의 전략적 지도 제작이 부각될 수밖에 없는 이유이기도 하다.

흐름을 고정점으로, 즉 분자적인 욕망의 흐름을 몰적 소비로 귀결시켰던 기존 자본주의의 포획 장치의 양상에서는 분자적 욕망의 해방이 중심 과제였다. 즉, 분자적인 욕망을 몰적 소비로 귀결시키지 않고 절대적인 탈주선을 타게 하는 전략이 그것이다. 그것은 68혁명이라는 역사적인 기억을 남겼고 탈주선과 파열선을 창조해 냈다. 그런데 플랫폼 자본주의하에서는 분자적 욕망의 흐름에 대한 코드화에 입각한 자본화 양상의 포획 장치로 급격히 이행해 있는 상황이다. 결국 코드 아래로 흐름을 유통시키는 가타리의 전략이 주목될 수밖에 없는 상황인 것이다.

:: 흐름(Flux)이란 무엇인가?

서구 철학의 전통은 고대 시기부터 확연하게 두 진영으로 갈라서게 되었다. 하나는 헤라클레이토스(Heraclitos)가 창안한 '흐름의 철학'의 전통이고, 다른 하나는 파르메니데스(Parmenides)가 창안한 일자(一者)라는 '존재의 또 하나의 전통'이다. 들뢰즈와 가타리는 이것을 되기(becoming)와 이기(being)로 구분한다. 여기서 되기는 흐름, 정동, 돌봄, 변용, 사랑, 욕망과 동의어로 쓰인다. 이에 반해 이기는 정체성, 역할, 기능, 직분, 책임, 믿음 등과 동의어로 간주된다.

헤라클레이토스는 "한 번 담근 강물에 두 번 담글 수 없다"라고 말하면서 변화무쌍한 흐름이 사실상 현실의 모습이라는 점을 직시하였다. 사실 흐름에 몸을 싣고 '거기 그때'에 머물거나 협착되지 않고 '지금 여기'의 생성적 사건의 순간과 마주하는 것이 치유와 강건함의 비밀이다. 흐름은 과거에서 현재를 경유하여 미래로 향하는 보이지 않으나 일관된 방향성을 그린다. 그런 점에서 역사가 강물의 흐름으로 비유되는 것은 매우 적절한 일이 아닐 수 없다. 흐름의 전통처럼 역사는 변화하고 발전한다는 생각은 중세라는 암흑기를 맞는다. 흐름의 철학은 욕망에 대해서 억압적이었던 중세의 억압적 시기 동안 잠복해 있다가, 스피노자의 변용(affection)이라는 개념에서 극적으로 복원된다. 그런 점에서 스피노자는 '신, 즉 자연'의 범신론을 통해 흐름으로 만개하고 가득 찬 자연과 공동체의 세계상을 그려낸다.

> 2부 정리 9 : 현실적으로 존재하는 개물[특이성]의 관념은, 신이 무한일 경우에 한해서가 아니라 신이 현실적으로 존재하는 다른 개물[특이성]의 관념으로 변용한 것으로 고찰되는 한에서 신을 원인으로 소유하며, 이 관념도 역시 신이 또 다른 제3의 관념으로 변용한 한에서 신을 원인으로 소유하고…… 이처럼 무한히 진행된다.[102]

헤겔은 스피노자의 범신론을 탐낸 나머지 그것을 흉내 내기 시작한다. 헤겔은 골방에 있는 철학자의 관념인 자기 의식의 흐름이 결국 역사를 완성하고 존재를 성숙시킬 수 있는 소재가 될 것이라고 보았다. 그러나 헤겔의 철학은 범신론에 감히 접근하지 못하고 변신론 수준의 인식에 머물러 있을 뿐이다. 헤겔의 철학에서 정/반/합의 논리는 사랑과 변용의 흐름이 아닌 모순과 대립의 흐름을 통해서 존재를 성숙시키

---

102 스피노자, 『에티카』(서광사, 1990), 75-76쪽.

는 흐름의 원천을 부정과 대립에서 찾았다. 또한 모순이 자기 의식의 반성적인 흐름의 원천이며 관념을 성숙시켜 절대이성으로 향할 수 있는 가장 기본 원리라고 사유했다. 이처럼 변증법은 흐름이 부정적인 작동 방식을 통해 존재와 관념의 성숙의 원천으로 귀착되는 방식이었다. 그것은 사랑과 욕망, 정동의 흐름이 공동체를 재생시키고 순환시키는 원천이면서 사실은 모순과 대립이 아닌 차이와 다양성이 만개하는 지평이라는 점을 은폐한다. 즉, 헤겔의 사상은 국가주의를 정당화하기 위해 변증법적인 흐름을 동원했다면, 스피노자는 공동체에서의 정동과 사랑, 욕망의 흐름에 대해서 규명하기 위한 방향성을 갖는다. 이런 점에서 헤겔의 변증법은 스피노자의 흐름 사상을 포획하려는 시도였음이 분명해진다. 그럼에도 불구하고 이 전략이 한 세기 동안 활동가와 혁명가를 나름 매료시키면서도 오염시켰던 이유는 사실 '헤겔의 국가주의적 사상 속에서 스피노자의 공동체적인 요소'를 찾기 위한 애틋하면서도 도달할 수 없었던 시도였기 때문이다.

헤겔의 국가주의 사상이 후기 자본주의 전까지 유효했던 이유는 당시만 해도 국가와 공동체가 분리되지 않았던 시기였기 때문이다. 즉, '우리나라'라는 개념 속에는 인륜적 공동체와 국가가 아직 분리되지 않았던 흔적을 발견할 수 있다. 그러나 공동체는 끊임없이 돌보고 보듬고 닦아주어야만 유지되고 활성화될 수 있는 것이다. 그래서인지 우리 사회에 공동체가 해체되었다는 우려의 목소리들이 높다. 이처럼 공동체의 관계가 성숙할 수 있는 것은 대립과 모순을 주장하는 합리적이고 이성적인 인간형에 의해서가 아니라, 사랑, 정동, 욕망 등의 무의식의 흐름이 돌봄의 구체적인 행동으로 나타나도록 만드는 부드럽고 감성적인 인간형에 의해서 가능하다. 사랑과 욕망, 정동의 흐름이 머무는 형태는 본질주의적인 방식이 아니라 상황, 사건, 사물의 곁이나 주변, 사이에 서식하는 무의식을 통해서이다. 그래서 공동체의 강렬한 흐름을 느낄 수 있는 것은, 중심이 아니라 가장자리이며 주변, 곁이다. 공동체의 대부분의 활동은 자신을 재생하는, 즉 자기 자신을 생산해 내는 활동이며, 동시에 소수자, 사회적 약자, 특이자, 주변인이라는 낮은 곳으로 향하는 돌봄과 사랑이 대부분이다. 이를 들뢰즈와 가타리는 소수자되기라는 개념으로 표현한다. 소수자되기는 인류적 공동체가 미리 전제되어 있지 않고 분리되고 분열된 후기자본주의 사회에서의 사랑과 혁명의 구체적인 실천이다.

그 반대편에서 마을과 공동체가 와해되기 직전에 보이는 모습이, 바로 외부로부터의 자원-부-에너지의 분배의 차원으로 사업이나 활동이 전락하는 경우이다. 만약 외부로부터 유입되고 유출되는 자원-부-에너지의 흐름의 관점에서만 활동이 이루어진다면, 공동체 내부에서의 사랑, 정동, 욕망의 흐름이라는 내부 작동은 시야에서 보이지 않게 된다. 공동체는 순환하고 재생하는데, 대부분의 자원-부-에너지를 소모한다. 즉, 돌봄, 정동, 사랑, 욕망의 흐름에 자원-부-에너지의 흐름을 실어 나르면서 공동체는 순환하고 재생된다. 특히 공동체에서의 내포적 발전은 관계망을 성숙시키는 순환과 재생의 내부 작동을 강렬할 때 이루어진다. 이에 따라 흐름의 잉여가치는 구체적인 경제 작동의 원천이 된다. 흐름의 시너지 효과는 특이점을 통과하면서 더욱 강렬해지는데, 이것이 공동체가 풍부해지고 다양해지기 위해서 특이성 생산이 중요해지는 이유이기도 하다. 예를 들어 토론회 자리에 아이가 응앙응앙 울어대고 동물이 오락가락하면 그 특이점을 격리하는 것이 아니라 특이점이 발산하는 소란, 잉여, 잡음, 소음이 오히려 공동체를 풍부하게 만들고 다양해지는 비밀이라는 점을 들 수 있다. 그런 점에서 소수자는 사회적 약자나 양적 소수나 피해자가 아니라 관계망을 성숙시키는 적극적인 특이점으로서의 역할을 맡게 된다. 더 이상 성장을 추진할 외부를 상실한 자본주의가 직면하는 내포적 발전 단계에서의 유일한 외부는 특이성 생산이 산출하고 제작한 외부에 다름 아니다.

흐름에도 여러 가지 종류가 있다. 공동체를 성숙시키는 흐름과, 개인을 유지시켜 주는 흐름은 차이가 크다. 먼저 공동체를 성숙시키는 대부분의 표현 소재는, 관계 사이를 오가는 냄새, 색채, 향기, 음향, 몸짓, 표정과 같은 비기표적 기호계의 흐름이다. 비기표적 기호계는 기표로서의 정의의 근거나 재료로 간주되고는 하지만, 공동체 속에서는 그 질료가 살아 움직이고 풍부해지고 다양해지는 것을 느낄 수 있다. 즉, 접촉의 과정에서 이루어지는 모든 비기표적 기호작용들은 관계망을 발효시키고 성숙시킬 수 있는 재료로 사용된다. 그러나 이러한 비기표적 기호작용들은 그저 재료로서의 구성요소만이 아니라, 고도로 자유롭지만 고도로 조직된 춤, 음악, 회화, 이미지-영상, 안면성 등의 도표(diagram)라는 기호작용으로 발전할 수 있게 된다. 도표는 "~은~이다"로 단정 내릴 수 없으며, 지도 그리기로밖에 표현될 수 없는 기호이다. 도표는 '대답의 자본주의'가 동원하는 기표와는 달리, '문제제기로서의 대안사회'의 기호로 작동한다. 그래서 도표는 기표와 같이 고정관념이 아니라, 고도로 자유로우면서도 고도로 조직된 기호작용이라는 점에서 관계의 성숙을 훨씬 업그레이드시킬 수 있다. 그런 점에서 마을과 공동체의 관계망을 형성하고 판을 짤 때 내포적 발전 단계에서 예술 활동과 문화 활동이 중요한 역할을 하는 이유도 규명될 수 있다.

망상-파시스트적 이상으로서 기표적 기호학과, 분열적-혁명적 도표화의 이상으로서 그리고 기호-입자에서 생기는 일관성의 구도로 기호 체계를 끌고 나가는 것으로서 비기표적 기호론이란 구성요소에 의해 규정되는 양극관계를 구분하는 것이 확실히 유익합니다.[103]

그런가 하면 공동체로부터 분리된 개인을 유지시켜 주는 흐름은, 바로 이미지-영상의 흐름이다. 이미지-영상의 흐름이 정동을 대신할 수 없음에도 천연덕스럽게 개인의 삶을 지배하고 있기 때문이다. 물론 이미지-영상도 비기표적 기호작용의 일부로서 혁신적인 역할을 할 수 있다. 예를 들어 영화의 경우가 그것이다. 그러나 이미지-영상의 흐름이 관계망을 성숙시키거나 생각의 경로를 개척시키지 못하고 환상의 분비물이나 접촉을 대체할 수단, 반복강박적인 일상의 조직화, 자족적인 공명상자의 울림이 될 때, 개인으로 고립된 사람들의 필수 소모품이 된다. 그렇기 때문에 TV가 발신하는 달콤한 메시지 앞에서 꾸벅꾸벅 조는 통속적인 개인들의 모습은 문명이 쇠퇴하는 징후이다. 그런 점에서 현실을 횡단하는 비기표적 기호작용이 공동체를 풍부하게 만든다면, 환상을 횡단하는 이미지-영상의 흐름은 원자화된 개인을 유지시켜 주는 역할을 만든다.

마지막으로 정보의 흐름에 대해서 살펴봐야 할 것이다. 정보 이론에서 '코드화된 메시지가 수신자와 발신자의 의사소통을 가능케 한다'는 구도는 정보 코드의 흐름을 평면화하여 묘사할 뿐이다. 실제 네트워크에서의 담화들은 코드화된 상징질서의 동일성 속에서만 대화하는 것이

---

103 펠릭스 가타리, 『분자혁명』(푸른숲, 1998), 381쪽.

아니라, 이질적인 것 간의 만남과 마주침 속에서 생산과 창조가 이루어지는 색다른 면모를 갖고 있다. 즉, 코드를 비스듬히 횡단하는 측면이 있는 것이다. 물론 가전제품 유형으로 네트워크를 소모하려는 스마트폰 문화가 있는 것도 사실이다. 예를 들어 청년들이 빠져드는 정보주의는 접촉이 주는 관계망, 흐름, 상호작용의 맥락으로부터 벗어난 전자화된 정보 코드를 통해 모든 것을 알 수 있다는 착각과 환상을 제공한다. 즉, 실천하고 변용하지 않고도 정보를 통해 이미 알고 있다고 착각하는 것이 정보주의의 모습이다. 그러나 정보주의의 위험에도 불구하고, 네트워크의 잠재력은 바로 횡단코드화되는 정보와 지식의 흐름이 네트워크를 풍부하게 만든다는 점에 있다. 다시 말해 여러 가지 정보 코드를 조합하여 색다른 것을 만들어내는 기계적 이질발생의 영역이 바로 횡단코드화이다. 즉, 그것은 '차이를 낳은 차이'로서의 정보 생태계를 의미한다. 마치 펑크족들이 자본주의 상업 문화나 기존의 상징체계들을 조합하여 전혀 느껴보지 못했던 색다른 것을 생산하고 창조하는 브리콜라주(bricolage)와 같이, 네트워커들은 이질생성적인 창조와 생산을 통해 정보의 순환과 흐름을 풍부하고 다양하게 만든다. 네트워크를 풍부하고 다양하게 만들었던 위키피디아 사전이나 리눅스를 생각해 봐도 좋을 것이다.

:: 흐름을 코드화하는 수로 모델

그때 부엌은 작은 오페라 무대가 된다. 그 속에서 사람들은 모든 종류의 도구를 이용하여, 즉 물과 불, 과일 파이와 쓰레기통, 특권 관계와 복종 관계를 이용하여 말하고 춤추고 논다. 요리하는 장소로서의 부엌은 물질적 흐름과 신호적 흐름, 그리고 모든 종류의 서비스 교환의 중심이다. 그러나 흐름의 이러한 대사 작용은 배열 장치 전체가 정신이상자들의 언어 이전적 구성 요소를 수용하는 구조로서 유효하게 기능한다는 조건에서만 전이적 범위[영향력]를 지닐 수 있을 것이다.[104]

세상에는 온갖 흐름이 있다. 부엌만 보더라도 물의 흐름, 불의 흐름, 음식의 흐름, 쓰레기의 흐름이 교차하는 흐름의 공간이라고 가타리는 말하고 있다. 공동체에서의 흐름은 나타났다 사라지는 온갖 변화의 과정을 의미한다. 그러나 자본화의 유혹이 나타나면, 흐름을 수로에 흐르게 만들어 코드화하려고 한다. '자본화=의미화=모델화=표상화=코드화'라는 등식이 생기는 것은 우연이 아니다. 흐름을 하나의 모델, 표상, 의미, 코드로 만들려고 하는 것이 바로 전문가들이라고 불리는 아카데미의 하수인들이다. 이들은 무척 흐름이 만개하고 다양한 방향으로 뻗어나가려고 할 때 이것을 어떻게 하면 코드의 규칙을 부여하고 수로로 흐르는 모델로 만들 것인가에 대해 탐색하는 사람들이다. 이를테면 지방정부는 게토화된 이민자 지구에 전문가들을 파견해 사회 센터를 세우고 다양한 인종의 도가니가 어떤 흐름의 경로와 형태로, 패턴으로 나타나는지에 대해서 관심을 갖는다. 그리고 수로 모델의 극한에는 바로 국가주의가 있다. 국가는 흐름이 멈추는 곳, 흐름이 수로 모델에 따라 흐르는 곳, 흐름이 규칙과 코드를 갖고 정상 상태로 돌아가게 되는 것에 관심을 갖는다. 그렇기 때문에 정상 상태에 있는 사람들은 자

---

104 펠릭스 가타리, 『카오스모제』(동문선, 2003), 95쪽.

신의 삶과 공동체, 사회에 변화무쌍한 흐름이 있다는 사실조차도 모를 정도로 코드화된 수로 모델의 포로가 된다. 그저 통장에 잠깐 스치고 지나가는 화폐의 흐름에 대해 자괴감을 갖는 정도로만 흐름의 실존을 느낄 뿐이다. 흐름에 민감하게 감응하는 주체성은 코드화의 영역에서 살짝 비켜나간 어린이와 정신질환자들의 경우에 한해서일 뿐이다.

흐름이 준거좌표를 벗어나면 어떤 일이 벌어질까? 준거좌표는 정상성의 기준이 될 뿐만 아니라, 코드화된 질서의 기준점이 된다. 예를 들어 자신의 준거좌표를 부동산 재벌로 설정한다면, 성공주의와 승리주의가 코드화된 삶의 기준점이 될 것이다. 준거집단은 역할 모델이라는 말로도 사용된다. 흐름의 만개는 자신의 흐름을 가로막는 코드화된 수로모델을 넘치거나 저변으로 보이지 않게 스며들어 다른 곳으로 향하게 한다. 흐름은 코드화된 규칙, 규범, 도덕, 믿음 체계를 벗어나 다양한 방향으로 탈코드화될 수 있다. 만약 그러한 흐름을 준거좌표로 식별한다면, 광기, 욕망, 질병, 범죄 등으로 간주한 나머지 다형적 시설이나 감옥, 병원, 학교 등을 이용하여 흐름이 더 이상 작동하지 않도록 만들려 할 것이다. 이를테면 성소수자들이 겪게 되는 다양한 역사적인 상황들을 들 수 있다. 한때는 소수적 성이 병이었던 적도 있고, 범죄였던 적도 있다. 그런 점에서 코드화된 규칙, 규범, 도덕, 믿음 체계의 상위에는 사법적인 초코드화의 질서가 숨어 있다. 초코드화된 질서는 사법적인 질서이며, 공적 폭력이며, 체제를 유지하려고 하는 국가주의의 강권이다. 위반하고 탈주하려는 탈코드화의 흐름은 포획과 강권의 초코드화에 의해서 코드화된 체제 내로 머무르도록 강제받게 되는 것이다. 초코드화된 질서는 라캉이 말했던 상징계, 사법적 질서, 언어 규칙, 아버지의 질서와 같은 위상을 갖는다.

도덕의 이중성이 발생하는 이유는 한편으로는 공동체와 개인의 자율적인 윤리이면서도, 다른 한편으로 국가의 사법적 처벌과 규제, 규범인 경우가 함께 동반된다는 점 때문일 것이다. 코드가 초코드화된 국가, 신, 아버지의 질서에 따라 작동하는 경우도 있겠지만, 공동체의 자율적인 공동선(共同善)을 위한 규칙일 수도 있다. 만약 탈코드화의 흐름이 규칙을 파괴하고 해체함으로써 새로운 규칙을 창안하는 것이 아니라 그저 파괴와 해체에 머무른다면 무슨 일이 생길까? 코드화의 수로 모델을 완벽히 부정하는 것이 능사만은 아니라는 점이 공동체적 관계망과 집단적 배치에서 드러난다. 우리는 코드를 피하는 것뿐만이 아니라, 탈코드화의 흐름이 창안하는 색다른 코드에 주목해야 한다.

그러나 흐름의 사유에서 볼 때, 코드화의 조직화 방식 또한 자신의 변화와 횡단의 흐름을 수로화하는 것으로 보일 수도 있다. 그런 점에서 코드의 재특이화 과정은 끊임없이 이루어져야 한다. 무엇에 의해서 가능하는가 하면 바로 흐름에 의해서 가능하다.

많은(초기의 대안학교들은 거의 대부분) 대안학교들은 학생들의 자유, 자율에 대한 욕망을 회수하여 규칙이나 약속으로 제정하는 일종의 '강령화' 작업을 수행한다. 학생들의 욕망은 조직의 외부로, 또는 사회적으로 배출되지 않고, 체제 내로 흡수된다. 이러한 과정은 첫 한두 해 정도는 공동체의 강령을 만들어나가는 활력이 있는 작업일 수 있고, 이 내에서 가타리가 이야기하는 '과정적 중요성'을 발견할 수 있는 과정일 수 있다. 그 과정에서 학생들은 자신의 욕망을 표출하며 교사 집단과 충돌하기도 한다. 하지만 대부분의 경우 욕망의 표출과 갈등은 '민주적 의사결정'이라는 정제된 틀 내에서 이루어지고, '좋은 교사'들과의 대등한 듯 보이는 토론 속에서 매우 바람직한 공동체의 강령으로 정리되곤 한다. 그러나 강령 제정의 시기가 지나고 나면 학생들은 자신의 욕망을 자유롭게 표현하지 못한다. 학생들이 표현하는 '현재의 욕망'은 이미 제기되었던 '역사적인 것'으로 설명되고, 이 설명에 의해 '유아적인 것'이 되어버린다.[105]

코드화 과정은 재특이화 과정과 함께 동반되어야 하며, 코드는 완결점이 아니라 과정이어야 할 것이다. 그런 점에서 대안학교의 강령화 작업은 많은 시사점을 준다. 문제의 핵심은 자율성의 여부에 있다고 할수 있다. 여기서 탈주와 포획의 코드화-탈코드화-초코드화의 맥락에서 살짝 비껴 나가면서도 자율성을 갖는 횡단코드화에 대해서 사유해야할 것이다. 다양한 코드를 넘나들며 교차하고 횡단하는 과정에서 패러디하고 비스듬히 가로질러 나가는 묘한 경계선에 선 실천이 그것이다. 횡단코드화는 규칙을 파괴하려는 행동이나 규칙을 구성하려는 행동만이 아니라, 규칙과 규칙 사이에 놓인 여백과 경계선에 따라 자율적인 흐름의 사유를 전개하는 것이다. 자율적인 흐름의 사유는 과정적인 재특이화에 주목하는 것을 의미한다. 여기서 재특이화는 삶의 재창안이라고 불리며, 기존의 낡은 것이라고 여겨졌던 것을 재배치함으로써 새로운 것으로 만드는 과정을 의미한다. 그렇기 때문에 공동체의 자율성은 적대, 투쟁, 위반이라는 방식만이 아니라 다채롭고 풍부한 상상력을 필요로 한다.

혹자는 "외부가 소멸한 현재의 시점에서 어떻게 외부로 탈주할 수 있

---

105 권희중(전 성미산 대안학교교사), 「대안학교는 특이성을 생산하는 공간인가에 대한 문제의식」(2008).

는가?'라는 질문을 던진다. 홉스의 외부 소멸 가설은 푸코에게도 발견될 수 있는 대목이다. 이제 경제성장을 통해서 외부를 개척하고 탐험하고 개발하던 상황은 완전히 불가능해졌다. 이제 문제의 핵심은 외부 생산에 있다. 외부 생산은 특이성 생산이라고도 불리며, 색다른 선택지를 만드는 것을 의미한다. 이를 통해 외부를 만들어나가는 것이 바로 선택지를 만들어내는 자율성의 척도가 된다. 외부로 향하는 탈코드화된 흐름의 자율성은 이제 지구라는 자기 조절 시스템 내부에서의 각 모듈 단위의 연결과 접속 방식이 만든 자율성으로 현현한다. 그렇기 때문에 내부의 이질발생을 통해 외부를 발견하고 활성화함으로써 자율성을 갖는 것을 상상해 보는 것은 어렵지 않다. 이를 충남발전연구원과 같은 곳에서는 '내발적 발전 전략'이라고도 말한다. 내발적 발전(endogenous development)은 1976년 일본의 사회학자 츠루미 가즈코(鶴見和子)가 성장주의에 반대하면서 만든 독특한 발전 개념이다. 특이한 욕망은 자율성의 기초가 된다. 그러나 특이한 욕망이 발생한다는 것은 바로 색다른 선택지가 발생되는 것이고, 이를 통해 외부를 생산되는 것이다. 이렇게 되려면 사실상 공동체의 각 모듈 단위의 코드의 다채로움에 기반하여 서로 횡단코드화할 수 있도록 연결망적인 토대를 만들어놓아야 한다. 코드화된 수로 모델에서는 상상력이 작동하지 않지만, 각각의 코드를 상이하고 이질적으로 만들어놓은 다채로운 공동체의 모듈 단위들이 교직하고 조우할 때 상상력은 격발되고 강렬해진다. 그 순간 특이성 생산이 색다른 외부를 생산할 확률이 높아진다. 즉, 흐름의 자율성을 위해서라면 다양한 접속을 통해 경우의 수를 늘려나가는 방향성을 가져야 하는 상황인 것이다. 즉, 유한자의 무한결속이 어느 때보다 중요하다. 결국 통합된 세계자본주의에서 로컬 단위의 공동체가 갖는 생태적 다양성이 횡단코드화라는 흐름의 자율성을 촉진하는 토대라고 할 수 있는 것이다.

자율성과 관련된 소수자운동의 쟁점은 소수자운동의 초기에 나타나는 정체성주의나 권리주의가 코드화된 수로 모델로 나타날 수 있다는 우려와 걱정에 기반한다. 예를 들어 동성애운동의 정체성주의나 권리주의는 스스로를 수로화함으로써 n개의 성으로 향하는 횡단성에의 가능성을 차단하는 것이 아니냐는 입장이 그것이다. '권리=권력'이라는 패러다임이 작동하는 순간, 특이성 생산을 통한 외부 생산과 그의 결과로 나타나는 자율성이 동시에 크게 위축되는 것은 분명하다. 그러나 소수자운동의 정체성주의와 권리주의라는 코드화된 수로 모델은 시민적 책임주체의 형성에 있어 중요한 교두보인 것도 사실이다. 소수자운동에 있어서 책임주체로서의 시민적 패러다임과, 사이주체성으로서의 공동체적 패러다임이 두 축을 형성한다. 여기서 사이주체성은 나와 너 사이에서 생성되는 '우리 중 어느 누군가'이다. 그래서 공동체는 관계망과 배치 속에서 '뜻과 지혜와 아이디어를 가지고 그 일을 해낼 주체성을 만드는 것'이 핵심적인 과제이며, 이를 주체성 생산이라고도 부른다.

들뢰즈와 가타리는 『안티 오이디푸스』에서 욕망의 정치경제학의 구도를 그리는데, 욕망하는 기계의 연결 방식에 따라 욕망의 생산, 등록, 소비가 이루어진다고 보았다. 여기서 욕망의 생산은 '그리고… 그리고… 그리고…'의 접속(connection)의 방식을 따르며, 여기서는 공동체적 사이주체성에 해당한다. 또한 욕망의 등록은 '~이냐 ~아니냐'는 이접(disjunction)으로 미시 파시즘적인 분리차별에 해당한다. 마지막으로 욕망의 소비는 '고로 나는 ~이다'라는 연접(conjunction)의 방식을 따르며 여기서는 시민적 책임주체에 해당한다.

무의식은 의미에 관한 아무런 문제도 제기하지 않는다. 오로지 사용에 관한 문제들만을 제기한다. 욕망의 문제는 〈그것은 무엇을 의미하는가?〉가 아니고, 그것은 어떻게 움직이고 있는가이다. ……어떤 연결들, 어떤 이접들, 어떤 연접들이 여기에 있는가? 이 세 가지 종합은 어떻게 사용되는가? 〈그것〉은 아무것도 표상하지 않지만, 생산한다. 〈그것〉은 아무것도 의미하지 않지만, 작동한다. 〈그것은 무엇을 의미하는가?〉란 문제가 일반적으로 몰락해 갈 때 욕망이 등장한다.[106]

결국 공동체적 주체성과 시민적 책임주체는 욕망의 흐름에 따라 순차적으로나 동시적으로 수반될 수밖에 없다는 점이 여기서 드러난다. 문제는 공동체의 흐름을 시민이라는 코드화된 수로 모델로 만드는 것이 완결 지점이 아니라는 점에 있다. 따라서 시민적 정체성을 단단히 다지는 것에 머무는 것이 아니라, 또 다른 공동체의 특이한 욕망의 흐름을 만들어내면서 경우의 수를 늘려가야 하는 것에 자율성의 비밀이 숨어 있다. 더 나아가 코드화된 수로 모델의 해체뿐 아니라, 여러 모델을 횡단하여 색다른 코드를 생산함으로써 표현 지층의 소재를 늘려가는 것이 필요하다. 즉, 초코드화에서 연유한 코드화에 머무는 것이 아니라, 탈코드화와 횡단코드화에 따라 색다른 코드화를 생산할 필요가 있는 것이다. 표현 지층의 무한한 자율성과 사방으로 격발되는 흐름은 코드화된 수로 모델을 뛰어넘을 뿐만 아니라, 그러한 규칙과 규범이 굳이 필요치 않거나 이를 살짝 넘나드는 외부를 생산한다. 결국 흐름에 따라 생성되는 공동체적인 주체성이 초코드화의 명령에 따라 설립된

---

106 질 들뢰즈와 가타리, 『안티 오이디푸스』(민음사, 1997), 168쪽.

코드화된 수로 모델에 사로잡혀서 눈치를 볼 필요도 없는 이유는, 수로 모델이 아닌 횡단하는 모델들의 코드를 생산하기 때문이다. 이를 가타리는 메타모델화라고 말한다. 그러므로 공동체는 색다른 규칙이나 윤리를 생산하면서 자율성을 배가하며, 수로 모델과는 다른 흐름의 지도 그리기를 수행한다.

:: 매끈한 공간, 홈 패인 공간

코드화된 수로 모델의 공간을 들뢰즈와 가타리는 '홈 패인 공간'이라고 규정하면서, 유목, 횡단, 자율, 이행, 변이의 공간인 '매끈한 공간'과 비교한다. 매끈한 공간이 자율성의 공간이라면, 홈 패인 공간은 의미화된 공간이다. 홈 패인 공간은 계산 가능한 공간이기도 한데, 이는 자본화와 의미화의 논리에 따라 회계 처리가 가능한 공간으로 연출되기 때문이다.

사실상 공동체나 집단에서 비판 담론과 자율적인 담론을 제어하고 통제하는 역할을 하는 것은 회계 담론이다. 회계 담론은 계산 가능한 척도로 모든 활동을 환원하기 때문이다. 계산 가능한 공간은 산술적 수에 의해서 계산되는 함수론적 질서를 특징으로 한다. 다시 말해 '1+1=2'라는 방식으로 정확하게 동질적인 수의 양적 척도에 따라 환산되는 것이다. 이에 반해 매끈한 공간에서는 확률론적인 경우의 수가 작동하며 다질적인 수로 특징지어지는 공간이다. 사랑과 욕망의 미시적인 작동이 그저 산술적 합의 방식에 따르지 않으며, 각 집단, 무리, 복수, 다양이 갖는 다질적인 수가 각각의 다른 특이성을 보여준다는 점에 주목해야 할 것이다. 사랑과 욕망, 정동의 흐름은 매끈한 공간을 만들면서 자신의 거리와 방향, 밀도, 내포, 강도에 따라 무수히 많은 경우의 수를 산출해 낸다. 이에 따라 운, 우발성, 외부성, 우연성, 사건성에 따라 다채로운 교직과 조우가 이루어질 수 있다. 이를 들뢰즈와 가타리는 『천개의 고원』에서 노마드 이론으로 매끈한 공간을 설명하기도 하였다.

수는 이미 계산이나 계량 수단이 아니라 자리바꿈의 수단이다. 수 자체가 매끈한 공간에서 자리를 바꾸는 것이다.…수는 매끈한 공간을 점거할 때마다 원리로서 작용하며, 홈 패인 공간을 계량하는 대신 매끈한 공간의 주체로서 전개된다. 수는 이동적 점거자, 매끈한 공간 속의 동산(動産)으로서 홈 패인 공간의 부동산의 기하학과 대립한다.[107]

공동체는 나와 너 사이에서 공통성을 만들고, 이에 따라 연결접속의 시너지 효과를 산출한다. 그래서 산술적 합 이상의 시너지와 특이성을 각각의 수마다 갖게 된다. 또한 생태계에서도 따로 떨어진 100그루 나무보다 서로 연결되어 숲을 이룬 50그루 나무가 시너지 효과를 갖게 되어 외부의 영향에 대해서 저항할 수 있는 항상성을 갖게 되며, 새, 버섯, 미생물, 동물 등이 창궐하게 된다. 단순히 50그루라는 숫자 이상의 독특한 의미를 갖는 것이다. 이렇듯 공동체와 생태계의 시너지 효과는 매끈한 공간이 갖는 계산 불가능성과 다질적 수의 특징을 갖고 있다. 문제는 도시의 경우에도 여기에 해당할 수 있는가의 여부이다. 예

---

107 질 들뢰즈, 펠릭스 가타리, 『천개의 고원』(새물결, 2001), 749쪽.

모두의 혁명법

를 들어 도시는 낯선 익명의 사람들로 구성되어 이질적인 것들끼리 만나 색다른 차이가 생산될 가능성을 갖고 있다. 앙리 르페브르에 따르면 "도시는 인류의 집합적 발명품"으로서 역사적으로 차이 생산과 연결접속의 시너지 효과를 갖고 있다고 평가된다. 예를 들어 시설, 관공서, 가게, 병원, 학교 등이 어우러지면서 교직하고 시너지를 발휘하는 것이다. 그렇기 때문에 도시는 매끈한 공간이며, 기계적 이질발생으로 인해 유연성, 회복탄력성, 복잡성, 다양성을 갖는 공간으로 여겨져 왔다. 그래서 도시 빈민의 경우나 슬럼가의 사람들의 경우, 어쨌든 도시에 남아 있으면 관계망의 시너지 효과나 성장의 떡고물 덕분에 살아남을 수 있다는 생각을 갖게 되었다. 그러나 최근의 전 세계적인 국면의 경기침체와 탈성장, 양극화와 사회분열, 분리주의가 극단화된 시점에서 도시 슬럼에서의 민중은 생존조차도 어려워진 상황이다. 통속적이고 동질적인 수, 함수론에 따르는 자본주의 사회와, 차이생산이 이루어지고 다질적인 수, 확률론적 경우의 수에 따르는 도시 사회는 상이한 차이를 갖는다. 결국 도시는 홈 패인 제국의 공간이 아니라 매끈한 공간이 되어 지속가능하게 될 잠재력을 갖고 있다.

공동체의 가장 강렬한 흐름이 교차하는 곳은 공동체의 중심이 아니라 주변이자 가장자리이다. 이는 생태계와 자연에서도 마찬가지의 모습을 보이는데, 들과 산 사이, 육지와 바다 사이에서 생명 탄생이 가능할 정도의 강렬한 차이 나는 반복이 이루어지기 때문이다. 공동체 역시도 사랑, 욕망, 그리고 정동을 가장자리와 주변에 위치한 소수자들에게 흐르게 함으로써 사실상 강렬한 돌봄과 사랑이 교차하도록 만든다. 마르크스가 쓴 『데모크리토스와 에피쿠로스 자연철학의 차이』(2001, 그린비)에서도 원자의 클라나멘(Clinamen)운동, 즉 편위운동이라는 개념이 등장한다.

　에피쿠로스는 허공에서 이뤄지는 원자들의 삼중의 운동을 가정했다. 첫 번째는 직선으로 낙하하는 운동이고, 두 번째는 원자가 직선에서 벗어나면서 생기는 운동이며, 세 번째는 많은 원자들의 충돌을 통해 정립되는 운동이다. 첫 번째와 세 번째 운동에 대해서는 데모크리토스와 에피쿠로스 모두 받아들였다. 그러므로 직선으로부터 원자의 편위가 이 두 사람의 차이인 셈이다.[108]

　이러한 편위가 이루어지는 공간은 우발성과 여백, 차이 나는 반복, 사건성이 관철되는 공간의 형상을 띤다. 이는 인과법칙과 필연성으로 단단히 결속된 여백과 우발성이 없는 결정론적 공간이 아니라, 우발성과 여백으로 차이와 편위, 편차가 작동하는 자율적인 공간이다. 즉, 흐름의 공간은 바로 클라나멘의 공간의 형태를 띤다는 것을 쉽게 알 수 있다. 스피노자의 변용과 흐름의 공동체에 대해서 비판하는 대부분의 사상가들은, 자신의 배후에 홈 패인 공간으로서의 결정론을 내심 감추어놓고 있지만 대놓고는 말하지 못하는 상황이다. 여기서 흐름의 공간, 횡단의 공간은 여백, 우발성, 편위, 편차가 이루어지는 사건성의 공간인 셈이다.
　우리가 아카데미에서 고정관념으로 주입받은 수에 대한 사유의 영역은, 함수론적 토대와 산술적 합, 유클리드적 공간, 미적분이라는 예외사항, 집합론 정도였다. 유클리드의 공간은 도형과 도표를 통해서 함수

108　카를 마르크스, 『데모크리토스와 에피쿠로스 자연철학의 차이』(그린비, 2001), 71쪽.

론의 반석 위에 그려지는데, 이에 따라 흐름과 횡단의 유목수학이 나타날 수 있는 가능성을 봉쇄하는 역할을 한다. 유클리드 공간의 극한에는 바로 아킬레스와 거북이의 무한소의 역설이 있다. 아킬레스와 거북이가 경주를 하면, 산술적 수의 분할로 인한 무한소가 나타날 것이고 결국 아킬레스가 거북이를 능가하지 못할 것이라는 소피스트의 논증 구조에서 이상한 점은 무엇이었는가? 바로 산술적 합으로서의 스칼라(scalar) 값을 넘어서 거리와 방향, 에너지, 힘 등이 교차하는 벡터(vector) 값이 나타나는 공간에 대한 사유가 부재하다는 점이다. 사실상 흐름의 공간이 매끈한 공간인 이유는 여러 가지 무한한 차원, 방향, 거리를 함께 갖고 있다는 점 때문이다. 시간-공간-에너지의 실존적인 좌표는 벡터 값으로 표현되지만 사실은 흐름이 만들어낸 무한한 차원계수에 따라 상이하게 표현될 수 있다. 이러한 점에서 유클리드 공간을 넘어선 리만 공간에 대해서 접근할 수 있는 가능성이 생긴다. 이러한 피라미드를 만든 장인들은 사실 산술적 계산이 아니라 직감이나 노하우, 암묵지에 의해서 완수한 것이다. 유클리드 수학이나 함수론, 산술적 수의 합으로는 바다에서 파도치는 것을 예측할 수 없으며 계산할 수도 없다. 여기서 리만 수학은 비선형적인 프랙털 유형의 기하학적인 도형을 계산하기 위한 수학이다. 유클리드 공간은 이상적 평균 상태를 전제로 한 이데아적인 수의 공간이었던 셈이며, 이것이 서구 계산이성론의 한계 지점이다.

제국의 수학 이론, 즉 플라톤이 사유했던 수와 유클리드 수학 등을 넘어서 유목적인 수학, 매끈한 공간, 리만 수학을 잘 보여주는 현실은 무엇일까? 바로 노동과 화폐라는 계산 가능한 수의 모델을 넘어선 계산 불가능한 활동과 놀이 모델이 그것이다. 함수론적으로 딱딱 계산이

맞아 떨어지는 노동 모델은 계산이 아닌 놀이와 재미 모델을 설명할 길이 없다. 즉, 마르크스가 사유했던 '자유인들의 연합'은 결코 노동의 패러다임으로는 가능하지 않다. 오히려 활동과 놀이 모델에 따라 자율적으로 선택하고 행위하고 사랑하고 실천하는 자유인들의 패러다임에 해당한다. 이러한 놀이와 재미 모델은 기업이나 공동체, 단체 등의 회계 담론을 비웃듯이 자신의 욕망에 따라 생산하고 창조한다. 이런 점에서 플라톤의 이데아적인 수학 모델과 근대의 계산이성의 반대편에 있는 유목과학에는 자율적인 욕망에 따라 생산된 재미와 놀이, 활동의 모델이 있다. 사실은 공동체의 사랑, 욕망, 정동의 흐름은 바로 활동과 재미, 놀이 모델을 통해서 공동체를 재생시킨다. 그렇기 때문에 공동체의 매끈한 공간은 바로 계산 불가능한 사랑이나 욕망이 만든 색다른 놀이에 따라 창조되고 개방되는 것이다. 도시를 이리저리 횡단하면서 낯선 사람, 상황, 사물들에 흥미와 재미를 느끼는 것 못지않게, 공동체는 친밀하고 유대적인 사람들끼리 서로를 뻔하게 보지 않기 위해서 놀이와 재미 모델을 작동시켜 서로의 잠재성을 응시하고 관계망을 성숙시키고 발효시킨다. 그것이 공동체의 매끈한 공간, 흐름과 횡단의 공간의 비밀이라고 할 수 있다.

:: 사회적 코드의 아래를 통과하는 흐름

공동체 저변에는 공동체를 유지하고 재생하는 보이지 않는 정동과 돌봄의 순환과 흐름이 있다. 어떻게 보는가에 따라 공동체 내에서 공적 발언을 하는 사람들에 의해서 공동체가 조직되어 있다는 착각을 할 수도 있다. 그러나 공동체의 재생과 순환의 내부 작동을 만들어내는 것은 아이되기, 동물되기, 소수자되기, 식물되기, 장애인되기, 투명인간되기 등의 사랑, 욕망, 정동의 흐름이다. 이 흐름의 강렬도에 따라 구성원들이 무언의 춤을 추듯 발언하고 놀고 춤추고 즐기는 것이다. 국가 역시도 원래 뒤집혀진 공동체였으며, 정동과 돌봄의 흐름과 순환을 제도화하고 코드화하는 역할이 기능화된 것이라고 할 수 있다.

그러나 공동체의 흐름과 더불어 자본의 흐름도 상존하고 있다. 자본의 흐름을 탈규제함에 따라 국가의 기능과 역할이 기능 정지되었던 4·16 세월호 사태에서도 보이듯이, 사회 분열의 양상과 코드화된 제도의 기능 정지는 가속화되어 있고 우리의 삶 내부에 곳곳에 침투해 위험사회를 만들고 있다. 오히려 자본의 흐름을 빠르게 하기 위해서 규제와 규칙, 코드를 뺄셈하는 신자유주의의 공리계를 갖고 있는 국가 장치의 상황에서는 정동, 사랑, 욕망, 돌봄의 흐름을 보이지 않게 작동시켰던 공동체의 중요성과 역할이 대단히 크다. 기존처럼 제도적 차원에서 기능 분화와 역할 분담이 '자동화=사물화=자본화=의미화'로 작동해 왔던 방식은 더 이상 작동하지 않고 있고, 대부분 고장 나고, 기능 정지되어 있는 상황이다.

이러한 시점에서 공동체의 흐름이 자본의 흐름을 압도할 필요성이 제기된다. 즉, 사랑의 가속화가 무한속도에 진입하여 자본의 수로적 흐름의 저변에 흘러야 하는 것이다. 또한 공동체의 자율성은 행위의 결과와 목표, 그리고 행위의 과정을 분리시키거나 기능화시키지 않아야 한다는 점이 드러난다. 사회적 코드를 형성하는 것도 중요하지만 이미 사회적 코드는 통속화되었고 사회적 영토는 지배적 잉여성에 사로잡혀 분리와 분열을 극복할 수 없는 상황을 연출한다.

주목할 점은 코드 아래로 코드를 교란하고 미세한 영향을 주고 코드에 개입하는 흐름이 있다는 점이다. 사회적 코드화라는 규칙, 규범, 규제를 설립하는 입법 활동이나 눈에 보이는 실천도 중요하지만, 그보다는 코드의 배후와 저변에 흐르는 흐름의 논리를 구성하고 생산해 내는 것이 중요하다. 결국 전도된 현실을 다시 뒤집어놓는 것은 코드보다 저변의 흐름을 전면화하는 미시정치라고 할 수 있다. 의제 선정, 즉 제도를 코드화하는 것이 자신의 역할이라고 여겼던 1990년대의 시민단체와 NGO 등의 실천은 이제 무기력지층에 빠졌고, 실천과 삶의 자기생산의 방향성으로 이행했다. 그런 점에서 삶의 현장과 내재성의 영토에서 어떻게 하면 흐름을 강렬하게 하고 가속시키고 촉진시킬 것인가의 실천이 더욱 중요해졌다. 이에 따라 사회적 코드를 교란하고 미세한 영향을 주는 흐름이 의미하는 바가 무엇인지에 대해서 감응하거나 느끼지 못한다면 관료주의, 자동주의, 정보주의의 위치로 전락하고 말 것이다. 자동화된 시스템을 짬으로써 관료주의를 철석같이 민주주의라고 착각하고 오도하는 관료 집단은, 사랑과 욕망, 정동의 흐름이라는 코드의 저변에 흐르는 보이지 않는 움직임의 판을 짜고 조성해야 한다는 임무에 대해서 도외시한다. 그러나 코드 이전에 흐름이 있다. 바로 서로 사랑하도록 제도화하는 것 이전에 서로 사랑하는 흐름이 먼저인 것이다.

복잡하고 다양한 생태계의 형태를 띤 공동체에서의 연결 과정에서 흐름은 끊임없이 재생되고 자기생산되며 작동한다. 그렇기 때문에 '관료화=자동화=사물화'의 논리에 빠져든 사람들은 저절로 털이 자라듯이 흐름의 자율성이 전제될 것이라는 착각에 빠지게 된다. 그러나 사회가 지배적 잉여성에 포획되고 분리와 분열이 가시화된 탈근대 사회에서 사랑과 욕망의 흐름은 과거의 농촌 공동체처럼 미리 주어진 인류적 공동체의 설정과는 거리가 멀며, 실천과 실험, 도전, 혁명, 특이성 생산을 통해서 끊임없이 과정적으로 창조되고 생산되고 구성되어야 할 무엇이다. 그런 점에서 구성적 실천의 중요성을 아무리 강조해도 지나치지 않다. 이에 따라 제3섹터와 사회적 경제 영역의 역할은 사랑, 욕망, 정동, 돌봄을 어떻게 하면 창조하고 생산할 수 있는가의 여부가 관건이 된 상황이다. 즉, 흐름이 보이지 않는다는 점은, 그 자체가 미리 주어진 것으로 여기는 것이 아니라 보이지 않게 어떻게 구성하고 생산하면서 판을 짤 것인가의 미시정치가 중요하다는 점을 의미한다.

제3섹터는 인간 노동이 기계 노동을 대신하도록 할 정도로 끊임없이 확대될 것이다. 모든 사람에게——이른바 사회 복귀의 계약으로서가 아니라 권리로서 인식되는——최소한의 수입을 보장하는 것을 넘어서, 문제는 재특이화의 생태학의 방향으로 가는 개인적이고 집단적인 기획들을 수행하는 수단의 획득에 대해 윤곽을 그리는 것이다.[109]

통합된 세계자본주의하에서 외부의 소멸은 야성성과 자율성의 퇴행을 특징으로 한다. 외부로서의 생명과 자연의 현실이 야성성의 영역이자, 자율성의 영역이기 때문이다. 외부의 소멸을 그저 문명의 달콤한 떡고물들의 향유로 여기고 안주하는 한 축이 있는가 하면, 다른 축에서는 '성장이 아닌 성숙의 경제'라는 대안적인 과제로 받아들이는 사람도 있다. 이를 성장(growths)이 아닌 발전(development)이라고 개념화하기도 한다. 발전 노선은 역사적으로 좌우를 막론하고 실현된 바 있다. 우파인 미국의 루즈벨트 대통령의 뉴딜 정책과, 좌파인 러시아 혁명가 레닌

109　펠릭스 가타리,『세 가지 생태학』(동문선, 2003), 52쪽.

의 "모든 권력을 소비에트로"라고 슬로건화했던 공동체 발전 노선의 섬광과 같은 역사적 발견이 그 대표적인 사례이다.

내발적 발전에 대해서 힌트를 얻을 수 있는 철학자는 바로 라이프니츠의 단자론이다. 라이프니츠는 '외연=1'이더라도 '내포=무한'일 수 있다는 점을 단자론에서 발견하는데, 이는 시계가 하나더라도 시계 장치 내부의 다양한 부품과 이것이 연결되는 방식이 무한일 수 있다는 발견을 의미한다. 이는 스피노자의 범신론적 사유처럼, '유한자의 무한결속'이라는, 경우의 수의 무한한 잠재성의 문제가 핵심이 된다. 공동체와 모듈화된 집단들 간의 무한하고 다채로운 경우의 수와 조우, 마주침, 여백 속에서의 편차를 만들기 위해서는 각각의 분자 단위가 유일무이성, 특이성, 고유성, 특개성, 일의성에 따라 반복하면서 연결접속의 경우의 수를 무한대로 늘려가야 한다는 점이 관건이 된다. 결국 외부가 사라진 현존 문명의 핵심적인 과제는 특이성 생산에 따라 외부를 생산함으로써 자율성을 도모해야 한다는 점에 달린 것이다.

외부의 소멸은 탐험, 약탈, 모험, 식민지 개척, 개발 등을 기반으로 한 성장주의 노선을 완전히 낡은 것으로 만들어버린다. 외부로 확장할 수 없다면, 내부로 눈을 돌리게 마련이다. 이에 따라 자본은 공동체가 가진 가능성에 탐을 내며 직접적인 질적 착취를 도모한다. 예를 들어 마을과 공동체의 문화적 융성은 젠트리피케이션(gentrification)의 먹잇감이 되고 있다. 또한 자본은 공동체의 정동노동을 상업화하여 감정노동으로 만들고 있다. 동시에 유통 대기업과 자본은 골목에 진출하면서 골목 상권과 공동체 경제를 먹잇감으로 삼고 있다. 더불어 자본은 공동체 관계망의 시너지 효과를 모방하면서 네트워크 사업을 하고 있으며, 연결망의 시너지 효과인 집단지성에 대해서 탐을 낸다. 앞으로 제3세계와 제1세계는 철저히 분리되고 분열될 것이다. 한편에서는 절규와 아우성의 사회의 아래지층 즉 민중의 도가니가 있을 것이고, 다른 한편으로는 살기 좋은 마을과 공동체의 매뉴얼과 모델, 기능을 분리시켜 만든 타락한 유토피아 즉, 문턱이 있는 유토피아가 신도시 개발 사업이라는 이름으로 진행될 것이다. 이제 정동의 순환을 플랫폼의 초과이득으로 만드는 정동 자본주의 즉, 플랫폼 자본주의가 네트워크에서 전면화되고 있다. 바로 가타리는 이러한 자본의 공동체에 대한 질적 착취 양상을 '코드의 잉여가치(surplus de code)'라고 했다. 가타리는 『안티 오이디푸스』에서 다음과 같이 말한다.

자본주의 체제에 의하여 해방된 과학과 기술의 코드의 흐름들이 기계에 의한 잉여가치를 낳는데, 이 잉여가치는 과학과 기술에 직접 의존하는 것이 아니라 자본에 의존하는 것이며, 또 인간에 의한 잉여가치에 덧붙여져서 이 잉여가치의 상대적 저하를 수정한다. 그리하여 이 (기계에 의한 잉여가치와 인간에 의한 잉여가치의) 양자가 이 체계의 특징을 이루는 흐름의 잉여가치 전체를 구성한다.[110]

이는 사회적 지성, 일반지성, 다중지성, 집단지성, 생태적 지혜 등과 관련되어 있는 기계적 잉여가치 즉, 코드의 잉여가치를 착취하려는 자본의 입장에 대한 언급이다.

그 반대의 방향도 존재한다. 공동체의 사랑, 정동, 욕망의 흐름이 갖는 시너지 효과는 공동체가 역으로 자본을 착취하거나 자본을 형성하

110　질 들뢰즈, 펠릭스 가타리, 『안티 오이디푸스』(민음사, 1998), 349쪽.

는 방향으로 나아간다. 이를 '흐름의 잉여가치(surplus de flux)'라고 하는데, 사실상 코드의 잉여가치와 오버랩되어 나타난다. 즉, '자본의 사회화, 사회의 자본화'라는 두 힘의 마주침은 자본이 공동체를 착취하는 '코드의 잉여가치'의 형태를 보이는 사회적 기업 모델과, 공동체가 자본을 착취하려는 '흐름의 잉여가치'의 형태를 보이는 사회적 협동조합 모델이 뒤섞이고 조우한다. 이는 사회적 경제가 전면화된 내발적 발전 단계의 자본주의의 상황을 의미한다. 어떤 사람은 코드의 잉여가치와 흐름의 잉여가치의 대결로 생각하는 사람이 있을지도 모르겠다. 그러나 현실에서는 두 벡터가 서로 중복되거나 기능 분화되어 있거나 역할에 따라 분배되어 있는 모듈 단위 간의 관계망으로 나타난다.

결국 내포=무한으로 향하면서 경우의 수를 늘리는 방향으로 가는 것은 바로 사랑, 욕망, 정동의 흐름이 만든 생명에너지와 활력 속에서 어떤 특이점들이 생산될 수 있느냐의 여부이다. 그런 점에서 탈근대 자본주의하에서의 사랑과 욕망은 자랑하거나 내세울 정도로 특이하고 유일무이한 사건으로서의 배치를 갖는다. 더 나아가 돌이킬 수 없는 혁명에 필적한다고도 할 수 있다. 심지어 코드의 잉여가치 역시도 사랑과 욕망의 흐름이 마을과 공동체를 만들고 집단지성을 풍부하게 만들어 기계류를 혁신하는 등의 보이지 않는 작동을 하는 경우에서만 가능하며, 흐름의 작동이 사라지면 기능 정지된다. 그런 점에서 오늘날의 흐름의 경제는 사실상 사랑을 광고 이미지나 상투적인 레퍼토리만이 아니라 문명의 미래를 담은 핵심적인 사안이 되고 있는 것이다. 그래서 제도, 규칙, 규범, 법 등의 사회적 코드의 저변에 흐르는 사랑과 욕망, 정동, 돌봄의 흐름에 대해서 주목해야 하는 것이다.

13장

미리 주어진 무차별 사회가 아닌 우리가 만들 간(間)공동체 사회가 중요한 이유는?

강령 13

국부적이고 미세한 욕망의 입장에서 출발하여 점차 자본주의 체계 전체를 문제 삼아라.

. . .

소수자운동이나 생태운동, 대안운동은 어떤 방식으로 실천을 해야 하는가? 변증법이 미리 전제하고 있는 사회 자체에 대한 복원 즉 사랑을 통한 배치와 판의 복원으로부터 시작하여야 할 것이다. 그런 점에서 사랑이 곧 혁명이다. 바로 연결망을 만들어나가는 소수자되기의 실천을 하는 것으로부터 출발해야 하는 것이다. 즉, 사랑이 획기적인 사건이나 혁명적 순간이 되어버린 통합된 세계자본주의 문명에서는 소수자와 사회적 약자, 주변인, 불안정한 노동자 등을 사랑하는 되기(becoming)의 실천을 통해서야만 연결망은 생성될 것이기 때문이다.

:: 혐오를 넘어 사랑과 연대로

2018년 5월 자국의 내전을 피해 도주해 온 예멘 난민 484명이 제주도를 통해 입국했다. 이들에 대한 난민 심사가 이루어지는 과정에서 한국 사회 일각에 난민 혐오 정서가 확산되었다. 심지어 난민을 추방하자는 청와대 국민청원이 당해 7월 들어 70만 명에 이를 정도였다. 수많은 선입견과 편견에 입각한 허위 정보들이 떠돌았으며, 난민을 옹호하는 측과 난민을 혐오하는 측의 격렬한 공방이 이루어졌다. 이러한 난민에 대한 입장 차이는 기존 진보와 보수의 노선과는 다른 극우 진영의 출현을 의미하는 것이기도 했다. 현재 미주와 유럽 등 1세계에서 확산되고 있는 극우의 물결은 바로 난민에 대한 태도로부터 기인한다. 기후변화, 전쟁, 내전, 폭력 등으로부터 수백만 명의 제3세계 민중이 도주해서 자국 내로 들어올 때 어떤 태도를 취하는가의 문제이다. 난민에 대한 혐오와 차별의 문제는 사람에게 정치적 혼란을 주는 측면이 있다. 바로

"당신의 아파트 주차장에 노숙인이 서성이고 있다면 당신은 어떤 태도를 보일 것인가?"라는 질문과 유사한 지평에 있기 때문이다.

사실 증오는 두려움으로부터 출발한다. 이질적이고 낯선 상황에 대한 두려움은 그 낯선 상황이나 인물이 자신을 공격하고 있다고 오인하게 되는 동기가 된다. 그래서 증오로 반응하고, 배제나 분리의 태도를 취하게 된다. 특히 혐오는 상대방은 더럽고, 자신은 깨끗하다는 생각으로부터 유래하며, 결국 혐오의 감정은 서로 관계를 맺지 않겠다는 위생적인 사회 모델에 근간을 둔다.

그러나 파시즘이 확산될 때에도 분자혁명이라는 사랑의 작은 씨앗 역시 발아한다. 제주도에서 난민에게 선뜻 자신의 집을 잠자리로 내주고, 일자리를 알아봐주고, 먹거리를 주었던 많은 주민들은 난민들의 안타까운 상황들을 자신의 일이라도 되는 것처럼 여겼다. 그리고 문화예술가, 활동가, 종교인들이 발 벗고 난민을 끌어안는 용기 있는 행동에 나섰다. 그리고 분자혁명의 씨앗은 곧 사람들에게 감동과 사랑의 흐름을 만들어냈다. 가타리는 인종차별 문제의 극한에는 부랑자가 있다는 점을 분명히 하면서 부랑자의 혁명이 분자혁명임을 분명히 한다.

확실히 대서양 저쪽의 인종문제는 우리의 문제와 다르지 않다. 그러나 의심의 여지 없이 그것은 본질적인 것이 아니다. 그러면 다음과 같이 선언하는 '주변'의 사람들에게 얘기를 들어보는 것이 나을 것이다. "부랑자들이 혁명을 하려고 결정하는 그 즐거움, 이것은 꾸물대지 않을 것이다.……"[111]

---

111 펠릭스 가타리, 『분자혁명』(푸른숲, 1998), 224쪽.

세계사 속에서 난민 혐오의 역사 중 가장 극악한 경우가 바로 나치즘이다. 나치는 아우슈비츠라는 절멸 캠프를 만들어 수백만 명의 유태인들을 학살했다. 문제는 한국에서의 난민혐오가 내거는 슬로건들도 이와 유사한 절멸 캠프가 암암리에 숨겨져 있다는 점이다. 이를테면 예멘에서 죽을 상황을 피해 도주해 온 사람을 본국으로 추방하라는 것은 결국 죽으라는 말과 같은, 즉 절멸 캠프를 위생적으로 감추고 있는 증오와 혐오 발화에 불과하다. 이러한 파시즘은 성장의 동력을 상실한 통합된 세계자본주의의 증오와 혐오를 통한 성장에 대한 낭만적 회귀를 의미한다. 이러한 파시즘 경제의 전면화에 맞서 협동과 연대, 돌봄의 대안 경제의 분자혁명의 격발은 계속될 것이다.

:: 형이상학적인 분리의 논리와 변증법의 종말

통합된 세계자본주의는 세계 어디를 가나 똑같은 양상의 문명을 의미한다. 이러한 통합된 세계자본주의에서는 이제 '형이상학적인 분리의 바리케이드'가 작동하고 있다. 일단 외부를 소멸시켰다고 평가될 정도로 자연, 생명, 제3세계 등과 같은 외부를 문명의 내부로 송두리째 포섭하였던 통합된 세계자본주의가 돌연 태도를 돌변한다. 난민이나 제3세계 민중, 소수자, 반체제 인사 등을 끊임없이 내쫓고 외부로 추방하고 분리하는 조치를 취하는 것이다. 이러한 모순적인 태도는 사람들로 하여금 혼란을 불러일으킨다. 그러면서도 현존 문명은 주민들에게 달콤한 문명의 내부에서 잘 살도록 부드럽게 강제하고 유인하고 있다. 텔레비전 앞에서 꾸벅꾸벅 조는 삶, 안락한 가족 생활, 힐링과 웰빙이 보장된 삶 등이 그것이다. 이는 굉장히 '부드러운 억압'의 문명 내부의 국면이고 이것이 외부로 향하거나 추방될 때 '강경한 탄압'이 가할 것이라는 암묵적인 위협하에서 조성된 내부 환경이다. 가타리의 '부드러운 억압'과 '강경한 탄압'은 한 쌍을 이루며 통합된 세계자본주의 문명의 외부에 대한 태도를 보여준다.

스키너 유형의 조건반사 방법(영화 「시계태엽장치 오렌지」에서 볼 수 있듯이)에 준거하는 강경한 탄압이나, 광고의 암시수단이나 정신분석 등에 의해 이루어지는 부드러운 억압은 상보적인 관계에 있습니다. 부드러운 억압의 근본 목표는 대중을 틀지우는 것이며 그리고 대중 자신이 그 틀지움에 최대한 참여하도록 합니다. ……하나의 사회모델, 하나의 가족모델, 하나의 소비모델이 대중 속에 주입되고 있습니다.[112]

이처럼 가타리는 문명의 부드러운 억압이 무의식의 구속복임을 밝힌다. 구속복은 답답하지만, 그 외부는 더욱 참혹하다. 제1세계 사람들은 한 해 600만 명이 기아로 사망하는 제3세계 민중의 상황을 꿈에도 알지 못하고 알더라도 강 건너 불 보듯 한다. 유럽으로 쏟아지듯 유출된 600, 700만 명의 난민의 행렬은 이러한 상황에 대한 파열구였다. 기후변화, 내전, 폭력의 양상이 극심한데도 미디어는 완벽한 차단막으로 작동하면서, 제3세계의 일부 관광지에 한정해서 영상과 이미지를 송출하고 있다. 세계보건기구(WTO)는 기아와 영양 부족으로 인해서 면역력이 떨어지거나 질병에 취약해져서 한 해 사망한 3,700만 명의 사람들을 집계

112 펠릭스 가타리, 『가타리가 실천하는 욕망과 혁명』(문화과학사, 2004), 206쪽.

하지 않는 채 유행병, 전염병, 돌림병에 의한 사망자라는 상투적인 통계를 늘어놓는다. 문명 외부인 제3세계의 열악하고 절박한 상황은 기후변화, 생물 종 대량 멸종, 생태계 위기, 자원 위기, 식량 위기 등으로 인해 기하급수적으로 파멸과 절망의 구덩이로 빠져들고 있으며, 테러리즘과 파시즘, 독재, 전쟁, 종교적 근본주의 등의 상황이 가속화될 것이 예상된다. 그러나 오늘날 통합된 세계자본주의 문명의 달콤한 떡고물과 메시지에 빠져든 사람들은, 칠리 소스로 버무려진 살코기 영상이 화면 가득 찬 먹방과 쿡방을 시청하면서 TV 앞에서 꾸벅꾸벅 졸 것이다.

이러한 문명 내부와 외부에 대한 극단적인 분리 정책에도 불구하고, 내부에 있는 외부가 갑자기 불쑥 등장하는 상황이 벌어진다. 이것은 자연, 생명, 우주에 기원을 둔 '우리 안의 욕망, 사랑, 정동, 연민'이다. 문명의 전환의 순간이 다가올수록 우리 안의 욕망은 기성 질서에 대해서 의문시하면서 정면으로 질문을 던지고 도전한다. 욕망의 활력과 생명에너지의 흐름은 현장에서의 구체적인 실천으로 나타나면서 문제제기의 강렬도를 높이면서 변화를 촉구한다. 그러나 분리차별이 일상화되고 고착된 현존 문명의 질서에서는, 형이상학적인 분리와 사회 분열로 인해 이러한 분리된 현장에서의 실천은 도시의 주민이나 시민들에게 잘 전달되지 않고 어떤 정치적 매개나 미디어 매체에도 연결되지 못한다. 물론 자유라디오, 팟캐스트, 공동체 미디어의 실험이 있지만 아직 아주 국지적인 영역에서만 작동한다. 결국 이러한 실천에서는 자기생산과 주체성 생산 즉, 그것을 실천하고 뜻과 지혜, 아이디어를 가진 주체성을 만들어내는 것이 핵심이 되었다. 다시 말해 그 일을 해낼 사람을 만드는 것이 가장 최종적인 목적인 셈이다. 이것은 이미 존재하는 미래의 현현이며, 바로 국지적인 영역에서 발아한 욕망의 문제제기인 셈이다.

여기서 분리의 구도에 대해서 의아하게 생각할 수도 있다. 물론 세상은 연결되어 있으므로 99%의 목소리가 1%에게 전달되어야 하는 것은 일면 타당하다. 그러나 사회 분열과 분리의 장벽은 이미 통합된 세계자본주의 문명 전체를 관통하며 설립된 비전도성 차단벽이 되어버렸다. 어떤 사람은 네트워크라는 전자적 그물망의 또 다른 가능성에 대해서 주목하기도 한다. 그러나 네트워크의 연결망을 통해서 메시지가 전달되는 바는 '자기들끼리만 대화하는 SNS'와 스마트폰과 같은 가전제품 속의 콘텐츠 형태로 퇴행해 있는 상황이다. 문명의 쇠퇴는 고대 그리스의 참주정이나 1차 세계대전 이후의 관료제에서나 있을 법한 연결망의 절단과 퇴행, 관계의 실종으로 나타나고 있다. 그리고 관계망의 돌봄이나 보살핌으로부터도 완벽히 분리되어 있는 도시에서의 1인 가구들이 폭발적으로 증가하고 있는 현상은 통합된 세계자본주의의 의고주의(擬古主意)적 퇴락을 보여주는 단면이다.

:: 변혁운동의 도그마

그렇다면 이런 상황에서도 앵무새처럼 반복되는 기존의 변혁운동의 실천적 도그마에 대해서 살펴보자. 이른바 진보의 기본 교리였던 '유물론적 변증법'이라는 철학적 개념과 '계급투쟁'이라는 사회과학의 개념으로 나타나는 일반적인 실천의 양상이 그것이다. 주목할 점은 부르주아와 프롤레타리아 간의 투쟁은 적대임에도 불구하고, 이에 필적할 만한 미시적인 영역에서의 분리 차별이라는 사회적 관계망에서의 형이상

모두의 혁명법

학적인 단절과 분리는 설정되어 있지 않다는 점이다. 여기서 사회는 유기적으로 연결되어 있고, 인륜적 공동체는 미리 전제되어 있으며, 사회적 관계는 상호 연관되고 상호 침투한다는 낭만적인 드라마가 전개된다. 그런 점에서 변혁운동이 추구하는 선형적인 역사의 진보는 늘 진행 중이었다는 유토피아적인 낙관주의가 작동할 수 있었다. 이를테면, 모순과 대립이 있다면 그 둘 사이의 적대를 통합할 새로운 사회적 관계가 등장할 수 있다는 생각이 그것이다. 여기서 사회라는 개념은 지배적 잉여성의 영역이 될지, 사회 생태계의 복잡성의 영역이 될지 갈림길에 서 있다.

그러나 신자유주의를 거쳐 오면서 사회는 변화했다. 개인은 원자화되어 버렸고, 거주지는 아파트와 같이 우주의 미아를 만드는 주거 유형이 되었으며, 사회적 관계망은 지배적 잉여성에 포획되어 상투화되거나 작동하지 않는다. 노동자나 직장인, 시민들을 연결시킬 색다른 관계망이 창안되지 않는다면, 분리와 격리, 단절의 형이상학은 이들을 순식간에 엄습하여 소시지 모양으로 잘게 갈아 없앨 것이다. 결국 집단과 공동체, 마을, 협동조합 등의 관계망들은 우선 원자화되고, 사회적 감수성을 잃어버리고, 서로 상관없는 사람으로 보는 분리와 사회 분열의 현존 문명의 논리로부터 자유로워져야 한다. 그러기 위해서는 일단 연결망 자체를 복원할 필요가 있을 것이다.

이러한 격변과 함께 개인적이고 집단적인 인간 생활양식도 점차 악화의 길을 걷고 있다. 친족 연계는 최소한으로 줄어드는 경향이 있으며, 가정생활은 대중매체적 소비로 침식되고 있다. 부부생활과 가족생활은 종종 일종의 행동 표준화(획일화)에 의해서 경화(硬化)되며 이웃관계도 일반적으로

아주 빈약한 표현으로 축소된다.[113]

　이렇듯 지배적 잉여성은 사회를 잘게 와해시키고 해체시키고 있다. 그러자 투쟁과 실천의 현장에서 이상 징후가 발견된다. 기성 권력 집단들이나 기득권 세력이 눈 하나 깜짝하지 않고 더 완고해지고, 억압에 따른 투쟁 강도가 높아져도 사회 속의 사람들은 전혀 신경 쓰지도 않으며, 마치 다른 나라 사람처럼 대하는 것이 그 현상이다. 저항, 분노, 적대 등의 방법론이 역사적 진보의 원천으로 작동하려면 일단 인륜적 공동체로서의 사회적 연결망이 먼저 작동해야 할 것이다. 그러나 기득권층과 권력자들이 소수자나 사회적 약자, 노동자들이 인륜적 공동체로서 자신과 연결되어서 서로 영향을 주고 상호 의존하는 사회체의 상태는 분열되고 와해되고 해체되었다. 인륜적 공동체가 미리 전제되지 않은 통합된 세계자본주의 문명하에서 마르크스주의의 변증법의 공식들 즉, 모순, 상호침투, 적대와 통합의 논리 등은 나이브하다는 평가를 받게 될 것이다. 소수자운동이나 생태운동, 대안운동은 어떤 방식으로 실천을 해야 하는가? 변증법이 미리 전제하고 있는 사회 자체에 대한 복원 즉 사랑을 통한 배치와 판의 복원으로부터 시작하여야 할 것이다. 그런 점에서 사랑이 곧 혁명이다. 바로 연결망을 만들어나가는 소수자되기의 실천을 하는 것으로부터 출발해야 하는 것이다. 즉, 사랑이 획기적인 사건이나 혁명적 순간이 되어버린 통합된 세계자본주의 문명에서는 소수자와 사회적 약자, 주변인, 불안정한 노동자 등을 사랑하는 되기(becoming)의 실천을 통해서야만 연결망은 생성될 것이기 때문이다.

113　펠릭스 가타리, 『세 가지 생태학』(동문선, 2003), 7쪽.

:: 무기력한 개인? 관계망의 복원!

통합된 세계자본주의는 우주의 미아가 되어버린 사람들처럼 원자화된 개인을 만들어 왔다. 그러면서 개인의 자유로운 선택의 폭이 극대화되었다고 칭송되는 신자유주의의 논리를 현실에서 작동시킨다. 또한 신자유주의의 통제 사회의 논리는 사회 책임과 공공성이 수행해야 할 많은 부분을 개인 책임으로 환원하는 논리를 통해 기괴하게 분리와 사회분열을 정당화한다. 제도를 작동하려면 일단 관계망이 성립되어야 한다. 그런 점에서 개인책임이 아닌 공동체 책임, 사회 책임, 공공 책임이 먼저 있다. 여기서 미셸 푸코의 『성의 역사 3―자기에의 배려』(나남, 2004)에 대해서 주목할 필요도 있다. 푸코는 신자유주의하에서 개인의 비중이 커진 상황을 '자기통치'가 핵심이 된 상황으로 보면서 '미학적이고 윤리적인 주체 형성 전략'을 탐색하기 위해서 그리스적 인간형에 대해 주목하는 방향성으로 나아간다. 물론 자기통치라는 개념은 "'자기계발'의 논리이냐? 아니면 '미학적이고 윤리적인 주체 형성'의 논리냐?"의 미묘한 경계선과 양면성을 갖고 있다. 그러나 신자유주의의 상황에서 개인의 영역은 무기력지층과 강건하고 윤리적이고 미학적인 개인의 영역 둘 다 포함하고 있다. 그런 점에서 푸코의 전략이 갖는 동전의 뒷면 역시도 바라보아야 할 것이다. 니체의 초인 사상으로부터 기인한 강건한 주체로 보이던 사람이 아파트로 향하면 무기력지층에 빠진 원자화된 개인으로 변모하는 것이 그것이다.

우리는 푸코가 가능한 모든 방법으로 주체성의 개별화라는 잘못된 외양을 파괴하려고 시도했다는 것을 잊어서는 안 됩니다. 저는 이미 사회적 개별화가 지닌 종속시키는 기능——푸코가 개별화의 지배라고 부르는 것——
을 언급했습니다. ……사람들이 보는 대로의 파열된 개인성은 더 이상 특
이성과 동의어가 아니고, 더 이상 관계체계와 표상체계에 대한 완강한 회
피점으로 받아들여지지 않습니다.[114]

이에 비해 가타리의 전략은 푸코처럼 자기통치에 기반해 있지 않고
오히려 관계망과 배치를 만들어내는 사랑과 욕망의 실천, 즉 소수자되
기에 주목한다. 현대 사회는 초기 자본주의 사회와 같이 인륜적 공동
체는 미리 전제되어 있지 않을 것이며, 분리와 사회 분열로 인해 개인
과 개인과의 연결망이 저절로 만들어지지 않을 것이다. 생태주의는 자
연주의와 동의어가 아니다. 자연주의는 자연 그대로 두면 털이 자라듯
연결되고 상호 의존할 것이라는 천진난만한 생각이라면, 생태주의는
생태적 연결망을 조성하는 거대 계획, 제도, 프로그램, 사회적 실천 등
의 역할과 기능을 강조한다. 마찬가지로 사회적 배치와 공동체적 관계
망 역시도 자연스럽게 만들어지는 것이 아니다. 그것은 사랑과 욕망의
미시정치에 따라 판을 짜고, 서로 연결시키며, 사랑의 획기적인 사건을
만들고, 특이성을 생산하고, 욕망과 사랑, 정동의 흐름을 소수자라는
특이점에 관통시키는 것 등을 통해 만들어지는 것이다. 욕망의 미시정
치를 '배치의 재배치'라는 말로 간단히 설명할 수도 있다. 하지만 그 욕
망의 미시정치의 전략적 지도 제작으로 들어가 보면, 욕망이 연결되고
접속되는 지점마다 배치와 연결망을 구성하고, 끊임없이 연결망을 과
정적으로 재특이화하면서 재생하고, 특이성 생산을 통해 관계망의 생

---

114 펠릭스 가타리, 『인동의 세월』(중원문화, 2012), 245-246쪽.

태적 다양성을 촉진하는 등의 미세한 실천으로 나아가는 과정이 그려질 수 있다. 그런 점에서 통합된 세계자본주의에서의 분자적인 삶, 욕망, 정동, 약물, 게임, 문화생활 등의 문제들이 전면에 등장한다. 즉 기존 실천 집단의 거시정치 외에도 미시정치의 문제가 대두되는 것이다. 거시정치의 구도에서는 이러한 분자적인 삶의 문제가 전혀 잡히지 않으며, 너무 미세하기 때문에 빈틈이 많은 체를 통해 미끄러져 나간다. 이는 욕망의 미시정치를 현재의 대안적인 미래를 꿈꾸는 실천운동이 요청하고 있다는 점을 의미한다.

:: 욕망의 국지성, 유한성, 지엽성

욕망이 서식하는 공간은 가깝고 국지적이고 유한하며 지엽적인 곳, 즉 '지금-여기-가까이'의 공간이다. '그때 저기'나 '저기 저편'을 생각하는 사람들의 특징이 과거로 퇴행하거나 구조가 분비하는 환상에 빠져드는 경향이 있는 데 반해, '지금 여기'로부터 출발하는 사람은 유한한 욕망이 서식하는 현실의 관계망에 대해서 주목한다. 예를 들어 공동체, 마을, 골목 등이 기반하고 있는 '지금 여기'의 현실과 달리, TV, 광고, 미디어, 영화 등의 매체를 통해서 '저기 저편'에 대한 환상에 빠져든 사람들은 바로 백화점, 마트, 관광지 등 통속적인 소비 생활이나 문화 생활에 대해서 주목하는 사람들이다. 저기 저편을 생각하는 사람들은 가까이에 있는 관계망을 비루하고 뻔한 것으로 간주하며, 저기 저편에 낯설고 새로운 것이 있다는 환상을 품는다.

슈퍼마켓에서는 더 이상 상품의 질을 따지기 위해 흥정할 여지가 없다. 필수적이고 충분한 정보는 표현의 실존적인 차원을 없애 버렸다. 우리는 실존하기 위해 존재하는 것이 아니라 소비자라는 우리의 임무를 다하기 위해 존재한다.[115]

그에 비해 유한한 욕망은 현실을 변화시키고 문제제기를 던지는 역할을 하며, 국부적이고 국지적인 관계망의 영역에서 만들어지고 서식한다. 그렇기 때문에 국지성이 아닌 보편성이나 편재성(遍在性)을 사고하다 보면, 욕망이 아닌 환상과 이상향, 이데아 세상, 유토피아 등에 대해서 주목하게 되는 결과를 낳게 된다. 반면에 오히려 자신의 가장 가까이에 서 있는 사람들에 대해서 뻔한 사람들이라고 규정하고 "원래 그런 사람이야"라는 방식으로 의미화하곤 한다. 가장 가까운 사람이고 상대를 너무나 잘 알고 있기에 뻔하게 보는 것이 아니라, 늘 새로운 사건과 특이한 상황을 품고 있는 잠재력을 가진 사람으로 보는 태도가 국부적인 욕망의 발아와 생성의 출발점이다. 들뢰즈의 특이성, 즉 실존의 구도처럼 신체와 사회체의 표면의 접촉경계면 위로 잠재성이 흘러 다니며 특이하고 유일무이한 사건을 일으키기 때문이다.

외부가 사라지고 외부를 추방한 통합된 세계자본주의에서의 외부는, 오직 내부의 외부 즉, 관계망에서 서식하는 욕망으로 나타날 뿐이다. 이를테면 외부가 사라진 자본주의하에서 색다른 전략으로 통용되는 내포적 발전 전략에서도 핵심적인 이행의 구성요소는 관계를 성숙시키고 발효시키는 국지적인 욕망이다. 욕망은 "내가 진정 원하는 게 뭐지?"

---

115 펠릭스 가타리, 『카오스모제』(동문선, 2003), 119쪽.

모두의 혁명법

라는 질문을 던지거나 기성 제도와 관계망이 해결할 수 없는 문제제기를 던지면서 사람과 사람, 사람과 사물, 사람과 동물 사이에 흐르는 사랑과 욕망, 정동, 돌봄의 흐름을 만들어낸다. 그렇기 때문에 유한한 자원—부—에너지와 한정된 사람들로 구성되어 있다 하더라도 관계망이 닫히고 폐쇄되지 않도록 하는 윤활유와 촉매제가 바로 욕망이다. 더 쉽게 얘기하자면 서로의 사이, 틈, 결, 여백에 흐름을 만들어 서로를 뻔하게 간주하지 않는 열린 공동체적 관계망을 만드는 것이 중요해졌다는 것으로 요약할 수 있다.

사실 마을이나 공동체에서 활동하는 사람들이 자조 섞인 말투로, 한정되고 유한하고 국지적인 사람들과, 풍부하지 못한 자원들이나 협소한 공간적 한계를 지적하는 경우도 종종 있다. 이처럼 자원과 부, 에너지, 화폐 등이 유한하고 한정되어 있고 국부적으로만 순환하는 영역에서 오히려 관계망 성숙과 발효로 나아갈 수 있으려면 무엇이 필요할까? 이들이 문제의식을 갖는 국부적인 영역에 오히려 공동체를 풍부하고 다양하게 만드는 효모가 숨어 있는데 그것이 바로 욕망이다. 즉, 욕망이 서식하고 있기 때문에, 열린 공동체의 관계망으로 나아갈 수 있는 것이다.

욕망이 드러날 때는 재미와 놀이 형태로 드러나며, 이러한 놀이 형태의 유희가 주체성 생산이나 실존을 강건하게 만드는 관계 맺기의 방식이다. 놀이는 국지적이고 가까운 관계를 뻔하게 여기지 않고 새롭게 혁신하고 창발하는 힘을 갖고 있다. 놀이 연구자인 로제 카이와(Roger Caillois)가 언급했던 놀이의 구성요소는 '운, 모방, 경쟁, 어지러움'이다. 이는 단조롭던 현실을 색다르게 연출하는 가상성의 능력이면서, 국지적인 욕망이 관계를 맺을 경우의 수가 무한으로 늘어날 가능성의 여지를 드러내 보인다. 물론 그의 설명에 따르면 자본주의에 의해서 운은 도박으로, 모방은 연극과 영화로, 경쟁은 스포츠로, 어지러움은 놀이동산으로 포획되었지만 말이다. 또한 가다머(Hans Georg Gadamer)에게 놀이는 너와 나 사이에서 너도 아니고 나도 아닌 간주관성(Inter-subjectivity)을 설명할 수 있는 근거가 된다. 가다머에 따르면 놀이는 일종의 예술 체험이고 주객관의 이분법을 깨뜨리면서 너와 나 사이를 연결시키는 진리의 방법론이다. 바로 가다머의 간주관성은 가타리의 사이주체성과 동일한 위상을 갖는다. 그리고 놀이의 배후에는 국지적인 욕망의 활력과 생명에너지가 숨어 있다.

:: 욕망의 초미세 전략에 주목하자!

혹자는 공동체적 관계망이나 집단적 배치도 통합된 세계자본주의 문명처럼 분리와 분열이 작동하는 시스템으로 간주하기도 한다. 그들에 따르면 마을이나 공동체도 통합된 세계자본주의 문명처럼 일정한 폐쇄성이 작동하고, 외부를 추방하고 소멸시키는 메커니즘이 상존한다고 동일시한다. 물론 마을이나 공동체가 '그들만의 리그'와 같이 닫힌 계의 형태로 전락할 가능성은 언제든 존재한다. 이를테면 장애인 시설이나 청년 임대주택 등이 들어오는 것을 마을의 의사결정 과정을 통해서 거부한다면 결국 닫히고 폐쇄된 형태로 전락하게 될 것이기 때문이다. 그런 점에서 소수자, 생명, 자연에 대한 태도가, 열린 공동체냐 닫힌 이기적인 집단이냐를 가르는 시금석이 된다.

그럼에도 불구하고 다시 생각해 보아야 할 부분은, 공동체나 마을이 성립되려면 '작업적 폐쇄성'은 필수적으로 동반될 수밖에 없다는 점이다.

모두의 혁명법

문제는 일정한 경계와 막에 대한 태도와 관계의 방식이다. 공동체가 재생과 순환과 같은 자기생산의 내부 작동이 있기 위해서는 외부와 일정한 경계를 갖게 만드는 작업적 폐쇄성은 필수적일 수밖에 없다. 만약 공동체가 외부를 배타적으로 추방하고 분리차별적인 시각을 갖는다면 타락한 유토피아, 문턱이 있는 유토피아로 전락할 수밖에 없다. 타락한 유토피아는 교외에 설립된 위성도시에서도 종종 나타난다. 그 내부는 안락하지만, CCTV와 경비원이 어떤 소수자나 노숙인이나 부랑아도 들어올 수 없게 만들기 때문이다. 반대로 이방인을 환대하고 소수자를 돌보고 사랑한다면 열린 공동체가 될 수 있다. 그런 점에서 열린 공동체가 되기 위해서 사랑과 욕망의 미시정치는 반드시 수반될 수밖에 없는 것이다.

통합된 세계자본주의 문명에서 더욱 중요해진 장소가 바로 로컬의 영역이다. 그래서 "지구(local)가 지구(global)다"라는 슬로건도 등장한다. 일전에 로컬푸드를 통해서 먹거리의 운송에 드는 탄소 소비를 줄이고, 자원과 부의 순환과 재생을 사고했던 지역순환경제 모델이 대두된 바 있다. 이른바 푸드마일리지를 줄이는 로컬푸드 운동이 그것이다. 그런데 전자의 지구(local)와 후자의 지구(global)는 부드럽게 연결되어 있기만 한 것일까?

통합된 세계자본주의는 세계 곳곳에 자동차, 아파트, 육식, TV, 마트 등의 단조롭고 통속적인 문명을 이식하면서도, 네트워크를 통해 미시적이고 국부적인 특이한 욕망에 대해서 민감하게 반응하려고 하는 이율배반의 원리를 갖고 있다. 이런 지점이 잘 묘사되는 사례로, 국경을 가로질러 빛의 속도로 넘나드는 초국적 자본의 흐름과 이를 머무르게 하려는 지방자치단체의 특산품, 미녀선발대회, 박물관, 축제 등의 장소 마케팅의 상황으로 묘사하기도 한다. 초국적 금융자본의 흐름은 전 세계를 똑같게 만들고 있지만, 장소 마케팅은 자신의 장소에 특이성이 있다고 홍보하기 때문이다. 여기서 통합된 세계자본주의의 작동 방식에 분열적인 작동이 있다는 점이 드러난다. '특이해져라'라는 메시지와 '똑같아져라'라는 이중구속의 메시지가 동시에 발신되는 것이 바로 통합된 세계자본주의라는 의미이다. 여기서 지배 질서의 취약점은 바로 분자적인 영역에서 격발되는 특이성 생산에 있다. 네트워크를 통해서 재생되고 혁신될 수밖에 없는 자본주의 상황에서 특이한 욕망이 국부적이고 국지적인 영역에서 발생하는 것은, 서로 연결된 네트워크를 뒤흔들 수 있는 눈덩이 효과의 출발점이라고 할 수 있다.

우리는 학생들이 바리케이드에서 반항하고 움직이고 있는 것을 봅니다. 우리는 십대들이 고등학교 생활을 바꾸는 것을 봅니다. 우리는 죄수들이 프랑스 감옥의 절반에 불지르는 것을 봅니다. 우리는 프랑스공화국 대통령이 죄수들과 악수하고 있는 것을 봅니다. 여성들의 반란이 여러 수준에서 온갖 방향으로 일어나고 있습니다. 즉 유산 문제, 매춘 문제에 관한 물려받은 정책들에 반대하는 방향으로 말이지요. 우리는 이민자들이나 인종적 소수자들의 투쟁, 동성애자, 약물복용자, 정신병환자의 투쟁을 봅니다.[116]

이처럼 국부적인 영역에서 도가니처럼 끓어오르는 소수자들의 투쟁들이 바로 사회 생태계를 풍부하고 다양하게 만드는 원천이다. 네트워크 사회에서 국부적인 영역에서의 특이성 생산을 일으키는 것은 분명 욕망이다. 통속화된 문명의 내부에서 색다른 목소리와 특이한 욕망

116 펠릭스 가타리, 『가타리가 실천하는 욕망과 혁명』(문화과학사, 2004), 342쪽.

이 발생되면 곧바로 통속적인 시스템이 고장나거나 멈추어서기 때문이다. 물론 통합된 세계자본주의라는 경직되고 몰(mole)인 판과, 네트워크라는 유연하고 분자(molecular)적인 판은 서로 연결되어 있다. 유연한 분자적인 것들 속에서 민감하고 민첩하게 반응하면서도 경직되고 단조로운 몰적인 것에서 안정감과 지속성을 가지려는 자본주의 사회의 이중 전략이 관철되는 것이다. 이에 따라 분자적 질서의 구성요소의 변화에 따라 몰적 질서도 새롭게 설립되고 재설정되고 추가된다. 문제는 자본주의의 분자적이고 유연한 변화에도 한계가 있다는 점이다. 즉, '자본화=의미화=사물화'라는 지점은 전혀 극복되지 않고 덧셈과 뺄셈의 방정식을 작동시킬 수밖에 없는 것이 통합된 세계자본주의이기 때문이다. 여기서 유연하고 부드럽게 된 분자적인 움직임을 보이는 자본이라고 할지라도, "~은 ~이다"라고 의미화하는 방식으로부터 한 치 앞도 벗어날 수 없다는 점이 드러난다. 다시 말해 "책상은 책상이다"라고 규정될 수 있는 것만이 계산 가능하고 예측 가능한 자본의 질서, 회계 담론의 내부로 들어올 수 있다는 점이 사실상 아킬레스건이다.

물론 여기서 '자본주의의 무덤을 파는 자본'이라는 마르크스의 공황과 위기론을 상기하는 사람이 있을 수도 있다. 그러나 통합된 세계자본주의는 68년 혁명을 거치면서 욕망의 문제제기와 특이한 욕망의 발생에 대해서 유연하게 반응할 수 있는 네트워크를 내부에 장착하고 있는 상황으로 진입했다. 그리고 통합된 세계자본주의가 갖는 이러한 유연성은 한때 바로 신자유주의의 세계 금융 질서와 월드와이드웹(www)으로 통합된 인터넷의 그물망 등으로 나타났다. 그러나 2007년 서브 프라임 모기지론 사태 이후 찾아온 세계 금융 질서의 급속한 몰락과 경제성장이 더 이상 가능하지 않게 된 생태계 조건의 급속한 변화와 불현듯 찾아온 기후변화 시대로의 진입 등에 따라 통합된 세계자본주의의 질서는 전반적으로 저성장에 기반한 시스템으로의 이행 과정으로 향하고 있다. 신자유주의 상황에서는 분자와 몰 두 축으로 팽팽하게 진행되었던 욕망경제는 변화가 불가피하다. 기존에는 포획과 탈주의 공식과도 같이 자율적으로 생산된 욕망을 재구조화하는 방식으로 이루어졌다면, 신자유주의가 기능 정지에 빠지게 되는 작금의 상황에서 완전히 다른 방식의 자본주의가 작동하게 될 것이다.

그것은 정동 자본주의의 양상이라고 불리는 특이한 욕망의 흐름을 발생시키도록 자본이 독려하고 촉매하면서 이에 코드를 기입하고 권력의 적분을 만드는 등의 형태 즉 코드의 잉여가치로 자본화를 이루어내는 방식으로의 이행을 의미한다. 이른바 플랫폼 자본주의가 그것이다. 여기서 우리가 주목할 부분은, 네트워크의 자율성을 극대화하여 생태계와 지구의 위기에 대응할 수 있는 내성을 기르고 항상성을 강화하는 방식에 있다. 그것은 바로 내포적 발전 단계로의 이행이다. 왜냐하면 플랫폼으로 커먼즈의 영역과 정동의 영역의 부수효과를 헌납하지 않고 온전히 공동체의 유/무형의 자산으로 가져올 수 있는 것이 내포적 발전이기 때문이다. 이러한 상황에서 국지적인 영역에서의 특이한 욕망의 발생 자체가 핵심 사안이 되었다. 자본은 사활을 걸고 목숨을 건 도약을 해야 하는 상황에 직면하였다. 즉, 욕망과 정동 자체가 약화되고 있다는 결정적인 위기 징후 속에서 그것만이 전 지구적인 연결망에 생태적 다양성을 도모하고 촉진할 수 있는 이행의 구성요소이기 때문이다.

모두의 혁명법

:: 배치와 관계망을 만들기

욕망이 국지적으로 서식할 수 있는 장소, 상황, 사건의 거주지는 배치(agencement)이다. 배치는 정동의 흐름이 관통하는 관계망이며, 동시에 찢어질 수도 망가질 수 있는 유한한 관계망이기도 하다. 여기서는 양가적인 논리가 작동하는데, ① 사랑과 욕망의 미시정치가 가능한 배치가 있는 경우에 특이한 욕망이 발생하는 전자의 경우와 ② 특이한 욕망이 발생되어 배치를 조성하는 후자의 경우가 그것이다. 후자처럼 특이한 욕망이 색다른 판을 짤 정도로 강렬하고 전염 효과가 큰 경우에 배치는 순식간에 조성되고 설립될 것이다. 그러나 대부분의 국지적인 영역에서 서식하는 욕망은 전자처럼 관계망과 배치가 창발해 낸다. 물론 국지적인 영역으로부터 출발하는 욕망은 특이성 생산을 통해서 색다른 판을 짜는 실천이라고 할 수 있다. 가까이에 있는 가족, 동료, 친구, 이웃 등과 관계 맺는 과정에서 특이한 욕망은 색다른 판을 짜면서 사회화학적인 연쇄반응을 일으킨다. 그런 점에서 특이성 생산은 특이한 욕망을 가졌다는 측면만이 아니라, 누구도 예상하지 못했던 판을 짠다는 의미도 함께 갖고 있다. 그런 점에서 분열적인 흐름에 따라 지도 그리기를 하듯 국지적인 욕망은 색다른 판을 짜면서 생성과 창조의 지도를 그려낸다고 할 수 있다. 그런 점에서 실천 활동은 가까이에 국지적으로 또한 유한하게 지엽적으로 있는 관계망과 배치를 조성하면서 특이한 욕망을 생산하는 둘 다의 과정을 병행한다고 할 수 있다. 그에 따라 ②에서의 관계망 창발과 ①에서의 특이성 생산은 둘 다 상호보완적인 영역이라고 할 수 있다.

혹자는 가까이에 있는 배치와 관계망에서 서식하는 특이한 욕망으로부터 출발하는 것이 사회 변혁과 무슨 상관이 있느냐고 반문할 수도 있다. 그들의 입장에서는 가까이에 있는 배치와 관계망과 사회구조는 서로 연결되어 있지 않다. 사회구조는 단 번에 획기적으로 전복되지 않는 한 견고한 불변항일 따름이라고 생각하기 때문에, 대부분 어쩔 수 없이 무기력지층을 함께 갖고 있는 사유를 전개한다. 다른 한 편으로 현학적인 전문가들이 사회구조를 현란한 의미화와 모델화에 따라 분석하면서도 실천 과정이나 주체성 생산에 대해서는 왜소하게 말하는 경우도 있다.

이에 비해 가타리는 구조가 아닌 국지적인 영역을 주목한다. 국지적인 영역에서 발생되는 특이한 욕망이 연쇄반응을 일으켜서 바로 사회 변화의 원동력이 될 것이라고 본 것이다. 즉, 국지적이고 가까이에서 이루어지는 삶의 내재성과 실천적인 활동, 주체성 생산의 과정을 사회구조와 따로 떨어진 것으로 보는 것이 아니라, 서로 긴밀히 연결되어 있다는 점에서 본다.

그런 점에서 가타리는 사회생태학의 입장에 서 있으며, 사회가 구조적 불변항이나 보편적 질서, 지배적 잉여성으로 간주되어, 국지적이고 내재적인 삶과 따로 분리되어 존재하는 것이 아니라 삶의 내재성과 긴밀히 결합되어 생태계를 조성하고 있다는 관점을 보인다.

> 사회적 생태철학은 커플 사이에, 가족, 도시생활, 노동 등에서 존재 방식을 수정하고 재발명하는 데로 나아가는 특정한 실천을 발전시키는 것에 있을 것이다. … 그러나 집단적 존재 양식 전체를 문자 그대로 재구축하는 것이 중요할 것이다. 그래도 그것은 단순히 소통적인 개입에 의해서가 아니라 주체성의 본질에 관련한 실존적인 돌연변이(변화)에 의해서 이루어져야 한다.[117]

117 펠릭스 가타리, 『세 가지 생태학』(동문선, 2003), 15쪽.

모두의 혁명법

결국 가까이에 있는 배치와 관계망을 조성하고 이에 따라 색다른 주체성을 만들어내는 것이 가장 중요한 과제가 될 수밖에 없다. 즉, 국지적인 영역의 욕망은 배치를 만들어낼 뿐만 아니라, 주체성을 만들어내는 원동력이라는 점에서 매우 중요하다. 더 나아가 이러한 주체성 생산의 작은 변화가 사회화학적인 반응을 일으켜 돌이킬 수 없는 변화를 만들어낸다는 점에서 사회 변혁의 초석이 될 수 있다. 사회구조를 외부에 설립된 불변항의 견고한 실체로 보는 것이 아니라, 우리의 미세한 삶과 국지적인 영역의 욕망과 연결되어 있는 관계망의 일부라고 보는 것이 가타리의 입장인 셈이다. 즉, 삶에서 이루어지는 반복의 기계들의 연결체인 메타기계체로서의 사회체의 위상이 여기서 등장한다. 그런 점에서 배치와 관계망 전략이 사회구조에 대한 전략보다 선행한다고 할 수 있다. 만약 실천적으로도 사회구조의 변화를 만들기 위해서라면, 특이한 욕망 생산 그리고 주체성 생산 더 나아가 배치와 관계망의 변화로부터 출발할 필요가 있다.

:: 배치 없는 특이성? 특이성 없는 배치!

그렇다면 국지적인 욕망으로부터 출발하겠다는 것은 무엇을 의미하겠는가? 미세한 삶의 내재성의 차원과 유일무이성과 특이성의 실존, 미시적인 영역에서의 경우의 수, 지나치는 풍경이 아니라 주변 환경으로 어우러진 동물, 식물, 꽃, 나비, 벌레, 우주로부터 유래하는 별빛 등이 만든 보이지 않는 배치와 관계망으로부터 출발점을 갖는 것이다. 어쩌면 이것은 아주 황당한 시도라고 생각될 수 있다. 이제까지 누구도

신경 쓰지 않던 아주 사소하게 보이는 사건, 상황, 환경, 배경, 인물, 동물 등에게서 생성되는 욕망에 주목하자는 얘기이기 때문이다. 하지만 다시 생각해 보면 그것은 실존이 갖는 특이성과 유일무이성, 단독성으로부터의 출발점으로도 여겨질 수 있다. 물론 실존주의가 그려낸 '유한성의 실존좌표'에는, 관계망과 배치, 주체성 생산 대신에 유한함으로써의 죽음에 대한 염려와 자각, 자유의 징표인 실존적 불안, 선택과 책임으로서의 자유, 무상성으로서 드러난 실존의 잔여 이미지들이 논증적으로 펼쳐진다. 그런 점에서 가타리가 그려낸 국지적인 영역에서의 욕망은 그것을 만든 배치와 관계망과 그로 인한 사이주체성을 조성하지만, 그 대신 실존주의는 단독자로서의 책임주체만이 드러내는 측면에서 서로 차이를 갖는다.

내가 여기에서 체계나 구조에 대립시켜 사용하고 있는 과정은, 동시에 스스로를 구성하고 정의하고 그리고 탈영토화해 가는 실존을 말한다. 이러한 실존화 과정은 전체화로 스스로 빠져 들어가는 것에서 절연하고 자기를 위해서만 작동하고 자기의 준거집합을 통제하여 실존적인 지표, 과정적인 탈주선으로 스스로를 드러내게 되는 표현적인 부분집합에만 관련한다.[118]

이처럼 집단적인 탈주선을 타는 실존의 양상은 국지적인 영역으로서의 삶을 새롭게 재창조할 수 있는 능력으로 가득하다. 그러나 그러한 배치 없는 단독자의 상황은 1인 가구가 직면하는 실존적 불안의 상황과 같은 이미지로부터 벗어날 수 없으며, 고독한 도시의 남/녀들이 스스

118 같은 책, 28쪽.

로 세계를 구성해 내는 과정에서 관계 맺기에 서투르거나, 위생적인 관계를 맺거나, 거리 조절에 실패하는 상황과도 유사하다. 동시에 특이한 생각을 갖고 있는 오타쿠와 같은 특이자의 상황이, 배치 없는 특이성의 모습으로 현현할 수도 있다. 그런 점에서 배치와 관계망이 없는 특이성은 오히려 통합된 세계자본주의의 고독한 개인의 실존을 설명하는 데만 적합하며, 실천적인 의미를 갖기에는 어렵다고 할 수 있다. 그런 점에서 가타리가 관심을 특이성이 아니라 특이성 생산으로 이행한 이유는, 바로 관계망과 배치 없는 특이성에 대한 문제의식 때문이라고 유추해 볼 수 있다.

이러한 지점은 들뢰즈와 가타리가 특이성을 바라보는 관점이 각각 다름을 보여준다. 들뢰즈의 특이성 논의가 개체로서의 생명의 발현으로, 사건성으로, 잠재성의 현동화로 나타나면서 차이의 형이상학을 그려냈다면, 가타리의 특이성 생산은 관계망과 배치의 창발과 주체성 생산, 외부 생산, 다양성 생산, 생태계의 풍부함과 다양성을 촉진하는 것 등의 실천운동의 과제를 보여준다는 점에서 차이점을 갖는다. 아카데미에서는 '들뢰즈와 가타리'로 묶어서 하나의 팀으로 호명하면서, 들뢰즈를 아카데미의 일원으로 받아들이는 데 가타리를 이용한다. 그럼에도 불구하고 아카데미는 결코 가타리를 포섭하지 못하는데, 특이성 생산 개념의 실천성만 생각해 보면 그 이유를 쉽게 알 수 있다.

국지적인 영역에서 발생하는 욕망은, 삶의 내재적인 접촉경계면에서의 문제의식들을 실천적이고 미시정치적인 것으로 만들어낸다. 공동육아, 마을, 협동조합, 대안먹거리 운동, 대안학교, 주거공동체 등의 문제의식은 바로 이러한 욕망의 국지성과 국부성에 따른다. 이제 자신의 삶의 가까운 영역에 있거나 삶의 유한한 실존적인 영역에 있던 모든 것은 미시정치의 과제가 된다. 따라서 자신의 삶에서 발생되는 욕망이 던지는 문제제기 모두가 실천적인 과제가 되며, 구체적인 실천 활동은 가장 국지적인 영역에서 발생되는 욕망이 무엇인가에 대해서 귀 기울이는 것이 된다. 대안적인 실천 방향성은 가장 자신의 삶에 긴밀히 연결되어 있는 것에 대해서 세밀히 조사하고 연구하는 바로부터 출발한다. 그런 점에서 먹거리, GMO 유전자변형식물, 화학 첨가물, 탄소 배출, 생명권, 환경 보존, 골목 경제, 지역 발전 등 삶과 밀접히 연관되어 있는 모든 것이 실천 활동의 소재가 될 수 있다. 문제는 국부적인 삶의 영역을 문제 삼을 정도로 강렬한 욕망의 생성의 차원이다.

:: 분자혁명과 눈덩이 효과

분자혁명은 유연하고 탄력적인 네트워크의 관계망이 생기면서 더욱 획기적인 영향력을 발휘하기 시작했다. 디지털화될 수 있는 전자적 연결망에 욕망의 야성성과 문제의식, 흐름의 생성, 사건성 등이 드러나는 순간, 기존 의미좌표나 관성적인 태도, 매너리즘과 확연한 차이를 갖는 색다른 사건이 발생한다. 예를 들어 자동차 생활에 익숙했던 한 사람이 보행과 자전거에 대해서 관심을 갖게 되어서 "나는 오늘부터 자가용을 운행하지 않겠어!"라고 선언하는 순간을 생각해 볼 수 있다. 또한 육식에 익숙했던 사람이 공장식 축산업의 잔혹한 상황과 생명의 존엄성에 눈 뜨면서 "나는 채식을 시작하겠어!"라고 자신의 삶을 변화시킨 순간도 있을 수 있다. 분자혁명은 기존 혁명과 달리, 자신이 접촉하는 삶과 접속하고 있는 관계망 자체에 대해서 직접 문제제기를 던지는 것으로부터 출발한다. 그래서 혁명가 없이도 혁명운동 없이도 늘 진행 중인 혁명이다.

특이한 욕망의 발생은 강건한 주체성이 생산되는 섬광과 같은 순간이다. 물론 자신의 삶과 실존에 대한 자각과 문명의 전환을 자신으로부터 시작해야겠다는 분자혁명의 순간이 한 번 깨달음으로 지속되느냐 아니면 끊임없는 수행의 과정이냐는 것은 논란의 여지가 있다. 돈오점수(頓悟漸修)라는 불교의 수행에서의 방법론은, 바로 분자혁명의 과정적 성격을 잘 규명할 수 있는 논쟁의 창문이라고 할 수 있다. 한 번의 깨달음과 분자혁명의 순간을 통해서 배치를 완전히 전변시킬 만한 강건한 상태에 이르는 것도 생각해 볼 수 있고, 그 반대로 매순간을 분자혁명의 다짐과 과정적인 노력과 의지의 과정으로도 볼 수 있기 때문이다. 가타리의 분자혁명은 점수의 방법론에 가깝다는 점에서 영구혁명(=영구개량)의 과정이자, 돈오의 방법론에 가깝다는 점에서 욕망의 흐름에 기반하고 있다는 점도 드러난다.

네트워크 사회에 진입하면서, 서로 연결되어 있고 관계를 맺고 의존하고 있는 관계망에 대한 생각과 사유가 많아지고 있다. 물론 동양적 사유가 통합적인 개념을 주로 구사했던 이유는 '사회와 자연이 보이지 않게 연결되어 있다'는 기본적인 생각이 깔려 있었기 때문이었다. 그러나 서양철학의 사유에서는 주체와 대상, 자아와 자연 간의 이원론적인 분리나 세밀하게 잘게 쪼개내는 분석의 방법론이 강하고, 현존 문명의 파국적인 상황으로까지 치달아 간 데는 서양적 사유 방식이 큰 영향을 끼쳤다고 할 수 있다. 문제는 네트워크 사회의 개막을 위해 동양사상의 자연주의와 같이 연결망이 미리 주어질 것이라고 보기보다, 연결망 자체를 구축하기 위한 구성적 실천이 요구된다. 그리고 서로 관계를 맺고 특이한 욕망을 유통시키는 것 자체가 분자혁명과 동일한 위상을 갖는다. 특이성 생산이 이루어지기 위해서는 관계망과 연결망이라는 판과 구도가 전제되어 있어야 하지만, 사실은 관계망은 우리에게 상냥하고 부드럽게 미리 주어지거나 다가오지 않는다. 심지어, 가족, 학교, 시설, 병원, 군대 등의 관계망조차도 분리차별과 위계를 작동시키면서도, 관계망이 미리 주어지지 않으며, 욕망이 작동하고 유통되었을 때만 작동하기 시작한다. 그런 점에서 네트워크 사회의 개막은 배치와 관계망을 조성하면서 분자혁명의 섬광과 같은 순간을 함께 만들어나가야 함을 의미할 뿐이다.

동양에서의 자연주의 사상은 뿌리가 깊고 녹색 정치의 일부를 차지하고 있지만, 그 영향력은 미미하다. 왜냐하면 자연의 연결망, 우주의 연결망, 사물의 연결망의 일부로서 사회와 공동체의 연결망도 위치하고 있지만, 고도로 복잡화된 사회적 연결망을 설명하려는 '은유와 비유의 방식'으로는 설명력이 현저히 떨어지기 때문이다. 사실 전기표적 기호 단계의 은유와 비유는 자연의 순환과 재생에 조응하며, 의미를 고정시키지 않고 미끄러지는 방식으로 나타났다. 전기표적 기호 단계는 고대의 원시인이나 애니미즘의 흔적, 예수님의 말씀 속에서 나타난다. 그러다 기표적 기호 단계는 대답으로서의 고정관념을 가지게 된 자본주의 사회를 의미한다. 여기서는 기표와 기의가 조응하고 의미화, 모델화, 표상화를 수행하는 전문가들이 등장한다. 그리고 기표적 기호 단계를 넘어서는 탈기표적 기호 단계는 문제제기로서의 생태적 지혜로 나아가는 미래적 대안을 의미한다.

동양의 사상에서는 도토리 한 알이 떡갈나무 혁명의 원천이 된다는 자연주의적인 사유를 드러낸다. 즉, 생명이라는 개체 자체가 자연의 재생과 순환의 흐름이 갖는 시너지 효과의 일부이며, 그 자체가 바로 혁명적 사건성의 산물이라고 바라보는 것이다. 한살림 연수원의 주요섭이 언급한 떡갈나무 혁명은 분자혁명의 위상에 서 있는 생명 사상과 자연주의적 사상을 잘 보여준다. 약간의 차이가 있다면 분자혁명은 자연주의가 아니라, 생태주의로 전진 배치되어 있다는 점일 것이다.

:: 이미 작동 중인 혁명, 미래진행형적 혁명

펠릭스 가타리의 『세 가지 생태학』에서는 자연생태뿐 아니라, 사회생태, 마음생태라는 개념이 등장한다. 즉, 자연의 연결망, 사회의 연결망, 마음의 보이지 않는 연결망에 대해서 언급하는 것이다. 여기서 사회를 지배적 잉여성에 포획된 질서로 보지 않고, 사회생태주의적인 관점에서 바라본 점이 특이하다. 즉, 사회적 관계망의 필요성을 제기함과 동시에, 사회를 생태적 다양성의 입장에서 조명하려는 시도를 하는 것이다. 사회생태주의를 창안한 머레이 북친(Murray Bookchin)은 인간의 자연 지배 이전에 사회적 지배 즉 계급 지배가 우선하였다는 점에 대해서 제기한다. 이를 통해서 사회 변혁이 환경 문제와 생태계 위기의 해결책이 될 것이라는 생각을 피력하며, 코뮌적 질서를 대안으로 제시한다. 이런 면에서 볼 때 사회를 지배적 잉여성이나 구조적 불변항으로 보지 않고 생태주의의 관점에서 접근하는 북친의 사회생태주의 사상은 이후 생태주의의 전략 지도를 풍부하게 만들 수 있다는 점에서 전환 사회를 선취한 측면이 있다. 사회생태학적 관점은 분리차별과 사회분열을 넘어서 사회적 관계망이 갖는 긍정적인 효과에 대해서 주목한다. 이것이 네트워크 사회와 차이점이 있다면, 네트워크 사회는 전자적 그물망이 직조한 배치와 사회적 관계망에 대해서 주목한다면, 사회생태학적 관점은 생태적 다양성과 사회적 관계의 긍정성, 사회변혁운동이 갖는 생태주의적 위상 등에 대해서 주목하는 점이다. 하지만 간(間)공동체 전략과 간(間)네트워크 전략을 병행하는 것이 사회생태계를 재건하고 구성할 수 있는 유력한 방법론일 것이다. 사회생태주의는 "마르크스주의를 성장주의로부터 구출하라"는 시대적 요청에 대해서 생태적 전환 사회로 응답한다. 이는 생태마르크스주의의 계보를 잇는 것이기도 하다.

이렇듯 사회가 생태적 연결망과 같이 연결되어 있다는 생각은 분자혁명의 섬광과도 같은 순간이 연결망을 따라 전염되고 전파되어 전체 사회의 불가역적인 변혁과 변화에 기여한다는 점으로 나아갈 수 있다. 분자혁명의 연쇄반응으로서의 눈덩이 효과를 생각해 볼 수 있는 대목이다. 즉, 사회라는 전체 연결망 속에서 작은 자리와 국부적인 영역을 차지하고 있는 배치 속에서의 작은 변화로부터 출발할 수 있다. 예를 들어 특이점으로서의 소수자와 생명이 공동체적 관계망과 배치에 존재한다면, 사랑과 욕망의 돌연변이의 흐름이 등장하고 이에 따라 분자혁명의 가능성은 굉장히 높아진다. 이에 따라 특이한 욕망이 전염되고 전파되어 사회화학적 반응을 일으키는 것도 생각해 볼 수 있다. 이러한 생각이 낙관적이고 유토피아적이라고 생각하는 사람도 있을 수 있다. 그러나 사회를 구조적으로 인식하는 것이 아니라 생태계의 판과 구도로서 인식하면서 접근할 때, 동시에 이러한 태도는 '분자혁명'과 '눈덩이 효과'의 잠재성에 대한 긍정을 의미하는 것이기도 하다.

에스코비 : 모든 이미지들이 미리 생산될지라도 삶이 발명될 수 있는가?

가타리 : 그렇다. 화학자들의 예를 들어보자. 그들은 매일 같은 원료 즉 탄소와 수소를 가지고 작업한다. 그것은 같은 가게에서 자신의 물감을 사는 화가의 상황과 같다. 문제가 되는 것은 그가 그 물감을 가지고 하는 것이다. 주요한 것은 이러한 종류의 잉여성, 계열성, 계열적 주체성 생산으로부터, 작은 점으로 돌아가라고 항구적으로 권유하는 것으로부터 벗어나는 것이다.[119]

이렇듯 가타리는 탄소 입자와 수소 입자만으로도 수십 년을 보낸 화학자의 비밀에 삶을 재창안하는 색다른 욕망과 사랑의 비밀이 들어가 있다고 보았다. 여기서 사랑의 혁명적 순간은 탈영토화의 과정이기도 하다. 사랑이라는 것도 자신의 거주지를 벗어나고 자신의 사회적 위치와 자리, 배치를 벗어나는 흐름이기 때문이다. 이러한 탈영토화가 재영토화 즉 재구조화의 포로가 될 수밖에 없다는 자괴감에 싸인 통속적인 반응은, 탈주 이후에 동반되는 포획의 도식을 그려내면서 지배적 잉여성 내로 욕망을 위치시키는 것이다. 그럼에도 불구하고 사랑이 무한속도로 진입할 때를 상상할 수 있다. 즉 국지적인 영역의 사랑이 강렬도, 온도, 밀도, 속도를 굉장히 높일 때 빛의 속도 이상으로 움직이는 타키온 입자와 같은 것이 됨을 말이다. 이 시점에 분자혁명은 순식간에 발생하고 절대적 탈영토화의 과정의 시작으로서의 특이점(singularity)이 발생된다. 이에 따라 분자혁명의 순간은 배치에 미묘한 변화가 감지되는 순간, 즉 형태장 이론처럼 동시다발적으로 변화가 발생하는 순간일 것이다. 여기서 형태장(morphogenetic field) 이론은 일본 섬 동쪽의 원숭

---

119 펠릭스 가타리, 『미시정치』(도서출판b, 2010), 89쪽.

이들이 감자를 물에 씻어 먹는 사건이 벌어지자, 동시다발적으로 섬 전체의 원숭이가 모두 감자를 물에 씻어 먹게 되었다는 현상에 착목한 이론이다. 분자혁명과 눈덩이 효과는 공동체적 배치와 시스템, 네트워크 상에서 동시다발적으로 일어날 수 있으며, 미묘한 배치의 변화에 따라 돌이킬 수 없는 변화로 나타날 것이다.

생명평화세상을 만드는 데 분자혁명이 기여하는 바는, 테러, 폭력, 무력, 전쟁을 통하지 않고 바로 자기 자신의 변화로부터 출발하거나 색다른 변화의 생각을 갖고 있는 주체성을 생산하는 것을 목표이자 과정으로 가짐으로써 그 자체가 비폭력 평화의 방법론으로 세상을 바꾸려는 공동체적인 사상이라는 점에 있다. 이러한 분자혁명의 전망과 미래로 인해, 혁명운동도 없고, 혁명가도 없지만 도처에 분자혁명이 발아하고 생성되는 상황이므로 혁명운동에 있어서 낙관적이라는 가타리의 언명을 곰곰이 생각해 볼 필요가 있다. 분자혁명은 바로 지금 작동 중인 혁명, 미래진행형적인 혁명인 셈이다.

모두의 혁명법

14장

흐름과 활력, 에너지의 미시정치는 왜 필요한가?

강령 14

흐름을 해방시켜라, 책략에서 항상 앞서가라.

무의식 해방은 욕망을 스스로 말하게 할 때 시작될 것이다. 또한 무의식 해방은 소수성을 공동체가 풍부해지는 특이점으로 볼 때 시작될 것이다. 무의식 해방은 분자혁명을 통해 엄청난 상냥함과 사랑의 부드러움이 공동체에 순환할 때 시작할 것이다. 분자혁명의 메시지는 서로 연결된 자연, 사회, 마음에서 시작된 작은 변화가 돌이킬 수 없는 사회화학적 변화의 초석이 되리라는 실천성에 기반한다. 가타리의 강령은 분자혁명을 구체화하기 위한 하나의 책략이며, 전략적 지도 제작이다. 그래서 강령은 책략에서 앞서갈 수 있는 분자혁명으로 귀결된다.

:: 생명 위기 시대, 파시즘의 대두

　기후변화, 생물 종 대량 멸종, 해양 생태계의 오염, 물 부족, 식량 부족, 자원 고갈 등 생명 위기 시대가 개막되었다. 생명 위기 상황의 징후들은 수없이 많다. 시리아에서의 5년에 걸친 대규모 가뭄, 그에 따른 농업의 파괴와 IS의 발호, 그리고 자유시리아군의 탄생, 그 이후의 내전과 600만 명의 난민들, 후쿠시마 핵사고 이후 주권 질서의 기본 요소 중 하나인 안전을 책임질 수 없게 된 일본 정부의 상황, 미국의 트럼프 정부의 기후변화협약 탈퇴와 분리주의, 고립주의, 폐쇄 경제, 성장주의의 정치 체계, 유럽에서의 이주민, 난민, 유색인 등에 대한 차별과 증오, 배제의 움직임 등등. 앞으로 생명 위기 상황은 어떻게 전개될까? 그 단서는 세계적인 생태학자들이 기후변화가 이대로 가속화된다면, 2100년도에 전기, 가스, 수도 등 파이프라인을 사용하는 인구가 전 세계에서 10% 미만일 것이라고 예측하고 있는 점으로부터도 유추해 볼 수 있다.

이러한 절박한 생명 위기의 상황에서 현장과 일상, 제3세계와 제1세계, 문명 외부와 내부 등에 대한 분리는 또 다른 인종주의이자, 파시즘의 색다른 작동 방식이다.

이 시대를 암울하게 드리운 독가스와 같은 것이 있다. 그것은 난민, 이주민, 소수자, 노인, 여성 등에 대한 혐오와 증오의 확산이며, 분리와 차별을 통해 성장을 더 해야겠다는 파시즘 경제의 작동이다. 지금까지 자본주의 문명은 생명, 자연, 제3세계 등 외부를 착취함으로써 성장을 할 수 있었는데, 이제 통합된 세계자본주의의 외부는 소멸되는 단계로 진입하였고 결국 성장의 동력을 상실했다. 문제는 이 통합된 세계자본주의 문명이 생명 위기 상황에서 선택할 경우의 수가 아주 축소되었다는 점에 있다. 즉, 동질화 방향성에 따라 문명이 재편되면서 다양한 경우의 수로서의 특이점들이 사라졌기 때문이다. 특이점(singularity)의 소멸로 인해 회복탄력성(resilience)을 잃은 제3세계는 1세계로 대규모의 난민을 보내고 있고, 이는 제1세계 내에서의 극우 파시즘을 발흥하게 했다.

파시즘은 단순히 난민을 혐오하고 배제하는 직접적인 방식으로만 드러나는 것이 아니다. 또 다른 지점에서 파시즘이 모습을 달리하며 나타나고 있다는 점이다. 첫 번째로 포스트휴먼 담론을 꼽을 수 있다. 기후변화와 지구의 위기 속에서 인간 종은 더 이상 유지될 수 없기 때문에, 이제 인공지능, 휴보노이드, 안드로이드 등 미래 인간들에게 지구의 미래를 맡기는 것밖에는 선택지가 없다는 결론으로 나아가는 기술만능주의적인 논증 방식이 그것이다. 두 번째는 근본생태주의를 가장한 환경 파시즘이 그것이다. 환경 파시즘은 인구 문제, 즉 2100년에는 100억 명의 인구가 지구에 살게 되는 상황을 핵심 문제로 제기한다. 이를테면 어스퍼스트(earth first!)의 악명 높은 저술가 앤 트로피와 같은 사람은 'AIDS와 기아가 인구 수 감소에 도움이 된다'는 논증을 펼칠 정도이다. 세 번째 파시즘 경제를 작동시키는 분리차별의 경제 작동이다. 외부가 소멸되어 낙차 효과로서의 성장이 불가능해진 통합된 세계자본주의에서 소수자, 이주민, 난민 등에 대한 증오, 혐오, 갑질, 차별 등은 가공의 외부를 만들어 다시 성장의 동력을 삼을 수 있다는 망상으로 작동하는 것이 파시즘경제이다. 이상과 같은 파시즘의 세 가지 양상들에 수렴되는 많은 담론들이 버젓이 유통되고 있다.

그렇다면 우리가 증오와 분리의 파시즘의 정치에 맞서는 방법은 무엇일까? 그것은 사랑과 욕망의 미시정치, 즉 흐름의 정치의 가능성에 더욱 주목하는 것이다. 흐름의 정치는 직접 민주주의, 생태 민주주의, 전 지구적 책임, 구성적 협치, 네트워크 민주주의 등으로 나타난다. 또한 우리는 증오와 차별의 파시즘 경제가 아닌 사랑과 욕망의 경제, 즉 사회적 경제의 확대에 주목하게 된다. 연대, 협동, 자율, 돌봄, 살림 등을 통해 작동하는 사랑과 정동의 경제로서의 사회적 경제는 흐름의 경제, 흐름의 잉여가치를 추구하면서 대안적인 경제를 작동시켜 나갈 수 있다. 이러한 전략 지도 제작의 과정에서 우리는 바로 사랑과 욕망, 정동의 흐름을 해방하여 생명 위기 시대를 헤쳐 나가자고 제안하는 펠릭스 가타리의 사상에 더욱 주목할 수밖에 없다.

:: 무의식 해방은 흐름의 해방

무의식의 해방은 사랑, 정동, 욕망의 마그마와 같은 흐름의 해방이다. 흐름의 해방은 무의식을 의식의 종속된 지위로 전락시켰던 프로이트의 구도로부터 벗어나, 무의식의 풍부함과 다양성, 우아함, 야성성 등에 접속하는 것을 의미한다. 다시 말해 무의식이 의식의 아래지층에서 존재하며, 자신이 감추어두었던 과거의 사실이나 무의식의 사실을 환기시키는 자유연상기법에 따라 무의식을 의식화하면 병리적 질환으로부터 해방될 것이라는 프로이트를 비롯한 근대적인 구도로부터, 가타리의 무의식 해방의 노선은 탈주선을 그릴 수 있게 된다. 오히려 가타리의 구도는 무의식의 기계적, 기호적인 작동 속에서의 해방을 추구하는 것이라고 할 수 있다. 여기서 무의식은 게걸스럽고 파괴적이며 결핍되어 있는 것이 아니라, 창조적이고 생산적이며 미학적이고 우아한 것을 의미한다. 그러므로 흐름의 개방은 곧 우리 자신의 무의식으로 들어오는 모든 지각작용, 감수성, 감각, 감성 등 정념적인 요소들을 해방하는 것이다. 보통 이런 얘기를 하면 "무심결에 살자는 것이냐?", "어떻게 살자는 것이냐?"며 얼굴을 붉히는 사람도 있을 수 있다. 그러나 자신이 삶과 무의식에 내재한 생명과 자연의 흐름에 따라 사는 것이야말로, 스피노자의 범신론의 구도처럼 영원성에 기반한 삶이다.

〔5부, 정리 36〕 신에 대한 정신의 지적 사랑은, 신이 무한한 한에서가 아니라 영원한 상 아래에서 고찰된 인간 정신을 통해서 설명될 수 있는 한에서 신이 자기 자신을 사랑하는 신의 사랑 자체이다. 즉, 신에 대한 정신의 지적 사랑은 신이 자기 자신을 사랑하는 무한한 사랑의 일부이다.[120]

---

120 스피노자, 『에티카』(서광사, 1996), 314쪽.

스피노자의 영원성 개념은 자신이 태어나기 전, 죽은 후에도 존재했던 생명과 자연의 진실 즉, 사랑의 지평의 영원성을 의미한다. 그런 점에서 우리는 만남과 관계에 대해서 주목하게 될 수밖에 없다. 한 사람과의 접촉과 만남은 무엇을 의미할까? 정보 이론의 모델이나 갖가지 커뮤니케이션 모델이 제시하는 디지털적인 피드백 모델, 즉 일면적 관계성일까, 아니면 냄새, 색채, 음향, 몸짓, 표정, 맛 등이 동원되는 다차원적인 기호작용이며, 엄청난 상냥함과 부드러운 사랑과 정동의 흐름에 감응하는 입체적이고 다극적이고 다중적인 과정일까? 우리는 비기표적 기호작용이나 정동의 흐름처럼 사이즈가 큰 무의식이 우리의 인식에 들어올 때 그것에 대해서 반응하여야 하는 상황에 처한다. 그러나 그 자체가 갖고 있는 우아함과 미학, 풍부함과 다성성 자체를 기표라는 고정관념의 포로로 만들지 않는 유일한 방법은, 순간적으로 흐름에 몸을 싣는 것에 있다. 즉, 무의식 자체의 광활한 지평을 응시하면서 각각의 특이점을 투과하고 통과하는 흐름이 사방으로 격발되듯 다가적이고 다의미적인 것으로 향할 수 있도록 만드는 것이 필요하다. 이런 의미에서 흐름의 해방은 무의식의 해방이며, 정신분석을 넘어선 분열분석으로 향하는 지름길이다.

현실에서는 무의식과 정동의 흐름은 숨어 있으며, 보이지 않는다. 아마 가시적인 질서에 대해서 주목하는 사람들은 손에 잡히는 실체 이외에는 인정하지 않으려 할 것이다. 그들에게 무의식이나 정동은 없는 것이나 마찬가지일 것이다. 이를테면 나와 너 사이에 무엇이 발생되고 무슨 일이 일어나고 있는지에 대해서 누구도 설명력을 갖출 수 없는 여백이 분명 있다. 그러나 흐름의 여백을 만들 수 없도록 된 딱딱한 자아의 상태에서의 기능적인 만남은 말하면서도 말하지 않는 침묵이 감도는 상황과도 같다. 마치 마트나 슈퍼마켓에서 만나는 사람들에게 볼 수 있는 위생적이고 탈색된 관계처럼 말이다. 즉 겉으로는 관계하는 것 같지만, 흐름이 없는 관계일 뿐이다. 진정한 관계가 아니라는 얘기다. 다시 말해 "나는 나고, 너는 너다"라는 형식논리학적인 구도는 자연스럽게 출현한다. 그러나 나와 너 사이에는 다채로운 무의식과 정동의 흐름이 투과되고 통과할 때야 비로소 그 사이와 여백에 수많은 사건성이 일어날 여지를 만들어낸다. 예를 들어 최근 공유경제에서 주목하고 있는 것처럼, 나와 너 사이에서 공유자산이나 공통의 아이디어, 생태적 지혜, 집단지성이 만들어질 가능성이 그것이다. 최근 자본이 공동체를 질적으로 착취하려는 맥락에서조차도 이러한 경향은 빈번하다. 비록 나와 너의 관계가 성숙하지 않았으면서도 공통성(common)의 효과를 만들어보려는 시도이지만 말이다. 그러나 우선이 되어야 할 것은 바로 무의식의 흐름, 즉 사랑과 정동, 욕망의 흐름이 발생하여 사이, 틈, 여백에서 주체성이 생산되고 있느냐의 여부이다. 흐름은 숨어 있지만 이따금 보이는 실체로 손에 쥐거나 만질 수 있는 형태로 드러나는 경우도 있다. 그것이 바로 공동체 내에서의 선물과 같은 것이다. 마르셀 모스의 『증여론』(한길사, 2002)에서 선물을 주고받는 과정으로 이루어진 원형 공동체의 사례는 무의식의 흐름이 가진 풍부한 전거를 우리에게 선물한다.

하우에 관해 말씀드리겠습니다. ……'하우'는 부는 바람(風)이 아닙니다. 그러한 것이 결코 아닙니다. 예를 들어 당신이 어떤 특정한 물품(타옹가)를 갖고 있어 그것을 나에게 준다고 가정합시다. 또 당신이 그것을 일정한 대가도 받지 않고 나에게 준다고 합시다. ……그런데 그가 나에게 주

모두의 혁명법

는 이 타옹가는 내가 당신한테서 받았으며 또 내가 그에게 넘겨준 타옹가의 영(하우)입니다. 나는 당신한테 온 타옹가 때문에 내가 받은 타옹가를 당신에게 돌려주지 않으면 안 됩니다. ……그것은 당신이 나에게 준 타옹가의 하우이기 때문입니다.[121]

:: 반복의 기적을 만드는 흐름

흐름을 해방한다는 것은 자본화, 모델화, 의미화, 표상화 등을 통해서 흐름의 일부를 자신의 것으로 만들려고 하는 '포획'의 행위로부터 벗어나 있다. 그것은 흐름 자체를 식별 불가능하고 지각 불가능하며 계산 불가능한 공동체에 풍부하고 다양하게 유통하려는 것이다. 다시 말해 보이게 하기보다 보이지 않는 것으로 만들려는 방향성이 흐름인 것이다. 모임에서 내가 어떤 사람에게 볼펜을 빌려주는 것은 무엇을 바라고 하는 것이 아니라, 보이지 않게 욕망, 정동의 흐름을 유통시키고 전달하는 것이다. 흐름의 비표상성과 다의미성은 하나의 의미나 물건, 표상으로 포획되어 머무르거나 실체화되는 것의 무상성에 대해서 말하고 있다. 이는 실존주의에서 말하는 존재의 유한함에 대한 응시와 자유, 불안, 선택, 전략성 등에 대한 깨달음을 넘어선 실존을 말하고 있다. 다시 말해 흐름의 무상함은 의미, 기억, 표상이 영원히 지속될 수는 없지만, 실존을 구성하는 가장 기본적인 보이지 않는 영역을 사랑과 욕망, 정동의 흐름이 만들어내고 있다는 점을 설명하고 있다.

121 마르셀 모스, 『증여론』(한길사, 2002), 66-67쪽.

흐름은 일종의 반복이라는 기적을 만드는 기계일 수 있다. 오늘 내가 점심을 먹었다는 것을 위대하고 기적적인 일로 느끼는 사람이 있을까? 사실 반복이라는 개념은 가타리에게서는 기계(machine)로 표현되고 있지만, 자동성의 기계(mechanics)로 오해받았던 많은 영역들의 반복은 그 자체가 유일무이한 것이 만들어내는 기적적인 일에 속한다. 예를 들어 우리가 아침에 눈을 뜨는 반복조차도 하나의 기적이며 위대한 일이라고 할 수 있다. 그렇기 때문에 가타리의 기계에 대한 사유는 바로 반복을 설립하는 과정에 필요한 정동, 사랑, 욕망, 돌봄의 흐름을 전제로 한 것이다. 그런데 정동과 사랑, 욕망의 흐름에 대해서 감응하고 흐름을 해방하는 방향으로 향한다면 우리는 세상이 엄청난 상냥함과 부드러움으로 가득 찰 것이며, 그것이 반복되는 것에 대해서 경이와 위대성을 감응하는 마음을 가질 수 있을 것이다.

그런 점에서 사랑과 욕망, 정동이라는 흐름의 해방은, 습관적인 형태와 통속화된 문명의 코드화에 따라 자동화되는 것이 아니라, 반복의 기계 설립을 통해서 매순간이 불연속적으로 유일무이하다는 것에 대한 응시이다. 물론 살림과 돌봄의 과정에서도 정동, 사랑, 욕망의 흐름은 반복으로 나타난다. 그래서 마치 지루한 시간을 특징으로 한 유년기의 감성블록의 역설처럼 매끼의 식사와 등교, 하교, 목욕 등을 지루함의 반복으로 느낄 수도 있다. 그러나 여기에는 놀라운 흐름의 해방이 있을 수 있다. 아이들은 반복을 자동적이고 지루한 것으로 인식하지만, 놀이라는 새로운 형태를 부여함으로써 유일무이한 순간을 엄청난 흐름의 격발로 전도시킬 역량을 갖고 있다. 그렇기 때문에 정동의 흐름에 기반한 반복이 단지 자동적인 일상의 결과물이 아니라, 창조와 생성, 야성성의 표현으로 완전히 이행할 수 있는 여지가 생긴다. 어찌 보면 자동

모두의 혁명법

적인 반복이 주는 비루함은 반복의 경이로움을 보여주는 재미있는 놀이로 바꾸기 위한 선행조건이라고도 말할 수 있을 것이다. 놀이의 순간은 놀라움과 경탄, 금기 없는 금의 설정, 가상이지만 삶과 죽음을 오가는 긴장감으로 가득하다. 그것들은 로제 카이와(Roger Caillois)의 구도처럼 운, 모방, 어지러움, 경쟁의 교차, 세상의 재창조, 가현실성 등 흐름이 해방되었을 때 어떤 파급효과를 갖는지를 살짝 보여준다. 카이와는 제의에서의 가면 착용 또한 놀이의 특이성을 보여주고 있다고 해석하면서 조르주 뷔로(Georges Buraud)를 다음과 같이 인용하고 있다.

개인은 더 이상 자신을 의식하지 못한다. 기괴한 부르짖음이 그의 목구멍에서 나오지만, 그것은 짐승이나 신의 소리, 초인(超人)의 외침이며 아울러 자기 내부에 그 순간 머물러 있다고 믿으며 또 실제로 머물러 있는 무한한 마력, 전투력, 세상을 여는 듯한 정열의 순수한 발산이다.[122]

이처럼 흐름이 해방되는 과정은 놀라운 순간을 의미한다. 엄청난 상냥함에 사람들의 표정에는 웃음과 기쁨이 떠나지 않고, 정동의 놀라운 부드러움에 빠져들기 때문이다. 무의식의 해방이 반사회적인 충동, 억압된 성적 충동, 범죄적 충동의 영역으로 빠져들 수 있다는 경고의 메시지를 보내는 사람도 있다. 그러나 그것은 오히려 흐름을 틀 지우고 자동적인 틀 속에서 반복되도록 만들어놓은 문명의 일그러진 영역이라고 할 수 있다.

빌헬름 라이히(Willhelm Reich)의 성—욕망의 구도를 상기해 보자, 그는

---

122 로제 카이와, 『놀이와 인간』(문예출판사, 1994), 143쪽.

자연스러운 생명에너지로서의 1차적 욕망이 억압되고 금기시되는 순간 변형되고 굴절된 2차적 욕망이 발생된다는 구도를 그려낸다. 즉 욕망이 원래부터 반사회적인 것이 아니라, 금기와 억압이 욕망을 반사회적으로 굴절시키는 것이다. 오히려 흐름이 해방되고 무의식이 해방된다면, 사랑의 흐름이 보여주었던 위대하며 섬광과 같고 창의적이고 자유로운 정서와 지각이 출현하고 전염될 수 있다. 그 순간 반복은 재창조될 것이다. 부드러운 흐름과 창조적 역능이 만든 유일무이한 순간에 대한 감응과 전염으로 말이다.

들뢰즈의 『차이와 반복』(민음사, 2004)은 이러한 흐름의 시너지가 창조하는 유일무이성을 발견주의적으로 즉 실루엣에 감추어진 비밀을 보듯 서술한 책이라고도 할 수 있다. 여기서 들뢰즈는 흐름을 '습관'이라는 개념으로 본 흄의 경험론을 다루면서 초월론적 경험론 즉 발견주의를 타진한다.

습관들을 취득하는 것은 행동하면서인가……아니면 거꾸로 응시하면서인가? 심리학은 자아가 자기 자신을 스스로 응시할 수 없다는 것을 확정된 사실로 간주한다. 하지만 문제는 여기에 있는 것이 아니다. 여기서 던져야 할 물음은 혹시 자아 자신이 어떤 응시가 아닌지, 혹시 자아의 본성이 어떤 응시에 있는 것은 아닌지 하는 데 있다. ……습관은 반복에서 새로운 어떤 것, 곧 차이(일단 일반성으로 설정된 차이)를 훔쳐낸다.[123]

공동체에서는 종종 사랑과 욕망, 정동의 흐름을 돌봄(care)이라고 묘

123 질 들뢰즈, 『차이와 반복』(민음사, 2004), 177쪽.

사한다. 자본주의는 확실히 돌봄의 영역을 식민화하려고 하면서 감정 노동으로 만들려는 경향을 갖고 있다. 즉, 흐름의 해방이 아닌 흐름의 틀 지우기의 방향으로 나아가고 있는 것이다. 그러나 공동체에서의 돌봄은 비자본주의적인 미지급 노동이지만, 공동체의 자기생산에 핵심적인 영역이기도 하다. 만약 정동, 사랑, 욕망의 흐름이 공동체에 유통된다면, 곧 그것은 관계망의 성숙을 위한 기본 전제조건이 마련된 것이라고도 할 수 있다. 관계망을 성숙시키는 효모는 정동의 흐름뿐만 아니라, 놀이와 예술, 과학, 혁명과 같은 것이 있을 수 있다.

그러나 근본적인 것은 무엇보다도 정동과 사랑, 욕망의 흐름이다. 만약 공동체가 활발하게 움직이고 있다면, 그것은 정동의 순환과 재생이 활발하여 공동체를 자기생산하고 있기 때문이다. 결국 공동체는 욕망과 정동의 흐름을 발생시키기 위한 책략을 구사할 수밖에 없다. 그러기 위해서 우리 안의 수많은 소수자들을 발명해 내고, 그 소수자라는 특이점을 통과하는 흐름을 만들고, 흐름을 강렬하게 만들어 결국 흐름을 해방시키는 방향으로 향해야 한다. 그리하여 공동체의 공간은 사랑과 욕망, 정동의 흐름으로 가득 차고, 흐름이 해방된 공간으로 만들어져야 할 것이다.

:: 흐름과 횡단성 전략

0세~2개월 사이의 영아기의 아동에게는 독특하게도 주체와 대상, 자아와 타자의 차이를 인식하지 못하는 시기가 있다. 오직 어머니와의 우주적 되기의 상태에 있으며, 젖의 흐름, 손길의 흐름, 시선의 흐름으로만 인식하는 상황에 있다. 다니엘 스턴(Daniel Stern)의 출현적 자아라는 개념은 흐름에 감응하는 영아기의 단계가 인간의 잠재성 내부에 숨겨져 있음을 보여준다. 이로 인해 인간은 언제든 자신에게 잠재된 흐름의 사유로 향할 수 있으며, 이는 유년기의 감성블록(bloc)으로 불린다. 흐름의 사유는 데카르트가 말한 의식적 주체나 확실한 자아, 정체성 등에 대한 사유를 넘어선다. 이는 오직 주체와 대상 사이의 틈, 여백, 곁에서 서식하는 무의식에 대한 탐색을 의미한다. 이를 주체(subject)가 아닌 주체성(subjectivity)이라고 규정한다.

흐름의 사유 방식은 동물에게서도 발견되는데, 동물이 무리를 짓고, 냄새를 맡고, 영토 만들기 등을 하는 모든 행동은 접촉경계면에서의 흐름에 따른 감각에 기반한다. 이에 따라 동물 중 개의 경우를 관찰해 보면 밥을 먹다, 갑자기 꼬리를 흔들다가, 뛰어다니다가 하면서 흐름에 따라 이행하고 횡단하고 변이되는 모습을 보인다. 이러한 횡단적 행동에 대해서 어떤 고정된 의미를 부여하다 보면 동물의 자율적인 행동이 가진 다채로움의 일면만을 보게 될 것이다.

이 사회는 아이, 동물, 광인 등이 보여주는 횡단하고 변이하고 이행하는 흐름의 사유와 행동에 대해서 불안정하고 모호하며 비이성적인 것으로 식별하고 있다. 그러나 이는 무의식적인 배치에 따라 분석될 필요가 있다. 해석의 방법론이 갖고 있는 하나의 모델, 의미, 표상에 집중하는 방식이 아니라, 흐름에 대한 지도 그리기를 할 수 있는 무의식적 배치에 주목해야 한다는 말이다. 그 대표적인 사례로, 의자를 생각해 볼 수 있다. 의자에 대한 경험 연구에 따르면, 자유롭게 왔다갔다하려는 아이들을 한 자리에 붙잡아 두고 학습노동에 집중하도록 만드는 배치라는 점이 금방 드러난다. 그렇기 때문에 의자 본연의 모델, 의미, 표상에 집중한다면 의자 자체는 지루한 학습 모델을 위한 배치일 수 있다. 그러나 무의식의 흐름에 따라 의자를 넘나들고 의자에 재미있는 설정을 한다면, 의자는 여러 모델을 횡단하고 이행하고 변이하려는 무의식의 배치로 나타날 것이다. 흐름의 사유에는 여러 의미와 모델을 넘나들 수 있는 포박되지 않는 신체, 자유로운 놀이와 재미있는 예술과 같은 무의식적 배치가 있음이 금방 드러난다.

그런 점에서 가타리가 카오스모제(chaosmose)에서 언급한 코스모스(cosmos)와 카오스(chaose)를 다시 생각해 볼 여지가 있다. 흔히 질서로서의 코스모스는 안정되고 고요하고 멈춰야 하는 것이고, 카오스는 어쩐지 복잡하고 수선스럽게 변화하는 양상이라고 생각하기 쉽다. 하지만 오히려 코스모스가 변화하고 횡단하는 영역이며, 카오스라는 혼돈의 영역이 머무르고 고정된 영역을 의미한다. 여기서 우리는 흐름에 따라 횡단하고 탈영토화하는 움직임은 조화롭고 우아한 자연스러운 욕망이며 동시에 코스모스의 영역이라는 점을 알 수 있다. 흐름이 해방된 상태는 야만적이고 난폭하고 거친 상태가 아니라, 우아함과 균형감, 조화로움 등을 갖춘 상태라는 점 역시도 드러난다.

공동체의 관계망에서 놀이처럼 분자적인 것 즉 이행하고 횡단하고 변이되는 흐름이 발생되는 것은 경이로운 순간이다. 그러나 이처럼 도처에서 발견되는 횡단적인 흐름이 대부분 곧 의미화의 논리에 의해서 강제로 봉쇄되고 집중되고 차단됨으로써 활력과 재미를 떨어뜨리고 지루함을 만들어낸다. 오히려 분자적인 흐름의 발생을 보호하고 그것의 흐름을 일찍 종결시키는 것이 아니라 흐름의 과정 자체에 주목할 필요가 있다. 횡단하는 흐름은 그 판이 어디냐에 따라 두 가지 양상을 갖는다. 먼저 횡단하는 흐름이 공동체에서 나타날 때는 서로 딴소리를 하며 중언부언하면서도 일관된 방향으로 향하는 '일관성의 구도(plan of consistence)'가 된다. 횡단하는 흐름이 네트워크에서 나타날 때는 패러 디하고 비꼬고, 복제함과 동시에 변형하는 횡단코드화의 판이 된다. 이 처럼 네트워크에서 편승하기, 옹호하기, 가지치기, 전염시키기 등과 같 은 횡단코드화의 방식은, 코드화(규범)–초코드화(금기)–탈코드화(위반) 의 탈주와 포획의 과정과는 또 다른 특이성을 갖고 있다. 여러 가지 코 드의 횡단면을 비스듬하게 비껴 가면서 내부적 상호작용을 활성화해 횡단의 흐름을 순환시키고 자기생산하는 것이 횡단코드화의 영역이기 때문이다. 그런 점에서 공동체의 일관성의 구도뿐만 아니라, 네트워크 의 대화의 방식 역시도 흐름의 특징을 잘 보여주는 판과 구도이다. 횡 단면을 따라 코드가 반복되고 중복되고 모방되면서 비스듬하게 전염되 는 횡단코드화의 과정을 통해 강렬도가 높아지기 때문이다 .

:: 흐름의 포획과 탈주선 전략

횡단하는 흐름은 집단과 공동체를 재생시키며 이행시키는 원동력이 다. 만약 이러한 흐름의 일부를 의미화, 표상화, 모델화, 코드화, 패턴 화를 통해서 전유하려고 한다면 어떻게 될까? 공동체의 강렬도에 감응 하여 생산되었던 발언, 지혜, 아이디어, 관계망, 사유 패턴 등은 적분 과 코드화에 따라 전문가나 지식인의 것으로 환원되어 버릴 것이다. 이 러한 코드의 잉여가치(surplus de code)의 국면은 개척하고 개발할 외부 를 잃어버린 자본주의에서 공동체를 질적으로 착취하려는 양상을 의 미한다. 코드의 잉여가치는 1) 1세계와 3세계의 분리차별, 2) 집단지 성과 생태적 지혜에 대한 자본의 전유에 따라 기계적 잉여가치로의 환원, 3) 3M(Mall, Multiplex, Mart)으로 대표되는 골목 상권 등에 대한 대기업의 진출, 4) 문화 자본의 예술과 정동에서 나타나는 흐름의 시너지에 대한 전유와 약탈, 5) 지적 재산권을 통한 공통성에 대한 사유(私有)화, 6) 마을 만들기를 임대업자의 이득으로 만드는 젠트리피케이션(gentrification), 7) 욕망의 흐름을 동원하는 플랫폼 자본주의 8) 권력의 잉여가치(=갑질) 등과 같은 공동체에 대한 자본의 질적 착취의 방향성이다. 결국 의미화는 자본화와 동의어이며, 권력의 잉여가치와 코드의 잉여가치, 기계적 잉여가치, 공동체에 대한 질적 착취도 동의어이다.

들뢰즈와 가타리는 전혀 상이하고 상관이 없어 보이는 말벌과 난초의 모의 성교에서 코드의 잉여가치 현상을 처음으로 사유했다. 이전까지는 서로 의미나 관련이 없다고 여겨졌던 것 사이에서 새로운 가치가 부수효과처럼 나타날 때 그것을 코드의 잉여가치라고 한다. 유기적으로 전체화된 노동 현장의 동질발생적인 영역이 아니라, 이질발생적인 영역에서 코드의 잉여가치가 추출된다. 그런 점에서 코드로 식별되는 순간에 자본화가 동시에 이루어지는 것을 생각해 볼 수 있다.

두 지층 사이에는 평행 관계가 있기 때문에 한 층에 있는 식물조직이 다른 층에 있는 동물조직을 모방할 수 있는 것이다. 동시에 아주 다른 어떤 것이 문제가 되고 있다. 즉 이제는 모방이 전혀 문제되지 않고 코드의 포획, 코드의 잉여가치, 원자가의 증가, 진정한 생성(=되기), 서양란의 말벌-되기, 말벌의 서양란-되기가 문제되는데, 이때 이러한 생성들 각각은 한쪽 항을 탈영토화하고 다른 쪽 항을 재영토화한다.[124]

---

124 질 들뢰즈, 펠릭스 가타리, 『천개의 고원』(새물결, 2001), 25쪽.

여기서 정반대의 방향에서 흐름의 잉여가치(surplus de flux)를 생각해 볼 수 있다. 코드의 잉여가치가 자본이 공동체를 착취하는 방향성이라면, 흐름의 잉여가치는 공동체가 자본을 형성하거나 착취하는 방향성을 갖는다. 흐름의 잉여가치는 흐름의 시너지 효과에 따라 1) 공유경제 모델의 형성, 2) 식생, 발효, 약초, 저장 등과 관련된 생태적 지혜의 형성, 3) 네트워크에서의 집단지성의 형성, 4) 선물을 주고받는 형태의 증여의 경제의 발생, 5) 정동노동과 돌봄노동 등의 비물질적인 노동의 사회화 국면, 6) 협동조합 등의 협동과 살림의 경제의 등장, 7) 공정무역 형태의 국제무역 직조 형태의 변형 8) 순환, 재생, 되살림 경제의 등장, 9) 기부, 봉사, 기증 등 순수 증여의 사회화 국면 등이 그것이다. 문제는 가시적으로 보면 코드의 잉여가치가 흐름의 잉여가치와 중복되거나 오버랩되어 나타난다는 점이다. 예를 들어 코드의 잉여가치의 성격이 강한 사회적 기업과, 흐름의 잉여가치의 성격이 강한 협동조합은 서로 교직되고 연결되어 있는 형태로 드러난다. 그렇기 때문에 자본의 사회화와 사회의 자본화의 국면은 서로 교차되고 연결되고 교직되어 있는 연결망의 일부가 된다. 결국 자본주의가 비자본주의 영역을 창출함으로써 유지될 수밖에 없는 내포적 발전 단계에서는 코드의 잉여가치와 흐름의 잉여가치의 구분은 모호하며 서로 영향을 받을 수밖에 없는 두 극한에 위치한다고 할 수 있다.

횡단의 흐름이 만들어내는 시너지는 사실상 존재 자체를 구성하는 원동력이기도 하다. 어찌 보면 존재는 흐름의 효과 중 일부에 불과하다고 할 수 있다. 공동체적 관계망에서 횡단하는 흐름이 중요한 이유는 그것이 "그 일을 해낼 수 있는 힘과 에너지"의 원천이기 때문이다. 횡단의 흐름이 발생하기 위해서 에너지가 발생되어야 하는데, 그것은 바로

모두의 혁명법

분열생성의 창조 발화의 순간에서만 가능하다. 만약 하나의 의미에 고정되어 분열 발생적으로 나아가지 않는다면, 공동체가 그 일을 해낼 에너지와 역능은 존재할 수 없게 된다. 분열이 에너지를 발생시키는 이유는 문제제기와 대답, 원인과 결과, 입구와 출구 간의 분열 속에서 그 사이의 낙차 효과를 만들기 때문이다. 이를테면 연애가 잘 안 되어서 큰 소리로 노래를 부를 수 있고, 공부가 잘 안 되어서 게임에 몰두할 수도 있다. 그런데 분열생성의 낙차 효과를 탐색하는 것은 연대와 협동의 사회적 경제와 차별과 분리를 통한 파시즘 경제라는 양 극단 사이에 서 있다.

그러므로 분열의 논리는 "~일 수도 ~일 수도"의 '연대와 협동의 논리'와, "~이냐, 아니면~이냐"의 '분리와 차별의 논리'의 갈림길에 서 있다. 그래서 분열이 발생되면 적대와 대립, 분리가 형성되는 방향성으로 향할 수도 있고, 반대로 고정관념이 사라지고 유연성, 탄력성, 횡단성이 형성되는 방향성으로 향할 수도 있다. 분열생성에 대한 공동체의 태도는 그것을 자신의 변화와 이행의 초석으로 삼고, 그 에너지와 활력을 받아안아 색다른 미래의 소재로 삼아야 한다는 점에서 드러난다. 이에 따라 공동체에서 분열생성에 따라 상상치도 못한 에너지가 발생하는 과정에 대한 면밀한 책략이 필요한 것이다.

횡단하는 흐름은 금방 사라져 버릴 수도 있고, 봉쇄되어 버릴 수도 있고, 분리될 수도 있다. 그러나 횡단하는 흐름의 문제의식에 대해서 귀를 기울일 때, 색다른 무의식적 배치의 설립의 가능성도 함께 개방된다. 그런 점에서 색다른 문제의식이 생산되면 그것의 새로움을 응시하는 발견주의에만 머무는 것이 아니라, 그러한 문제의식을 보호하고 구성적 실천에 따라 색다른 것으로 또다시 이행할 수 있는 징검다리를 만드는 구성주의 역시도 중요하다. 이렇듯 발견주의와 구성주의의 투 트

랙은 여전히 유효하며, 세계 재창조와 세계 재발견을 통해 횡단하는 흐름의 진행형적 과정 자체를 풍부한 표현 소재를 통해서 창조적으로 표현하도록 하는 것이 하나의 전략일 수 있다. 이에 따라 흐름의 발생과 분열생성이 갖는 문제의식에 주목하면서, 이 문제의식이 개방하는 광야-무의식, 사회-역사적 무의식, 기계적 무의식, 미래진행형적 무의식의 지평을 공동체 구성원이 함께 응시하고 구성해 내면서 공유하는 노력이 필요한 것이다. 이에 따라 흐름에 기반한 무의식적 배치의 설립이 구체적인 배치에 대한 판단이나 인식보다 공동체를 훨씬 광범위하고 다양하고 풍부할 수 있도록 만드는 것이 책략에서 앞서나가는 방법 중 하나라고 할 수 있다.

:: 욕망의 미시정치라는 전략

통합된 세계자본주의는 자연, 생명, 제3세계를 문명 내부로 포섭하여 결국 외부 소멸의 국면에 도달했다. 그 순간 자본주의는 성장의 동력을 상실했고, 이제 저성장, 제로 성장의 국면은 지속될 것이다. 만약 성장을 더 진행하려고 한다면, 그것은 내부 구성원을 외부로 타자화하고 분리차별하는 파시즘 경제를 작동시킴으로써만 가능할 것이다. 이처럼 우리 안의 누군가를 분리하고 배제하여 외부로 내모는 것만이 성장을 이어가는 유일한 열쇠일까? 다른 외부 생산은 전혀 없을까? 통합된 세계자본주의하에서 포획하려는 제도의 그물망이 촘촘해지고 유연해져서 탈주선이 도달할 외부를 주어진 자연과 생명으로 설정하는 것조차도 불가능하게 만들고 있다. 이 시점에서 외부는 주어지는 것이 아

모두의 혁명법

니라, 만들어지는 것이 된다. 가타리는 특이성 생산이 바로 외부 생산과 동의어라고 말하고 있다. 관계망 창발, 즉 특이성 생산의 필요성은 더욱 극대화되고 있다. 가타리가 제도요법의 구도에서 보여주었던 '제도=관계망'이라는 협치(governance)를, 위기에 강한 협치, 구성적 협치, 아래로부터 협치로 전진배치하는 책략이 필요한 시점이다.

책략에서 앞서나가는 방법에 대해서 활동가들은 늘 부심한다. 그렇다고 화려한 모델화와 의미화를 통해 대답을 갖고 있다는 식의 전문가주의의 책략은 통속적이며, 게다가 외부 소멸의 국면에서는 효과가 거의 없다. 오히려 공동체적 관계망에서 욕망이 발생되어 문제제기와 색다른 방향성이 설립되는 순간, 즉 특이점을 활동의 시작점으로 삼은 것이야말로 책략에서 앞서나가는 방법이 된다.

그런 점에서 욕망이 우리 사이에서 생성되기를 기대하는 공동체의 구성원들이 자리 잡고 있을 때, 혹은 강도와 온도, 밀도, 속도가 사람들 사이에 오가면서 관계가 발효되고 성숙할 때 변화와 이행, 횡단은 시작된다고 할 수 있다. 결국 공동체가 기다리는 것은 욕망의 질문이 던져지는 것이며, 이는 "네가 정말로 원하는 것이 무엇인가?"이다. 활동가라는 사람은 특이한 욕망을 유통하고 배치를 설립하고 판을 짜는 사람이며, 욕망이 갖는 활력과 생명에너지에서 원천을 삼아 한 판 난장을 벌이는 사람이다. 그러기 위해서는 활동가 자신이 미리 답을 갖고 있거나, 임의로 기능 분화와 역할 분담을 해버리거나, 미리 욕망을 예측하여 결과물들을 성과로 계산하는 행동을 멈추어야 한다. 오히려 미지의 곳을 여행하는 사람처럼 욕망의 문제제기와 활력이 만들어내는 앞으로의 과정 그 자체에 주목해야 한다. 설사 실패하거나 아마추어적인 결과물이 나온다 하더라도 크게 문제될 것이 없다. 공동체 구성원과 관계망

이 성숙하고 풍부해지고 다양해졌다는 점에서 욕망의 최대 수혜자가
되기 때문이다.

욕망이 서식하는 곳은 생활세계, 삶의 내재성의 영토, 공동체와 집단
적 배치의 영역이다. 공동체가 욕망을 온건히 떠안고 욕망의 활력과 생
명에너지를 통해 자신을 풍부하게 만들 소재로 삼는 것에서 욕망의 자
주 관리, 욕망의 미시정치, 생활정치는 시작된다. 욕망의 미시정치는
부엌에서의 미시정치로도 불린다. 남성들이 겉으로만 남녀평등을 외치
는 것이 아니라, 부엌에서의 평등한 관계를 형성하는 것에서 비로소 미
시정치는 시작된다. 또한 약물, 성, 게임, 미디어 등도 역시 미시정치의
영역이다. 공동체의 책략은 대부분 욕망의 미시정치를 실천하는 것으
로부터 시작된다. 욕망이 서식하는 무의식적 배치를 조성하고 재배치
하거나, 욕망의 야성성에 기반하여 자율성을 고무하거나. 욕망의 문제
제기가 만든 미래진행형적 과정에 감응하거나, 관계망 사이에 욕망의
실존적 준거좌표를 만들거나, 지배적 잉여성에 가두어진 모든 것에 의
문형을 던지거나, 욕망의 흐름에 따라 특이한 주체성이 생산되는 모든
것이 여기에 해당한다. 욕망은 소수자운동과 대안운동의 작동 원리이며,
소수자 집단의 미시정치의 원리이다. 그런 점에서 욕망의 미시정치는, 어
떻게 소수성을 발명하고 창안하며 고무할 것인가의 문제이기도 하다.

:: 주체성 생산이라는 전략

공동체에서 가장 쟁점이 되는 부분이 바로 "그것을 해낼 사람을 어떻
게 만들 것인가?"라는 지점이다. 공동체와 소수자 집단의 경우, 욕망의

문제제기를 실천적인 과제로 만들기 위해서 '주체성 생산'이라는 핵심적인 사안에 응답해야 할 것이다. 섬광과 같은 순간, 부지불식간에, 예측하지 못한 순간에 갑자기 그것을 해낼 주체성이 생산되는데, 그것을 합리적으로 설명할 수 있는 전거는 매우 군색하고 부족하다. 그럼에도 불구하고 가타리의 논의는, 주체성 생산을 신비적이고 영성적인 것으로만 보지 않고 욕망의 동역학과 욕망의 미시정치, 욕망의 배치와 관계망 창발 등으로 설명력을 높이려고 시도한다. 물론 설명 가능한 영역으로 주체성 생산에 대해서 모든 것을 해명할 수 없겠지만, 너도 될 수도 있고 바로 나도 될 수 있는 주체성 생산을 도모하기 위한 판을 짜는 것은 책략에서 앞서나가는 가장 중요한 지점이라고 할 수 있다. 책략이라 해서 예리하고 노련하고 간교한 것만을 생각하면 오해이다. 반대로 책략은 지도 그리기를 하면서 모든 경우의 수를 흥미롭게 탐색하면서 사랑과 욕망의 부드러운 흐름을 발생시키는 것으로부터 시작된다. 책략은 계획, 선의식, 기획, 목적합리성, 예측 가능성이 아니라, 전혀 예측할 수 없고 돌연변이가 일어나는 지점을 응시하고 구성하는 것이다.

주체성은 언표행위 배치들에 의해 생산된다. 주체화나 기호화의 과정들은 (내부심리적, 자기중심적, 미시사회적 층위들의 작동 속에서) 개인적인 행위자들에도 집합적 행위자들에도 집중되지 않는다. 이 과정들은 이중적으로 탈중심화된다. 그 과정들은 사람 이외의, 개인 이외의 본성에 속할 수 있을 뿐만 아니라, 인간 내부의, 심리 내부의, 사람 내부의 본성에 속할 수 있는 표현기계들을 포함한다.[125]

125 펠릭스 가타리, 『미시정치』(도서출판b, 2010), 54쪽.

물론 주체성 생산은 예측 가능한 수준에서 이루어지지 않는다. 갑자기 침체되고 우울했던 사람이 활달함과 상냥함과 부드러움을 가진 멋진 혁명가로 재탄생하는 것을 상상하는 것은 어렵지 않다. 가장 열악하고 절박한 상황으로 사람들이 치달아 갈 때 그 극한의 밑바닥에서 삶을 살고자 하는 의지와 욕망이라는 생명에너지와 활력이 놀랄 만큼 솟구쳐 오르는 것이 바로 주체성 생산의 섬광 같은 순간이다. 비탄과 좌절, 우울, 비관의 순간에 예술적이고 미학적이며 실천적이고 혁명적인 생명에너지가 갑자기 생겨나고, 사람들은 그 순간의 절실함과 절박함 속에서 미래로 달려간다. 그리고 그 주체성 생산의 순간에는 속도를 늦추거나, 탈주를 멈추게 하거나, 분자혁명의 작동을 쉬어 가라고 할 수 없는 강렬한 에너지로 가득하다. 갑자기 춤추고 노래하고 사랑하고 감수성과 지각작용을 해방하고 생명에너지와 활력에 따라 실천을 해낼 수 있는 강렬한 의지를 갖게 되는 순간이 바로 주체성 생산의 순간인 것이다. 통합된 세계자본주의의 통속적 문명의 포획의 논리보다 탈주와 횡단, 주체성 생산은 늘 앞서 달려가기 때문에 책략에서 앞선다. 물론 뒤따라오면서 포획할 수도 있겠지만, 그를 의식하지 않고 미래로 활기차게 달려가는 '뜻, 지혜, 아이디어를 가진 우리 중 어느 누군가'가 생산될 수 있다.

과학과 도구적 합리성, 목적합리적 이성은 세계를 해석 가능하고 파악 가능한 것으로 만든다. 그러나 목적합리성으로는 파악될 수 없는 지평이 광범위하게 있는데, 그것을 욕망이라는 이름으로 말한다. 만약 판짜는 사람이 책략을 갖기 위해서 과학과 목적합리성에 호소하면서 세계를 예측하고 계산하고자 한다면, 자율성과 활력은 극단적으로 낮아질 것이다. 문제는 정동, 사랑, 욕망의 흐름이 생산해 내는 것에 달려

모두의 혁명법

있다. 그리고 누구도 예측할 수 없는 사건이 만들어질 것이라는 징후와 예감, 영감으로 충만한 태도만으로도 충분하다. 그렇기 때문에 자신이 정답을 갖고 있다는 태도가 아니라, 어쩌면 정답이 여러 개이거나 정답이 없을지도 모르는 무의식의 심연으로 들어가 그것을 해방시킬 수 있는 모색과 탐색을 수행한다는 태도가 가장 책략에서 앞서나가는 또 하나의 방법이라고 할 수 있다. 결국 고정관념을 갖지 않고, 정답을 갖지 않고, 자신의 강건한 자아를 갖지 않고, 선입견으로 무장할 수 있는 사전적 지식을 갖지 않고, 의문형과 과정적인 진행형, 물음표를 가지면서 판을 짜는 것이 가장 풍부한 논의가 촉발되고 다양성과 차이가 만개할 수 있는 가능성을 보여줄 것이다.

공동체적 관계망과 집단적 배치의 판을 짜는 과정에 책략에서 앞서나갈 수 있는 방법은 무엇보다도 특이성 생산이 촉발되고 고무되고 상승하는 과정에 있다. 특이한 주체성은 부지불식간에 의미의 미끄러짐이나 작은 여백과 틈새, 갑자기 번져나간 웃음, 정동의 순환에 따라 감응과 반응에 따라 생산된다. 이것에 대해서 권위적인 자세를 갖는 것이 아니라, 그것의 흐름에 몸을 싣고, 문제제기에 따라 배치를 재배치하는 미시정치가 함께 수반되어야 한다. 오히려 판짜는 사람 바로 그 자신이 가장 먼저 욕망을 촉발하고 고무하고 긍정하고 특이성을 생산할 수 있는 촉매제로서의 자신의 배치를 잡아야 할 것이다. 과정마다 모두 색다른 사건을 만들고, 특이한 주체성과 접속하여 교류하고, 강렬도에 따른 정동의 표현 소재를 만들고, 특이성 생산이 만든 사건의 소식을 유통하며, 빠름과 느림에 따라 변용의 과정을 신축적이고 탄력적으로 만들며, 작은 땅뙈기에서 출발하여 판의 영토를 점차 늘려나가고, 탈주하는 사람들과 함께 동참하여 판의 형태와 꼴을 구체화하는 것 등이 바로 판짜는 과정을 의미한다. 즉, 특이성 생산 자체가 외부를 창조하며 갑자기 판이 생산되고 창조될 수 있다는 점에 주목해야 하며, 특이성 생산이라는 사건성을 도모하고 촉매하고 준비하는 것이 실천 활동의 과정 중에 책략에서 앞서가는 핵심적인 방법론인 것이다.

:: 분열생성과 기호적 에너지 전략

만약 공동체에서 활력이 떨어지고 논의가 공회전되고 색다름이 사라져서 화석화된 관념이 지배할 때 어떻게 해야 할까? 외부로부터 자원이나 에너지의 유입이 없어서 공동체가 텅 비고 닫히고 폐색되는 위기 상황에 처할 때 어떻게 해야 할까? 집단과 공동체가 소수자를 차별하거나 간섭하고 이방인을 배타시하게 되는 원천을 따라가다 보면 사실상 에너지의 소진과 소멸이 자리 잡고 있다. 즉, 외부가 있어서 차별이 발생하는 것이 아니라, 외부가 소멸할 때 차별과 증오의 파시즘 경제가 등장하는 것이다. 활력이 없다 보니 증오와 폭력 속에서 활력을 찾게 되는 것이다. 소수자를 사랑하고, 이방인을 환대하는 열린 공동체가 자기생산 하기 위해서는 사실상 에너지의 근원을 어디로부터 찾을 것인가의 문제는 필수적이다.

바로 이 지점에 가타리의 『분열분석적 지도 제작(Cartographies Schizoanalytique』(1989)이라는 말년 저작의 위상이 있다. 가타리는 에너지의 원천을 기호에서 찾고 있으며, 더 정확히 기호의 반복에서 찾고 있다. "사랑해"가 반복되면 사랑하는 감정이 생기고, "짜증나"를 반복하면 짜증나는 감정이 생긴다는 간단한 원리이다. 그러나 더 심원한 영역으로 들어가 보면 반복이 이루어지는 과정 자체가 신체, 지구, 공동체 영토에서 기적적인 에너지를 퍼올리는 과정이라는 것에 주목할 수 있다. 동시에 반복 자체가 성립된다는 것은 그 과정에서 에너지를 끊임없이 산출하고 생산하는 과정과 궤도가 일치한다. 결국 '기호의 에너지화'는 기호-욕망 단계에 직면한 상태에 있는 현대인들에게 주는 메시지와 같다. 단순히 언표와 같은 언어적 기호뿐만 아니라, 이미지-영상의 기호, 정보 기호, 비기표적 기호 등이 반복을 형성할 때, 시-공간-에너지 실존좌표에 영향을 주고 결국 욕망의 강렬함이 만들어진다는 것이다. 결국 기호가 욕망 생산에 결정적인 역할을 하는 기호-욕망 단계에서는 공동체에 에너지를 만들기 위해서 기호-생산의 전략적인 위치에 서 있어야 한다. 기호-생산은 정보, 뉴스, 보고서, 이미지-영상, 몸짓, 표정, 색채, 음향, 냄새, 언표 등을 배치에서 유통하고 순환하게끔 하면서 동시에 반복이라는 기계적 배치를 설립하는 과정으로 드러난다. 그렇기 때문에 기계는 반복이며 곧 에너지이다. 역으로 구체적인 기계에는 에너지가 필요하다. 그런 점에서 기계는 에너지이면서도 에너지를 필요로 한다는 점에서 배리(背理)의 원칙에 따른다.

현재 중요한 것은, 물질적 탈영토화의 역능에 기호입자의 기계적 탈영토화의 최강역능을 결합시키는 식으로, 기입 체계로 하여금 탈영토화의 속도를, 즉 물질적 흐름의 탈영토화의 과정을 추월하고 흉내 내고 촉매 기능하도록 하는 박리(剝離) 능력을 획득하게 한다는 것이다.[126]

---

126 펠릭스 가타리, 『분자혁명』(푸른숲, 1998), 366쪽.

퍼스의 삼원 구도에서는 유사성에 기반을 둔 도상(icon), 인접성에 기반을 둔 지표(index), 관습성에 기반을 둔 상징(symbol) 등으로 기호작용을 정의한다. 여기서 기호의 반복은 어떤 위상을 가질까? 기호의 반복이 도상을 도표로 만드는 효과를 갖는다는 점에 주목해야 한다. 즉 손가락을 펴고 유사성에 기반을 두고 1부터 10까지 센다면 유사성에 입각한 도상을 크게 벗어나지 않지만, 미적분과 같이 고도로 조직된 수학으로 나아가면 유사성으로부터 완벽히 벗어난 색다른 반복의 기호작용이 나타난다. 또한 동시에 기표(signifiant)처럼 기의와의 일대일 대응 형태로 개념과 청각영상, 내용과 표현, 주체와 대상을 고정시키는 것에 머무르지 말고, 기호가 성립할 수 있는 것은 반복 패턴이나 중복, 함입(=말꼬임), 재진입, 코드의 설립 등과 관련된 부분에 주목해야 할 것이다. 이에 따라 "~은 ~이다"라는 의미화의 방식에 따르는 고정관념에 따라 기호작용이 표현되는 것이 아니라, 미적분처럼 고도로 자유롭지만 고도로 조직된 도표(diagram)의 작동이 가능하다. 예를 들어 냄새는 그 자체로 기호화되지 않고 지나치지만, 반복되는 냄새를 발산하는 향기의 영역으로 갔을 때는 도표화 작용(=지도 제작)으로 나아갈 수 있다.

가타리의 분열생성론은, 욕망과 정동이 의미의 질서를 분열시킬 때 색다른 주체성 생산과 공동체의 에너지가 발생된다고 말하고 있다. 분열분석은 기호론과 기계론의 결합 더 정확히 말하면 반복(=기계)되는 기호작용에 대한 분석으로 수렴된다. 창조적 분열, 즉 분열생성은 입구와 출구의 불일치를 지도 제작의 원천으로 삼음과 동시에, 코드, 이미지, 영상, 정보, 냄새, 색채, 음향, 몸짓, 표정, 맛 등의 수많은 기호작용을 자신의 신체의 미립자와 나노입자, 힉스입자까지도 동원할 수 있는 에너지의 원천으로 삼는 것이다. 이러한 창조와 생성의 과정 자체에서

모두의 혁명법

엄청난 에너지 발산이 이루어지며, 그 재특이화의 과정의 종료에서 완전히 소진되는 제로섬 게임을 의미한다. 이를 완전히 다른 세계의 재창조와 지각작용, 감수성, 인식작용의 재구성이 가능할 수 있는 에너지의 원천으로 삼을 수 있다. 공동체에서 에너지가 고갈되고 소진되면 유지와 지속이라는 논리에 따라 닫히고 폐색될 위험에 처하거나 미시 파시즘의 유혹처럼 차별과 분리에 직면할 위기에 처한다. 하지만 공동체 내부에서의 소수자라는 특이점을 통과하는 분열생성의 사랑, 욕망, 변용, 되기의 흐름이 생길 경우 외부에 대해서 열리고 활력과 생명에너지로 가득 찬 열린 공동체가 될 수 있다. 그런 점에서 에너지에 대한 미시정치는 마지막으로 가타리가 규명하고자 했던 핵심적 테마라고 할 수 있으며, 사실상 분열분석의 처음과 마지막은 에너지론으로 귀착된다.

'중요한 일은 사람들이 기대하는 곳에서는 결코 일어나지 않는다.' 동일한 원칙을 달리 정식화해 보면 '입구와 출구는 일치하지 않는다'로 된다. 또는 더욱이 '어떤 변화를 개시하는 구성요소의 소재는 일반적으로 그 변화를 실행하는 구성요소의 소재와 동일한 성질의 것은 아니다'라고도 된다. (예를 들면, 발화는 신체적인 것으로 또는 신체적인 것은 결제적인 것이나 생태적인 것으로 변해가는 반면, 생태적인 것은 발화나 사회적, 역사적 등의 사건으로 변해간다.)[127]

공동체 기능의 일부가 '자동화=관료화=사물화'로 향하게 되고 더욱이 하나의 모델에 집중하는 과정으로 수렴되어 가는 이유는, 사실

---

127 펠릭스 가타리, 『기계적 무의식』(푸른숲, 2003), 235쪽.

상 그 이상의 외부로부터의 에너지가 유입될 수 없다는 자괴감과 그나마 유지와 지속에 집중하는 소진된 자동성, 에너지 원천을 찾을 수 없는 상황 때문이다. 만약 농촌 공동체와 같이 자급자족이나 자연생태계로부터의 순수 증여의 혜택이 있는 경우에는 에너지의 원천을 다행히도 자연으로부터 찾을 수 있다. 만약 도시의 경우에 자원-부-에너지의 흐름을 외부로부터 찾을 수 없는 상황이 된다면, 공동체에는 아주 빨리 폐색이 찾아오게 된다. 그런 점에서 태양과 바람의 재생에너지가 도시의 마을과 공동체에서는 필수적인 이유도 규명된다. 공동체에서는 경우에 따라 에너지를 집중하는 경우도 있을 수 있고, 에너지를 분산적이고 민주적으로 이용하는 경우도 있을 것이다. 문제는 하나의 모델과 표상, 의미를 충족시키기도 어려운 에너지를 갖고 있기 때문에 여러 모델과 의미를 횡단할 수 없거나 완벽히 에너지가 소진된 상황의 경우이다.

사실 공동체에서의 갈등과 대립의 근본 이유를 따지고 들어가보면 에너지의 소진과 고갈이 큰 이유에 있다. 즉 서로를 수용하고 사랑과 정동의 흐름을 유통시킬 에너지가 없기 때문인 것이다. 우리가 전문가들의 모델화, 의미화, 표상화에 익숙하게 느끼거나 쉽게 유혹되는 것도, 사실은 아동이나 동물들이 엄청난 활력과 생명에너지로 인해 책상에 가만히 앉아 있지 않아서 에너지의 소진을 경험할 때이다. 즉 자신이 떠들고 돌아다니며 놀이를 할 수 있는 능력, 즉 지도를 그릴 수 있는 능력을 갖지 못하기 때문이다. 아동들이 책상에서 의자로 칠판으로 복도로 창문 틈으로 이리저리 움직이듯이 이행하고 횡단하고 변이하는 지도 제작의 과정을 그려내기 위해서는 응축된 에너지와 강렬도와 밀도를 전제로 한다. 그런 점에서 공동체는 에너지 살림, 활력 살림, 정동 살림 등을 기반으로 하여 지속가능성을 기약해야 하는 것이다.

여기서 가타리가 '책략에서 앞서나가라'는 아포리즘을 던지는 이유는 무엇일까? 공동체가 기호론과 기계론의 횡단을 통해 즉 기호의 반복 속에서 에너지를 찾으며, 집단적 배치 속에서 이 에너지가 어떻게 배치되어야 할지 질문을 던진다. 이를 통해 집단적 배치 속에서 말과 행동, 실천의 에너지의 미시정치로 향하자는 얘기이다. 심지어 가상성의 능력에서도 에너지의 미시정치가 필요하다는 것이다. 결국 가타리의 책략은 한마디로 요약하자면, '분열생성=주체성 생산=분열분석적 지도 제작=욕망의 미시정치=분자혁명'이다. 우리 안에서 분열하면서 생산되는 욕망을 창조적인 원동력으로 삼아, 또한 기계와 기호가 만든 에너지의 배치를 면밀히 살피면서 세상을 바꾸어 나가자는 제안인 것이다.

분자적 수준에서 사태는 다르게 기능한다. 전통적 정치의 안경을 끼고 보면 예컨대 미국 급진운동에는 아무것도 남아 있지 않다. 만일 안경을 바꿔 현미경을 통해 본다면 완전히 다른 그림이 있다. 새로운 감수성, 새로운 관계방식, 새로운 종류의 친절, 이 모든 것들은 규정하기 매우 어렵다. 역사가들은 이런 대상들——부드러움의 역사——을 다루는 데 애를 먹고 있다. 모든 종류의 복잡한 길에서, 그리고 여성주의 운동의 역사와 동성애의 역사에 걸쳐서, 관계들 일반에 걸쳐서, 이 새로운 유형의 감수성은 또한 혁명이다.[128]

가타리의 강령에서 제시하는 논의는 분자혁명으로 요약할 수 있다.

128 펠릭스 가타리,『가타리가 실천하는 욕망과 혁명』(문화과학사, 2004), 216쪽.

가타리는 혁명적 비관주의가 장악하고 있는 절규와 아우성의 실천 과정이 아닌, 현실의 도처에서 발생하는 활력과 생명에너지로 가득 찬 욕망의 혁명, 무의식 혁명, 분자혁명에 대해서 주목한다.

무의식 해방은 욕망을 스스로 말하게 할 때 시작될 것이다. 또한 무의식 해방은 소수성을 공동체가 풍부해지는 특이점으로 볼 때 시작될 것이다. 무의식 해방은 분자혁명을 통해 엄청난 상냥함과 사랑의 부드러움이 공동체에 순환할 때 시작할 것이다. 분자혁명의 메시지는 서로 연결된 자연, 사회, 마음에서 시작된 작은 변화가 돌이킬 수 없는 사회화학적 변화의 초석이 되리라는 실천성에 기반한다. 가타리의 강령은 분자혁명을 구체화하기 위한 하나의 책략이며, 전략적 지도 제작이다. 그래서 강령은 책략에서 앞서갈 수 있는 분자혁명으로 귀결된다.

혁명 과정에 관한 한 나는 완전히 행복하다. 왜냐하면 어떤 혁명가도, 어떤 혁명운동도 없을지라도, 모든 수준에서 혁명이 있을 것이기 때문이다. 그것이 바로 혁명을 하자는 이유이다. 그것은 사람들이 생각할 수 있는 가장 급진적인 낙관주의의 모든 혁명적 유토피아들과 대비된다.[129]

---

129 펠릭스 가타리, 『가타리가 실천하는 욕망과 혁명』(문화과학사, 2004), 79쪽.

들뢰즈 가타리 철학 개념어[130]

강도, 강렬도(intensité)   모든 현상은 고정된 것이 아니라 자체가 지닌 힘에 의해 다양한 방향으로 나아갈 수 있으며, 따라서 지금 있는 '어떤 것'은 항상 여러 방향으로 움직일 수 있는 내재적 리듬을 가지고 있다. 이러한 리듬은 다른 것과 접속하면서 새로운 것을 만들어 갈 수 있는 근거가 되는데, 이 리듬을 강도, 강렬도라 한다. 강도는 순수 차이를 포착하기 위해, 그것을 대립이나 모순으로 환원하지 않기 위해, 그리고 힘의 변환을 통해 문턱을 넘는 변이와 생성을 포착하기 위해서 중요하게 사용하는 개념이다.

개성원리[이것임](heccéité)   개체가 지닌 개별 고유성. 이 개념은 스콜라 철학에서 나온 용어이다. 들뢰즈와 가타리는 이 개념을 둔스 스코투스 학파가 존재의 개체화를 지칭하기 위해 자주 사용하던 용어라고 말하면서, 이를 특별한 의미로 사용한다. 다시 말해 물건의 개체화도 사람의 개체화도 아닌 사건의 개체화라는 의미로 사용한다(바람, 강, 날, 혹은 한 날의 어떤 시간).

---

130   본 용어 해설은 윤수종 선생님(전남대)께서 만드는 들뢰즈와 가타리의 철학 개념어 사전이다. 이 책을 읽는 독자를 위해 수록을 허락해 주심에 감사드린다.

계열(série) 계열이란 각각의 항이나 요소, 부품 들이 다른 것과 접속하여 만들어지는 것이다. 각각의 항이나 요소는 그 자체로는 아무런 의미도 지니지 않으며, 오직 어떤 계열에 들어감으로써(계열화됨으로써), 이웃한 항들과 관계를 통해 의미가 만들어진다. 반대로 동일한 부품이나 요소도 접속되는 항, 이웃하는 항이 달라지고 다른 계열에 들어가면, 다른 의미를 지니게 된다.

계열체(paradigme) 어떤 공통성을 지닌 기호 요소들의 집합(소쉬르). 기호 요소들의 선택을 가능하게 해주는 기호 요소의 명세서. 예를 들면 한글 자모는 하나의 계열체다. 여기에는 자음 계열체(ㄱ, ㄴ, ㄷ, ㄹ…… ㅎ)와 모음 계열체(ㅏ, ㅑ, ㅓ, ㅕ…… ㅣ)가 있다. 이 계열체로부터 ㄱ, ㅏ, ㅌ, ㅏ, ㄹ, ㅣ라는 기호 요소를 선택하여 '가타리'라는 낱말을 만들 수 있다. 어떤 공통성을 지닌 한 벌의 기호를 가리킨다. 집안의 옷장에는 양복의 계열체, 팬티의 계열체, 양말의 계열체, 넥타이의 계열체 등이 있다. 하나의 계열체는 공통적 속성을 지니며 그 계열체 안에 있는 각 단위기호는 다른 것과 구별되는 고유성을 지니고 있다.

계통[문群](phylum) 같은 어원의 어휘를 공유하기 때문에 동족관계에 있다고 추정되는 언어군(群).

공리계(axiomtique) 공리는 수학이나 논리학에서 증명 없이 자명한 진리로 인정되며, 다른 명제를 증명하는 데 전제가 되는 원리를 말한다. 들뢰즈와 가타리는 지배권력이나 자본이 자명한 듯 사용하는 관계틀 및 그 관념을 공리계라고 말한다.

기계(machine) 가타리는 기계 개념을 라캉의 구조 개념에 대해 공격하면서 제시한다. 모든 주체적 움직임을 틀지우는 구조 개념에 대항하여, 가타리는 이른바 '구조'라고 하는 것은 사실상 다양한 부품들이 조립되어서 작동하는 것이라고 보았다. 또한 흔히 정신적인 것이라고 하는 것이나 무의식 등도 특정한 모델에 묶인 채 움직이는 것이 아니라 다양한 방향에서 다양한 다른 것과 접속하면서 움직인다(작동한다)고 생각한다. 그것을 나타내기 위해서 '기계적(machinique)'이라는 말을 사용한다. 들뢰즈와 가타리는 결정론적인 의미의 기계학(mécaniqe, mécanisme)과는 달리 이러한 기계적 작동을 강조하기 위해 기계론(machinisme, machine)을 내세운다. 기계론은 기계들의 접속에 초점을 맞추고, 그래서 기계들이 서로 밀어내고 선택하고 배제하는 새로운 가능성의 선을 출현시키지만, 기계학은 상대적으로 자기 폐쇄적이고 외부 흐름과 단절된 코드화된 관계만을 지닌다. 기계는 서로 밀어내고 선택하고 배제하는 새로운 가능성의 선을 출현시키기도 한다. 넓은 의미에서 기계는 기술적 기계뿐만 아니라 이론적, 사회적, 예술적 기계를 포함하는데, 고립되어서 작동하지 않고 집합적 배치로 작동한다. 예를 들어 기술적 기계는 공장에서 사회적 기계, 훈련 기계, 조사연구 기계, 시장 기계 등과 상호 작용한다. → 혁명 기계, 전쟁 기계, 문학 기계, 표현 기계.

기관 없는 신체(몸체)(corps sans organs) 들뢰즈와 가타리가 앙토넹 아르토에게서 빌려온 개념으로, 유기체화되기 이전의 신체를 가리키며 본성적으로 유기체화되기를 거부하는 신체를 의미한다. 유기체는 이 신체에 포섭과 배제의 어떤 특정한 질서를 부과함으로써 성립되는 것이다. 따라서 기관 없는 신체란 하나의 카오스 상태, 즉 어떤 고정된 질서로부터도 벗어나서 무한한 변이와 생성을 잠재적으로 품고 있는 것이다. 즉 단순한 인간의 신체가 아니라 인간 및 자연의 모든 요소가 지닌 파편들이 조립되는 하나의 장소라는 의미이다. 기관 없는 몸체는 기관이 없는 것이 아니라 기관들이 하나의 유기체로 통합되지 않고 부분 대상 혹은 욕망하는 기계들 자체로 접속될 뿐임을 강조하는 용어이다. 그 기계들이 등록되는 표면이 기관 없는 몸체이며 그것은 배아 상태의 알일 수도 있고 거대한 사회체일 수도 있지만, 하나의 동일성이 부여된 인격적 주체는 아니다. 주체는 욕망들의 연결과 분리를 통한 접합접속의 결과로 발생하는 효과일 뿐이며 그렇게 이해될 때 욕망은 인간적 구속, 가족 삼각형 및 사회 제도를 넘어 분열증적 흐름을 이어갈 수 있다.

기표적(signifiante) signifiante는 의미하다(signifier)의 현재 분사로서 '의미화하다'를 뜻한다. 이 말이 소쉬르에 의해 '기표'라는 명사로 사용되었고, 이 기표라는 말은 기호나 언어를 다루는, 또는 기호학적 관점에서 유행이든 사진이든 모든 것을 다루는 여러 분야에서 가장 빈번히 사용되는 개념이 되었다. 하지만 들뢰즈와 가타리는 이러한 기호학이 기표를 특권화한다는 점, 기호들의 의미작용을 특권화한다는 점을 비판한다. 따라서 기표적인 기호 외에 아이콘이나 지표·다이어그램 등의 다른 기호를 함께 다룬 퍼스의 기호론을 더 높이 평가하며, 그래서 몸짓이나 표정처럼 기표 이전적인 기호(의미화하기 이전에 작용하는 기호), '주체화'처럼 탈/후기 표적인 기호, 암호처럼 반기표적인(의미화에 반하는) 기호 등의 다른 '기호 체제(régime de signes)'를 부각시킨다.

기호계(semiotique) 형용사로 사용될 때는 '기호적'이라고 한다. 기호계는 '기호론[기호학](semio1ogie)'과는 완전히 다른 말이다. 후자는 소쉬르에 의해 처음 사용되었으며, 기표−기의 관계를 다루는 기표작용(signification)을 연구한다. 들뢰즈와 가타리는 기호학을 비판하며, '기호 체제(regime de signes)'와 거의 같은 의미인 기호계를 중심으로 논의를 전개한다.

내재성(immanence) 내재성이란 외적인 어떤 초월적 항(신, 왕, 일자(一者), 이데아, 대문자 주체)인 척도의 도입 없이 상호적으로 변화하는 관계를 표시한다. 욕망의 내재성이란, 인접한 대상으로 끊임없이 치환되는 변환이 정신분석학처럼 아버지나 어머니 · 오이디푸스 등의 초월적 항에 소급되지 않으면서 말 그대로 내재적인 이유에 의해 내적인 방식으로 이루어진다는 것을 뜻한다. 내재성의 평면[구도]

다양체(복수성)(multiplicité) 다양성, 다기성. 절대자나 보편자가 아닌 무한자. 이러한 방향은 스피노자 철학의 핵심이라고 할 수 있다. 여기서 들뢰즈와 가타리가 제기하는 욕망하는 다양체는 특이성(singularité)이 하나의 보편자나 절대자로 환원되지 않고, 강도를 지닌 채 다양한 방향으로 나아감으로써 만들어낼 수 있는 다양성을 의미한다.

대상(objet) 어린이는 발달 단계에서 대상을 식별하면서 부모와의 관계를 맺어간다. 그때 어린이는 다양한 육체적인 모습 가운데 태반, 젖가슴, 똥, 시선, 목소리 등의 대상을 통해 관계를 맺는다. 어린이는 발달 단계에 따라 이 대상을 차례로 소비하고 버린다. 이러한 대상을 둘러싸고 어린이의 환상이 만들어지고 자아와 타자에 대한 관념이 형성된다. 이 대상을 부분대상(objet partiel)이라고 한다. 라캉은 이 부분대상을 좀 더 타자를 파악해나가는 과정에서 욕망을 담지한 것으로 보고 대상 a(objet a)라고 하였다. 소문자 a는 대문자 타자(Autre)와 대비되는 소문자 타자(autre)이다. 들뢰즈와 가타리는 대상 a에 덧붙여, 어린이가 부분대상과 실제대상과 사이에 가지고 놀거나 관계 맺는 대상을 과도적 대상(objet transitional)이라고 한 위니캇(Winnicott)의 용어를 적극적으로 받아들이려고 한다.

도표(diagramme) 고도로 코드화되고 정확한 생산 규칙에 대응하는 것으로, 그림이 구체적 대상을 재생산하는 데 비해 도표는 추상적 대상을 재생산하는 경향이 있다. 대수적 공식과 지도를 도표라 할 수 있다. 들뢰즈·가타리는 도표라는 개념을 대상들의 관계를 새롭게 인식해 나가는 적극적인 도구로 생각한다.

되기[생성](devenir) 욕망의 흐름은 그것이 인물, 이미지, 동일시로 전환될 수 있거나 없는 사실과는 무관하게 정서(affect)와 되기에 의해 진전한다. 그러므로 인간학적으로 여성적이라고 이름 붙여진 한 개인에게는 복수적이고 분명히 모순적인 욕망이 스며들 수 있다. 즉 여성 되기, 어린이 되기, 볼 수 없게 되기 등과 공존한다. 지배 언어는 국지적으로는 소수자 되기에 받아들여질 수 있고, 그것은 소수 언어라고 특징지을 수 있다. 예를 들어 카프카가 사용한 프라하의 독일어 방언, 주체나 목적을 지니지 않고 어떤 다양체가 다른 다양체에 의해 탈영토화될 때 겪는 과정, 조성과 기능을 확인해 주는 생산 과정이다. 들뢰즈와 가타리가 말하는 되기는 적을 부수는 구성이 아니라 내가 스스로 다른 것으로 되어가는 과정을 강조한다. 이 되기가 혁명적인 방향으로 가기 위해서는 기존의 권력 구성 방식과 다른 구성 방식을 강조하고 그것을 '분자적인' 것이라고 한다.

랑그(langue) 발화. 언어의 형식적 체계. 파롤(parole)과 대립되는 개념(소쉬르). 랑그와 파롤은 언어의 두 가지 다른 면이다. 파롤은 언술(speech)처럼 랑그를 실생활에 이용하는 언어 행위이며 과정이다. 이에 비해 랑그는 파롤이 점차 규범화되어 이루어지는 언어의 추상적 체제이다.

리좀(rhizome) 리좀은 '근경(根莖)', 뿌리줄기 등으로 번역되는데, 줄기가 마치 뿌리처럼 땅 속으로 파고들어 난맥(亂脈)을 이룬 것으로, 뿌리와 줄기의 구별이 사실상 모호해진 상태를 의미한다. 들뢰즈와 가타리는 수목(arbre)형(arborescence)과 대비시켜 리좀 개념을 제기한다. 수목이 계통화하고 위계화하는 방식임에 비하여, 리좀을 제기하는 것은 욕망의 흐름이 지닌 통일되거나 위계화되지 않은 복수성과 이질발생, 그리고 새로운 접속과 창조의 무한한 가능성을 보여주려고 한다.

리토르넬로(ritournelle) 후렴구. 교향곡에서의 반복구를 말한다. 반복되면서 변화를 가져온다. 들뢰즈와 가타리는 리토르넬로를 실존적 정서(affect)를 결정화하는 반복적인 연속체라고 하였다. 이 반복구는 소리 차원, 감정 차원, 얼굴 차원 등을 지니고 있으며, 끊임없이 서로 침윤해 간다. 시간의 결정(結晶)을 퍼뜨리는 리듬이라고 할 수 있겠다.

메타모델화(meta-modelisation) 모델화는 복잡한 현상을 특정한 틀로 설명해 내는 것이다. 가타리는 프로이트적인 모델화가 환원론적인 설명에 치우친 것에 반대해서 분열분석적 모델화(메타모델화)를 강조한다. 분열분석적 모델화는 다른 모델화를 배제하고 하나를 선택하여 특권화해 나가는 것이 아니라 하나의 모델을 이질발생성으로 향해 나가도록 하여 복잡화하고 그 과정을 풍부화하고 분기선과 차이들을 만들어내려는 것을 말한다. 하나의 모델화가 어떤 준거점으로 작용하지 않게 하면서 다양한 모델화로 나아가려는 것을 메타모델화라고 한다.

몰적(molaire) 통계 법칙에 따라 기능하여 정확한 미세함, 차이, 특이성의 효과를 버리는 경직된 침전화를 나타낼 때 쓰는 용어이다. 몰적 질서는 대상, 주체, 자신의 표상, 자신의 준거 체계를 한정짓는 지층화에 일치한다. ↔ 분자적

미분/미분적(différentielle) 미분은 아주 잘게 나누는 것이다. 공간을 아주 잘게 나누어서 아주 얇은 공간이 되는 게 아니라 그냥 하나의 면이 되도록 만드는 것, 또 면을 아주 잘게 나누어서 선으로…… 만드는 것을 말한다. 그래서 3차원이 2차원이 되고 또 1차원으로 되는 것, 즉 차수가 낮아진다. 적분(intégral)은 그 반대로, 선을 무한히 많이 더해서 면적을 만들고 또 면을 무한히 많아 더해서 공간을 만드는 것이다.

배치(agencement) 다양한 기계장치가 결합되어 일체를 이룬 상태를 말한다. 이것은 구조, 체계, 형식, 과정 등보다 더 넓은 개념이다. 배치는 생물학적, 사회학적, 기계적, 영적, 상상적인 구성요소뿐만 아니라 이질발생적인 구성요소를 포함한다. 배치는 힘의 흐름 및 이 흐름에 부과된 코드 및 영토성과 관련되지만, 배치라는 개념에서 이 흐름은 코드와 영토성에 의해 고정되지 않고 끊임없이 새로운 흐름을 생산한다는 점이 강조된다. 모든 배치는 영토화하는 성분을 갖지만, 동시에 이처럼 탈영토화의 첨점을 포함하고 있으며, 탈영토화의 양상에 따라 배치는 하나의 고정된 기계이길 멈추고 분해되어 다른 기계로 변형된다. 그래서 배치는, 그것의 영토성 이전에 그것의 탈영토성에 의해, 탈주선에 의해 정의된다고 말한다. 무의식에 대한 분열분석 이론에서 볼 때, 배치는 구조주의적인 프로이트 해석에서 라캉이 말하는, 모든 것을 설명하는 준거가 되고 환원의 고정점인 '콤플렉스'를 대치하는 것이다.

분열분석(schizo-analyse) 분열분석의 기본 방향은 소극적으로는 라캉식의 주조주의적 프로이트 해석에 대한 비판과 더 나아가 프로이트 자체에 대한 비판을 통해, 환원론을 반대하고 기계적 작동에 대한 분석을 지향한다. 적극적으로는 언어학과 기호학 비판을 통하여 변증법에 대한 대안적인 사유 방식을 구성해 나가려고 한다. 들뢰즈와 함께 가타리는『안티 오이디푸스』와『천개의 고원』을 통해 이를 수행하였다. 그러나 가타리 독자적으로는『정신분석과 횡단성』,『분자혁명』을 통해 그리고『기계적 무의식』과『분열분석적 지도제작』을 통해 분열분석을 소극적으로, 그리고 적극적으로 시도하였다. 분열분석은 환원론을 반대하고 '기계적 이질발생성'에서 생기는, 특정한 원인에서 생기는 것이 아니라 카오스에서 구성되는 '카오스모제'라는 생성론으로 나아간다.

분자적인(moléculaire) 들뢰즈와 가타리의 욕망분석과 사회분석에서는 몰(mole)적/분자적이라는 개념쌍을 사용한다. 그러나 이 개념쌍은 변증법적인 것이라기보다는 움직임의 방향과 방식을 지칭하는 것이다. '몰(적)'이라는 것은 어떤 하나의 모델이나 특정 대상을 중심으로 모든 것을 집중해 가거나 모아가는 것을 말하며 자본이 모든 움직임을 이윤 메커니즘에 맞추어 초코드화하는 것을 몰적이라 할 수 있을 것이다. 운동에 있어서는 모든 움직임을 노동운동이라는 단일 전선에 편제하여 다른 흐름을 통제하는 것을 말하기도 한다. 물론 몰적인 방향을 무조건 나쁜 것으로 생각하는 것이 아니다. 단지 몰적인 방향은 생성을 가져오는 것은 아니며 기존에 생성된 것을 특정하게 코드화할 뿐인 것이다. 이에 반해 '분자적'이라는 개념은 미세한 흐름을 통해 다른 것으로 되는 움직임(생성)을 지칭하는 것이다. 그러나 이러한 미세한 흐름은 반드시 작은 제도나 장치를 통해서만 이루어지는 것은 아니며 사회 전반적인 분자적 움직임도 가능하다. 따라서 미시구조에만 집착하는 것이 아니라 다양한 크기의 구조 및 제도 속에서 흐르는 미시적 흐름을 중시한다. 이러한 개념을 제시하면서 의도하는 것은 욕망의 흐름을 파악하려는 것이다.

블록(bloc) 배치라는 용어와 밀접하다. 라이히가 사용했던 개념이다. 어떤 정서지각의 선분을 나타낸다. 들뢰즈와 가타리의 카프카 분석에서 유년기의 블록은 유년기 콤플렉스에 대한 문제가 아니라, 가장 다양한 지각 체계를 통해 작동하기 쉬운, 정신발생 단계를 통해 나아가는 강도 체계의 결정화에 대한 문제이다. 또 다른 강도의 블록의 예는 뱅퇴이유의 소악절에 의해 영감받은 프루스트에서 지속적으로 다시 나타나는 음악적 블록이다.

비기표적(a-signifiante) 가타리는 기표적 연쇄와 기표적 내용을 접합하는 기표적 기호학과 의미의 효과를 생산하지 않고 자신의 준거와 직접적으로 접촉할 수 있는 통사체적 연쇄로부터 작동하는 비기표적 기호론을 구분한다. 비기표적 기호론의 예는 음악적 기보법, 수학적 자료군, 정보나 로봇의 통사법 등이다.

선분성[절편성](ségmentarité) 지속적인 과정을 분리된 단계로 자르는 것. 선분은 양끝을 갖는 직선이다. 선분성이란 그처럼 시작과 끝이 명확하게 절단되는 어떤 지속을 특징짓는 개념이다. 가령 집·학교·군대·공장 등으로 명확히 절단된 사회적 단위, 학기 단위로 시작과 끝이 명확히 절단되는 학교 학기제, 시간 단위로 명확히 절단되는 수업 시간. 출근 시간과 퇴근 시간이 명확히 절단되는 공장 규칙. 작업이나 업무로 명확히 절단되는 활동, 시간별 동작별로 명확히 절단되는 분업화된 동작 등이 모두 선분성을 특징으로 한다. "여기는 학교가 아니야", "이봐 지금은 작업 시간이야" 등은 권력이 선분적으로 작동하는 방식을 잘 보여주는 말들이다.

소수적(mineure) '소수적'이란 말은 '다수적(majeur)'이란 말과 반대인데, 단순히 수적으로 적고 많다는 개념이 아니다. 가령 곤충은 인간보다 수가 훨씬 많지만 이 세계에서 인간이 다수자(majorité)라면 곤충은 소수자(minorité)고, 여성이 남성보다 수가 적지 않지만 남성에 대해 여성은 소수자다. 즉 다수자 내지 다수성이란 척도로서 기능하며 그래서 척도의 권력을 장악하고 있는 것이고, 그것이 '표준적'인 것이 되는 것은 바로 그것 때문이다. 그런 점에서 '다수적'이란 '지배적' 내지 '주류적'이고, 언제나 권력이 함축되어 있는 어떤 것이다. 소수적인 것은 그 지배적인 것에서, 다수적인 것(권력)에서 벗어나는 것이다. 들뢰즈·가타리는 다수자적인(majoritaire) 것과는 다르게 움직이는 소수자 되기(devenir-minoritaire)를 강조한다.

언표행위의 집합적 배치(agencement collectif d'énonciation) 어떤 진술에 영향을 끼치고 그것을 생산하는 수많은 요인의 결집. 언표행위에 관한 언어학 이론은 언어가 본질적으로 사회적이고 주위 현실과 도표적으로 연결되어 있음에도 불구하고 개인적 주체 위에서의 언어적 생산에 집중한다. 개인화된 발화의 외관을 넘어서 실제적인 언표행위의 집단적 배치가 무엇인지 밝히는 것이 유용하다. '집합적'이라는 것은 사회적 집단이라는 의미로만 이해해서는 안 된다. 그것은 또한 기술적 대상, 물질적이고 에너지적인 흐름,

주체적인 무형적 대상, 수학적 아이디어, 예술 등의 다양한 것과의 관련을 함의한다.

얼굴성[안면성](visagéité) 얼굴, 말, 몸짓, 태도 등등 여러 가지 요소가 엮어져서 나타나는 한 인물상이나 사건 또는 현상의 특징.

역능[역량](puissance) 들뢰즈와 가타리가 사용하는 역능 개념은 영국을 제외한 유럽 언어에서는 권력(불어로는 pouvoir) 개념과 대비되어 쓰이는 개념이다. 니체가 권력 의지라고 했을 때 권력의 의미도 바로 역능(力能) 개념이다. 역능 개념은 대표제 모델에서 생각하던 권력 개념과는 달리 모든 특이성[단독자](singularité)이 지닌 잠재력을 말하며, 데카르트적인 이성에 근거한다기보다는 스피노자적인 욕망에 기초한 개념이다. 역능을 지닌 특이성들이 차이를 확인하면서 서로 새로운 것을 구성해 나가는 방식을 통해 권력 대표가 아닌 새로운 사회(공동체)를 만들어 가자는 문제의식에서 사용하는 개념이다. 권력자의 지배 개념에서 벗어나 특이한 개별자가 지닌 새로운 것을 구성해 내는 능력을 말한다.

영토성(territorialité) '영토성'이란 원래 동물행동학에서 나오는 텃세라고 번역되는 개념이다. 가령 호랑이나 늑대·종달새 등은 분비물이나 다른 사물·소리 등으로 자신의 영토를 만든다(영토화, territorialistion). 들뢰즈와 가타리는 이 개념을 변형시켜 다른 개념을 만들어낸다. 가령 '탈영토화(déterritorialistion)'는 기왕의 어떤 영토(territoire)를 떠나는 것이다. 이를 다른 것의 영토로 만들거나, 다른 곳에서 자신의 영토를 만드는 경우 '재영토화(reterritorialistion)'라고 한다. 그리고 이 개념을 다른 영역으로, 배치가 만들어지고 작동하는 모든 영역으로 확장해서 사용한다. 특히 자본주의는 다양한 흐름을, 그 흐름 자체의 방향에 따라 움직이도록 열어주면서도('탈영토화') 이윤 획득 메커니즘이라는 틀에 다시 포괄해 나가는 방향으로 움직인다('재영토화')고 한다.

욕망(désir) 들뢰즈와 가타리는 물질과 정신의 이원론을 강조하는 교조적 유물론을 비판하고, 프로이트가 초기에 진전시켰듯이 정신적 작용에 대한 역동적인 분석을 리비도경제 분석이라 하여 강조한다. 프로이트는 후기로 갈수록 이러한 리비도경제 분석을 문화에 종속시키는 경향을 지닌다. 들뢰즈와 가타리는 이 리비도경제 분석을 더욱 욕망 문제와 생물학적인 에너지론으로 끌고 갔던 라이히의 문제의식을 받아들인다. 라이히가 리비도를 성에 너무 집중한다고 본 들뢰즈와 가타리는 신체적이고, 기계적이며, 분열적인 욕망을 제시한다. 욕망은 일차적으로 신체에 작용하여 물질적인 흐름과 절단을 생산하여 신체의 각 기관을 작동시키는 힘이다. 또한 이러한 신체는 흐름과 생산을 절단하고 접속과 채취를 행하는 욕망하는 수많은 기계로 이루어져 있어서 기계적으로 작동한다. 여기서 욕망은 틀 지워진 제도 속에서 다양한 출구를 찾아 나서는 선들로 작동되며 이러한 것을 지칭하기 위해서 '욕망하는 기계(machine désirant)'라는 개념을 사용한다. 즉 이러한 '욕망하는 기계'는 특정한 모델에 따라 움직이는 것이 아니라 분열적인 과정을 따라 움직인다. 더욱이 여기서 욕망은 프로이트나 라캉이 말하는 결여로서의 욕망이 아니라 생산하는 욕망을 제기한다.

욕망투쟁(lutte de désir) 기존의 운동은 객관적 사회관계를 분석하고 객관적 이해에 입각한 투쟁을 생각한다. 노동자계급의 투쟁은 당연히 노조운동을 중심에 두고 나아간다. 그런데 가타리가 예로 들고 있는 것처럼 미국 노동자계급의 노조운동은 흑인이나 아시아인, 파트타임 노동자의 축을 이루는 학생 쪽에서 보았을 때에는 노조 대표를 축으로 자기 이해를 지키려는 폐쇄된 경향을 지니며, 다른 이해나 다른 소수자와의 관계에서는 파시스트적인 자세로 나올 수 있다고 한다. 권력의 생성 메커니즘 자체를 공격하고 역능에 기초한 구성을 생각하는 가타리는 여기서 이해라는 문제설정을 넘어서 개인이나 집단의 움직임에 붙어 다니는 욕망이라는 문제를 제기한다. 욕망투쟁은 기존의 이성적 판단과 이해의 관점에서 도외시되었던 문제들을 '물 밑에서 물 위로 드러나게' 하며, 결정적으로 그간 죽어 지내던 '뜨거운' 주체들이 움직이도록 자극한다.

의미작용(signification) 기표에 기의를 연결하여 기호를 만듦으로써 기호로 하여금 기의의 가치를 표현하게 하는 작용과, 기호에 담아 놓은 기의의 가치를 추출해내는 작용. 즉 기호를 만드는 기호작용과 기호를 풀이하는 기호해석의 과정. 하나의 기호를 만들기 위해서 기표와 기의를 결합시키는 작용. 정신적 개념을 현실에 부여하거나 또는 현실로부터 정신적 개념을 해독해 내는 일.

이중분절(double articulation) 언어는 그 자체에 대해 말할 수 있을 뿐만 아니라 이미 언급된 말 자체를 포함하여 다른 것에 대해서 말할 수 있는 능력을 갖고 있다. 언어는 기호학적 양태와 의미론적 양태를 포괄한다. 기호학과 의미론, 기호와 담론, 인식과 이해. 해석하는 체제와 해석되는 체제, 언어적 기호 체제와 비언어적 기호 체제 등 두 가지 갈래를 지닌다. 이렇게 두 갈래로 나뉘는 것을 이중분절이라고 한다. 특히 기호학에서는, 메시지를 구성하는 기본적인 단위로서 '문장'이 그 자체 하나의 종합임과 동시에 보다 작은 '단어'라는 단위에서 생긴다(제1분절). 그리고 '단어'는 그 자체 하나의 종합임과 동시에 보다 작은 '음'이라는 단위에서 생긴다(제2분절). 이처럼 큰 단위로부터 보다 작은 단위로의 분절이 2단계로 나뉘어 행해지는 것을 이중분절이라고 한다. 들뢰즈와 가타리는 형식과 실체, 내용과 표현 등으로 나누는 기호학적 조작을 이중분절로서 지적하고 비판한다.

인칭론적(personnologique) 나, 너, 그, 우리, 너희들, 그들이라는 인칭대명사에 속하는 것으로 판정하고 그 틀 속에 집어넣어 이해하려는 방식을 말한다. 사람(인칭)의 역할에, 동일성의 역할에, 동일시의 역할을 강조함으로써, 전형적인 인물이 연기하게 하고, 강도를 축소하며, 분자적 수준의 투여를 예를 들어 오이디푸스 삼각형에 한정한다. 사람(인칭)의 역할에, 동일성의 역할에, 동일시의 역할에 대한 강조는 정신분석의 이론적 관념을 특징 짓는다. 정신분석적 오이디푸스는 사람, 전형적인 인물이 연기하게 하고, 강도를 축소하며, 분자적 수준의 투여를 '인칭론적 극장'에, 즉 실제적인 욕망하는 생산에서 단절된 표상 체계(오이디푸스 삼각형화)에 투사한다.

일관성의 구도[평면, 판](plan de consistance) 일관성이란 고정된 위계와 질서에 의해 단일하게 전체화된 통일체가 아니라, 고유한 차이들 속에서 상호작용할 때에 나타나는 경향성을 말한다. 흔히 준거(reference)는 어떤 표준을 상정하지만 일관성은 표준을 상정하지 않고 상호작용 속에서 만들어지는 것이다. 서로 딴 소리를 지껄이는 정신병 환자들 사이에서 생기는 일정한 상호인식의 틀 같은 것을 예로 들 수 있을 것이다. 다시 말해서 일관성은 단일한 기호(taste)를 생산할 수 있도록 처방에서 요소들을 결속하는 것이다. 흐름들, 영토들, 기계들, 욕망의 세계들, 그것들의 성질의 차이가 무엇이든 그것들은 동일한 일관성의 구도(혹은 내재성의 평면)에 이르게 된다. 고정된 위계와 질서에 의해 단일하게 전체화된 통일체가 아니라, 고유한 차이들 속에서 횡단적 통일체를 구성하는 절대적으로 탈영토화된 흐름들의 연접을 가리키는 것으로, 어떠한 고정된 질서나 구조도 갖지 않는 탈영토화된 순수한 강렬도들의 응집성을 말한다.

전쟁기계(machine de guerre) 들뢰즈와 가타리가 국가장치의 포획기능과 대립적으로 사용하는 개념이다. 그렇다고 반드시 전쟁을 필연적으로 내재한 작동 방식으로서 기계가 아니라 국가장치와 다른 방향으로 작동하면서 국가와 대결할 때는 구체적인 전쟁을 가져올 수도 있는 것으로 이해한다.

접속[연결접속](connexion) 들뢰즈와 가타리는 접속, 이접[분리접속](disjonction), 통접[접합접속](conjonction)을 구별한다. 접속은 '‥와‥'로 표시되며, 이접은 '‥든‥든' 내지 '‥이냐‥끼냐'로 표시되며, 통접은 '그리하여'로 표시된다. 접속은 두 항(입과 숟가락. 입과 성기)이 결합되어 하나의 기계로 작동하는 것(식사-기계, 섹스-기계)이 되는 것이고, 이접은 배타적인 방식으로든(이성이냐 동성이냐) 포함적인 방식으로든(이성이든 동성이든) 선택적인 방식으로 결합되는 것이며, 통접은 이런저런 흐름이 결합하여 하나의 귀결(그리하여 그들은 변태가 되었다. 그 결과 그것은 소화 기관이 되었다)로 귀착되는 것이다.

제어(asservissement) 가타리는 예속(assujettissement)과 제어를 구분한다. 예속은 흔히 말하는 권력관계로서 나타나는 종속을 말하고, 제어는 사이버네틱스에서 자동기계적 제어의 의미로 사용한다.

주체성(subjectivité) 들뢰즈와 가타리는 개별화된 주체 개념을 거부하고 '주체성'이라는 개념을 쓴다. 주체성은 사물 자체로 어떤 불변하는 본질로 파악되지 않는다. 언표행위 배치가 그것을 생산하느냐 않느냐에 따라서 그러그러한 성질의 주체성이 있거나 없다. 예를 들어 현대자본주의는 매체와 집단적 장비들을 통해 새로운 형태의 주체성을 대규모로 생산하기 시작한다. 개인적 주체성의 외관은 실제적인 주체화 과정을 분별하려는 데에 유용하다.

주체집단(sujet-groupe) 주체집단은 예속집단(assujetti-groupe)에 대비되는 것이다. 이 대비에는 미시정치적 함의가 있다. 주체집단은 외적인 규정력과의 관계 및 스스로의 내적 법칙과의 관계를 동시에 관리하는 것을 사명으로 한다. 그에 비하여 예속집단은 모든 외적 규정력에 의해서 조정됨과 동시에 스스로의 내적 법칙에 의해서도 지배되는 경향성을 지닌다(예를 들어 초자아).

주체화(subjectivation) 하나의 주체의 자기구축 과정, 주체화(subjectifation)-특수한 고정된 주체성의 형성 과정.

지도 제작(cartographie) 배치의 가변성과 유동성을 분석하기 위한 방법. 지도 제작 방법은 모사나 수목적인 방식과는 달리, 현실을 주체로부터 독립해 있는 물화된 실체로 다루지 않고 역동적인 실천에 의해 끊임없이 가변화되고 새롭게 구성되는 것으로 분석해 나가려고 한다. 힘들과 그 힘들이 움직이는 선들을 벡터적인 움직임 속에서 파악해 나가려는 구성주의적인 방법을 지도 제작이라고 한다.

지층화(stratification) 가타리는 현실에서 대지 위에 두꺼워지는 현상으로 축적, 응고, 침전, 습곡의 현상을 지층(strate)이라고 한다. 하나의 지층은 매우 다양한 형식과 실체, 다양한 코드와 환경을 나타내는 것이다. 지층화란 바로 사회 현실 속에 지층이 만들어지는 것을 표현한다. 예를 들어 사회계층화는 지층화의 한 형태이다.

추상기계(machine abstraite) 특수한 기계, 과정 또는 배치를 이루는 내재적 관계. 감옥, 공장, 학교, 죄수, 노동자, 학생 등의 형태화된 내용이나, 형법, 규약, 법규 등의 형태화된 표현과는 달리 형태화되지 않는 순수한 기능으로서의 양자에 공통적으로 작용하는 메커니즘을 말한다. 푸코에게서 판옵티콘이 이에 해당한다고 할 수 있다. 들뢰즈와 가타리는 이러한 추상기계는 구체적인 과정 속에서 현실적으로 작동하고 있다는 점을 강조한다.

카오스모제(chaosmose) 카오스가 일관성을 부여하고 사건들의 경과에 영향을 끼치는 과정. 카오스(Chaos)+코스모스(Cosmos)+오스모제(Osmose)의 결합 신조어.

코드(code) 코드는 어떤 관습이나 습관을 나타내기 위한 표식이나 기호이다. 코드 개념은 아주 넓은 의미로 사용된다. 사회적 흐름과 물질적 흐름뿐만 아니라 기호적 체계에도 적용할 수 있다.

코드화(codage) 기호를 어떤 코드에 따라 엮어서 기호나 메시지를 만드는 조작. 코드작성. 코드화는 의미작용과 동시에 이루어지는데, 자의적이다. 송신자의 생각을 말이나 몸짓으로 또는 그림이나 글씨로 바꾸는, 즉 메시지를 바꾸는 과정이다. 초코드화(surcodage)는 다양한 코드의 의미를 하나의 대문자 기호나 기표에 결집해 나가는 것을 말하고, 탈코드화(décodage)는 이미 소통되고 있는 코드화된 것을 해체하여 다른 것을 구성해 나가는 과정을 의미한다. 따라서 탈코드화는 재코드화(recodage)로 되거나 횡단코드화(transcodage)로 될 수 있다.

탈주(도주)(fuite) 들뢰즈와 가타리가 쓰는 탈주(도주) 개념은 탈근대 사회사상을 대변하는 이름처럼 되고 있다. 사실 탈주 개념은 가타리에게서는 횡단성 개념 위에서 각 개인 및 집단이 자기 책임(아우토노미아) 하에 새로운 것을 구성해 나가기 위한 시도를 나타낸다. 아나키즘적 분출로서의 탈주라기보다는 새로운 집단성을 구축해 나가는 것을 강조한다. 따라서 탈주는 항상 탈주선(도주선)(ligne de fuite)을 타고 가며 되기(생성)를 동반한다.

텐서(tenseur) 텐서란 벡터 개념을 확장시킨 것으로 자연과학에서는 물체의 관성 모멘트나 변형을 표시하는 데 쓰인다. 들뢰즈와 가타리는 텐서 개념을 언어활동과 관련하여 사용한다. 가령 '오늘밤'이란 말을 어떤 어조, 어떤 강세로 말하는가에 따라 전혀 다른 '의미'를 갖게 된다. 음성적 긴장이 만드는 그것은 동일한 기표조차 전혀 다른 의미를 갖게 하는 요인인 것이다. 언어-외적인 것이지만, 언어활동에 본질적인 이 요소를 텐서라고 한다.

통사, 통사체(syntaxe, syntagmatique) 계열체로부터 선별한 기호 요소들을 조합한 결과 얻은 기호복합체. 구, 절, 문장, 코드, 메시지, 이야기, 지식 같은 것을 지칭한다. 통사체에서 중요한 것은 '관습의 문법'이라고 할 수 있는 조합의 원리이다. 즉 어떤 통사체이든 특정한 이유에서 특정한 방식으로 기호들을 선택, 조합한 것이다. 이 관습의 문법, 조합의 원리는 사회적인 판단과 연결되어 있다. 소쉬르는 계열체를 수평적 관계(공시성)로, 통사체를 수직적 관계(통시성)로 본다.

특이성[단독성](singularité) 들뢰즈와 가타리는 특수성(particularité)이라는 개념 대신에 특이성이라는 개념을 사용한다. 특수성은 언제나 보편성과 개별성의 이항대립 속에 머물며 보편성과 개별성의 연결고리로서만 인식되기 때문이다. 반면 특이성은 개체에 고유한 특성을 지니는 개별성으로도 동일자나 본질의 관념으로 귀속되는 보편성으로도 환원될 수 없다. 특이성은 오히려 일반적 법칙 혹은 보편적인 구조의 관념을 허물어뜨리고 특정한 시기와 특정한 장소에서 특정한 사회적 실천을 둘러싸고 구성되는 계열에 고유한 가치만을 인정한다. 그러한 실천의 장 및 관계에 고유한 유일무이한 것을 특이성이라고 한다. 그래서 한 개인이나 집단의 특이화(singularisation)나 재특이화(resingularisation)는 바로 스스로 다른 것이 되어 가면서도 서로 소통해 나가는 과정을 일컫는다.

혁명기계(machine révolutionnaire) '나쁜' 장치를 대체하는 '좋은'(혁명적) 장치라는 발상을 넘어서기 위해서 가타리는 기계라는 개념을 도입했고, 더욱이 사회 변혁을 위한 새로운 기계의 설립을 촉구한다. 이 새로운 기계는 기본의 작동 방식을 전혀 다르게 움직이게 하면서 대중의 욕망을 해방하는 방향이어야 하며 그래야 혁명적인 것이 될 수 있다고 한다.

횡단성(transversalité) 고슴도치의 우화──추운 겨울 어느 날 고슴도치들은 추위를 이기기 위해 서로 몸을 밀착시켰다. 그러자 서로 찔려 아파서 다시 떨어졌다. 밀착하고 떨어지기를 반복하면서 고슴도치들은 아프지도 않고 춥지도 않은 가장 적절한 거리를 유지하면서 서로를 감쌌다──로 예시되는 횡단성 개념은 수직적 위계와 수평적 칸막이를 깨려는 문제의식에서 출발한다. 무엇보다도 가타리는 60년대에 정신 병원 의사로서 활동하면서 의사─간호사─환자라는 제도적으로 결합된 3자 관계를 종래의 틀에서 해방하고 거기에 새로운 사회 변혁 모델을 찾으려고 시도하는 과정에서 '횡단성' 개념을 착상하였다. 그러나 횡단성 개념은 단순히 그러한 소극적인 의미를 갖기보다는 새로운 집단적인 표현 양식, 새로운 무의식적 집단 주체가 드러나는 장소 및 과정으로서 의미를 갖는 것이었다. 특히 가타리는 그러한 횡단성을 가능케 하는 집단의 욕망에 대해 천착해 나간다.

모두의 혁명법

1판 1쇄 발행 2019년 5월 25일

지은이 | 신승철
펴낸이 | 조영남
펴낸곳 | 알렙

출판등록 | 2009년 11월 19일 제313-2010-132호
주소 | 경기도 고양시 일산서구 중앙로1455 대우시티프라자715
전자우편 | alephbook@naver.com
전화 | 031-913-2018
팩스 | 031-913-2019

ISBN 979-11-89333-16-4 03100